dtv

Soll man lieber verreisen oder lesen? Glücklicherweise versteht Martin Mosebach von beidem etwas, und so schaffen seine Erkundungen die überraschendsten Konstellationen. Die Beschäftigung mit Orient und Okzident führt ihn nach Kairo und in das georgische Kloster Shio Mghvime, lässt ihn aber auch Heimito von Doderers Kunst des Bogenschießens bewundern. Die große Geschichte in den kleinen Geschichten entdeckt er beim Romanlesen ebenso wie auf seinen Reisen nach Havanna, Korea oder Sarajevo. Martin Mosebachs Kunst als Romancier und Essayist wurde oft gerühmt, gelingt es ihm doch, das Vertrauteste so darzustellen, als habe man es noch nie gesehen. In diesem großen Buch schreitet er in ironischer und gelehrter, unterhaltsamer und überraschender Weise alle Felder seines Denkens und Schreibens ab: Geschichte und Politik, Kunst und Literatur, Reise und Religion.

*Martin Mosebach*, 1951 in Frankfurt am Main geboren, widmete sich nach seinem Jurastudium ganz dem Schreiben. Seine Romane, Erzählungen, Essays, Gedichte und Libretti wurden vielfach ausgezeichnet, u. a. mit dem Heinrich von Kleist-Preis und dem Großen Literaturpreis der Bayerischen Akademie der Schönen Künste. 2007 erhielt er den Georg Büchner-Preis für sein Gesamtwerk. Zuletzt erschienen der Roman ›Was davor geschah‹, ›Das Rot des Apfels. Tage mit einem Maler‹, die Aufsatzsammlung ›Der Ultramontane‹ und der Roman ›Das Blutbuchenfest‹.

Martin Mosebach

# Als das Reisen noch geholfen hat

## Von Büchern und Orten

Deutscher Taschenbuch Verlag

Von Martin Mosebach
sind im Deutschen Taschenbuch Verlag erschienen:
Das Grab der Pulcinellen (12863)
Das Bett (13069)
Der Nebelfürst (13119)
Ruppertshain (13159)
Westend (13240)
Rotkäppchen und der Wolf (13493)
Das Beben (13568)
Die Türkin (13674)
Eine lange Nacht (13738)
Schöne Literatur (13837)
Der Mond und das Mädchen (13902)
Was davor geschah (14105)
Häresie der Formlosigkeit (14147)



FSC
www.fsc.org
MIX
Papier aus verantwortungsvollen Quellen
FSC® C019821

2014
Deutscher Taschenbuch Verlag GmbH & Co. KG,
München
Lizenzausgabe mit Genehmigung des Carl Hanser Verlags

Umschlagkonzept: Balk & Brumshagen
Umschlaggestaltung nach einem Entwurf von Peter-Andreas Hassiepen
unter Verwendung eines Fotos von Interfoto/Imagno
Druck und Bindung: Druckerei C.H.Beck, Nördlingen
Gedruckt auf säurefreiem, chlorfrei gebleichtem Papier
Printed in Germany · ISBN 978-3-423-14304-2

# I.
# *Hände weg vom Status quo!*

# Frankfurt am Main, Bankenstadt

Als ich 1956 mit meinen Eltern aus Königstein im Taunus ins Frankfurter Westend zog, konnte man noch ahnen, daß die Bockenheimer Landstraße einmal aus dem Stadttor heraus ins freie Land und zum Dorf Bockenheim geführt hatte. Wo einst die Stadtmauer mit ihren Bastionen und Wallanlagen nach den Regeln der Festungsbaukunst gestanden hatte, war in der Napoleon-Zeit ein Ring aus zunächst noch privaten Gärten geschaffen worden, die inzwischen zu einer großen Parkanlage verschmolzen waren. Das Stadttor am Opernplatz war längst verschwunden; an seiner Stelle erhob sich das Palais Rothschild; ich sehe die erhaltene Fassade des ausgebrannten Palastes in einem großen Park noch vor mir. Als seine Säulenfront errichtet wurde, hatte sich das Schwergewicht der Rothschild-Unternehmungen schon nach Paris und London verlagert. Trotz des mondänen Glanzes, der die Familie umgab, blieb ihr Frankfurter Zweig – zumindest in den zahlreichen Anekdoten, die manchmal auch mehr oder weniger gut erfunden sein mögen – angenehm provinziell in Sprache und Lebensgewohnheiten. Als der Bauherr befragt wurde, wie viele Gäste in seinem Speisesaal essen könnten, soll er geantwortet haben: »Gott solls verhiede – achzisch Persone!« Vom Rothschild-Palais reihten sich rechts und links von einer Kastanienallee schöne Landhäuser. Das bedeutendste davon – auch diese Ruinen habe ich noch gesehen – war das Palais der Kaufmanns- und Bankiersfamilie Gontard, ein eleganter Louis-XVI.-Bau von einem Pariser Architekten. In seinen Salons erlebte Hölderlin das Glück und die Schrecken seiner verbotenen großen Liebe. In einem berühmten Brief hat er die Geistlosigkeit, die Schönheitsverachtung und die ästhetische Stumpfheit der Frankfurter

Geldleute beklagt: Ein seltsames Erlebnis ist es, mit diesen bitteren Worten im Ohr Photographien und Stiche des Palais Gontard zu betrachten, seine schlanke Vornehmheit, seine edlen Proportionen, seine frühlingshafte Strenge. Hatte Salins de Montfort die Frankfurter Auftraggeber wirklich nur mit seinem souveränen Geschmack überrollt? War da gar nichts an den Gontards gewesen, das mit ihrem schönen Haus in Harmonie gestanden hätte?

Da scheint es geradezu, die Frankfurter hätten Hölderlins Beschimpfungen ins Recht setzen wollen, als sie die durchaus zu rettenden Ruinen des Palais abräumen und durch einen schnöden Versicherungsbau ersetzen ließen. Wenige Dichter deutscher Sprache waren so sehr »vates«, Seher, wie Hölderlin; kein Zweifel, er hat mit seiner Frankfurt-Verfluchung in die Zukunft gesehen. Gegenüber der Gontard-Ruine hatte sich in einem kleineren wilhelminischen Wohnhaus die Bank niedergelassen, bei der meine Eltern ihr Konto hatten. Tiefe Stille herrschte in den niedrigen, mit trübem Licht beleuchteten Räumen. Eine illusionslose lederne Stachelpflanze hielt sich hier tapfer fern vom Sonnenlicht am Leben. Im Empfangszimmer hing Zigarrenrauch, obwohl der riesige Marmoraschenbecher stets unbenutzt glänzte. Aus dem Nebenzimmer untermalten die präzisen Aufschläge von Schreibmaschinenhämmerchen die Stille. Das Scheckheft der Bank war so schmal wie die schwarzweiß gezeichneten Timur-Comicheftchen, die längst spurlos verschwunden sind, Kämpfer in Fliegerkappe und Batman-Trikot jagten darin Bankräuber. Als ich mit achtzehn meine erste Englandreise machte, statteten meine Eltern mich mit einem solchen Scheckheft aus; eine einzige Bank in London war willens, diese Schecks zu akzeptieren, aber nicht ohne viele Formulare mit Durchschrift dabei auszustellen. War das nicht noch ein bißchen wie in den Reiseerzählungen des achtzehnten Jahrhunderts, als man mit Kreditbriefen reiste?

Ich schätze mich glücklich, kurze Zeit später noch ein anderes kleines Frankfurter Bankhaus kennengelernt zu haben, ein wahres Pompeji des Bankgeschäftes – das heißt: über das Geschäft des Hauses kann ich gar nichts sagen, außer daß es vermutlich mit einem Höchstmaß erfahrenen Mißtrauens und aus den gründlichsten Einsichten in die Menschennatur heraus betrieben wurde. Moderne Bankchefs sind sonnengebräunt, schlank und muskulös und versuchen den Eindruck zu erwecken, als garantiere ihr Überschuß an physischer Gesundheit auch Überschüsse bei ihren Anlagen. Aber der alte Mann, der seine ererbte kleine Privatbank leitete, die am Mainufer lag und deren Fenster noch weit in die siebziger Jahre hinein mit den rostigen Eisenläden aus dem Zweiten Weltkrieg verschlossen wurden, dieser Mann war eben ein Bankier und kein Banker. Er war hochgewachsen und ging gebeugt wie unter der Last vieler schwerer Gedanken, er war kahlköpfig und blaß wie ein neuer Bogen Kanzleipapier. Sein Anzug war immer der gleiche: die schwarz und grau gestreifte Hose, die schwarze Weste und die schwarze Jacke und das Hemd mit dem kartonsteifen Kragen – so trugen sich noch bis in die neuste Gegenwart in London die Merchant-Banker, aber in Frankfurt war diese Tracht spätestens ab den sechziger Jahren eine Gewandung *d'outre tombe*: ja, dieser letzte Inbegriff eines Frankfurter Privatbankiers erschien in der schäbig-munteren Wiederaufbauzeit mit ihrem die Zeitgenossen selbst verblüffenden schnellen Wirtschaftswachstum wie aus einer der von Thorwaldsen gemeißelten Erbkapellen auf dem Hauptfriedhof aufgestiegener Geist einer untergegangenen Geschäftsgesinnung. In den Mahagonysalons seiner Geschäftsetage hätte Bismarck Staatsanleihen plazieren oder der Zar einen Türkenkrieg kreditieren lassen können.

Sehr nah in der Nachbarschaft lag das erste größere Palais der Familie Rothschild nach dem Auszug aus dem imposanten, wie eine prächtige holzgeschnitzte Galeere hochgetürmten Fachwerkhaus in der Judengasse. Dies erste Palais ließ sich nach außen hin jedenfalls an Nüchternheit und sparsamem Bürgersinn schwer übertreffen. Sowohl diesem ersten Rothschild-Palais wie auch dem von mir geschilderten »letzten« alten Privatbankier war eines zutiefst fremd: Repräsentation, äußere Prachtentfaltung, Reklame, Beeindruckung des großen Publikums. Es war, als solle das Geschäft mit dem Geld in einer gewissen Verborgenheit ablaufen. Denn dies Geschäft bewegte sich ja um körperlich Ungreifbares: im Kern um einen Handel mit der Zeit. Vergangenheit ist etwas, das es nicht mehr gibt; Zukunft, was es noch nicht gibt, und die Gegenwart besteht aus einem Augenblick, der verstrichen ist, bevor man ihn richtig wahrgenommen hat. Wer sich das zutiefst Ungreifbare der Zeit deutlich macht, das nur an der Veränderung der Körper ablesbar ist oder das mit Hilfe technischer Instrumente veranschaulicht wird, ohne sich selbst seinem Wesen nach jemals zu offenbaren, der versteht vielleicht auch, daß das Bankgeschäft viele Jahrhunderte lang als etwas Unheimliches, geradezu Blasphemisches angesehen wurde, nahe an der Schwarzen Kunst, die mit der Hilfe des Teufels aus dem Nichts Reichtümer entstehen ließ.

Dies Mißtrauen gegen den Bankmann wird einzigartig sichtbar auf dem berühmten Bild »Der Geldwechsler und seine Frau« von Marinus van Reimerswaelen aus dem flämischen sechzehnten Jahrhundert. Und dabei hatte dieser Geldwechsler noch nicht mit abstraktem Buchgeld, sondern mit schönen runden Dukaten, Zechinen, Talern und Drachmen zu tun, auf deren Oberfläche oft genug Meisterwerke der Medailleurskunst geprägt waren – die Leute zahlten damals wirklich mit kleinen Kunstwerken, und das ideelle Gewicht einer Münze wurde durch ihre physische Schwere immerhin noch irgendwie erfahrbar. Das Wechslergeschäft bestand nicht aus einem Tabellenvergleich oder einem elektronischen Rechenvorgang, sondern aus der Prüfung und dem Wiegen der Münzen: War das Gold mit unedlem Metall gemischt? War vom Münzrand etwas abgefeilt? Die Waagen waren feinmechanische Präzisionsinstrumente, aber die Hand und das Auge war am Wiegevorgang beteiligt, die zierliche Waage war noch eine Fortsetzung der menschlichen Organe, sie verfeinerte die körperlichen Fähigkeiten, aber sie übertrumpfte sie nicht. Im alten Frankfurt mochten solche Geldwechsler wie dies von Marinus van Reimerswaelen gemalte Paar in einer offenen Bude gesessen haben, den Schirnen der Metzger verwandt, nur reinlicher. Der prunkvoll-bizarre Aufzug des Paares, Mann und Frau mit grotesken Riesenhauben und auffälligem Schmuck, stach aus einer solchen Wechselbude scharf hervor; sofort wurde jedem Betrachter klar, daß hier kein übliches Handwerk getrieben wurde. Marinus hat sein Wechslerpaar mit langen dünnen Fingern versehen; scharf und kritisch sind die Augen der beiden auf die Münzen gerichtet. Das Geschäft hat Mann und Frau gleichberechtigt gemacht, ganz deutlich wird, daß die beiden eine Firma bilden, daß sie Kompagnons sind. Der Feststaat, in dem sie arbeiten, beweist, daß beim Wechseln etwas bei ihnen hängenbleibt. Der Luxus und die Professionalität des Paares bilden einen fatalen Akkord; die Haubenpracht in der Bretterbude gibt den beiden etwas von Wanderschauspielern, fahrendem Volk, wären da nicht die kalten, prüfenden Blicke, die kalkulierende Mentalität, die Mann und Frau im Geschlecht derart aneinander angleicht, daß die Geschlechtsunterschiede nur im Kostüm zu bestehen scheinen.

Wie weit hatte sich die schläfrig anmutende Vornehmheit meiner beiden kleinen Privatbanken von diesen Ursprüngen entfernt. Und wie wenig glichen sie auf der anderen Seite von den Bankpalästen, die seit dem Anfang des zwanzigsten Jahrhunderts aus dem Boden zu wachsen begannen. Obwohl Frankfurt vor dem Zweiten Weltkrieg noch nicht das Bankenzentrum war, das es durch die Teilung Berlins und den Untergang Preußens werden sollte, entstanden an der

Taunusanlage schon schloßartige Verwaltungsbauten großer Banken. Säulen fanden an den Fassaden dieser prächtigen, aus Steinquadern errichteten Gebäude eine reichliche Verwendung. In der klassischen Architektur war die Säule ein unmißverständliches Zeichen für Hoheit und Souveränität. Säulen schmückten Kirchen und die Residenzen der Monarchen, an Privat- und Geschäftshäusern hatten sie nichts zu suchen. Und nun saßen Bankiers in Büros, deren Fenster von Säulen umrahmt und deren Balkons von Säulen getragen wurden, und jeden Morgen strömte das dunkelgewandete Heer der Angestellten in die Säulentore. War das nur eine Beliebigkeit überlieferter Form, ein Inhaltsloswerden der architektonischen Symbolik? Oder drückte sich in diesem freigebigen Umgang mit der Säule bei der Konstruktion von wilhelminischen Bankpalästen nicht auch eine geänderte politische Realität aus? Die Bankangestellten hießen damals »Bankbeamten« – bis in die fünfziger Jahre konnte man diesen Begriff hören –, und manches Mitglied des Vorstandes war als achtzehnjähriger Banklehrling in die Bank eingetreten und hatte eine Karriere wie beim Militär hinter sich, in geduldiger und glanzloser Bewährung Stufe um Stufe aufsteigend. Die Banken machten sich daran, als Organisatoren der sich immer schneller entwickelnden Industrie zu gleichsam politischen Behörden zu werden, und so glich denn auch in Frankfurt eine große Bankzentrale einem Ministerium oder einem fürstlichen Palais. Solche Palais gab es in Frankfurt noch in größerer Zahl – an der Taunusanlage stand neben den Bankpalästen etwa das neubarocke Palais Löwenstein, einst vom Kurfürsten von Hessen gebaut; nur noch zwei aus hellem Sandstein gemeißelte Wappenlöwen, die in die Gartenanlage vor der Deutschen Bank gesetzt sind, erinnern an dies erst nach dem Zweiten Weltkrieg abgerissene fürstliche Haus, das den Übergang von herrschaftlicher Repräsentation zu der Machtgebärde einer »Societé anonyme« so sinnfällig machte. In diesen Jahrzehnten vor dem Zweiten Weltkrieg formte sich an der Taunusanlage entlang des anstelle der Festungswälle entstandenen Parks ein erstes Frankfurter Bankenviertel, ein ernster Boulevard nach Londoner Vorbild: massive Herrschaftsarchitektur, die auf das Niemandsland gepflegten Grüns blickt – dahinter lag verborgen von einem Paravent riesiger Kastanien die damals noch dicht gedrängte mittelalterliche Innenstadt.

Frankfurt am Main war von frühester Zeit Handelsstadt, bald schon mit bedeutenden kaiserlichen Messeprivilegien ausgestattet. Heute kann man sich kaum mehr vorstellen, daß die Stadt lange Zeit im Weinhandel und im Kunsthandel von großer Bedeutung war, ein wichtiger Handelsplatz für viele Maler. Vor den Toren der Stadt entstanden große industrielle Unternehmen. Aber erst die nationale Katastrophe nach 1945 hat Frankfurt am Main, trotz Bethmann und Hauck und Metzler und Grunelius und wie die altehrwürdigen Privatbankhäuser der Stadt alle heißen – von Rothschild ganz zu schweigen –, recht eigentlich zur Bankenstadt werden lassen. Wahrscheinlich war es der eine Weile ernsthaft betriebene Plan, Frankfurt zur Hauptstadt der Bundesrepublik zu machen, der zur Ansiedlung der neugegründeten Bundesbank führte. Mit ihr kamen die Zentralen der Berliner Großbanken, und schließlich schien es, als müsse jede einigermaßen respektable Bank auf der Welt eine Repräsentanz in Frankfurt haben.

Nun, Frankfurt war nicht das Fürstentum Liechtenstein, aber es war unter den deutschen Großstädten die kleinste. Es gab Platz in der durch Bomben und rücksichtslose Wiederaufbauplanung plattgewalzten Altstadt, aber nicht viel. Es ist im nachhinein eine geradezu verrückte Vorstellung, daß es in der schwerstverwundeten Stadt tatsächlich noch so etwas wie eine »gute Adresse« gegeben haben soll, Straßen, in denen zu wohnen und ein Büro zu haben mit einem besonderen Prestige verbunden sei. Obwohl in die alte Stadt innerhalb des Anlagenrings, also »intra muros«, brutale

Schneisen geschlagen waren, blieb ein enger Altstadt-Kataster erhalten. Rund um die Bockenheimer Landstraße war ein bürgerliches Wohnviertel entstanden mit dreistöckigen klassizistischen Mietshäusern und überwiegend eher bescheidenen Stadthäusern von zwei Etagen. Es war im Krieg weniger getroffen als die Altstadt und stellte nun mit seiner Nähe zum alten Stadtkern gleichsam die Schokoladenseite dessen dar, was der Krieg übriggelassen hatte. Hier wohnte der angeschlagene Rest einer mittleren Bourgeoisie, nachdem die vielen Juden, die einst im Westend lebten, ohnehin vertrieben worden waren – hier stand auch eine stattliche Synagoge mit schöner Kuppel, sie hat den Krieg überdauert und bildet nach der Zerstörung der großen von Max Beckmann gemalten Synagoge am Börneplatz das religiöse Zentrum des neuen Frankfurter Judentums. In diese engen Gefäße ergoß sich jetzt mit Hochdruck der Strom der nach Frankfurt drängenden großen Verwaltungszentren der Banken. Raum hätte es für ein großes Bankenviertel durchaus gegeben: der Hauptbahnhof lag am Rande des alten Stadtzentrums, hinter ihm dehnten sich triste Vorstädte; die endlose Mainzer Landstraße war von den Stadtplanern vor dem Ersten Weltkrieg als Gerüst eines neuen Stadtviertels und als Broadway eines neben der Altstadt wachsenden modernen Frankfurt angelegt worden, aber bisher hatte sich dieser Plan nicht realisiert, die Mainzer Landstraße führte durch wüste Armseligkeit, der das Vorläufige, Unfertige auch dann anzusehen war, wenn es sich um spätgründerzeitliche Wohnquartiere handelte.

Warum ergriffen die Stadtplaner des Nachkriegs-Frankfurt nicht dies Geschenk, das ihnen die Vorkriegsplaner hinterlassen hatten? Sie standen vor der größten Herausforderung, seitdem unter Napoleon die Stadtmauern gefallen waren: einer Stadt von einer guten halben Million Einwohnern ein Administrationsviertel einer Mehrmillionenstadt zu inkorporieren. Hat irgendeiner der verantwortlichen Politiker und Stadtplaner überhaupt verstanden, welche Aufgabe vor ihnen lag? Wenn man die Entwicklung der Stadt nach dem Zweiten Weltkrieg vor Augen hat, darf man daran zweifeln. Mit ästhetischer Blindheit, mit historisch-politischem Ressentiment gegen die Geschichte der Stadt und mit der Unfähigkeit zu großen Entwürfen überließ man die Stadt dem, was nur mit Hohn »Ein freies Spiel der Kräfte« genannt werden dürfte.

Erstaunlich, wie tief sich das Korpus der untergegangenen Altstadt und ihres Westend-Anhängsels dem Bewußtsein aller Bauherren, Investoren und Stadtentwickler eingeprägt hatte. Es war immer noch, als ende mit der Stadtmauer das feste Land. Der peinliche Vergleich des Frankfurter Bankenviertels mit dem urbanistischen Weltwunder Manhattan, hier trifft er einen realen Punkt: In Frankfurt tat man wirklich, als sei die kleine Innenstadt wie die berühmte New Yorker Insel rings von Wasser umgeben, als sei man gezwungen, in die Lüfte zu streben und immer kühnere Höhen zu erreichen, weil dem Raum auf dem Boden von der Natur die engsten Grenzen gezogen waren. In nächster Innenstadtnähe, zwischen Hauptbahnhof und Messegelände, dehnte sich die Wüste, aber die sah man nicht, die neue Bank mußte um jeden Preis eine der verschwindend wenigen »guten Adressen« haben. So knapp der Boden, so weit ausgebreitet waren die Spekulations- und Korruptionssümpfe. Ein Wettbewerb der Bauherren entstand: Wer würde den höchsten Bankenturm besitzen? Über Jahrzehnte waren für die Frankfurter und die Besucher der Stadt nur die zerstörerischen Seiten dieser kraftgeladenen Planlosigkeit sichtbar. Viel Kostbares, das über den Krieg gerettet worden war, wurde nun geopfert. Die meisten Hochhäuser waren architektonisch von einer Trostlosigkeit, die sie schon beinahe wieder in die Unsichtbarkeit hob, so austauschbar und beliebig sahen sie aus. Um die Hochhäuser breitete sich Ödland aus, die Türme schufen keine städtischen Räume, sondern glichen gewissen gefräßigen Bäumen, unter denen kein Gras und keine Blumen gedeihen. Es kam eine Zeit, in der die Frankfurter ihre Stadt verloren gaben. Was sich da übergroß über die altkleinstädtischen Strukturen stülpte, das war keine neue Stadt, das war eine Betonlawine, unter der Frankfurt verschüttet wurde.

Immerhin, ein neues Phänomen war entstanden: Europa hatte bisher Residenzstädte, Beamtenstädte, Industriestädte und Handelsstädte gekannt, in dem Sinne, daß diese Städte ihren Charakter und ihr Aussehen, ihren Lebensstil und eben auch ihre Architektur der Anwesenheit eines Monarchen, einer Universität, einer Anhäufung großer Fabriken oder Bergwerke verdankten. In Frankfurt am Main entstand die erste wirkliche Bankenstadt Europas, eine Stadt, die ihr Äußeres beinahe ausschließlich den Banken verdankt, weil sie klein genug war, um in vergleichbar kurzer Zeit vollständig für ihre neue Funktion umgeformt werden zu können. Eines Tages begriffen sogar die Bankiers, an welchem Werk sie bisher weitgehend planlos mitgewirkt hatten, und verwandten auf die Architektur neuer Türme mehr Ehrgeiz. Was im Wildwuchs begonnen hatte, wuchs allmählich zusammen. Die Frankfurter sahen vor allem noch die gnadenlosen Riesenlöcher, die die Banktürme in das städtische Geflecht rissen, aber wer sich der Stadt vom Westen her auf der Autobahn näherte, der erlebte die Gruppe der Hochhäuser von fern schon als homogene Vedute, wie sie eigentlich nur auf den berühmten Merian-Stadtansichten möglich schien. Man begann, die Frankfurter Hochhauskulisse mit den Geschlechtertürmen von San Gimignano zu vergleichen; Stadtplaner, die bis dahin nur durch ihre Untätigkeit aufgefallen waren, bejubelten, was sich ohne ihr Zutun zurechtgerückt und zusammengeschoben hatte, als »Stadtkrone«. Und tatsächlich, eine solche Stadtkrone ist der Hochhaushaufen unversehens geworden, als habe sich der Genius loci des Mittelalters, organisches Wachstum auf engem Raum und ein dadurch bewirktes unwillkürliches Entstehen von Schönheit, auch in der Bankenstadt durchzusetzen verstanden. Am eindrucksvollsten ist dies von den Banken erbaute Frankfurt bei Nacht von der Mitte der Eisenbahnbrücke neben der einstigen Großmarkthalle und zukünftigen Europäischen Zentralbank zu betrachten. Von hier aus rücken die Türme zu einem scharf umgrenzten Hochhausgebirge zusammen; die leichte Biegung, die der Main hier macht, läßt den Fluß wie einen See erscheinen, an dessen Ufern sich ein bunt strahlendes Tivoli, eine verzauberte Ölraffinerie, eine im Filmatelier ersonnene Gotham City erhebt.

In gebührendem Abstand, der, man wagt es in Frankfurt kaum zu hoffen, auch in Zukunft eingehalten werden möge, erhebt sich die dunkle Masse des Domturms, des schönsten Frankfurter Bauwerks, und legt davon Zeugnis ab, daß Monumentalität eine Frage der Proportionen sein kann und mit den schieren Ausmaßen nichts zu tun haben muß. Daß die Banktürme nicht ebenso viele Jahrhunderte stehen werden wie der Domturm, wissen aber selbst deren Architekten, die sie inzwischen hin und her schieben, als handele es sich um die Türme auf dem Schachbrett. Nur eins steht fest: Die Bankenstadt Frankfurt ist noch nicht fertig.

## Schall und Klang der Transoxanen

*Eine Pilgerfahrt zum Festival der Volksmusik in Samarkand*

### *Das Gold des Orients*

Wie sehen die Usbeken aus? Im Gedränge des großen Basars von Taschkent, der unter pantheonshaften Betonkuppeln seine Stände präsentiert, bewegt sich eine Menge, in der jedes Gesicht einem anderen Volk anzugehören scheint. Blonde russische Frauen, Tataren, Türken, Kirgisen, Mongolen, Braunhäutige und Weißhäutige, Menschen, die am Mittelmeer leben könnten, an der Ostseeküste oder an den Grenzen Chinas. Die alten farbenprächtigen Trachten, die die Frauen unter Stoffgebirgen begruben, sind verschwunden, aber die westliche Mode der Gegenwart ist noch nicht zu den Volksmassen gedrungen. Die Frauen tragen schöne einfache Kleider, wie Dienstmädchen oder Reispflückerinnen in einem italienischen veristischen Film der vierziger Jahre. Gegen die sengende Sonne spannen sie einen Schirm auf. Die Zusammenkunft so vieler Menschen macht kaum ein Geräusch, kein Schreien und Zanken um den Preis ist zu hören, auch das Handeln ist ein stilles, nachdenkliches Gespräch. So bescheiden die Waren aber auch sind, die Berge von Zwiebeln und die Wassermelonen, die Honigtöpfe und die zuckrigen Süßigkeiten, die Verheißung großer Kaufmannsschätze wie einst zu Zeiten der Seidenstraße ist stets gegenwärtig. Die junge Verkäuferin lächelt und entblößt dabei Zähne aus warm leuchtendem Rotgold. Auch ihre Mutter hat reingoldene Zähne, und das Gebiß des würdigen Vaters, der Artischocken schält, ist gleichfalls aus lauterem Gold. Das ganze Gold des Orients, alle köstlichen Farben der Teppiche und Seidenstoffe, die ganze phantastische Farbigkeit des alten orientalischen Lebens ist in diesen goldenen Zähnen zusammengefaßt und aufgehoben, denn die Gegenwart ist karg und grau. Die Frauen zeigen ihre schönen Gesichter, aber tragen ihre Brautkrone im Mund und lassen sie gelegentlich aufblitzen, eine Verheißung von innerem Reichtum, der keine Phrase ist, sondern überprüfbare Wirklichkeit.

## *Timurs Reich*

Timur Lenk, »Der Lahme«, war der Sohn eines kleinen Provinzhäuptlings nahe der uralten, schon von Alexander dem Großen eroberten Stadt Samarkand. Als er starb, hatte er ein Reich unterworfen, das größer als das alexandrinische war und von China bis Byzanz reichte. Den elendesten Dörfern rund um seine Hauptstadt Samarkand gab er die Namen der stolzesten Metropolen des Westens – Paris, Damaskus, Beirut, Rom –, um seinen gottgleichen Abstand zu den Mächten des Westens auszudrücken. Seine Herrschaft war der Schrecken. Schädelpyramiden aus hunderttausend Köpfen säumten seinen Weg. Ganze Landstriche machte er menschenleer. Aber er war kein Barbar. Um seine Hauptstadt als Zentrum der Erde erscheinen zu lassen, verschleppte er Architekten und Kunsthandwerker, Seidenwirker und Kalligraphen und entfaltete eine beispiellose Bautätigkeit. Der Eroberer, der im Sattel lebte, wußte, daß in seinem Rücken wahre Steingebirge entstanden.

Das Grundmodell der Moscheen, Medressen und Mausoleen Timurs ist einfach. Ein hohes, aus Ziegelstein gemauertes Rechteck mit einem Spitzbogentor darin wird von einer halbkugelförmigen Kuppel dahinter überragt. Dies Modell ist von solch schnörkellosem Purismus, als habe ein in reine trigonometrische Körper verliebter Bauhausarchitekt es erfunden. In jeder Größe kann man es sehen: kapellenklein und kathedralengroß. Die Außenseite ist mit einer ornamentreichen Kachelhaut überzogen, mit Inschriften, Blütenranken und geometrischen Mustern geschmückt, als seien die Gebäude ganz mit schimmernden Seidenteppichen behängt. Der Registan von Samarkand ist von drei solchen Kachelkathedralen in Türkis und Gelb umgeben. Wie drei abstrakte Sphingen, wie drei prunkvolle Zigarettenfabriken, wie drei Weltausstellungskopfbahnhöfe stoßen die Riesentore aufeinander. Das große Tor der Bibi-Khanum-Moschee sprengt in seiner elefantenhaften Monumentalität jedes wahrscheinliche Maß. Man wendet den Kopf, sieht wieder hin und staunt, daß es noch größer ist, als es auf den ersten Blick schien. Nach dem Zerfall von Timurs Reich ist es diesen Zeugnissen seiner einzigartigen Gewalt nicht gut ergangen. Die Kacheln platzten von den Mauern und zerschellten auf dem Boden. Kuppeln stürzten ein, denn sie waren in Angst und Schrecken vor dem ungeduldigen Bauherrn hastig eingewölbt worden. Aus den Himmelstoren wurden erdfarbene Felsformationen, als Architektur kaum mehr erkennbar, aber immer noch erhaben. Alte Photographien zeugen von diesem Zustand. Schon Stalin begann aber, den Verfall aufzuhalten. Fühlte er sich Timur verwandt, dessen Mausoleum er frisch vergolden ließ? Heute strahlen die Medressen und Moscheen in taufrischer Kachelpracht. Selbst die Mammutruine der Bibi-Khanum-Moschee wird wieder aufgebaut – was einst die Kräfte eines Weltreichs kaum vermochten, will nun das schwache Usbekistan leisten.

Denn Timur, der sich Chinesen und Griechen unterwarf, wird heute als Stifter Usbekistans gefeiert. Überlebensgroße Bronzestatuen stellen den kleinen Hinkenden als muskulösen kantigen Heros dar, der unbestimmt an Gregory Peck erinnert. Auf großen Plakaten schaut Timur unter goldenem Helm streng, aber gerecht auf seine Usbeken. Das große Festival der Volksmusik in Samarkand wurde von Staatsführung und Diplomaten mit einer feierlichen Kranzniederlegung an Timurs Grab eröffnet. Und welche Völker traten zum friedlichen Sängerkrieg auf dem Registan an, auf jenem imperialen Platz, auf dem Timur Recht sprechen und pfählen, Markt halten und tanzen ließ? Mongolen und Griechen, Armenier und Georgier, Kasachen und Kirgisen, Aseri und Turkmenen, Inder und Usbeken – gehörten sie alle nicht zu Timurs Reich? Kamen Italiener und Araber, Nepalesen und Ägypter nicht als Kaufleute nach Samarkand? Ist das Sängerfest, das Usbekistan auf seinem großmächtigen Registan ausrüstet, etwas anderes als eine Hommage an das Riesenreich des Timur? Neu glänzen Timurs Kachelkuppeln, die Altstadt, die sie umgab, ist abgerissen, ein weites Glacis umgibt die geschuppten Wälle. Käme Timur zurück, er könnte in aller Strenge befriedigt nicken.

## *Taschkent ist der Staat*

Die Ästhetik des typischen Photo-Bildbandes schöpft aus dem Zusammenstoß vormoderner, in Armut gesunkener Welten mit einer schon wieder verrostenden Industrie: Bilder von angestoßenen Emaille-Eimern, mageren Eseln vor eingestürzter Konservenfabrik, verwitterten Reklamemalereien auf blätternden Mauern, Märkten, auf denen die Coladosen neben abgeschlagenen Schafsköpfen stehen. Taschkent ist wie geschaffen für solche Bildbände. Auf welchem Erdteil steht diese Stadt? Die Spuren ihrer Geschichte muß man mit der Lupe suchen. Mehrere Wellen kolonialer Modernisierung haben die meisten Erinnerungen an das alte Taschkent weggespült, ohne eine eigentlich moderne Stadt hervorzubringen. Die Zaren haben einen bescheidenen Kolonialklassizismus, von vielen Farbschichten verkrustete Gipsfassaden, zurückgelassen. Stalin hat hier ähnlich gebaut wie die Engländer in der indischen Provinz. Dann kam das große Erdbeben von 1966 und schuf Platz für die sowjetische Idealstadt aus pathetischen Wohnmaschinen. Taschkent ist die Stadt der schönsten Plattenbauten der Welt, mit Betonerkern, kühnen Treppentürmen, mit Betonschmuckteilen, Atelierfenstern, runden Kajütenluken und unregelmäßig geformten, hundertfach übereinandergetürmten Balkons. In ihrer Vernachlässigung mit bunten Gardinenfetzen und sonnengebleichten Mauern beschwören diese Hochhäuser eine Großstadt der Phantasie, in der Romane von Camus oder Genet spielen könnten. Im Innern Taschkents kreuzen sich die Alleen und lassen die Stadt unsichtbar werden. Das Volk der Bäume tritt an die Stelle wirklicher Menschen, die Architektur der Baumreihen an die Stelle wirklicher Großstadtstraßen. In der rosa getünchten Portiersloge eines Ministeriums sind zwei große Pendeluhren angebracht, beide nicht aufgezogen. Das Ölbild des verschneiten Pamir hängt schief. Der Portier malt Zahlen in ein altertümlich gedrucktes Formular aus Fließpaper. Schöne füllige Frauen plaudern leise.

Jede Erregung scheint in Taschkent ausgeschlossen. Die bedrückende Lage des Landes, die Austrocknung des Aralsees, die Katastrophe der Baumwollmonokultur, die hohe Arbeitslosigkeit, die wirtschaftliche Abhängigkeit vom Heroinhandel mit Afghanistan, wird von dem wohlwollenden Diktator des Landes durch Heilschlaf therapiert. Wenn bei jeder Bewegung Unheil droht, ist der Status quo das Paradies. Und gelegentlich wird das Korsett etwas straffer gezogen, damit die lenkende Hand im Traum dieses Schlafes nicht völlig in Vergessenheit gerät.

Dann wird Taschkent wie auf einen Pistolenschuß hin zur Festung. Kein Landbewohner darf die Stadt mehr betreten, um blutige, dumpf riechende Schafseiten auf den großen Basar zu fahren. Barrikaden aus Lastwagen und Omnibussen versperren die breiten Avenuen und zwingen zu labyrinthischen Umwegen. Polizisten mit karnevalistisch breiten Tellermützen sind allgegenwärtig; überall Ausweiskontrollen und Passierscheinüberprüfungen. Die Stadt erwacht und erstarrt zugleich. Ist dies eine Palastrevolution? Ist dies die Ausrufung des Ausnahmezustandes? Bereitet sich das Land auf den Krieg mit den Taliban vor?

Es ist der Nationalfeiertag. Der Präsident will die zehnjährige Unabhängigkeit seines dünn besiedelten Vielvölkerstaates mit einem Feuerwerk begehen. Er wird eine lange Rede halten, und das Publikum der als zuverlässig und gehorsam überprüften Untertanen wird ihm in tiefem Schweigen lauschen. Das große Volk der Usbeken – wer hat es wann erfunden? – ist in diesem Augenblick Wirklichkeit.

### *Die Wiege des Islam*

Buchara und Samarkand – der Klang dieser Namen beschwört eine luxuriöse, verfeinerte Kultur des Islam, die Welt der Karawanen und der Schriftgelehrten. Der Sowjetstaat hat dem Orient den Orient gründlich ausgetrieben. Keine Kamele in Buchara und Samarkand, keine Badehäuser, keine Friseure, kein Rosenöl und Weihrauch, keine Wasserpfeifen, keine Turbane und keine Frauenschleier. Die dortige Form des Schleiers bestand aus starren Roßhaarröhren, mit denen die Frauen aussahen wie riesige Schmetterlingspuppen; sie wurden nach dem Sieg der Sowjets über den letzten Emir von Buchara auf dem Platz vor der fürstlichen Burg verbrannt. Im Staat des Emir habe das Recht nicht viel gegolten, hört man, aber seine Hauptstadt war ein architektonischer Juwelenkasten mit vierhundert türkis überkuppelten Medressen und Moscheen. Siebzig dieser Bauwerke haben die Sowjets stehen lassen, und wenn man an der richtigen Stelle steht, sieht man immer noch eine erstaunliche Vielfalt der Tore und Kuppeln, wie Klötze eines Riesenspielzeugs zusammengeschoben.

Offen stehen die Tore der Moscheen, aber es fehlen die

Regale für die Schuhe, denn die Schuhe kann man getrost anbehalten. Prachtvoll sieht es in den Höfen aus, in denen einst zehntausend Studenten über den Koran gebeugt waren. Alte Teppiche, brokatene und seidene Kaftane, handgeschmiedete Messer und handgestickte Decken sind ausgebreitet. Es naht die weißhaarige Schar einer Studiosus-Reisegruppe, und unter der Kuppel, unter der einst die unerschöpfliche Weisheit des Weltenschöpfers gepriesen wurde, beginnt ein munteres Feilschen; dreißig bis vierzig Prozent Nachlaß, hat der Reiseführer erklärt, sind auf jeden Fall drin. Ein Mädchen sitzt in der Nische, die einst dem Imam vorbehalten war, und webt an einem historischen Webstuhl einen Seidenschal mit typisch usbekischem Muster. Ist die Religion so etwas Ähnliches wie eine aussterbende folkloristische Handwerkskunst? Sind das Beten und das Weben alter Muster gleich weit von moderner gesellschaftlicher Realität entfernt? Das kostbare Kalon-Minarett von Buchara wird von keinem Muezzin mehr bestiegen, um die Gläubigen an die Gebetszeiten zu erinnern. Keine der restaurierten, beinahe neu errichteten Moscheen Timurs in Samarkand sind dazu bestimmt, vom Freitagsgebet erfüllt zu werden. Am Rand der Städte findet man stille Heiligtümer, die der Religion noch dienen dürfen, an Wasserbecken gelegen, in denen sich riesige Platanen spiegeln, mit offenen, von Holzsäulen nach indischem Vorbild getragenen Hallen, poetisch-bukolische Orte, an denen ein paar junge Leute in kamelhaarfarbenen Kaftanen den Gebetsgesang erlernen. Nach der harten Unterdrückung des Islam unter dem Sowjetregime sei der angestammten Religion nun wieder eine gewisse Entfaltung erlaubt, wird behauptet, aber das schließt argwöhnische Beobachtung offenbar nicht aus. Es dürfte wenige Regierungen in der Welt geben, die die islamische Religion in so hartem Griff halten.

Weil die berühmten Heiligtümer den Imamen verschlossen bleiben, entstehen mit saudiarabischem Geld neue religiöse Zentren. Das Grab Al Bucharis, eines großen Nachfolgers des Propheten, hat einen Schrein von der Pracht eines Achat-Tischfeuerzeugs erhalten. Auf den Straßen Bucharas kann man handgeschriebene Korane aus dem neunzehnten Jahrhundert für ein paar Dollars kaufen, aber hier liegen in einem kleinen Museum neu gedruckte Prachtausgaben, eine davon gestiftet von »The King of the Iran Islam Republic Ayatollah Rafsandshani«, wie die Übersetzung der kalligraphischen Dedikation verrät. Des Beistandes der ganzen islamischen Welt vergewissern sich am Grab Al Bucharis die usbekischen Muslime. Niemand scheint zu wissen, wie viele sie sind, weil es sie offiziell lange überhaupt nicht gab. Timur der Lahme hat aus Babylon die Gebeine des alttestamentarischen Propheten Daniel nach Samarkand gebracht. In einem bescheidenen, aber vielbesuchten Mausoleum nahe einer Quelle steht sein Sarkophag. Achtzehn Meter lang ist der einfache Kubus, denn der Prophet wächst in seiner Totenruhe langsam und beständig. Wird der usbekische Islam sich den Propheten Daniel zum Vorbild nehmen und im verborgenen beständig und still vor sich hin wachsen?

## *Volkskunst ist Kunst fürs Volk*

Der »Westöstliche Diwan« spricht vom »Schall und Klang der Transoxanen«, ein Wort, das ein Musikfestival in Samarkand, jenseits des Oxus, des heutigen Amu-Darja, als Motto wählen könnte. Die Volksmusik Asiens ist seit langem für das westliche Publikum, dessen Ohren von der eigenen neuen Musik geschärft und zugleich unbefriedigt gelassen werden, beinahe so etwas wie eine Verheißung geworden. Wunderdinge waren von dem usbekischen Festival in den europäischen Zeitungen zu lesen. Die Lieder der Sufis, die Gesänge der Nomaden aus der Steppe, die Ragas Indiens würden auf dem »schönsten Platz der Welt« unter der pflaumenfarbenen Schwärze des zentralasiatischen Nachthimmels dargeboten.

Die meisten Bürger Usbekistans sind nicht reich, besitzen aber dennoch ein Fernsehgerät, was es bekanntlich auch dort gibt, wo die Krankenhäuser nicht genügend Penizillin haben. Das große Ereignis des »Sharq Tarollari« sollte deshalb vor allem ein Medienereignis sein. Aufblasbare Comicfiguren, drollige usbekische Musikanten waren als Riesengartenzwerge über die Weiten von Timurs Registan verteilt worden. Bunte Stoffdekorationen überragten die Mammutbauten. Weil Unbewegliches für den Film nicht dankbar ist, belebte eine Diskotheken-Light-Show die Kachelfassaden mit den kalligraphischen Koransuren. Das Podest der Sänger, etwa fünfzig Meter vom Publikum entfernt, war mit Sand in psychedelischen Farben beklebt. Die Ausstatter schwelgten im Raum. Samarkand, nahe an der afghanischen Grenze, bot Weltniveau.

Die Ägypter traten in einer Aida-Kostümierung auf und begleiteten mit europäischen Geigen und Cellos den heiseren Gesang ihres Stars. Die Mongolen aus dem Altai-Gebirge ließen mit ihrem Schamanenzauber die Umgebung, in die sie da geraten waren, kurz vergessen. Mit schrillen Pfiffen, wolfsartigem Knurr-Belcanto, Schluchzkoloraturen, Pferdegaloppieren auf der Maultrommel, Walfischgesang, hustendem röchelndem Singen bis hin zum Weinen der Säuglinge verwandelten sie sich unaufhörlich, um die Geschichte ihres Volkes zu erzählen. Aber dann kamen schon die Griechen, deren Geigenvirtuose verdächtig Irisches produzierte, und Indonesier mit Klappharmonika und Xylophonen, aber auch moderner Gitarre, um die Joan Baez der Malaien zu begleiten. Die Armenierin stimmte zu Pianobegleitung vom Band ein drohendes existentialistisches Chanson an. Der Julio Iglesias von Turkmenistan feierte in einer Arie die »beautiful blossom of Turkmenistan«; zu Hause war ihm das Opernhaus geschlossen worden. Die Aseri versöhnten mit ihrem scharf zirpenden Mandolinenstakkato und anschwellenden Koloraturen, aber dem folgte die schwäbische Volkstanzgruppe mit Juppheidi und Klatschen auf den Lederhosenhintern, was das von Hunderten von kleinen Kindern durchsetzte Publikum teils befremdete, teils aber auch begeisterte. Die Georgier sangen schon im Hotel, denn Singen war ihr Leben, wirkten auf der Bühne dann aber etwas matt. Die aus Holland stammenden Marokkaner schlugen eine Brücke zum Argentinien des Astor Piazzolla. Bei den Indern steigerte sich die Kraft des Synthesizers zu trommelfellsprengender Gewalt. Wer in das altertümliche hölzerne Teehaus flüchtete, vor dem zwei Pfauen im Qualm der Braterei hockten und ein zahmer Geier blutige Schaschlikabfälle hackte, verpaßte die Preisverteilung, die von der hohen diplomatischen Staatskunst der neuen Nation zeugte. Usbekistan gab sich zwar den ersten Preis, teilte ihn jedoch mit Aserbaidschan, hob Georgien mit Indien auf die zweite Stufe und versöhnte Griechen und Türken mit einem gemeinsamen dritten Platz. Die beste Gruppe, die Mongolen, erhielt, gleichsam *hors concours*, einen UNESCO-Preis. Für die Gefahren der Schaukelpolitik, die Usbekistan im Kriegszug gegen Afghanistan bevorstehen, zeigte sich das Land vorzüglich gerüstet.

### *East meets West*

Nachts auf der Hotelterrasse kamen die Musiker aus allen beteiligten Ländern zusammen und brachten ihre Instrumente mit, ihre Trommeln, Zithern, Lauten, Gitarren und Geigen. Die Türken aus Amerika hatten die naive Geselligkeit ihrer neuen Heimat angenommen und begannen mit dem Trommeln und Pfeifen in den orientalisierenden Dissonanzen, die durch jede deutsche Fußgängerzone klingen. Die Griechen mit ihrer irischen Kneipenmusik fielen behende fiedelnd ein. Indonesier und die aus Holland stammenden Marokkaner zupften und sangen; Israelis, Turkmenen und Aseri fanden sich ohne Schwierigkeit in den vorgegebenen Harmonien und Rhythmen zurecht. Was einmal Zeugnis alter, voneinander streng geschiedener Kulturen gewesen sein mochte, fügte sich jetzt bequem zusammen. Die Rhythmen verschoben sich, zunächst unmerklich, dann immer deutlicher. Waren das Synkopen? Die Köpfe wiegten sich nun schon wie bei einer Jam Session, und war es nicht eine große asiatische Ethno-Marmelade, die hier angerührt wurde? Die amerikanischen Türken waren gewiß die Triebkraft dieser Verschmelzung, aber ernsthaften Widerstand setzte ihnen niemand entgegen. Alle waren bei der Sache. Dies war die Musik, die sie wirklich machen wollten.

Am Rande standen stumm und schüchtern, wie es schien, die Altai-Mongolen mit ihren Bronzegesichtern. Die Munterkeit dieses Schrammelns und Brummelns, dieses Klarinettenjaulens und Getrommels schloß sie aus. Aus der jetzt schon zu einer einzigen Combo zusammengewachsenen Gruppe von Volksmusikern erreichten sie zwar gelegentlich Aufforderungen zum Mitmachen, aber sie wußten nicht, wie sie ihnen hätten entsprechen sollen. Schließlich wurde dem Haupt der mongolischen Delegation, der entfernt sitzenden Frau Direktorin Evdokia Nidejeva, die schwierige Lage ihrer Untergebenen klar. Sie stand auf. Die Direktorin war groß und schwer. Ihr Gesicht war ein weißer Vollmond, in dem klein, aber präzis Augen, Näschen und Mündchen eingezeichnet waren. Verachtung, Kraft, Ruhe, Befehlsgewohntheit standen in ihren Zügen. In die mongolischen Musiker fuhr der Geist der Direktorin. Sie machte einen Schritt nach vorn, mitten ins brodelnde Zentrum des Ethno-Sumpfs. Dort wurde sie in harmloser Kameradschaftlichkeit empfangen, die Musikantenbrüder wußten noch nicht, was es geschlagen hatte. Die Direktorin, ein menschlicher Turm, gebot mit scharfer Stimme Ruhe. Manche Dudler verstanden das Russische nicht sofort; vereinzelte »Anatevka«-Melodien verströmten noch ihren Optimismus in Moll, bis auch sie in sich zusammensanken.

Schweigend saßen die Mongolen in dem verwunderten Kreis. Es dauerte einige Augenblicke, bis man verstand, daß sie längst sangen. Aus ihren unbewegten Gesichtern quoll in kaum mehr wahrnehmbarer Tiefe ein Ton wie ein schwerflüssiger Strom hervor. Es war, als seien die Sänger durch ein Rohr, das durch ihre Körper ging, mit dem Erdmittelpunkt verbunden, als sei ihr Gesang nur das ferne Echo mächtiger chthonischer Bewegungen. Die Runde lauschte beklommen. Nur ein Klarinettist versuchte sich dem Bann zu entziehen und, eine launige Phrase improvisierend, in den Gesang hineinzututen; nach den ersten Tönen traf ihn der Blick der Frau Direktorin wie ein Blitz. Entgeistert ließ er sein Instrument von den Lippen sinken. Als die beiden Sänger an das Ende ihres unvergleichlichen Liedes gelangt waren, oder besser, als es allmählich aufhörte, aus ihnen herauszudringen, suchten ihre Augen die Meisterin. Weder Anerkennung noch Tadel war ihrer Miene anzumerken; nur eine winzige Kopfbewegung gab ihnen das Zeichen, sich augenblicklich aus der Gesellschaft zu entfernen. Gewiß, es gab Beifall für die Kunst der Mongolen, aber die vielen Hände der eben noch Wohlgelaunten klatschten, als hätten sie einen Widerstand zu überwinden. Frau Direktorin Evdokia Nidejeva – wie unpassend klang ihr russifizierter Name – wandte dem Kreis den Rücken. Im Krieg Ost gegen West hatte der Osten eine Schlacht gewonnen.

# Arme neue Stadt

## *Ein Pamphlet*

Alles hat seine Zeit, und so kann man auch die Jahre, in denen die schönsten bürgerlichen Wohnungen gebaut wurden, klar bestimmen. Wie jede große Zeit in dem unruhigen, veränderungssüchtigen Europa dauerte sie nicht lang, etwa zwischen 1880 und 1910. Diese Jahre werden Gründerzeit genannt, weil damals die großen deutschen Industrieunternehmen und Banken gegründet wurden, es waren goldene Jahre in der an glücklichen Epochen armen deutschen Geschichte. Chesterton nennt das eigentliche Zeitalter der Demokratie das neunzehnte Jahrhundert. Die Gründerzeitwohnungen sind denn auch die Übertragung des Schloß-Ideals in bürgerliche Verhältnisse. Jeder sollte in einem Schloß wohnen können – nun, nicht jeder, aber doch viele, jedenfalls unvorstellbar viel mehr Menschen als in allen vorangegangenen Jahrhunderten. Was bis dahin nur zu einem Schloß gehörte, die hohen Decken, der reiche Stuck, die Flügeltüren, das knirschende Parkett, die Enfilade, die Suite der Repräsentationsräume und die davon geschiedenen privaten Zimmer – das wurde nun in großen Wohnvierteln tausendfach für Beamte und Professoren, für Ärzte und Anwälte verwirklicht, die bis dahin, auch wenn sie wohlhabend waren, in den beschränkten Kammern und Stübchen der ehrwürdigen dichtgedrängten Altstadthäuser gelebt hatten, in bestrickend schönen und phantasieanregenden Gemäuern, denen aber die ständische Subalternität deutlich an die schmalbrüstigen Fassaden geschrieben war. Und nun dies herrliche Meer von Platz um die Bewohner. Jeder Raum war in seinen Proportionen genau konzipiert: die Stuck-Pannaux an den Wänden rahmten die in ihnen gehängten Bilder ein zweites Mal und waren auch ohne Bilder ein Schmuck und eine Gliederung der Flächen; der Stuck akzentuierte die Dekkenmitte und bildete einen Sockel für den Kronleuchter. Mit seinen kassettierten Türen und Lamperien, dem Holzwerk um die Fenster und den kaminförmigen Heizungsverkleidungen waren die Zimmer eingerichtet, ohne daß ein einziges Möbel in ihnen stand. Aber dies innenarchitektonische Konzept – besonders schön noch in den Holzstichen des alten Larousse dargestellt – bewährte sich aufs beste in den auf die Gründerzeit folgenden ästhetischen Moden.

Geschaffen waren diese Wohnungen für den teuren oder auch billigen Theaterprunk der Makart-Dekorationen, aber in den schlankeren Zeiten, die diesem Opulenzbedürfnis folgten, bewährten sie sich womöglich erst richtig. Ein Grundgesetz des Bauens offenbarte sich in den Gründerzeitwohnungen: daß sich der architektonische Wert eines Gebäudes erst erweist, wenn es in vollkommen gewandelten ästhetischen und politischen Verhältnissen nicht nur standhält, sondern ihnen sogar noch entgegenkommt. In unserer Gegenwart will ja eigentlich niemand eine andere als eine Gründerzeitwohnung haben; das gilt übrigens auch für die gründerzeitlichen Arbeiterwohnungen Berlins und Frankfurts. Selbst ehrgeizige Architekten, die ihrer Klientel millionenteure Villen hinsetzen, ziehen für sich selbst eine Gründerzeitwohnung vor. Die Matratzenlager der studentischen Wohngemeinschaften und die Chintzsofas und Ahnenportraits der Aristokraten, die dreißig Meter langen Bücherwände asketischer Intellektueller und die schwarzen Ledersofas von Cy-Twombley-Sammlern fügen sich am besten in Gründerzeitwohnungen ein.

Ist es nicht bezeichnend, daß die musikalische Entsprechung dieser Wohnungen, der Flügel, seine beste Zeit genau in den Jahrzehnten hatte, als diese Wohnungen geschaffen wurden? Kenner sagen, daß nie wieder Flügel von solcher

Qualität gebaut wurden wie zwischen 1880 und 1910: aus Bukowina-Fichte, auf Nordhängen über achthundert Meter Höhe im Winter geschlagen. Der Flügel ist das Fabelwesen, nach menschlicher Ergänzung verlangend wie eine antike Chimäre, für die diese gründerzeitlichen Labyrinthe geschaffen wurden. Sie sind Klangräume. Schon während sie schweigend daliegen, geht ein leises Beben durch sie, ein sanftes Scheppern der Doppelfenster, ein Ächzen der Böden, ein beinahe unhörbarer Hall. Es sind Räume, denen man zutraut, daß sie sich recken können; oft hängen ihre Böden etwas durch und korrigieren sanft die Diktatur des rechten Winkels.

Ich habe diese Wohnungen, diese Häuser zweimal im Zustand der Zerstörung gesehen. Das erste Mal in meinen Kinderjahren zwischen 1955, als wir von Königstein nach Frankfurt zogen, und 1965. Das Frankfurter Westend hatte während der Bombardierungen einige schlimme Treffer abbekommen, gehörte im ganzen aber zu den weniger zerstörten Stadtvierteln. In unserem Haus wohnte im Souterrain eine verwachsene Putzfrau, die vom Hauseigentümer ein lebenslanges Wohnrecht zum Dank dafür erhalten hatte, daß sie während der Angriffe auf dem Dach herumgekrochen war und die Brandbomben in den Hof geworfen hatte. So konnte dieses Haus den Krieg überstehen, ein großer neugotisch dekorierter Kasten, dessen kupferne Wetterfahne die Jahreszahl 1897 zeigte. Dieses Haus mit seinen 200-Quadratmeter-Wohnungen war während der Angriffe noch nicht einmal fünfzig Jahre alt gewesen, aber es schien aus weit zurückliegenden Epochen zu stammen. In seiner Nachbarschaft lagen einige Ruinen, die in den mehr als zehn Jahren nach dem Krieg das Verletzte, Verbrannte, Schockierende aber verloren hatten; die Steinhaufen hinter den Fassaden mit den leeren Fensterhöhlen waren bewachsen, Bäumchen und kräftig wucherndes Unkraut bedeckten die Verwundungen, es war sogar schon eine dünne Erdschicht entstanden.

Aus den Schutthalden ragten prachtvolle Buntsandsteinquader in dem dunklen Rot, das für die älteren Frankfurter Häuser bezeichnend ist. Die häufig erhaltenen Eingangstore, die nun ins Leere führten, waren zu eindrucksvollen Skulpturen geworden. Erhaltene Stücke des Backsteinmauerwerks zeigten sorgfältig gemauerte Bögen und Lisenen, kleine Kunstwerke des Maurerhandwerks. In diesen Ruinen zu spielen war, als klettere man im Gemäuer einer verfallenen Ritterburg herum.

Die zweite Zerstörung der den Krieg überstanden habenden Westend-Häuser begann in den sechziger Jahren. Die von der Stadtregierung angeheizte Bodenspekulation bediente sich der willigen Hilfe der Kunsthistoriker, um das innenstadtnahe Wohnviertel in ein »City-Erweiterungsgebiet«, wie es hieß, zu verwandeln. Der Landeskonservator durfte die gründerzeitlichen Häuser für »künstlerisch wertlos« erklären, einer »eklektischen, geschmacksunsicheren Epoche« entstammend, eine bürgerlich rückständige Gesinnung befördernd – das schwatzte sich gegen den Augenschein Begriffsklumpen zusammen, die in Deutschland immer ein leichtes Spiel gegen die Evidenz haben. Während die Feuersbrunst, die vom Himmel gefallen war, den Häusern einen würdigen Tod beschert hatte, prägte diese große Abrißphase mir Bilder der Schändung ein: Erst standen die bereits zum Verschwinden bestimmten Häuser noch jahrelang verwahrlost herum, mit herausgerissenen Fenstern und Türen, ein übler Geruch drang aus ihnen, dann schließlich wurden sie auseinandergerissen wie ein Aas, über das sich die Hyänen hermachen.

Meine Schule war das Lessing-Gymnasium, im Krieg schwer getroffen, aber ein Flügel mit kirchenhohen Klassenzimmern, deren Fenster denen eines Malerateliers glichen, im Sommer von einer dichten Reihe alter Kastanien beschattet, war erhalten, und auch die Eingangshalle mit elefantendicken graupolierten Granitsäulen stand noch. Alfred Hrdlicka erzählte mir, daß er in den Nachkriegsjahren eine Reihe solcher Säulen aus kriegszerstörten Ringstraßenpalais für seine Arbeit bekam; die gotisch qualvoll verdrehte Form seiner Skulpturen erklärte sich auch aus der Säule, in der sie gesteckt und aus der heraus er sie hervorgeholt hatte. Jede schöne geschwungene Säule mit ihrer Bauchigkeit und ihrem Kapitell ist eine Menschenstatue; Karyatiden sind im Grunde eine unnötige Verdeutlichung dieser Tatsache; das hätte ich mit vierzehn Jahren, als ich Zeuge wurde, wie die Granitsäulen dieser Schulhalle von Baumaschinen umgeworfen wurden, nicht so benennen können, aber das Gefühl, daß mit dieser Zertrümmerung der unbeschädigten Monolithen etwas Sakrilegisches geschah, beherrschte mich, und ich erinnere mich auch, damals die ersten Stimmen der Empörung über diesen Abriß gehört zu haben. Das brave Bürgertum, das von wissenschaftlicher Seite doch so nachhaltig über die Wertlosigkeit dieser Architektur aufgeklärt worden war und solche Wissenschaftlichkeit noch als wirkliche Autorität empfand, sah immer mehr billige Betonhäuser an die Stelle der für Jahrhunderte gebauten Gebäude rücken und konnte sich über die Erbärmlichkeit, die die Straßen zu säumen begann, mit allen schönen Fortschrittsdevisen nicht mehr hinwegtäuschen. Wie es immer in der Geschichte ist: Winzige Fortschritte in Einsicht und durch Erkenntnis verändertem Handeln müssen stets mit gewaltigen Opfern erkauft werden; Hoffnung auf die angemessene Wertschätzung darf nur das beinahe schon Verschwundene, das noch nicht restlos Ausradierte hegen. Wenn die verbliebenen Reservate der Gründerzeit-Mietshäuser aber jetzt auch Schonung genießen und als Geldanlage weit mehr gefragt sind als das luxuriöseste neue Apartmenthaus – eine Konsequenz haben Architekten und Bauherren aus ihrer neuen Liebe nicht gezogen. Die hohen Räume, die einst für Oberlehrer und Regierungsräte geplant wurden, erscheinen unseren zeitgenössischen Plutokraten als geradezu sündhaft, würde ihnen zugemutet, selber solche zu bauen. So wurden die letzten bewohnbaren großzügigen Gründerzeitwohnungen unter Stalin von deutschen Kriegsgefangenen hingestellt: In Moskauer Wohntürmen der fünfziger Jahre findet man Intarsienparkett, Empirestuck und Flügeltüren mit Spiegeln und Kassetten. Zur selben Zeit ließen die Stadtplaner der westdeutschen bombenzerstörten Städte Schneisen durch die Altstädte schlagen und säumten sie mit den Schuhschachteln, in die gedrückte Fensterlöcher geschnitten waren.

Wäre es die schiere Not der Kriegsverlierer gewesen, die sich in diesen Nach-Verwüstungen, diesen unfeurigen Flächen-Bombardements geäußert hätte, wer wollte darüber richten. Aber wir wären nicht in Deutschland, wenn wir uns das Zerhauen und Verstümmeln unserer Städte und unserer Wohnungsarchitektur nicht eine Zeitlang zu etwas Schönem und Notwendigem und auf jeden Fall Zeitgemäßem hochgeredet hätten. Die Sprache ist aber mächtiger als jedes Bild, ihre Suggestionen schieben farbige Gläser, verformende Linsen vor die Phänomene. Wir sehen, was wir gehört haben.

Der berühmte Turiner Autodesigner Giugiaro hat es mir einmal so erklärt: »Mein Großvater war Dekorationsmaler; er malte den Leuten herrliche Architekturen, marmorne Säulen, reiche Ornamente, raffinierte Farben in die Salons ihrer Villen. Das war teuer, gewiß, aber es entsprach hohen ästhetischen Ansprüchen einer gar nicht so kleinen gebildeten, den Handwerkskünsten ein Äußerstes abverlangenden Bürgerschicht, und es sollte ein Leben lang oder mehrere Leben halten. Dann nahm das industrielle Zeitalter Fahrt auf, es entstanden andere Systeme, Kosten zu berechnen, und nun wurde das Teure unversehens zu teuer. Weil der ästhetische Anspruch der Bourgeoisie aber fortdauerte, stellte man den Theoretikern einfach die Aufgabe, die Leere, die weiße Wand, die Schmucklosigkeit, die Industriefertigung für Emanationen der höchsten Schönheit zu erklären.

Wir ertragen nicht, uns einzugestehen, daß Schönheit uns zu teuer ist, und nennen deshalb den Wegwerfplunder, die Kiste, die Null-Lösung schön.« Aus diesen Worten des erfolgreichen, mit der industriellen Kultur bestens zurechtkommenden Autodesigners sprach noch etwas von der Ratlosigkeit und Verzweiflung des Handwerker-Künstlers, der sein Großvater war; der alte Giugiaro konnte den Mentalitätswechsel nach dem Sieg der industriellen Revolution nur als Riesen-Betrugsmanöver begreifen.

Wir wissen, daß es sich wohl doch etwas komplizierter verhält, aber die Empfindungen vieler Menschen, die auf den Ruin unserer Städte blicken, dessen Zwangsläufigkeit in einer auf Reichtum, ja Überfluß gerichteten Wirtschaft sie nicht akzeptieren wollen, gehen in eine ähnliche Richtung. Was ist es nur gewesen, das uns die Wertlosigkeit als höchsten Wert, die Formlosigkeit als höchste Form, die Unbrauchbarkeit als höchste Funktionstüchtigkeit, die Lumpigkeit als Kostbarkeit verkauft hat? Wie konnte die europäische Menschheit eine ihrer hervorstechendsten Begabungen verlieren: das Städte- und Häuserbauen?

Daß die industrielle Architektur des zwanzigsten Jahrhunderts nicht dazu fähig ist, mit den Bauwerken eines anderen Jahrhunderts ein Ensemble zu bilden, ist offensichtlich – und zwar vollständig unabhängig von der Qualität des jeweiligen Baus. Es ist immer dasselbe: Neben einem Mietshaus von 1880, neben einer Barockkirche, auf einem Platz mit Häusern aus mehreren Jahrhunderten – die Sparkasse, das Apartmenthaus, das Verwaltungsgebäude aus Stahlträgern und Beton wirken hier stets als Störung, als Loch im Gewebe. Die Gemeinplätze, die auf die Feststellung dieser Evidenz zwangsläufig zu hören sind, pflegen sich in folgende empörte Fragen zu kleiden: Ob nicht in jeder Epoche unbekümmert um den Wert der vorangegangenen Leistungen weitergebaut worden sei? Ob man nicht bedenkenlos einen barocken Turm auf die romanische Kathedrale gesetzt habe? Ob nicht jede Zeit das Recht haben müsse, am Ensemble einer Stadt weiterzubauen? Ob etwa alle Bauten der Vergangenheit von höchstem, ergo schützenswertem Niveau gewesen seien, ob nicht vielmehr auch viel verbautes Pfuschwerk aus der Vergangenheit gekommen sei? Ob die womöglich sogar gelungenen Ensembles der Vergangenheit nun auf alle Zeiten museal eingefroren werden sollten? Ob man die Willkür nicht bemerke, nach der das Schützenswerte und zur Konservierung bestimmte Alte gegenüber den Gegenwartsentwürfen definiert werde? Ob man etwa glaube, die Gegenwart sei zu einer Schönheit der Architektur unfähig?

Es ist für zur Ungeduld neigende Temperamente zur quälenden Pflichtübung geworden, alle diese Fragen in der öffentlichen Diskussion über das Verhältnis überlieferter gewachsener Ensembles zu Neubauten industrieller Herstellungsweise immer aufs neue abzuarbeiten: Ja, es stimmt, jede baugeschichtliche Epoche hat mehr oder weniger unbekümmert das Vorangegangene verändert, ergänzt, verunstaltet, abgerissen, verschönert oder umgewidmet; ja, es stimmt: jede Gegenwart hat ihr eigenes Recht vor der Geschichte, sich nach ureigenem Gusto auszutoben, es gibt wahrlich keine Instanz, die das verhindern könnte; ja, auch in der Vergangenheit gab es schlechte Architektur, verkorkste Plätze, Unbegabtheit und lächerliche Ambition; nein, das sogenannte museale Einfrieren von historischen Ensembles hat etwas Trauriges – obwohl der pejorative Gebrauch des Begriffs »Museal« in einer Zeit überraschen muß, die unablässig neue Museen gründet und die sogar das eben gerade Fertiggewordene, noch nicht ganz Getrocknete in Museen aufbewahren will –; ja doch, auch die Gegenwart kennt Beispiele schöner Architektur, wenn auch nicht eben viele, aber das hat die Schönheit so an sich.

Hier ist vielleicht auch der Punkt gekommen, an dem sich die Gewalt dieses vorwurfsvollen Frage-und-Antwort-Rituals erstmals unterbrechen läßt: weil es nämlich bei der Fähigkeit der neuzeitlich-industriellen Architektur zu Vervollständigung und Ergänzung historisch gewachsener Ensembles gar nicht in erster Linie um Schönheit im Sinne der Eigenschaft eines einzelnen Kunstwerks geht; in einem Ensemble vermag auch ein weniger schönes, sogar ein unschönes Gebäude eine vorzügliche Funktion zu übernehmen, ja, es sind Fälle gut vorstellbar, in denen herausragende individuelle Schönheit die Ausgewogenheit eines Ensembles vernichten könnte. Und weil es in dem Zusammenhang der Bewahrung und womöglich gar Erweiterung von Ensembles nicht in erster Linie um Schönheit geht, läßt sich nun auch die einzige bisher nicht beantwortete Frage ins Auge fassen: nach welchen Gesichtspunkten denn nun schließlich entschieden werden solle, welches Bauwerk fähig sei, sich in das Ensemble einzufügen, wenn die Schönheit als Maßstab nun einmal ausfalle.

Die Frage beantwortet sich, wenn wir uns an die Ensembles einer großen alten Stadt erinnern, die nicht in rotenburghafte Geschichtslosigkeit gesunken ist, sondern deren Vitalität ungebrochen andauert. Paris ist dafür ein besonders einleuchtendes Beispiel, weil hier das Bauen und Umbauen der Stadt, gelegentlich in das alte Geflecht bis zur Brutalität einschneidend, niemals ein Ende hatte. Aber der berühmte Stein von Paris, hellgrau in vielen Tönen spielend, schmilzt die Zeugnisse der verschiedenen Epochen zu einem großen Bild zusammen, und auch die einheitliche Traufhöhe sorgt für eine Harmonie, in der Gotik und Klassizismus, Belle Époque und Art déco bis zu den neoklassizistischen Bauten der dreißiger Jahre des zwanzigsten Jahrhunderts zusammenklingen.

Gerade hier wird aber auch einzigartig deutlich, wann die Architektur diese Fähigkeit zum epochenübergreifenden Zusammenklang verliert – vielleicht sogar unwiederbringlich verloren hat. Warum fügt sich ein Art-déco-Wohnblock mühelos neben eine gotische Kirche, warum stellt der Siebziger-Jahre-Wohnblock an derselben Stelle einen beinahe unerträglichen Mißklang dar? Auch der Art-déco-Wohnblock ist ja kein Meisterwerk, wenngleich nicht ganz so mies wie der Siebziger-Jahre-Wohnblock, der einfach nur in Beton gegossenes Millimeterpapier ist – nein, die ästhetische Qualität soll hier nicht die entscheidende Rolle spielen –, ich behaupte, daß auch der bestgelungene Beton-Wohnblock der Welt, der in den Zeitschriften abgebildet und gefeiert wird, neben der gotischen Kirche versagen wird, sie kümmerlicher aussehen lassen wird, sie zu armem Gerümpel macht und ihr den Lebensfaden durchschneidet.

Wir müssen uns endlich an den Gedanken gewöhnen, daß die Architektur durch das Bauen mit Stahl und Beton eine echte Revolution erlebt hat, Revolution im Sinne eines scharfen und endgültigen Schnitts zwischen zwei Menschheitsepochen. Die eine davon dauert vom Anbeginn der Welt, von Hütten und Pfahlbauten und Trulli und Iglus ohne Unterbrechung bis in die zwanziger Jahre des zwanzigsten Jahrhunderts. Die andere hat danach begonnen, und zwischen ihnen gibt es keine Verbindung, weil diese beiden Epochen des Bauens auf vollkommen verschiedenen Prinzipien aufbauen. Aus Steinen gemauerte Wände auf der einen, in ein Pfeilergerüst gesetzte Beton-, Glas- oder Metalltafeln an der anderen Seite. Gemauerte Gewölbe auf der einen, gegossene Platten auf der anderen Seite. Ein sichtbares, dem Betrachterauge erkennbares System von Tragen und Lasten auf der einen, eine Unsichtbarkeit der Lasten, körperlich nicht nachvollziehbare Lastenverteilung auf der anderen Seite. Bauen unter dem Gesetz des Materials, in vom Material erzwungenen, aus der Materialität herauswachsenden Proportionen, Grenzen der Gestaltungsmöglichkeiten, die durch das Material gezogen werden, das war die alte Welt – scheinhafte Befreiung von jeder Materialgesetzlichkeit, theatralische Aufhebung von physikalischen Gesetzen, das ist das Prinzip in der Luft schwebender Riesenmassen, die von unsichtbaren Trossen gehalten werden. Architektur der Räume, der Hallen und Gehäuse, das war einmal – Aufhebung der Räumlichkeit, Aufhebung der Grenzen zwischen Innen und Außen, das sind die Ziele der neuen Architektur. Ihre illusionäre Grenzenlosigkeit, ihre Befreiung von den Gesetzlichkeiten eines Materials, das Formen vorgibt, kennt auch keine notwendige Proportion mehr; am besten kommt sie in Riesenvolumina zur Geltung. Man kann die Freiheitsempfindung der neuen Architektur eine Ideologie nennen, man kann ihre Formen sensationistisch, illusionistisch, zwanghaft innovativ, modisch, willkürlich nennen, aber man wird im Kern nicht leugnen können, daß sie durch die neuen Materialien Beton und Stahl und Glas tatsächlich sehr weitgehend von einer Notwendigkeit der Form befreit ist und zum ersten Mal in der Menschheitsgeschichte jedes erdenkliche Modell realiter bauen kann: Bauwerke wie zerknülltes Butterbrotpapier oder zerknautschte Bierbüchsen oder Gürteltierpanzer sind nun keine Phantasiegebilde mehr; man mag sich über deren Monstrosität und Lächerlichkeit amüsieren, gegen die jede Schrebergartenhütte ein großes episches Denkmal der Menschheitsgeschichte darstellt – aber man wird anerkennen müssen, daß die vollkommene Freiheit von Notwendigkeiten der Form uns auf eine Probe stellt, auf die wir nicht vorbereitet sind und für die wir wahrscheinlich noch lange nicht gerüstet sein werden: Schönheit nicht mehr gegen den Widerstand des Materials entwickeln zu müssen, oder besser, zu dürfen; Schönheit unserer eigenen Willkür abverlangen zu müssen, anstatt sie den naturgegebenen Materialien abzulauschen. Vielleicht, hoffentlich gelingt es der Menschheit eines Tages in ferner Zukunft, auch mit den neuen Materialien, den gegossenen, die sich jedem Formeinfall anverwandeln, zu jenem in der Vergangenheit so unendlich fruchtbaren Kampf mit dem Gesetz des Materials zu gelangen, der der Ursprung unseres überlieferten und in uns immer noch heftig lebendigen Schönheitsbegriffs war.

Gegenwärtig ist eine solche Entwicklung noch nicht einmal zu ahnen. Wir befinden uns noch im Kleinkinderalter der neuen nachrevolutionären Epoche, wo wir im Schlamm spielen und im sterilen Unrat mit ungefügen Förmchen Kuchen backen. Und deswegen kommt es bei einem Gegeneinandersetzen von vorrevolutionären und nachrevolutionären Gebäuden auch immer zu diesem kreischenden, verletzenden Gegensatz: entwickelte kollektive Form steht gegen formlose Willkür; materialgebundene Proportion steht gegen leere Voluminosität, eine Ästhetik der humanen Körperlichkeit mit ihrem physisch nachvollziehbaren Spiel aus Tragen und Lasten stößt auf Luftballons aus Beton, die sich müde von den Fundamenten heben.

Beim Aufeinanderprallen dieser beiden Architekturen geschieht beiden Unrecht: die alte wird in ihrer zartgliedrigen Verletzlichkeit, die neue in ihrer toten Gewalttätigkeit sichtbar. Wo solch ein Nebeneinander nicht zu vermeiden war, ist es schon schlimm genug – aber auch noch ein Prinzip daraus zu machen, das heißt die psychopathologischen Kategorien des Sadismus und des Masochismus im öffentlichen Raum verankern zu wollen. Sollten wir nicht versuchen, uns diesen so vielfältig bedrückenden und beunruhigenden Zustand des Übergangs, in dem das Neue nur in seiner verwüstenden, vorazischen Gewalt erlebbar ist, so wenig qualvoll wie möglich zu machen?

Herr Mosebach, wo bleibt das Positive? Das ewige Schimpfen darüber, wie es falsch gemacht wird und worden ist, macht nicht satt. Das Kind ist in den Brunnen gefallen, nun sitzt es tief unten im stinkenden Schlamm und fühlt sich, wie es der infantilen Mentalität entspricht, sogar noch ganz wohl. Wer diesen geistigen Status erreicht hat, mag keine kritischen Worte über seinen Zustand mehr hören. Und tatsächlich ist gegenwärtig nichts so verpönt wie Skepsis gegenüber unserer Lebensform. Jede Erinnerung an die Verluste, die sie gekostet hat, wird als Sentimentalität und Nostalgie gebrandmarkt; die Erforschung dessen, was wir sind, woher wir kommen, welche Gesetze unsere Städte geformt haben, steht unter dem Verdacht übelster Reaktion, wenn nicht von Schlimmerem. Die in dieser an Borniertheit nicht mehr zu überbietende Selbstzufriedenheit wird inzwischen von wohlbegründeter Zukunftsangst unterwandert, die aber nicht eine Revision des eigenen Standpunktes zur Folge hat, sondern ein verkrampftes Festhalten am Status quo. Jetzt darf schon überhaupt nicht mehr ausgesprochen werden, wie gnadenlos unsere Städte seit den Kriegsbombardements verhunzt und geschändet worden sind. In der Perversion historistischer Gesinnung legen wir uns mitten in einer grundsätzlichen rauschhaften Geschichtsvergessenheit eine eigene hochwissenschaftliche Kunstgeschichte jedes einzelnen Jahrfünfts des Wiederaufbau-Jammers zu; wir führen penibel Buch über jedes theorienabgestützte, in Wahrheit aber von Habsucht und wirklicher Politikunfähigkeit gezeichnete Städtebauprojekt; die Verzerrung des wissenschaftlichen Blicks, die jede ästhetische Wertung ächtet, hebt jeden hohlen armseligen Pappkarton, der in seiner Nichtigkeit dennoch wie eine Bombe in die gewachsenen Kataster eingeschlagen ist, in den Rang eines Baudenkmals. Die verspielten Mätzchen der Fünfziger-Jahre-Bauten mit ihren schrägen Regendächern, ihren verschämten kleinen Gespreiztheiten, die von der Dürftigkeit des Grundentwurfs kaum ablenken, werden mit der Akribie untersucht, die Renaissanceportalen zukäme. Als das wieder aufstrebende Deutschland in die verbliebenen Häuser des Barock und der Gotik riesige Schaufensterlöcher für Raiffeisenkassen und Waschmaschinengeschäfte haute, entstanden zugleich diese zahmen mickrigen Neubauten, die das Grau in unsere Städte brachten: die Gleichförmigkeit, von allen Geschichtslasten befreit, um der schieren Notdurft zu dienen – und deshalb auch nicht einmal dazu in der Lage – selbst Architekten dürften wissen, daß man auch für den bescheidensten Zweck stets deutlich höher zielen muß. Inzwischen wird jeder Appell an das Geschichtsbewußtsein – sei es bei der Erhaltung, sei es bei der Wiedergewinnung für das Gemeinwesen unersetzlicher Bauwerke – mit dem höhnischen Hinweis auf die unbestreitbare Geschichtlichkeit dieser Elendsepoche unterlaufen; als sei es selbst bei entfesselter Bauwut und unbegrenzten Mitteln jemals möglich, die Zeugnisse der fünfziger-sechziger-siebziger Jahre – ein Crescendo des Schrekkens – sämtlich wieder auszulöschen. Diese Zeit wird noch in Jahrhunderten sichtbar sein, ja sogar den vorherrschenden Eindruck unserer Städte darstellen, auch wenn sich ihre Bauwerke dann im traurigsten Verfall befänden.

Und weil das so ist, dürfen die Wünsche frei schweifen, unbeschwert von der Verantwortung für ohnehin nicht zu ändernde Realitäten. In diese Wünsche soll sich das erwünschte Positive meiner kurzen Ausführungen nun kleiden. Es sind sämtlich unerfüllbare Wünsche, weil in unserer Lage die erfüllbaren Wünsche keine Lösung mehr bringen.

So wünsche ich mir als erstes Bauherren und Architekten, die die Stadt, für die sie bauen und planen, als beseeltes Lebewesen erkennen, als einzigartige aus Geschichte und Landschaft geborene Individualität. Die in ihrem Bewußtsein das Römerlager oder die fränkische Pfalz oder das slawische Wehrdorf oder die Adelsresidenz oder den Marktflecken tragen, aus dem die gegenwärtige Stadt hervorgegangen ist. Die das Gesetz erforschen, unter dem die Stadt in die Welt getreten ist. Die die Stadt als ein Werk vieler Generationen begreifen, als Werk zahlloser Namenloser, die gemeinsam diese städtische Individualität zu immer größerer Deutlichkeit ausgebildet haben. Die wissen, daß nicht sie es sind, die diese Stadt erfunden haben. Die die Lage der Stadt in der Landschaft analysiert haben, ihr An-einen-Fluß-Geschmiegtsein, ihr Thronen auf Hügeln, ihr Lagern in Ebenen. Die die Genialität der Stadtgründer verstanden haben, die Stadt gerade an diesen und keinen anderen Ort gesetzt zu haben. Architekten, die bewundern, wie die alte Stadt gleichsam aus sich selbst erbaut wurde: aus den Steinen ihres Bodens, aus den Hölzern der nahe gelegenen Wälder, aus Backsteinen in den Farben, die der Lehm der Landschaft hervorbrachte. Architekten, die in einer rheinischen oder hessischen oder bayrischen Stadt deshalb keinen Marmor aus Brasilien oder Sibirien verwenden, selbst wenn das ihr gefeiertes Markenzeichen ist. Ich ersehne Architekten, die nach dem Vorbild des großen Ruskin, der keineswegs, wie so gern behauptet wird, gescheitert ist, bloß weil die Zeitgenossen seinen richtigen Einsichten nicht gefolgt sind – es sind vielmehr die Zeitgenossen, die durch ihre Dummheit und Geldgier gescheitert sind –, Architekten, die wie Ruskin das Wetter der Gegend, in der sie bauen wollen, prüfen, um zu der für diese Region genau passenden Gesims-Form zu gelangen – was natürlich voraussetzt, daß sie überhaupt Gesimse bauen und gebildet genug sind, die Notwendigkeit von Gesimsen an einem Bauwerk zu erkennen. Architekten und Stadtplaner ersehne und beschwöre ich, die sich in den Kataster unserer alten Städte versenken und die einsehen, daß die Kleinteiligkeit dieses Katasters, diese Häuserfronten, die so breit sind wie ein kräftiger langer Holzbalken, der Straße etwas von der flüssigen Beweglichkeit eines Kettenpanzers geben, der dem Körper anliegt; die wissen, daß ein Eingriff in diesen Kataster ein Angriff auf das organische Straßengefecht ist, und die deshalb sogar wagen, solche Angriffe in der Wiederaufbauzeit, solche Gefühllosigkeiten rückgängig zu machen.

Ganz besonders aussichtslos ist die Forderung nach Stadtplanern und Politikern, die für ihre Stadt ein striktes Materialgebot aufstellen: die begreifen, daß das kollektive Kunstwerk Stadt eine rigide Vorschrift, was das Material angeht, braucht. Wir bestaunen die Backsteinstädte Siena und Toulouse, die Kalksteinstadt Paris, den istrischen Travertin von Venedig, den gelben Sandstein von Bath – warum sind die Frankfurter Stadtväter etwa, die in ihren Ferien bewundernd in diesen Städten herumlaufen, nicht imstande zu befehlen, daß in Frankfurt nur mit rotem Sandstein gebaut werden darf? In Jerusalem steht kein einziges baukünstlerisch bemerkenswertes Haus, vom Felsendom abgesehen – aber das englische Besatzungsstatut, in Jerusalem dürfe ausschließlich mit weißem Kalkstein gebaut werden, hat eine staunenswert schöne Stadt hervorgebracht. Es ist eine schreckliche Einsicht für Architekten, aber eine Wahrheit: Im kollektiven Kunstwerk Stadt ist das richtige Material, der zur Region gehörende Stein bei weitem wichtiger als gute Architektur. Es bedarf ohnehin für eine Straße keiner Meisterwerke, sondern vor allem der Demut, sich dem Vorhandenen bescheiden einzufügen und die vorgegebene Atmosphäre möglichst wenig zu stören. Ich ersehne Architekten, die ihren Geschmack bis zu dieser Demut entwickelt haben. Stadtplaner und Bauausschüsse betragen sich heute wie die zu verrücktem Geld gekommenen Investmentbanker, die von New York bis Moskau alle einen Damien Hirst oder einen Andy Warhol haben müssen, und verschreiben ihren Städten in diesem Geist einen Gehry, einen Libeskind, einen Foster oder Meyer, anstatt zu begreifen, daß es nicht die Solitäre sind, die die Stadt machen, sondern das Ensemble, und daß ein x-beliebiges Backsteinhaus einer Stadt einen größeren Dienst erweisen kann als die tollste auf dem grünen Rasen gelandete Fliegende Untertasse. Ich fordere die Architekten auf, sich mit der Geschichte ihres Fachs zu beschäftigen und bei der Betrachtung der bedeutendsten Bauten der Vergangenheit zu studieren, unter wieviel Vorgaben und Beschränkungen aller Art sie zustande gekommen sind, wie diese Vorgaben und Beschränkungen sie anspornten und zu geradezu unmöglichen Lösungen führten. Eines der schönsten Gebäude der Weltgeschichte, das Erechtheion auf der Akropolis, war mit so vielen religiösen und liturgischen Auflagen belegt, daß dem Architekten, einem der größten Meister seines Faches, beinahe kein Planungsspielraum blieb – und deshalb sollen die Architekten die Hindernisse und Auflagen, die ihnen das Gemeinwesen auferlegt, nicht als Last empfinden, sondern lieben lernen. Schließlich wünsche ich mir, daß die Liebe überhaupt im Baugeschäft die entscheidende Rolle spiele: daß der Architekt die Stadt, für die er bauen darf, für ihre Lebenden und Toten und für die Ungeborenen, von ganzem Herzen liebt und es als höchste Ehre empfindet, ihrem Organismus etwas hinzuzufügen, und deshalb von Anfang an in dem Bewußtsein an seine Aufgabe geht, für die Jahrhunderte zu bauen, und wenn es auch nur ein Zeitungskiosk ist, den er entwerfen darf, weil etwas, das nicht in der Absicht gebaut wird, für die Jahrhunderte zu gelten, überhaupt nicht das Recht hat, gebaut zu werden.

Genug des Schwelgens im Utopischen. Fügen wir uns der nicht erst marxistischen Erkenntnis, daß auch die geistvollste Ästhetik durch die Ökonomie bestimmt wird. Wie wäre es denn, wenn der Fiskus sich zum ästhetischen Erzieher entwickeln würde? Gegenwärtig können die Baukosten eines Geschäftshauses höchstens zwanzig Jahre lang abgeschrieben werden, danach ist das Gebäude im Grunde abbruchreif und reißt jedenfalls ein Riesenloch in die Bilanz. Müßte es in einem Gemeinwesen, das auf sich stolz ist, nicht eigentlich so sein, daß billiges auf die nächsten zwei Jahrzehnte berechnetes Bauen steuerlich nicht nur nicht ermutigt werden dürfte, sondern vielmehr bestraft werden müßte? Was geschähe, wenn es sich einfach nicht mehr lohnte, Wegwerf-Architektur zu bauen, oder besser, weil bauen dafür ein viel zu edles Wort ist, hinzurotzen? Wäre es vielleicht doch noch möglich, durch bloße finanzielle Erpressung zu menschenwürdigeren Städten zu gelangen?

Lohnt es sich überhaupt, sich über die Rettung der europäischen, besonders der deutschen Städte den Kopf zu zerbrechen? Ist da in der Substanz noch etwas zu retten, mehr als nette kleine Schminkungen der schlimmsten Greuel? Sind wir in der Lage, für die Stadt der Zukunft noch irgendetwas Sinnvolles beizutragen, die wir in unserem Begriff von der Stadt, der gelungenen schönen Stadt doch ganz und gar an Städtebilder gebunden sind, die ihre Entstehung vorindustriellen Zeiten verdanken? Es besteht doch gar kein Zweifel, daß die Schönheit der alten Städte sich gerade auch einem Bauwerk verdankt, das für uns heute das allerundenkbarste, das allerlästigste wäre: der Stadtmauer, die die Stadt nicht nur in Form hielt, sondern sie geradezu zusammenpreßte, unter Hochdruck hielt? Jeder Platz in der ummauerten, vom Land streng geschiedenen Stadt war eine Sensation, ein Luxus für jedermann bis hin zum Ärmsten. Im engen Raum ballten sich die Häuser zu Kraftbatterien, sie schossen in die Höhe und verdunkelten den Himmel, während in ihren stillen Innenhöfen ein reines Himmelsviereck herunterschien.

In diesen überfüllten Städten waren Riesenbauwerke nur die Kirchen; ihre mit Kunstwerken gefüllten Hallen standen jedermann offen; sie waren dem Bodenschacher für alle Zeiten entzogen; hier herrschte eine Raumverschwendung, die den kostbarsten Besitz des Gemeinwesens bildete. Die weltliche Macht verkörperte sich in Schlössern und Palästen, Rathäusern und Zunfthäusern, sie war anschaubar, kein gespensterhaftes Bürokratieungeheuer mit Tausenden Funktionären, deren Verantwortung ins Gestaltlose verdampft. Der Fall der Stadtmauern, die den Stadtbrei ins Grenzenlose fließen ließ, war der erste große Anschlag auf die Stadt; der zweite war die Erfindung der Eisenbahn, die den Kreis der Vorstädte ins Uferlose wachsen ließ – nicht einmal die Verwaltungsgrenzen vermögen seitdem mehr die Linie zu bezeichnen, an der die Stadt aufhört. Ein großer Teil der Leute, die heute in einer Stadt arbeiten, haben mit dieser Stadt gar nichts mehr zu tun, sie wohnen an weit entfernten Orten, an die sie ebensowenig gebunden sind.

Das sind grob gesprochen die jedermann bekannten Bedingungen, unter denen sich unsere alten Städte verändern. Wir erleben den Zerfall dieser stolzen politischen Körperschaft Stadt, die für ihre einstigen Bewohner den einzigen denkbaren Ort ihres Lebens darstellte; jede alte Stadt war eine Urbs, für ihre Bürger die Stadt schlechthin, eine ganze geschlossene Welt, eine Societas perfecta – aber was die neue Stadt sein wird, das wissen wir nicht, und weil wir es nicht wissen, können wir es eigentlich auch nicht unternehmen, da noch irgend etwas zu planen. Zugleich sehen wir mit Grausen auf die Riesenmetropolen Asiens und Afrikas, in denen nichts geplant wird, obwohl man in ihren Elendsvierteln manchmal organisch wachsende, echt städtische Zellen entdecken kann: die ineinander verfilzten, wie Spatzennester aus hunderterlei Abfall zusammengesteckten und geflochtenen Hütten, die Treffpunkte um die wenigen öffentlichen Wasserhähne, die Tempel und Kirchen, die aussehen wie unfertige Autoreparaturwerkstätten und die ein glänzend lackiertes Götterbild oder eine Muttergottes aus Zement umgeben. Ist es nur Sozialromantik, wenn der Betrachter den Anblick solcher Siedlungen, die von geräuschvollem gemeinsamem Leben erfüllt sind, bestaunt? Ist es so sicher, daß den Erbauern dieser spätzeitlichen und zugleich frühzeitlichen Organismen wirklich ein Gefallen getan wird, wenn eines Tages Planierraupen ihr selbstgeschaffenes Riesendorf zusammenschieben und die Bewohner in Betonkasernen verfrachtet werden, die von ferne durchaus den Neubausiedlungen in unseren Vorstädten ähneln mögen; ergreifend genug, wie diese Menschen auch in den Zwangskorsetts solcher Siedlungen alsbald wieder beginnen, ihre Fuchsbauten anzulegen und sie zu humanisieren.

Um es kurz zu sagen: Meine Ratlosigkeit in der Frage,

was mit unseren Städten geschehen soll, kommt aus der Überzeugung, daß ihre Zerstörung sich irreversiblen industriellen, ökonomischen und politischen Prozessen verdankt, die zu gigantischen Verlusten geführt haben, ohne daß ihr ästhetischer Gewinn sich mir schon andeutete. Sich gegen das Irreversible aufzubäumen gilt als unweise. Ist es nicht klüger, angesichts der kurzen Lebenszeit lieber dafür zu sorgen, viel Geld zu akkumulieren, damit man viel Zeit in noch unzerstörten Erdenwinkeln und in noch nicht verwüsteten, womöglich sogar liebevoll geschützten, halb musealen, jedenfalls aus der Zeit gefallenen Städten zubringen kann? Als Romanschriftsteller habe ich mir ohnehin abgewöhnt, mich über die Zustände, von denen ich erzähle, zu beklagen. Ich habe freilich versucht zu ergründen, wie es zu dem gewaltigen Mentalitätswandel kommen konnte, der es möglich machte, die aufgrund der industriellen Revolution eingetretenen Stadtvergewaltigungen sogar in bürgerlich schönheitssinnigen Kreisen zu begrüßen und als wirklichen Fortschritt zu begreifen – in der ideologischen Definition dieses beliebten Begriffs, der sich das Voranschreiten einer Entwicklung immer nur als ein Erklimmen gesünderer und strahlenderer Verhältnisse vorstellen will. Ich bin in der Beschreibung dieses Sinneswandels aber nicht zu einer Erklärung gelangt.

Es scheint mir heute, daß die Sehnsucht der meisten Menschen darin besteht, mit ihrer Zeit in Übereinstimmung zu sein, und daß die Gesamtheit eines Volkes wie ein großes Tier oder ein Schwarm mit gemeinsamer Seele den sich rätselhaft vollziehenden Wandel der Geschichte erlauscht und ertastet und sich ihr in Blitzgeschwindigkeit adaptiert, und zwar unabhängig davon, ob der einzelne zum denkenden oder zum wenig denkenden Teil der Menschheit gehört.

Nein, es heißt bescheiden sein: Das einzige, das mir von meinen unerfüllbaren Wünschen schließlich übrigbleiben soll, wäre: daß einige Architekten und Stadtplaner aus ihrer

Selbstzufriedenheit erwachten; daß es einige Architekten und Stadtplaner gäbe, die mit Reue und Abscheu auf das blickten, was sie bis dahin als ihr Lebenswerk zu bezeichnen gewohnt waren. Ich glaube an die Wirksamkeit geistiger Akte – und ich glaube an die Verbindung jedes einzelnen mit dem großen Ganzen des Volkes und daran, daß das, was ein einzelner denken kann, auch den vielen anderen nicht grundsätzlich verschlossen ist.

# Spaziergänge durch Kairo
# im Februar 2004

Der grauhaarige würdige Kellner im Teehaus nimmt das Trinkgeld mit höflicher knapper Verbeugung entgegen, küßt den schmutzigen Geldschein dann mit geschlossenen Augen, drückt ihn sich gegen die Stirn und hebt die Augen zum Himmel, dem Spender alles Guten.

*

Einen grauen Fleck hatten die Männer, die mir entgegenkamen, auf der Stirn; das sah aus, als kämen sie aus einer Aschermittwochsmesse und hätten das Aschenkreuz empfangen. Später stellte ich fest, daß viele Männer solche grauen Flecken auf der Stirn trugen, und das waren eben keine Aschen- oder Schmutzflecken, sondern verhornte Narben, schwielenhafte Hautverdickungen. Ich erfuhr, daß diese Narben von der häufigen Berührung der Stirn mit dem Boden herrührten, es waren regelrechte Gebetsschwielen. Sie galten als Glückszeichen: daß Gott die Gebete gehört habe.

*

Das Messergeschäft war ein enges Gelaß mit Schaufenstern über Eck. Am Tag vor dem großen Opferfest drängten sich darin die Männer, die nachdenklich und gründlich viele Messer prüften, bevor sie sich für eines entschieden. Der bärtige, mit Käppchen bedeckte Messerschmied beriet geduldig: Dies Messer eignete sich zum Stich durch die Halsschlagader, dies zum Schnitt durch die Kehle, dies zum Aufschneiden des Brustkorbs, dies zum Trennen der Haut vom Leib. An allen Händen blitzten schmale silberne Eheringe. Die Stimmung im Laden war ernst und fromm wie in einem Devotionalienladen, in dem Rosenkränze verkauft werden.

*

Im Stadtteil des neunzehnten Jahrhunderts gibt es wenige Moscheen. Zu den Gebetszeiten versammeln sich die Männer deshalb an ruhigen Straßenecken. Neben einem Blumenkiosk voll flammender Gladiolen gibt es einen Wasserhahn, an dem die rituelle Waschung von Gesicht und Händen, die dem Gebet voranzugehen hat, vorgenommen werden kann. Grüne Plastikmatten werden über den Bürgersteig gerollt. Ein Lautsprecher überträgt dröhnend laut den Gesang des Muezzins aus einer entfernten Moschee. Die herbeieilenden Männer kicken ihre Schuhe beiseite und stellen sich in Reih und Glied auf, fallen alsbald zu Boden und berühren mit ihren Stirnen die grüne Matte, während an ihren Köpfen so dicht, als wollten sie die Scheitel der Betenden streifen, die Autos vorbeifahren.

*

Der Kellner trägt einen schwarzen Pullover und darüber sein weißes Kellnerhemd; das durchscheinende Schwarz läßt es unsauber erscheinen. Die Kellnerin ist klein und rund, mit schwarzem Zopf und fettiger schwarzer Krawatte. Der Kellner ist koptischer Christ, die Kellnerin ist Muslimin. Ihr gefällt mein Rasierwasser, sie spielt mir augenverdrehend ihr Entzücken vor. Der Kellner sieht dem mit schiefem Lächeln zu: »Sie ist dreißig, zu alt zum Heiraten, wird nie einen Mann kriegen, ist mannstoll und wahnsinnig, eine Muslimin eben.«

*

Der Bäcker zeigt mir ein rundes Brot mit drei runden Wülsten, wie ein Kleeblatt mit drei Blättern. »Das ist ein muslimisches Brot. Die Christen backen das Brot mit vier Wülsten. Es ist gut, daß man christliches Brot erkennt, denn das darf man nicht essen; die Christen sind so schmutzig, man weiß nicht, was sie da alles hineinbacken.«

*

Im Hof der Medweri-Moschee zwischen pharaonischen, griechischen und islamischen Säulen zwitschern die Vögel; ein Ort des Friedens in der überfüllten Altstadt. Ein Student setzt sich zu mir und beginnt nach kurzem über seine Familie zu sprechen. Sein Vater sei unzufrieden mit ihm. Ich: »Er ist unzufrieden, weil Sie sich herumtreiben und nicht arbeiten.« Der Student staunt: Woher ich das wisse? Die Mutter sei gestorben, mit vierzig Jahren, der Vater habe eine junge Frau geheiratet, die keine gute Stiefmutter sei; der Vater sei seitdem verändert. Ich: »Sie müssen Ihren Vater verstehen. Ein Fünfzigjähriger, der eine Zwanzigjährige heiratet, ist in einer schwierigen Lage. Er hofft, sich zu verjüngen, aber er fühlt sich zu dieser Verjüngung auch verpflichtet, um die junge Frau nicht zu enttäuschen.« Der Student betrachtet mich fassungslos. »Es ist unmöglich, daß Sie das wissen – seit neustem färbt sich mein Vater die Haare.« Es fiel auf, wie viele jüngere Leute, mit denen ich sprach, Mutter oder Vater in jungen Jahren verloren hatten.

*

Die schöne junge Nonne, katholische Koptin, leitet eine Schule, die hauptsächlich von muslimischen Mädchen besucht wird. Selbstverständlich herrscht strenges Missionsverbot. Trotzdem schätzen die muslimischen Eltern die Nonnen. »Der Islam kennt das Ideal der Jungfräulichkeit nicht – deshalb vergleichen sie uns mit den Himmelsjungfrauen aus dem Koran.« Die Mädchen tragen alle das Kopftuch, dazu Jeans und dunkelblaue Pullover. Eiferer haben indessen schon mehrfach gefordert, daß den Nonnen das Recht, ihren Schleier zu tragen, aberkannt werden müsse.

*

Nachdem ich einen türkischen Kaffee getrunken habe, stürzt der Kellner die Tasse auf die Untertasse, wartet einen Augenblick, geht dann mit ihr ans Fenster und untersucht die Schlieren und Tropfspuren, die der Kaffeesatz auf der Innenwand der Tasse hinterlassen hat. Er nimmt sich viel Zeit, auch die Kellnerin reckt ihren kurzen Hals und sieht besorgt in die Tasse hinein. Dann verkünden mir die beiden sehr ernst das Ergebnis. »Sie haben Feinde, die Sie behindern und auf Ihre Kosten aufsteigen wollen. Sie haben nur einen einzigen Freund. Sie sind vor Sorgen nachts lange wach. Meiden Sie Schiffsreisen.«

*

Vor dem Internet-Café stehen ein paar Stühle; dort wird Tee serviert. Der Gewerkschaftsführer lädt zu einer Wasserpfeife ein und beaufsichtigt kundig den Jungen, der die glühende Kohle bringt. Der Nachbarladen ist geschlossen, der Eisenrolladen heruntergelassen. Am Eingang drückt sich eine räudige junge schwarze Katze herum; sie ist krank und hinkt. Der Gewerkschaftsführer ist alarmiert. Er stellt der Katze eine Schale Wasser hin. »Sehen Sie, wie sie sich hier herumtreibt? Sie kann sich nicht von hier lösen. Heute nacht ist der Ladenbesitzer nebenan gestorben – wahrscheinlich ist sie seine böse Seele oder ein gefährlicher Dschin, der sich an seine Seele heranmachen will.« Die Katze windet sich und schleicht davon. »Sie hat nicht getrunken, das ist der Beweis: Sie hat gemerkt, daß ich sie erkannt habe.«

*

In den ägyptischen Filmen der vierziger und fünfziger Jahre, die in den Kaffeehäusern im Fernsehen laufen, erinnert kein Detail der Ausstattung und Kostümierung der Schauspieler, daß sie in einem islamischen Land spielen. Die Wohnungen darin sind elegant europäisch, die Frauen sind blond und tragen Petticoats, die Männer haben nur zum Smoking gelegentlich einen Fez auf dem Kopf. In gewissen Abständen beginnen sie zu singen. Vor dem Fernseher sitzt eine vollständig schwarz verhüllte Frau mit schwarzen Handschuhen. Vor dem Sehschlitz trägt sie eine Sonnenbrille. Sie sieht aus wie ein unförmiger schwarzer Sack. Man sagt mir, die Frau sei jung. Ihre Mutter habe in ihrem ganzen Leben niemals Schleier oder Kopftuch getragen.

*

Die blondgefärbte Koptin nutzt einen der wenigen kühlen Wintertage, um einen stark nach Naphthalin duftenden schwarzen Pelz zu tragen. Auf dem Arm hält sie ein bebendes Bologneser Hündchen mit lockigen Ohren. »Muslime mögen keine Hunde«, sagt sie, während sie das Fellköpfchen verliebt streichelt. »Vor dem Gebet muß ein frommer Muslim sich hüten, eine Frau, einen Christen oder einen Hund zu berühren.«

*

Der junge Rechtsanwalt stammt aus einem Dorf im Nil-Delta. Seit er fünf Jahre war, hat er mit den Eltern täglich zwölf Stunden auf dem Feld gearbeitet. Nachts hat er gelesen; vergeblich hat der Vater ihn geschlagen, um ihn von den Büchern wegzubringen. Er schwärmt vom Rechtsstaat, vom Recht für die Armen, Freiheit und Bildung für alle. »Meine Idole, die größten Menschen, die je gelebt haben: Adolf Hitler, Karl Marx und der Prophet Mohammed.«

*

Der junge Arzt ist Pharmavertreter für die Firma Pfizer. Von einer Händlerin kauft er ein Kollier stark duftender, auf einen Faden gezogener Jasminblüten und hängt es behutsam seiner Frau, die einen bodenlangen schwarzen Seidenmantel trägt und wie eine schöne Puppe geschminkt ist, um den Hals. In den Teegläsern der beiden schwimmen Pfefferminzblätter. Dies nächtliche Sitzen im hellen Kaffeehaus ist ein kleines Fest für das Paar. Die Mutter des Arztes stammt aus Jerusalem. »Glauben Sie niemandem, der Ihnen von ewigem, gar religiösem Haß zwischen Juden und Arabern erzählt. Wir wollen einfach unsere Häuser und Grundstücke wiederhaben – ist das so schwer zu verstehen?«

*

Es war nicht leicht, Konzerte mit klassischer arabischer Musik zu finden. In der »Nile Hall« träfen sich die Kenner, hieß es. Die »Nile Hall« war mit einem Fresco aus den dreißiger Jahren geschmückt: Ägypten von den Pyramiden über Alexander den Großen bis zum Suezkanal war sein Sujet. Der Sänger war jung und dick wie eine Litfaßsäule. Er sang

Liebeslieder in kunstvollen Koloraturen mit einer verblüffend tiefen Stimme. Arabisch mochte der Grundeinfall der meisten Lieder wohl sein, aber war da nicht auch etwas von Puccini und Tschaikowsky, von Blues und Soul, was in die sehnsuchtsvollen Phrasen hineinwaberte? Das Publikum war gutbürgerlich mit akademischem Air. Wann diese Lieder geschrieben seien, fragte ich den neben mir sitzenden Professor. »Ach, die sind alt, uralt! Das sind die uralten arabischen Lieder.« Aber wie alt genau? Sein Blick verlor sich in der Tiefe der Zeit. »Uralt jedenfalls – mindestens hundert Jahre.«

*

Ein Student der Al-Azhar-Universität zeigt mir das schöne mameluckische Gebäude, in dem die Beschneidungen vorgenommen wurden, und zwar von Buben und Mädchen. Leider werde die Beschneidung der Mädchen jetzt vom Staat behindert. »Und dabei wird da gar nichts abgeschnitten!« Er preßt mit dem Daumen die Fingerbeere des kleinen Fingers, daß sie rosig anschwillt und offenbar eine Säuglingsklitoris darstellen soll. »Dahinein kommt ein winziger Schnitt, kaum mehr als ein kleiner Stich. Ein Tröpfchen Blut – das ist alles. Was ist daran falsch?«

*

Über vielen der verfallenen Häuser in der islamischen Stadt erheben sich hohe rostige Eisengerüste, die eine Blechbaracke in den rauchigen Himmel stemmen. Man erreicht sie auf schwankender Leiter. Das sind Taubenhäuser. Man sieht die Eigentümer dieser Taubenhäuser auf dem wackligen Balkon der jeweiligen Baracke stehen und nach ihrem Taubenschwarm Ausschau halten, der sie in großer Höhe umkreist. Sie lenken die Vögel mit Pfiffen; wenn sich ein Taubenpaar aus dem Schwarm löst und dabei ist davonzufliegen, pfeift der Züchter es zurück, das Paar kehrt um und fügt sich wieder ins große Ganze. Eine Stunde am Tag läßt man die Tauben kreisen, dann senken sie sich wieder auf das Blechdach hinab.

*

Im Sultan Barquq-Mausoleum in der Totenstadt wölbt sich eine gigantische Kuppel über die schlichten königlichen Gräber. Rings um die Kuppel zieht sich ein breites goldenes Schriftband, erhabene Buchstaben in den sandgelben Stein gemeißelt. Der Muezzin, ein bäuerlicher Mann mit Käppchen und bodenlanger Galabeya, singt, was dort unter der Kuppel geschrieben ist, indem er es, sich mit zurückgelegtem Kopf auf seinen Fersen um sich selbst drehend, abliest. Sein Gesang steigt wie ein Vogel in großer Kurve in die Kuppel, schmiegt sich in sie und scheint in ähnlicher Kurve die Kuppelwand entlang wieder hinabzugleiten. Die Kuppel enthält den Gebetsvers in Schrift- und Klanggestalt, ein riesiger Leerraum ist geschaffen, um mit seinen Grenzen dem körperlosen Wort Gestalt zu geben.

*

Ein muslimisches Grab auf einem der unabsehbar großen Friedhöfe besteht aus einem steinernen, gemauerten, von Steintafeln oder Putz bedeckten Kubus, der von zwei ihn überragenden Stelen zu Häupten und zu Füßen eingefaßt wird. Auf diesen Stelen lassen sich die Engel nieder, um den soeben Begrabenen nach seinem Glaubensbekenntnis zu fragen. Das wilde Wachstum der Stadt Kairo hat die Totenstädte erreicht. In den Mausoleen der Wohlhabenden hausen längst ganze Familien. Zwischen den Gräbern hat sich ein Kaffeehaus etabliert. Die Gräber sind grell bunt bemalt, bunte Birnchen blinken unter dem über sie ausgespannten Zeltdach. Daß sich die Gäste geradezu auf die Gräber gesetzt hätten, habe ich nicht gesehen, aber als Büffet und Kredenz wurden sie durchaus genutzt. Aus dem Lautsprecher schallte weithin hallender Liebesschlagergesang. Lag darin eine Entweihung, oder wurde der Begriff der Totenruhe hier einfach nur anders aufgefaßt? Etwa so: Tot sind Orte, wo keine Toten anwesend sind.

*

Hohe Betonhäuser und dörfliche Lebensweise sind in Kairo kein Widerspruch. In solchen chaotischen Außenbezirken findet man die Gemeinden der Sufis, der Mystiker des Islam. »Sufis sind barbarisch dumme Ritualisten, abergläubisch, häretisch«, beschied mich ein Professor der Al-Azhar-Universität. Die Männer und Frauen, die auf einem kleinen ungepflasterten Platz selbstvergessen am Geburtstag eines Sufi-Heiligen, des Sheiks Abu Kalil, tanzen, werden von solchen Verdikten aus einer ihnen unerreichbaren sozialen Sphäre nicht berührt. Ein Vorsänger, von Trommeln und gellenden Blasinstrumenten begleitet, improvisiert einen endlosen rhythmischen Gesang. Auf engen Balkons drängen sich Familien und sehen wie aus Theaterlogen auf die Schar der Tänzer herab. Abu Kalil war einer der Nachkommen des Propheten; sein Urenkel hütet das bescheidene Kuppelgrab mit dem von grünen Tüchern umwundenen Tumulus, den die Frommen ergriffen anfassen und verehren.

*

Um die Tänzer schiebt sich eine in unbestimmter Erregung befindliche Menge. Als ich nach Stunden meinen Ehrenplatz verlasse, übersetzt man mir, was der Sänger mir gleichsam hinterhersingt: »Von weit her ist Martin Bey zu uns gekommen; Gott hat ihn geführt; Gott möge ihn segnen, bis Er ihn ein weiteres Mal hierherführt.«

*

Das alte türkische Bad in der Sharia Bab el Bahre ist ein Ort, an dem Männer ohne Bleibe billig schlafen können; während sie auf Matten vor sich hin dämmern, werden ihre Kleider gewaschen und trocknen in der hohen Halle auf Leinen, die durch den ganzen Raum gezogen sind. Die Kuppeln des Bades haben einen dick wie Baumrinde abblätternden türkisen Verputz. Der Dampf umgibt die schwache Glühbirne mit einem goldenen Lichthof. Auf einer gesprungenen Marmorplatte liegt ein Mann, der so dick ist, daß der glatte Bauch sein Geschlecht vollständig verbirgt; er ist zahnlos und hat winzige Füße. Ein ausgezehrter Greis mit schmutzigem Lendenschurz springt um ihn herum, um ihn zu massieren. Der Speck ist kein Schutz gegen Schmerz. Laute Schreie steigen der hallenden Kuppel entgegen, wie von einem unter einer mächtigen Glocke gefangenen Papagei.

*

Überall in der Stadt auf Plätzen und Straßen sind in den Tagen vor dem Opferfest große Pferche für Ziegenherden aufgestellt. Die Ziegen scheinen neugierig um sich zu blikken, der Verkehrslärm ist ihnen ungewohnt. Im Straßenstaub liegen Haufen von frischem Grün, das sie mit den Kiefern zermahlen, während ihre Augen unverwandt auf die Autos gerichtet sind. Am Opfertag liegt über vielen Straßen Blutgeruch. Große Blutpfützen stehen auf dem Asphalt. Ein braungelockter Widder, dessen Kehle durchgeschnitten ist, windet sich im Straßenschmutz, von einem Kreis stumm um ihn herumhockender Zeugen umgeben. An der Hauswand hängt ein soeben aufgeschlitzter Widder, dessen graue pralle Eingeweide ihm aus dem Leib quellen. Ein riesiger Stier mit zusammengebundenen Vorderbeinen wartet geduldig in dem Blutdunst. In einer Schüssel mit heißem Wasser liegt ein weißgesottener großer Stierkopf. »Heute muß jeder Fleisch essen, auch die Armen«, erklärt mir die junge Philologin, deren Vater das Opferfleisch freilich beim Metzger kauft; in der Bourgeoisie schlachtet man seine Ziege nicht mehr selbst.

*

Das einst berühmte Hotel Cecil in Alexandria gehört längst zu einer mittelmäßigen französischen Hotelkette, aber auf dem Eisschrank der Minibar klebt ein Kunststoffpfeil, der dem Gast dieses Zimmers die Richtung anzeigt: dort liegt Mekka.

# Der Rheingau

## *Von Ost nach West*

Bei Wiesbaden schiebt sich dem breit gewordenen, seit Basel ungehindert durch die Oberrheinische Tiefebene von Süden nach Norden fließenden Rhein ein Hindernis in den Weg und zwingt die Wassermassen, ihre Richtung zu ändern. Den Südhang des Taunus entlang fließt der Rhein ein kleines Stück von Osten nach Westen. Dieser Südhang fängt die Sonnenstrahlen früher und reichlicher auf als die Hänge Rheinhessens und des Mittelrheins. Von Ingelheim aus, wo die kaiserliche Pfalz lag, habe man schon zur Zeit Karls des Großen sehen können, daß der Johannisberg auf der anderen Rheinseite als erster Fleck im Jahr schneefrei war. Aber als man in den Weinbergen des Johannisberges ein römisches Winzermesser fand, wußte man, daß es nicht erst die fränkischen Mönche waren, die hier Wein angebaut hatten.

Um den Rheingau zu sehen, begibt man sich noch heute am besten auf die andere Rheinseite nach Rheinhessen. Selten hat man die Gelegenheit, ein ganzes Land, eine abgeschlossene Region deutlich begrenzt und gleichsam wie auf ein Tablett gehoben, zu betrachten. Unten liegt der Fluß, der von lanzettartig geformten Inseln mit langen Pappelreihen geteilt wird. An seinem Ufer zieht sich die Reihe der kleinen Städte und Dörfer entlang, jedes mit einem andersartigen Kirchturm: Frauenstein, Niederwalluf, Eltville, Hattenheim, Erbach, Östrich, Mittelheim, Winkel, Geisenheim und Rüdesheim. Dahinter steigt der Hang an und die Weinberge mit ihren strengen, graphisch wirkenden Rebenzeilen beginnen, die die Landschaft in winterlicher Kahlheit wie einen Kupferstich aussehen lassen, sie im dichten Grün später dann kreuz und quer gestriegelt wirken lassen und sie im Herbst tiefrot und safrangelb sprenkeln. Hier oben liegen auch noch vereinzelte Dörfer, Rauenthal, Martinsthal, Kiedrich, vor allem aber Schlösser und Klöster: das Zisterzienserkloster Eberbach, die Benediktinerinnenabtei Eibingen, die Schlösser Vollrads und Johannisberg. Und dann kommt der Wald, der wie eine Bekrönung den Hang zum Horizont hin abschließt. Dieser Wald heißt »Das Gebück« und ist ein wirklicher Märchenwald, eine undurchdringliche Brombeerhecke, ein verfilztes Gestrüpp aus dem Mittelalter, als lebende Befestigungsanlage gegen Einfälle von Norden her angelegt. Der Rheingau ist eine friedliche, reiche, satte kleine Provinz, die unmittelbar an die Länder der Barbaren grenzt, von ihnen aber streng geschieden ist. Der Rheingau war die Perle im großen Reich der Mainzer Erzbischöfe und Kurfürsten. Für den Rheingau galten besondere Regeln und Gesetze. Der alte Satz »Unter dem Krummstab ist gut hausen« galt im besonderen für den Rheingau. Der Rheingau war eines der wenigen Gebiete ohne Leibeigenschaft. Seine Städte und Dörfer hatten, was die politische Organisation anging, etwas Italienisches. Es gab viel Adel im Rheingau, aber wenig Feudalherren. Manche kleinen Ortschaften scheinen, wenn man sich die Geschichte der Höfe erklären läßt, die sich in ihnen aneinanderreihen, beinahe ausschließlich von Adel bewohnt worden zu sein, kleinen ritterlichen Familien mit stolzen Wappen und überschaubarem Grundbesitz, die sich wie in der Toskana in den ackerbürgerlichen Gemeinden zusammenfanden, ohne sie erblich zu regieren. So kam es, daß der Rheingau, diese wenigen Quadratkilometer Land, in die vielfältigsten Rechtszonen zersplittert war: Klöster, Stifte, kleine Herren, große Herren, Städte mit altem Stadtrecht schränkten den Bereich, den der Vicedominus des Bischofs verwalten durfte, noch einmal empfindlich ein. Man versteht im Rheingau, daß die politische Idee der Freiheit in einer Geschichtsepoche wurzelt, in der keineswegs alle, aber doch sehr viele Korporationen spezifische Freiheiten für sich beanspruchten und ihre großen und kleinen Privilegien der Zentralgewalt bis zu deren vollständiger Lähmung vorhielten. War es diese Rechtsvielfalt, dieser Widerstand gegen jeden Zentralismus, der bewirkte, daß sich in der »Pfaffengasse des Heiligen Römischen Reiches« gut hausen ließ?

## *Drei Sterne für Rüdesheim*

Bei Rüdesheim wendet sich der Rhein wieder nach Norden, und zwar mit einer scharfen Wendung. Von manchen Blickpunkten aus sieht der Rhein hier deshalb aus wie ein großer See, von Bergen umgeben, der Rheingau bekommt etwas Schweizerisches. Der große Strom als See ist spektakulär. Man begreift sofort, daß die Reisenden des neunzehnten Jahrhunderts sich hier wohl gefühlt haben. Wer von London aus nach Rüdesheim reiste, hatte schon einen Vorgeschmack vom Vierwaldstätter See. Rüdesheim ist deshalb zu einem Gründungsort des Massentourismus geworden. Als die Leute noch nicht nach Bali fuhren, kamen sie häufig doch schon bis Rüdesheim. Im Geist des kaiserzeitlichen Tourismus lag es, die Eisenbahn nicht als bloßes Beförderungsmittel, sondern als einen Teil der Reiseattraktionen zu empfinden. Dies Bewußtsein lebt bis heute in den elektrischen Eisenbahnen der Kinder fort, in denen Berg und Tal, Dorf und Wiesen nur als Beigaben zur Eisenbahn zählen. In Rüdesheim hat man daher zu den Gründungszeiten des Massentourismus die Bahnlinie und den Bahnhof genau an die Uferpromenade gelegt. Der Reisende mit Lodenmantel und Krimstecher, Reisemütze oder -schleier und Bergstock konnte schon von den stuckverzierten Wartesälen aus die Hauptsehenswürdigkeit, »den Blick« genießen. Von der anderen Rheinseite »grüßte«, wie es hieß, die Rochuskapelle, die bei

Goethe vorkam – und nach Goethes Besuch in köstlich verrückter Neugotik ausgestaltet wurde –, und im Rücken der Reisenden lagen die wie von Bühnenbildnern entworfenen Häuserreihen der Hotels und Weinstuben mit geschnitztem Fachwerk, schmiedeeisernen Weinblättern, gläsernen Weintrauben als Lampen, Sinnsprüchen in Fraktur, Wetterfahnen und Wetterhähnen, Butzenscheiben und gotisierenden Zwergen, Mönchen und Küfern. Wer als guter, pflichtbewußter Bürger hierherkam, sah sich von einer vielgestaltigen, kunstgewerblich verschönerten Feier des Alkoholismus empfangen. Rüdesheim schien die Hauptstadt gemütvoller roter Nasen. In Fresken, Ölgemälden mit nikotinbraunem Firnis und Schnitzereien blickten torkelnde alte Junggesellen mit verdrücktem Zylinderhut, süffelnde Klosterbrüder, schwankende Küfer auf die Besucher der legendären Drosselgasse, die schon auf der Straße die aus den Lokalen herausdringenden Rheinlieder und Weinlieder und Rheinweinlieder hörten. Ein umfangreiches Liedgut ist für die Animation der Reisenden in Rüdesheim geschaffen worden, bei dessen Klang den ausgewiesenen Ästheten die Ekelschauer überlaufen; der Maler Fritz Berneis dichtete in Weiterentwicklung der Rüdesheim-Lieder: »Du rheinisches Mädchen vom schweinischen Rhein / Du schweinisches Mädchen vom rheinischen Rhein ...« und führte das Genre damit auf seinen Höhe- und Endpunkt.

»Rüdesheim« ist für die Deutschen ein Synonym für die Schrecken des Massentourismus geworden. Wer erzählt, wie überlaufen und verdorben er San Gimignano, den Tadsch Mahal oder die Niagarafälle vorgefunden hat, sagt, es sei dort »Rüdesheim« gewesen. Nachdem der größte Teil der Welt »Rüdesheim« geworden ist, vermag der intelligente Investigator an diesem schon so früh verbrauchten Platz jedoch vielleicht dennoch etwas zu entdecken. Rüdesheim ist immer noch ein touristischer Ort, aber der Überdruck hat nachgelassen. Das einst abstoßende Butzenscheibenwesen wirkt heute so ehrwürdig-altertümlich wie Heinrich Manns »Untertan«. Abgetane Moden, überlebte Sehnsüchte, ein überholter Geschmack bietet ästhetischen Kennern ein reiches Jagdfeld. Rüdesheim war einmal eine Drei-Sterne-Sensation im Baedeker. Hier kann man Kulturarchäologie treiben. Über der Stadt, mit einem niedrig über die sorgfältig aufgereihten Weinstöcke schwebenden Sessellift erreichbar, erhebt sich das Niederwalddenkmal, die Kolossalstatue einer Germania mit flatterndem Bronzehaar und herrlichem Eichenkranz, aus französischen Kanonen gegossen. Solche Bronzeriesen in der Landschaft liebten die hellenistischen kleineren Fürsten in Pamphylien, Lykien und Karien. Es gehört heute zum guten Ton, über die Germania zu schmunzeln, und so sei denn diese soziale Übereinkunft lustvoll gestört durch das Bekenntnis, daß die Germania einen prachtvollen Schmuck der Weinberge darstellt und daß es von solchen Kolossalstatuen viel zu wenige gibt. Wenn König Mausolus so etwas errichten durfte, durfte das auch Wilhelm II. In meiner Jugend erklärte ein Invalide mit Zungenschuß das Denkmal den sonntäglichen Ausflüglern. Seine Verletzung stammte aus dem Zweiten Weltkrieg, aber seinen Zuhörern war, als sei er schon bei Sedan dabeigewesen. Germania wurde in seiner Gegenwart zu einer Art Loreley, die um sie geschlagenen Schlachten zu etwas Luftigem, Geisterhaften. Deutschland wurde im Niederwald über Rüdesheim nicht zu einem Märchen, sondern zu einem Märchen-Park. Und auch im Hochsommer umwehte Germania in den Glaskugeln der Andenkenbuden der immerwährende Wirbel der Schneegestöber.

## *Der Treidelpfad*

Was gehört zu den kostbarsten Landschaftserlebnissen in Deutschland? Ein Spaziergang an einem Fluß. Viele hundert

Kilometer ist der Rhein lang, aber nur ganz wenige Stellen gibt es, an denen man an seinem Ufer entlanggehen kann. Deutsche Flüsse sind vor allem Verkehrsadern und waren es auch in vorindustrieller Zeit. Im letzten Jahrhundert wurden sie ausgebaggert und in schnell fließende Kanäle verwandelt. An ihren Ufern wurden Autostraßen und Eisenbahnlinien entlanggeführt. Ein deutscher Fluß war aber einmal von einer Auenlandschaft eingefaßt, sumpfigen Wiesen voller Anemonen und Dotterblumen, faulender Holzstämme und silbrigen Weidenlaubs. Die Auenlandschaft war ein insektensummendes und vogelstimmenerfülltes Stück Land zwischen Wasser und Erde, oft überschwemmt und, wenn die Wasser abgelaufen waren, um so üppiger blühend. Im Rheingau ist ein letztes Zipfelchen dieser Welt nur auf den langgestreckten Flußinseln ahnbar. Aber es gibt dafür zwischen Niederwalluf und Eltville noch den alten Treidelpfad, einen der schönsten Spaziergänge im Rheingau.

Auf den Treidelpfaden zogen einst Pferde und Menschen an langen Seilen die Kähne stromaufwärts; sie führen zweckmäßigerweise scharf am Ufer entlang. Der Treidelpfad zwischen Niederwalluf und Eltville geht am Rand schon in die Flußkiesel über, die von dem in den letzten Jahren jedenfalls immer klarer werdenden Wasser überspült werden; sogar große weiße Flußmuschelschalen sind hier manchmal zu finden. Weidenwurzelwerk befestigt den schmalen Weg. Hin und wieder ist ein Ruderboot an einen Pflock gebunden, als gäbe es hier wirklich Fischer oder Maupassantsche Liebespaare, die auf dem Wasser die Stunden vertändeln. Zur Landseite hin steigt das Gelände sofort steil an. Der Spaziergänger geht zwischen dem Wasser und hohen Ufermauern mit gelegentlichen Pförtchen. Und über diesen Mauern steigen die Gärten und Weinberge der Rheinvillen an, die hoch oben mit Türmen und Balkons über den Fluß blicken. Thomas Mann hat in einem seiner schönsten Romane, dem »Felix Krull«, die Villen der Sektfabrikanten von Eltville beschrieben – nicht ganz zutreffend, wie jeder leicht feststellen wird, der die tatsächlich vorwiegend von Sektfabrikanten errichteten Villen am Treidelpfad zwischen Niederwalluf und Eltville sieht. Die Krull-Villa bei Thomas Mann könnte in ihrer Geschmacklosigkeit eher am Wannsee stehen als im Rheingau. Den Rheingau mit dem Bordelais zu vergleichen, sollte man nur gegenüber Leuten versuchen, die noch nicht an der Gironde gewesen sind, aber die Eltviller Rheinvillen haben etwas Romanisches oder vielleicht sogar etwas Römisches, wie es zur alten Römerstadt Altavilla auch gut paßt. Und der Blick von ihren Terrassen ist nicht so leicht zu zerstören. Gerade bei Eltville teilt eine besonders lange Insel den Fluß, die Eltviller Au, deren Bäume das häßliche andere Flußufer mit Zersiedelung und Autostraßen hinter einem grünen Paravent verbergen. Ein weißes Schloß mit Säulenfassade sieht zwischen den Bäumen hervor, ein Sehnsuchtsziel; dorthin möchte man in einem bekränzten Kahn, der von Glühwürmchen umgaukelt ist, wie nach einem Kythera aufbrechen. Schließlich öffnet sich der Ausblick auf den Burgturm von Eltville, wie auf einer Flußansicht des achtzehnten Jahrhunderts ganz scharf an den rechten Rand eines Bildes gedrängt, das in seiner Mitte nur von Wasser, Himmel und bewegten Baumkronen ausgefüllt wird. Es gab in Deutschland einmal Leser, die eine Landschaft mit besonderer Liebe betrachteten, wenn Goethe sie beschrieben hatte, als habe der Olympier wie ein rechter Gottvater durch sein Wort diese Landschaft erst erschaffen. Der Treidelpfad von Niederwalluf nach Eltville ist solch eine Goethelandschaft, sanfte Provinz, Klassizismus und Gartenland verbinden sich hier harmonisch mit den großen Dimensionen des Flusses, dessen Anschwellen und Fallen wie aus Logen heraus genossen werden kann.

## *Vergangenheit in der Gegenwart*

Wie ein Gartenreich war mir der Rheingau immer erschienen, in seiner Abgeschlossenheit wunderbar über die Zerstörung des Kriegs gelangt, als sei dies Land magisch unsichtbar gemacht worden, während Mainz und Frankfurt in Flammen versanken. Als es in den fünfziger Jahren noch keine Autobahn und keine Schnellstraße im Rheingau gab, fädelte man sich, von Frankfurt kommend, bei Biebrich in das Gelobte Land gleichsam durch die Hintertür ein. Die klassische Art, in den Rheingau zu gelangen, ist sicher das Schiff gewesen. Unsere Fahrt führte durch die engen Straßen mit Kopfsteinpflaster an Fachwerk- und Buntsandsteinhäusern vorbei. Vor den kleinen kompakten, noch als klare Stadtkörper erkennbaren Gemeinden lagen die Flußwiesen, einstmals Gänseweiden und Wäschebleichen. Hinter den Dörfern lagen Kornäcker und Apfelwiesen, denn in den armen Zeiten leistete man sich ein hohes Ethos: Nur die allerbesten Böden und Hänge wurden als Weinberge genutzt. Die Weinberge waren sehr klein. Was in Burgund eine Besonderheit ist, war im Rheingau häufig: ganz von Mauern umzogene »Clos«, Weinberge mit schönen, seltsamen, auf alte Legenden und phantastische Überlieferungen bezogenen Namen. Die Liebhaber schmeckten jeden dieser kleinen Weinberge heraus; solch ein Wingert war ein Individuum. Der Winzer, bei dem meine Eltern ihren Wein kauften, hatte ein Pferd und eine Kuh. Im Hof des Anwesens mischten sich die Tiergerüche aus den Ställen mit der dumpf-reinlichen Kellerluft, die aus den Tiefen drang, sowie die Falltür hochgeklappt wurde. Als ich ein Kind war, assoziierte ich mit dem Wort Rheingau Gold: rotgolden gefaßte Heiligenstatuen in den gotischen Kirchen, goldenes Licht durch dunkelgelbe Butzenscheiben von Weinstuben, Abendsonnenstrahlen, die durch braune Rheinweinflaschen schienen und sie bernsteinartig schimmern ließen, hellgelbes Weingeglitzer mit Weinstein wie Glas- und Diamantenstaub in der Neige des Römers. Der Rheingau roch für mich nach Weihrauch, Majoran von den Leberwurstbroten, die der Winzer uns hinstellte, und säuerlichem firnen Wein. Wir kamen aus dem vernichteten Frankfurt, in dem es nichts Altes mehr gab, sondern nur das Nagelneue und das Unmoderne, wir durchstießen, wie ich mich deutlich erinnere, eine unsichtbare Mauer, die irgendwo bei der Ruine des ausgebrannten Biebricher Schlosses lag, und wir befanden uns in einer anderen Welt. Der Rheingau wurde von uns im ganzen genossen. Es war stets wichtig, möglichst alle seine Schönheitspunkte hintereinander aufzusuchen und ihn mit dem Gefühl zu verlassen, man habe gleichsam in ihm geschwommen und ihn von allen Seiten besessen. Die Schloßterrasse vom Johannisberg des Fürsten Metternich, die Terrasse des Klosters Eibingen, die Uferpromenade von Eltville, die Weinberge bei Vollrads, braungetäfelte altertümliche Hotels, das sich wie auf einer Morris-Tapete kräuselnde Weinlaub, bunte gotische Kirchenfenster, und das alles gesehen im Zustand animierter leichter Angetrunkenheit – das war ein Gesamtbild, in dem die einzelne reizvolle Situation vollständig aufging. Der Rheingau war in meiner Kindheit für mich die Vergangenheit in der Gegenwart. Alles, was ich an französischer Literatur las, bevor ich zum ersten Mal Frankreich betrat – Balzac, Alain-Fournier, die ersten Proust-Bände –, siedelte ich in meiner Phantasie im Rheingau an. Reiche, alte Provinz, durch große Gestalten der Vergangenheit und durch große Familien mit dem Hauptstrom der europäischen Geschichte eng verbunden, diese ureuropäische Kombination repräsentierte für mich im armselig grauen Nachkriegsdeutschland der Rheingau. Der Rheingau enthielt für mich die Verheißung, daß man als Deutscher glücklich werden könne.

## *Ein verlorenes Land*

Der Versuch, den Rheingau zu vernichten und ihn zu einem von den übrigen deutschen Regionen ununterscheidbaren Durchgangsgelände zu machen, begann schon in den sechziger Jahren. Zu stark empfanden die Politiker die Fremdartigkeit und Gelungenheit dieses Landstrichs. Hier war einebnende Arbeit zu leisten. Um es vorwegzunehmen: Sie wurde geleistet. Es begann mit einem Plan, der zwar nicht verwirklicht wurde, aber in seiner Radikalität noch heute nur mit Unglauben gehört werden kann. Um die Innenstadt von Eltville zu entlasten, sollte eine Autobahn an dem letzten unzerstörten Uferstück, dem geschilderten Treidelpfad zwischen Niederwalluf und Eltville, auf Betonpfeilern in den Rhein gebaut werden und die Eltviller Uferpromenade mit ihren alten Adelshöfen vom Fluß abschneiden. Der hessische Minister, der dieses Vorhaben beinahe jahrzehntelang mit Brachialgewalt durchkämpfen wollte, weilt nicht mehr unter den Lebenden; er hieß – nein, kein Name, »nicht gedacht soll seiner werden!« Was der Eltviller Rheinfront erspart blieb, wurde auf die Weinberge abgeladen. Hier braust nun die Autobahn hindurch und läßt die ganze Landschaft plötzlich viel kümmerlicher und zerstückelter erscheinen. Das Umschlossene des Rheingaus ist aufgeschlossen worden, die Landschaft zerfällt. Außer Eltville sind alle Ortschaften jetzt vom Rhein durch breite Rennstrecken getrennt. Neubaugebiete wuchern. Die Häuschen ziehen sich die Hänge hinauf, die alten Städte haben ihre Kontur verloren. Von der Terrasse von Schloß Johannisberg sieht man auf kleinindustrielle Containerbauten; von fern begrenzen die Hochhäuser von Geisenheim den Blick. Der Rheingau ist für mich heute dem »Abendmahl« des Leonardo da Vinci in Mailand vergleichbar. Wenn man weit entfernt davon steht, ist das Bild noch da, wenn man sich jedoch nähert, beginnt es in viele Bröckchen zu verschwimmen.

Zugleich mit seiner Verwüstung durch brutale Straßen, Kunststeinpflaster in den alten Gassen, Siedlungsgebiete, Zusammenfassung der berühmten alten Weinlagen in gesichtslose Riesenfelder, die jetzt im ganzen den Namen der einst kleinsten und edelsten Lage des Dorfes tragen, ist der Rheingau als Festival- und Gastronomieregion her- und zugerichtet worden. Der ganze Landstrich ist jetzt im Hochsommer mit »Bistro-Tischen« bedeckt, auf denen Lachs-Tatar serviert wird. In jedem alten Gemäuer spielen japanische, polnische und brasilianische Pianisten Brahms und Schubert. Weinseminare und Degustationsmenüs gehören zum Angebot einst bescheidener Wirtschaften. Was vom Rheingau übrig ist, wird restlos genutzt. Hier liegt nichts mehr brach. Kartoffeläcker und Rübenfelder sind längst Weinberge geworden, um rentable Mengen zu erzeugen. Eine Vergangenheit in der Gegenwart ist der Rheingau wahrlich nicht mehr.

Hat man das Recht, das zu bedauern? Es ist eine kuriose Vorstellung, die Landschaft, die wir als Kinder verlassen haben, müßte treu in dem zuletzt gesehenen Zustand verharren. Was wir gern aufgegeben haben, als wir erwachsen wurden, soll sie ewig behalten müssen. So töricht ist die Liebe.

# Eine Kreuzfahrt an Bord der »Mistral«

## *Windstille im Inneren*

Das Dach des großen Schiffs ist das Promenadendeck. Turmhoch über den Wellen kann der Blick über das Meer schweifen. Obwohl das Wasser wenig bewegt aussieht, geht man vornübergebeugt, der Wind preßt Kleider und Hosen an die Körper und läßt das Haar wie vor Schreck gesträubt erscheinen. Hier oben hat der Reisende das Einsamkeits-, das Wüsten- oder Nordpolgefühl. Die Fahrt geht schnell, aber da ist nichts, woran man das Tempo ablesen könnte. Alle Wellen sind verschieden, alle Wellen sind gleich. Noch leerer ist es nur im Weltraum, und tatsächlich spricht man ja von Raumschiffen und Raumfähren.

Die Promenade führt über eine große Brücke, die ein tiefer gelegenes Deck umgibt. Aus dem blauen Nichts blickt der sturmzerzauste Reisende hinab in ein vielgestaltiges, lärmendes Gewusel. Außen rauscht es monoton wie in einem gestörten Telephonhörer, aber in der übervölkerten Innenwelt des Schiffs mischen sich hundert Stimmen mit der Musik der wippenden, hüpfenden kolumbianischen Band, deren Musiker zugleich singen und strahlen können. Hier im Inneren des Schiffs plätschern die Wellen des Swimmingpools, stürzt ein kleiner Wasserfall ins Becken, brodelt und blubbert das türkise Wasser, als sollten die quietschenden Kinder darin gekocht werden. Dies ist das kleine Meer, erreichbar und benutzbar im Gegensatz zu der sinnlos enormen Wasserfläche, die hier unten unsichtbar ist. Hier kann man Eis essen, Süßes trinken, im Wasser plantschen, Gymnastik nach Anleitung machen, mit den wippenden Kolumbianern tanzen, als sei man gar nicht auf einem Schiff, als sei man auf der kleinen Erde, die unbeirrbar ihre Bahn durch die ewige Nacht zieht, ohne daß die Menschen unablässig ins Grenzenlose spähen. Eng zusammengedrängt ist das Reich der Körper, der Töne und der Düfte, alles Erzählbare sieht nur, wer dem Meer den Rücken kehrt.

## *An Bord der neuen Welt*

Die »Mistral« ist ein neues Kreuzfahrtschiff, das im Mittelmeer und in der Karibik seine Runden dreht. Steht man in einem alten schmutzigen Hafen am Kai neben der »Mistral«, ragt ein weißes Hochhaus von zwölf Stockwerken aus dem Wasser empor. Wer auf das Schiff will, wird gewissenhaft kontrolliert; drei pensionierte Mossad-Generäle filzen die Passagiere, das verstärkt den Eindruck, sich in eine andere, eine geschlossene Welt zu begeben. Drinnen empfangen den Gast üppige Blumengestecke in phosphoreszierenden Farben – orangefarbene Feuerlilien, schwefelgelb explodierende Blüten und hellblau gefärbte Astern; sie halten genau so lange, wie die Kreuzfahrt dauert, eine Woche. Wer nicht aus dem Fenster sieht, merkt nicht, daß das Schiff losfährt. Beinahe ohne Vibration und Motorengeräusch treibt das Riesenhaus vom Land weg, die alte schmutzige Stadt bleibt zurück – war es Genua, war es Neapel? Von der »Mistral« aus gesehen, war es jedenfalls etwas Unvollkommenes. Bröckelnde Fassaden, rostige Hafenspeicher, brutale Bauspekulation, im Dächergewirr ertrinkende blechgedeckte Kirchenkuppeln, das Beunruhigende und Belastende einer europäischen Stadt wird klein und löst sich am Horizont auf. Jetzt ist alles nur noch türkis und kristallklar wie ein frisch gereinigter Swimmingpool. Das Schiff läßt eine breite, weiß schäumende Spur hinter sich, eine Meeresautobahn, auf der es schnurgerade läuft. Die Brücke, das Gehirn des Schiffes, ist jetzt menschenleer, nur ein paar Lämpchen blinken. Das Schiff wird elektronisch gelenkt; seine Fahrt geht durch das Meer wie der Flug einer Rakete durch das schwarze All. Im gestärkten neuen Overall erscheint der siamesische Mechaniker, der die Klimaanlage in der Kabine abstellen soll. Draußen sehr fern zieht eine Insel vorbei. Welche Insel? Wie heißt sie? Wo sind wir? Der Mechaniker lächelt ängstlich; er weiß es nicht. Und wozu dienen dem Passagier die geschichtsbeladenen Namen? Ist er an Bord der »Mistral«nicht unter ein neues Gesetz getreten?

## *Der Kapitän lächelt*

Der Kapitän eines großen Schiffes ist König, oberster Richter, Feldherr, Odysseus. Auch auf einem Kreuzfahrtschiff wie der »Mistral«, die in sieben Tagen ihren Lauf durch das Mittelmeer beendet hat und neue Gäste aufnimmt, hat das Amt des Kapitäns noch etwas von dem großen alten Nimbus. Die Passagiere sind moderne Menschen und stehen den Autoritäten sonst eigentlich unwillig oder mißtrauisch gegenüber, aber sie lieben den Kapitän. Der Reeder ist Grieche, aber der Kapitän ist Franzose. Er ist ein großer Mann, schlank, aber nicht so elegant, daß das Vertrauen in seine Kraft beeinträchtigt wäre. Ein willensstarkes Kinn hat der Kapitän und helle Falkenaugen, die beständig kühn in weite Fernen zu spähen scheinen. Er trägt einen Pikeespenzer und präsidiert dem Captain's Dinner, aber er könnte auch einen Walfänger steuern, denkt der Gast voll Ehrfurcht. Die Natur hat dem Kapitän Grübchen und auf archaische Weise nach oben gedrehte Mundwinkel mitgegeben, so daß er lächelt, auch wenn er es gar nicht tut. Das ist auf der »Mistral« ein Vorteil. Jeder Passagier möchte dem Kapitän einmal die Hand gedrückt haben, fast jeder möchte sich mit ihm zusammen photographieren lassen. Photos mit Kapitän Decouzon gibt es so zahlreich wie Photos mit dem Papst. Und auf jedem Bild leuchten die Augen des Kapitäns entdekkungs- und eroberungslustig. Er ist ein stummer Riese. Neben ihm steht ein öliger kleiner Mann, der alle Sprachen spricht und in allen Sprachen auf einmal denkt und dem es leichter fällt, etwas in sieben Sprachen hintereinander heraussprudeln zu lassen, als sich sein Gegenüber auf die Herkunft hin anzusehen. »Meine Damen und Herren, ladies and gentlemen, signore e signori, mesdames et messieurs«, sagt er ohne Luft zu holen, während der Kapitän ein Glas Champagner in der Hand hält, wie ein träumender Sieger in die festliche Schar blickt und einen symbolischen Schluck nimmt, wonach ein Steward ihn sofort von seinem Glas befreit.

### *Einsamkeit an Bord*

Kann es Einsamkeit geben an Bord eines Schiffes, auf dem so viele Menschen zusammengesperrt sind? Und doch entdeckt der aufmerksame Beobachter genügend Augenblicke, in denen es Menschen gelingt, weit weg von der »Mistral« und ganz allein zu sein. Der malaiische Kellner mit den von der Akne zerfurchten Wangen faltet im stillen Speisesaal die Servietten. Nach komplizierten Operationen zieht er Zipfel um Zipfel aus dem Stoffpaketchen in seiner Hand, bis die Serviette aussieht wie ein Ballettschuh, aus dem spitze Gasflämmchen schlagen. Er ist jetzt in der Werkstatt seines Vaters, der irgendwo in Indonesien Touristenandenken aus Bambus fabriziert. Aber wo ist der Mann, der in der Gymnastikhalle auf dem Laufband geduldig Kilometer um Kilometer läuft? Capri ist an ihm vorbeigezogen, der schwarze Kegel von Stromboli und die Straße von Messina; jetzt hebt sich in hellgrünen sanften Hügeln der Peloponnes aus dem Meer, und er läuft und läuft in nie versiegender Ausdauer und Geduld. Die Abwesenheit der Croupière am Roulettetisch ist gewiß professionell motiviert – sie scheint sich nur um das Zusammenscharren und Neuaufhäufen der Chips zu kümmern; kaum hebt sie den Kopf. Ihre Brüstchen hüpfen wie weiße Billardkugeln in dem weiten Ausschnitt, während sie an das Aufschichten der klappernden Türmchen denkt. So fühlen die Spieler mit ihren kleinen Einsätzen sich unbeobachtet und wagen etwas. Im Varieté-Theater zerren die Cancan-Tänzerinnen an ihren Röcken wie fünfjährige Mädchen, die von einem wunderlichen Entblößungsdrang befallen sind; schließlich muß ihnen ein kleiner schwarzer Tänzer mit übernatürlich weiß vor ihm herschwebenden Zähnen auf den nackten Popo klatschen, und da ist augenblicklich klar, daß er sie eigentlich gar nicht klatschen möchte und sie von ihm nicht geklatscht werden wollen – die drei retten sich, indem sie schnell an etwas anderes denken.

Aber manchmal ist die Einsamkeit auch unwillkommen. Die besten Kabinen des Schiffs haben kleine Balkons hoch über dem Meer, durch dünne Wände getrennt. Zur Abendstunde bei Betrachtung des großen Wolkentheaters kann man den Unterhaltungen nebenan lauschen. Da telephoniert ein junges Paar. Zehn Freunde, Onkel und Tanten hintereinander werden versichert, wie schön es auf der »Mistral« sei. »Vor uns ist das blaue Meer, rechts geht die Sonne unter«, sagt die Frau, während der Mann sich räuspert. »Bello, bellissimo, molto romantico, amore ...« Bei Sonnenaufgang fällt durch den Spalt der Trennwand ein Spiegelbild des Nachbarbalkons. Da liegt die junge Frau dick eingepackt allein im Liegestuhl und blickt finster in die Morgenröte. Auch später ist die gute Laune nicht zurückgekehrt.

### *Besuch der Seele*

Animation müßte man eigentlich mit »Beseelung« übersetzen. Ein drahtiger Italiener, Signore Franco Pili, ist tag und nacht damit beschäftigt, die Passagiere der »Mistral« zu beseelen. Er ist der Kreuzfahrtdirektor; man erfährt, er sei der wichtigste Mann an Bord und verdiene mehr als der Kapitän. Franco Pili ist ein erfahrener Mann. Er weiß, daß der verstockte und innerlich verbackene Kreuzfahrer vor allem durch hüpfende und schüttelnde Bewegung gelockert werden muß, damit die Anima, die Seele, einfahren kann. Schon am frühen Vormittag sind die Lautsprecher auf die Schar der reglos um das Schwimmbecken lagernden Gäste gerichtet. Ein Vortänzer spricht Schnellsprechübungen in ein Mikrophon, und alsbald besiegt der Rhythmus die faulen Knochen, und würdige Spanier, die in ihrer Jugend noch »Viva la muerte!« gerufen haben, machen zur Freude der Zuschauer die drolligen Wackeleien des »Ententanzes« nach, die der Vortänzer befiehlt. Aber auch der ganz unwillige, unbeseelt Gebliebene darf schließlich die Anima kennenlernen. Beim Abendessen, der Gast senkt seinen Löffel soeben in eine Steinpilzconsommé, tritt unversehens ein beinahe nacktes, kindlich schlankes junges Mädchen mit riesenhaftem orangefarbenem Federkopfputz auf ihn zu. Das Mädchen strahlt, als habe es in der Gästeschar nun endlich gefunden, wen sie verzweifelt suchte. Ihr kleines Hinterteil, auf dem Straßschnüre liegen, kreist, während sie sich nähert. Sie scheint überglücklich zu sein. Der Gast legt seinen Löffel zur Seite und will sich entzückt erheben, da ist das Federmädchen schon hinter ihn getreten, berührt seine Schulter mit einer durch die Jacke zu spürenden köstlich kühlen Hand und legt ihre Wange, glatt wie ein neues Stück Seife, an die seine. Das Mädchen ist nicht allein gekommen. Mit ihr schaut der Gast jetzt in die Linse des Photographen. Ein Bild wird gemacht. Die kühle Seifenhaut entfernt sich.

Jetzt ist das Mädchen schon weit, der Federbusch beugt sich über einen alten dicken Franzosen. Zu spät weiß der Gast: Ganz kurz ist seine Seele bei ihm gewesen – er hat sie eben nur nicht halten können.

## *Viele Nationen, zwei Völker*

Zwei Völker bewohnen die »Mistral«, das Volk der Gäste und das Volk der Diener. Aber sind es nicht viel mehr Völker in Wahrheit? Besteht die Besonderheit der »Mistral« nicht gerade darin, daß sich auf diesem Kreuzfahrtschiff die Völker mischen? Überall in West und Ost kann man ein Tikket für die »Mistral« kaufen, sogar in Rußland und Polen. Viele Italiener leisten sich eine Fahrt auf der »Mistral«, gleich danach kommen die Spanier und die Franzosen. Engländer und Amerikaner mischen sich auch darunter, und von tausendzweihundert Passagieren sind nur zweihundert Deutsche, weniger als ihr Anteil an der europäischen Bevölkerung beträgt. Und doch gibt die »Mistral« einen guten Eindruck von der Gegenwart Europas im Zeichen der beständig anwachsenden europäischen Integration. Über die Unvereinbarkeit der einzelnen europäischen Kulturen ist schon viel gesprochen worden. Kennt man nicht selbst innerhalb der Nationen zwischen Schotten und Engländern, Bretonen und Provenzalen, Basken und Andalusiern, Lombarden und Sizilianern, Mecklenburgern und Oberbayern hinreichend Gegensätze? Gewiß, da gab es einmal die Kultur der europäischen Oberschicht, die eine Gemeinsamkeit über die Grenzen hinweg schuf. Später gab es ein soziologisch schon schwerer zu fassendes »Internationales Publikum«, das auch recht gut miteinander zurechtkam. Aber wie läuft das Zusammensein jetzt am Ende des Jahrhunderts, mit Menschen, die auf keinem wie immer gearteten Parkett dafür trainiert worden sind?

Vielleicht ist es mit der Kultur wie mit dem Geld. Der Euro sei eine Unmöglichkeit, las man vor seiner Einführung, er sei auf jeden Fall ein schwerer Fehler. Dann kam er, und es ging irgendwie doch, wenngleich er sofort im Wert sank. Unter den Laborbedingungen eines Schiffes wie der »Mistral« ist auch der »Euro-Mensch« leicht herstellbar. Die Deutschen hier sind etwas weniger plump und formlos, die Romanen sind weniger elegant, und allgemein sind die Gruppen viel schwieriger einem Land zuzuordnen. Daß die Europäer ein Volk werden wie die Amerikaner, scheint plötzlich nicht ausgeschlossen.

Das Volk der Diener besteht aus viel mehr, dem Vernehmen nach aus fast hundert Nationen, die häufiger vertretenen sind die Philippinen und die Kapverden, Nordafrika und Pakistan. Sie sprechen von vielen Sprachen wenige Wörter, sie verständigen sich untereinander ohne Worte, denn sie sind demselben Los unterworfen. Man hat ihnen gesagt, daß sie lächeln müssen, wenn sie mit Passagieren in Berührung kommen; manchmal fällt ihnen das zu spät ein, dann mischt sich Unsicherheit und Reue in die strahlende Miene. »Wenn ich sag' bitteschön, on parle français, quando io dico prego, they are American«, sagt der ungarische Steward Janos mit Melancholie. Sein Gehilfe Bambang ist ein Khmer, der Janos' Aporien nicht kennt, weil er keine der Sprachen versteht, dafür fällt ihm das Dauerlächeln leichter. Eine Armee bildet dies große Dienervolk, alle jung, alle in schneller Bewegung, alle uniformiert, alle recht klein gewachsen, alle von morgens bis abends auf den Beinen. Spät erst sind ihnen ein paar private Augenblicke erlaubt. Dann sitzt an jedem Tisch im von Gästen verlassenen Restaurant für sich allein ein Steward und beugt den Oberkörper über den Teller, als könne ihm sein Raub sonst entrissen werden. Aus dem Soldaten wird ein ziviler Junggeselle, bevor er in die Viererkabine tief unten im Schiffsleib hinabtaucht.

Die häufig behauptete Abhängigkeit der Herren von den

Dienern ist auf einem Kreuzfahrtschiff wie der »Mistral« besonders schön zu beobachten. Ohne die Hilfen der Stewards und Mädchen, der Hostessen und Zahlmeister kann der Passagier gar nichts tun. Das Schiff ist größer als ein Hochhaus; mancher braucht lang, bis er sich nicht mehr verirrt. Den ersten Eindruck von Luxus empfängt der Mensch schon früh, wenn er in einem Kinderwagen umhergefahren wird. Einen vergleichbaren Luxus erlebt er erst wieder, nachdem er viel Geld verdient hat und sich von vielen hundert Kindermädchen bewacht im Mittelmeer spazieren fahren lassen kann.

## *Die Magie der alten Namen*

Das Caffè Greco ist das Kaffeehaus der Künstler in Rom – wie oft ist das schon geschrieben worden, und wie lange ist das schon so fern von jeder Realität, daß es viel zuwenig sagt, wenn man es einfach falsch nennt. Kaffeehäuser als Versammlungsorte von Intellektuellen und Politikern gibt es schon so lange nicht mehr, daß die Klage darüber selbst ein Phantom geworden ist; Künstler im Sinne der französischen Rompreisträger und der deutschen Nazarener sind schon seit über hundert Jahren ausgestorben, und ein Rom, das Künstlern ein neues Licht aufstecken würde, gibt es erst recht nicht mehr. In der Via Condotti blecken die Riesenschaufenster der Allerwelts-Luxusgeschäfte dem sich zwischen ihnen dahinwälzenden Touristenstrom die austauschbaren Schnäppchen entgegen. Aber an Bord der »Mistral« bedeuten die großen alten Namen noch etwas; hier leben sie fort, und zwar in der Form, wie sie überhaupt fortleben werden, als Gefäße, in denen jede Generation ihre immer undeutlicher werdende Vorstellung von der untergegangenen Sache aufbewahren kann. Wenn man den langen Korridor, in dem an gläsernen Verkaufstischen Kristallelefanten und

Freundschaftsringe angeboten werden, entlanggeht und in Messingbuchstaben auf der Edelholztäfelung den Namen »Via Condotti« liest, und wenn man sich dann in einem tiefen Hotelhallensofa unter niedriger Decke einen Cappuccino bringen läßt und auf der Karte erfährt, daß man sich jetzt im Caffè Greco befindet, dann wird die »Mistral« zur Arche Noah eines ertrunkenen, von der eigenen Bosheit und Schwäche überspülten Europa. Was einmal eine europäische Stadt gewesen ist, wird hier in wahllos zusammengerafften Erinnerungsstückchen mitgeschleppt, wie Flüchtlinge Photoalben mit sich führen. Was es mit den an Bord geretteten Namen eigentlich einmal auf sich hatte, ist zu Recht vergessen. Die Geschichte kann immer gefährlich werden. Zuviel alter Streit, zuviel Trennendes, zuviel Polarisierendes ist in ihr enthalten. Der Archenfrieden kann nur durch Vergessen garantiert werden. Und sind die Europäer nicht allzu bereit zu vergessen, wie sehr sie sich ein Jahrtausend lang zerfleischt haben?

Die neue Harmlosigkeit trägt auch kindliche Züge. Gemogelt wurde schließlich schon immer auf den Photowänden gewisser Restaurants mit den signierten Portraits von Max Schmeling, Luis Buñuel und Dag Hammarskjöld – ob die wirklich alle hier Cognac getrunken hatten? Die »Bar des Artistes« auf der »Mistral« mit ihren Schwarzweißphotos von Ingrid Bergmann und Ernest Hemingway versucht aber gar nicht, glauben zu machen, irgendwelche Prominenz habe schon einmal in ihr gesessen; alle wissen, daß das schon deshalb nicht sein kann, weil das Schiff ganz neu ist, daß es aber auch in Zukunft niemals eintreten wird. Die Welt der »Mistral« und die Welt realer Künstler, Bankiers oder Politiker ist durch unüberbrückbare Abgründe geschieden. »Chez Georges« heißen auch auf dem Festland schon viele Bars oder Cafés, die unter ihrem Personal nicht einmal in der Spülküche einen Georges nachweisen könnten, aber auf der »Mistral« ist das dennoch etwas anderes, denn hier steht ja für alle schon unumstößlich fest, daß es einen Georges, der mit seiner Frau ein Leben lang hinter dem Tresen gestanden hat, ein Individuum, das seine ganze Kraft in eine Kneipe gesteckt hat, nicht nur niemals gegeben hat, sondern auch den Umständen nach auf einem solchen Schiff gar nicht geben kann. Die Lebenswelt, die einen eigensinnigen, mit seinem Lokal verheirateten Georges hervorbrachte, ist von der »Mistral« aus gesehen fern wie ein Märchen von Königen und Bettlern. Und ist es nicht gleichgültig, ob die Rialto-Brücke von den Wassermassen der abschmelzenden Pole oder von Touristenfluten bedeckt wird? Verschwunden ist sie auf jeden Fall. Dafür sitzt man auf der »Mistral« im Restaurant »Rialto«. Es ist mit portugiesischen Keramiken gekachelt; Josephine Baker singt während des Lunchs zweimal »J'ai deux amours«, und draußen zieht blaß wie auf einem überlichteten Photo ein körperloser Vesuv vorbei.

# Die katholische Kirche in Momentaufnahmen 1996

## *Die Kirche der Massen*

Tours ist eine alte Stadt, aber der Flughafen von Tours ist betoniertes Niemandsland. Hierhin strömte die Menge, hierhin wurden Rollstühle und Kinderwagen geschoben. Pfadfinder, Krankenschwestern, Ordner mit Armbinden, Polizisten säumten die Heerstraßen. Das Betonfeld füllte sich, aber man spürte, daß es noch lange dauern würde, bis es voll war. Die Sonne brannte. Manchen Leuten wurde jetzt schon schlecht. Das Drängen, das Warten, die in der Luft liegende Spannung vermischt mit ebensoviel Langerweile, das Diffuse, Unzentrierte – alles, was zur Pause des Popkonzerts, zum Sommerschlußverkauf, zum Ende des Länderspiels gehört, lag in der Luft.

Anstatt von Mauern ist das Feld von Lautsprechern eingegrenzt. Religiöse Rockmusik dröhnt in die Massen, eine einfältige Melodie, die, eigens für den hohen Anlaß komponiert, Hunderte von Malen gespielt werden wird. Von fern rollt jetzt der Papst heran, in seinem erhöhten Auto stehend, mit Meßgewand und Mitra und dem häßlichen Kreuzstab Pauls VI. in der Hand. Mäandernd fährt er durch die Menge wie eine Heiligenstatue, die bei einer südländischen Prozession über den Köpfen der Gläubigen getragen wird. Der Applaus, der ihn begrüßt, wandert über das Feld wie ein Vogelschwarm, der sich irgendwo niederläßt, dann wieder aufsteigt und anderswo hinfliegt. Die hundert französischen Bischöfe, die den Papst begrüßen, werden nur auf riesigen Übertragungsschirmen sichtbar. Sie sind zu viele, als daß man sich für sie interessieren könnte. Es kommt auf sie nicht an auf diesem Flugplatz. Keiner von ihnen und auch nicht alle zusammen hätten im laizistischen kirchenfeindlichen Frankreich diesen Flugplatz so voll bekommen. Manche machen ein mürrisches Gesicht. Von hundert begrüßen nur fünf den Papst mit dem Kuß seines Ringes. Unablässig heult die Musik: »Voici, Saint Père, les familles de France …« Winzig klein steht der Papst auf hohem Podest, ein Aufzug hat den Kranken hinaufgebracht. Er beginnt zu sprechen, eine lange Rede in wohlabgewogenen Formeln; ganze Redaktionen, von Todfeinden besetzt, haben um jedes Wort darin gerungen und jedes Leben heraus gewrungen. Was sagt der Papst mit seiner geborstenen, angestrengten Stimme und seinem harten Akzent? Freude, Hoffnung, Frieden, Liebe, Freude, Hoffnung. Was das für eine Freude sein soll, worauf sich diese Hoffnung richtet, wie diese Liebe eigentlich aussehen könnte, bleibt unausgesprochen. Der Strom der Delegationen beginnt jetzt, von den Chevaliers de Tastevin bis zu den Multiple-Sklerose-Kranken. Bei jeder heiligen Handlung, die der Papst am Altar vollzieht, begleitet ihn ein Schatten: ein Kameramann im weißen Overall, der rückwärts gehend dem Papst vorangeht. »Voici, Saint Père, les familles de France …« – ist das jetzt lauter als bisher, oder wird man selbst nur schwächer? Zur Kommunion schwärmen Hunderte von Priestern aus; ihre Kelche mit den konsekretierten Hostien sind mit Frischhaltefolien bedeckt. Dringt die Wirkung der Wandlungsworte des zelebrierenden Papstes durch Zellophan? Thomas von Aquin hätte es gewußt, heute wird das niemand überzeugend beantworten können. Der Papst ist erschöpft, aber die Sakro-Pop-Gruppe hat noch Kraft für drei Päpste. »C'est diabolique, c'est infernale«, murmelt ein hagerer alter Mönch in ohnmächtigem Zorn. Aber das ist nur wie ein winziges Seufzen über einem Meer voll Wellenrauschen und Wogendonner.

Einsam wie der zornige Mönch blickt der Papst auf die Menge herab. Was er gesagt hat, war nicht wichtig. Seinem

Gesicht ist der Versuch abzulesen, die einzelnen im Menschenmeer auszumachen, sich an den dichtgedrängten Köpfen voranzutasten. Es ist, als sei er mit dem Gedanken an den allerschwierigsten Glaubenssatz beschäftigt: daß jeder der Köpfe, auf die er blickt, von Gott gewollt, Gott ebenbildlich, unersetzlich, einzigartig, um einen hohen Preis erkauft sei. Deswegen reist er um die Welt, im Dienst an den Milliarden Gottesgedanken.

## *Die Kirche der Tradition*

Der Neubau in der tristen Vorstadtstraße war von vollendeter Ödheit. Große Fernsehschüsseln auf den engen Balkonen verrieten, daß viele Bewohner arbeitslos waren. Der Name an der Klingel hatte keine erklärenden Zusätze. Die Wohnungstür wurde von einer alten Frau geöffnet, die uns durch den engen übermöblierten Flur in ein kleines Zimmer führte. Die Bücherwand enthielt theologische Werke, die zahllosen Bände des »Migne«, der Kirchenväterausgabe, und Lexika. Ein neuerer Klappsekretär mit Kunststoffurnier war zum Altar gemacht worden; Leinentücher lagen auf der Platte, zwei Kerzen brannten, in der Mitte ein Kruzifix. Drei oder vier Leute knieten vor diesem Altar. Man schwieg. Ein alter Priester in schwarzem Anzug und römischem Kragen kam herein. Langsam legte er seinen Ornat an, die lange weiße Tunika, den Gürtel, die bunt bestickten Manipel, Stola und Meßgewand; dabei murmelte er Gebete, die er von einer Tafel ablas. Vor seinem Schreibtisch verbeugte er sich tief, in Wirklichkeit natürlich vor dem Kruzifix, aber es bedurfte einer Weile in diesem privaten Wohnzimmer, die Umgebung zu vergessen. Er betete den Psalm Judica, das Vorbereitungsgebet auf den Eintritt in den Tempel, er bekannte seiner kleinen Gemeinde seine Sünden in einem lateinischen Gebet, die Gemeinde betete für die Vergebung seiner Sünden. Alles ging flüsternd vor sich. Es war, als lege der Wohnblock schützende Hohlräume um diese innere Kammer. »Domine Jesu Christe«, betete der Priester, »frigescente mundo – als die Welt kalt wurde, hast du am Körper des Heiligen Franziskus die Wunden Deiner Passion erneuert, um die Herzen wieder zu entflammen ...« Man feierte das Fest der Stigmata des Franz von Assisi; der Gedanke überraschte, daß während des vorläufigen Höhepunktes der christlichen Kultur zur Zeit des Dante, des Giotto und des Franziskus die Welt als kalt und absterbend empfunden wurde. Der Priester verbeugte sich und öffnete die Hände, er wandte sich nach rechts und nach links, das waren alles Vorbereitungen für die eigentliche Opferhandlung, die die wenigen Anwesenden in Ruhe erwarteten.

Die Bewegungen des Priesters schienen mühelos und harmonisch, er glitt und schwebte durch sein Ritual, als hätte er sein Leben lang nichts anderes getan als diese Messe zu zelebrieren, aber so war es nicht. Dreißig Jahre lang hatte er den entsakralisierten neuen Ritus auf Deutsch und mit dem Gesicht zur Gemeinde gefeiert, obwohl sich alles in ihm dagegen gewehrt hatte. Nun war er pensioniert und hatte seinen Bischof gebeten, zum überlieferten Ritus zurückzukehren. Der Bischof hatte das streng verboten. Der alte Priester an seinem Schreibtisch-Altar war ein Aufständischer. Wenn ihm der Bischof für die Messe, in der er selbst einst zum Priester geweiht worden war, keine Kirche gab, dann mußte sich der Ritus selber eine Kirche bauen, in diesem Neubaugebiet zwischen den Fernsehschüsseln. »Das Fortleben der über tausendjährigen Tradition ist keine Frage der Quantitäten«, sagte der Priester nach der Messe, als er das Meßgewand abgelegt und die Kerzen gelöscht hatte. »Papst Paul VI., der Meßreformator, hat gesagt, daß seine Reform gescheitert sei, wenn danach auch nur an einem einzigen Ort der alte Ritus weitergefeiert werde. Das hat mir den Mut gegeben, in meinem Arbeitszimmer hier wieder damit anzufangen.«

## *Die Kirche der Wissenden*

Die prächtige alte Kirche lag im Dunkeln, aber die Menschen, die sich zwischen den Säulen bewegten, kannten ihren Weg. Ganz hinten tat sich eine Tür auf. Der Kontrast des dahinterliegenden Zimmers zu den Altären des Hauptschiffs hätte schärfer nicht sein können: ein schmucklos weißer Raum mit einem polierten Stahlschränkchen in der Wand, vor dem eine dicke Kerze auf dem Boden stand. In der Mitte des Raumes stand ein niedriges Sofatischchen, umgeben von einem Kreis von Hockern. Es gab kein Kreuz in dem Raum, aber es war nicht nur der dicken Kerze und der Schummerigkeit zu verdanken, daß Feierlichkeit in der Luft lag; eine Versammlung Eingeweihter bereitete sich vor. Und mehr, es sollte eine katholische Messe gefeiert werden. Der Priester war braungebrannt wie Reinhold Messner mit langem blondem Haar und Bart, als einziges priesterliches Kleidungsstück trug er eine violette Stola, die wie ein Metermaß über seinen roten Pullover hing. Die Versammelten ließen sich auf den Hockern nieder, von einem Harmonium erklangen ziehende, wehmütig süße Mollakkorde. Man schlug Ringbücher auf und sang ein sanftes Lied von einer langen Straße, die auf die sinkende Sonne zuführt und auf der man allein dieser Abendsonne entgegengeht, bis man plötzlich merkt, daß man gar nicht allein ist. Der Priester, der gleichfalls saß, begann nun ein Gebet zu sprechen. Kein »Herr Jesus Christus, der mit dem Vater lebt und herrscht«, kam darin vor, sondern »unser Freund und Bruder Jesus, der die Herrschaft von Menschen über Menschen beenden wollte«. Als man liturgisch an den Moment vorrückte, wo die Worte des weihnachtlichen Engelschores gebetet werden, das »Ehre sei Gott in der Höhe«, hieß es statt dessen: »Ehre sei Gott, die (sic!) nicht in der Höhe ist«. Zur Predigt hatten alle Anwesenden sich vorbereitet. »Wer ist Jesus?« fragte der Priester mit unüberbietbarer Milde, und eine rothaarige Frau antwortete: »Jesus ist mein Unglaube.« Schwer zu übertreffen, aber versucht wurde es: »Jesus ist mein Doppelgänger«, sagte ihr Nachbar, »Jesus ist die Frage, die ich mir stelle«, fuhr ein dritter fort, »Ich will Jesus widerstehen lernen« – das erntete still anerkennendes Nicken. Jetzt wurden Fürbitten vorgetragen: »Jesus, gib, daß der Udo, der in einem Selbstfindungsprozeß ist, stark bleibt – wir bitten Dich, erhöre uns. Gib, daß die Ingrid, die den Oliver verlassen hat, lernt, zu ihrem Körper ja zu sagen – wir bitten Dich, erhöre uns.« Zur Wandlung faßten sich alle an den Händen, der magische Kreis wurde geschlossen. »Das ist mein Leib, das ist mein Blut« wurde mit geschlossenen Augen in großer Konzentration mitgesprochen. Hätte ein Therapeut jetzt gefragt: »Fühlst du dein Fleisch?«, keiner hätte es verneint. Der Tonkelch und die Tonschale mit den dicken, knusprigen Hostien ging von Hand zu Hand, es war eine Blutsbrüderschaft, die hier geschlossen wurde. Und dann kam wieder das wehe Lied von der dunklen Straße, und unversehens sah ich jetzt die Schlußsequenz vieler Charlie-Chaplin-Filme vor mir, wie der traurige kleine Tramp allein der sinkenden Sonne entgegenwackelt und die Straße immer enger wird. Der weise traurige Verlierer – war das der Jesus, der hier gefeiert wurde?

## *Die Kirche der Heiligen*

Die Kapelle war ein Loft im ersten Stock des unübersichtlichen Gebäudes. Der Fußboden war mit Strohmatten ausgelegt. Wie vor einem Hindutempel oder einer Moschee legte man die Schuhe ab, bevor man den schmucklosen Raum betrat. Es war frühmorgens. Der Hof des Hauses war voll junger Mädchen in weißen Saris mit blauen Streifen, die dort in Eimern Wäsche wuschen. Auf ein Zeichen ließen sie ihre Eimer stehen und drängten die Treppe herauf. Hundert

Nonnen saßen bald danach auf dem Boden der Kapelle, ein gleichförmiges Heer, in dem jede Individualität verschwand. Dennoch habe ich Mutter Teresa sofort entdeckt, weit weg vom Eingang, wie alle anderen in Weiß-Blau, kleiner als die meisten, mit krummem Rücken, im Meßbuch das Fest des heutigen Tages heraussuchend, konzentriert lesend. Daß ich sie erkannte, löste sie aus dem weiblichen Vogelschwarm heraus. Ich meinte bei ihr eine größere Ruhe feststellen zu sollen, eine größere Sammlung, ein auf unerklärliche Weise größeres Gewicht. Die Messe begann. Die Nonnen sangen aus voller Brust neue geschmacklose Kirchenlieder, der Priester war Amerikaner, die Lieder waren amerikanisch, in Indien, in dem die Religion in die allerälteste Form gekleidet auftritt, präsentierte sich der Katholizismus so neu wie eine amerikanische Sekte. Es störte mich nicht; ich sah zu ihr hinüber, über die vielen weißverhüllten Köpfe, die wie Heiligenscheine auf einem mittelalterlichen Engelsbild hintereinander gestaffelt waren. Ihre Augen hingen am Altar. Es war, als sei sie allein. Die Kommunion empfing sie auf Knien und in den Mund. Als sie aufstand, wirkte sie wie ein kleines Mädchen. Sie schloß die Augen beim Beten. Im Hinausgehen verlor ich sie als den Augen, sie war jetzt nur einer unter hundert weißen Köpfen. Aber der Student, der mich in dieses Haus gebracht hatte, gab nicht auf. »Mutter empfängt jeden«, sagte er, seiner Überzeugungskraft gewiß. Mir graute bei der Vorstellung, er könne versuchen, Mutter Teresa als Attraktion für mich herbeizuzerren. Aber da führte er sie auch schon zu mir.

Sie war so klein, daß sie den Kopf in den Nacken legen mußte, um mich anzusehen. Auch die Hand, die sie mir reichte, war klein und knochig; ich küßte sie, aber sie hielt meine Hand einfach weiter fest, sie umklammerte sie mit beiden Händen und wandte ihr runzliges Gesicht mit den kleinen schwarzen Augen mir zu, um mich forschend zu betrachten, während ich verlegenes Zeug murmelte, Audienznichtigkeiten. Ich hätte gar nichts sagen müssen. Sie hatte eine Minute für mich, und in dieser Minute wollte sie nichts anderes tun, als mir in die Augen sehen, zum ersten und zum letzten Mal in unserm Leben und deshalb mit einer Eindringlichkeit, die ein längeres Kennenlernen ersetzen mußte. Was sie sah, war vermutlich besorgniserregend. Es war, als kenne sie mich von Grund auf, als sie meine Hand losließ. Um mir mit dem Daumen ein Kreuz auf die Stirn zu zeichnen, mußte sie sich in die Höhe recken: Wieder war sie ein eifriges kleines Mädchen, das etwas sehr Wichtiges tut. Dann lief sie davon, augenblicklich mit anderen Gedanken beschäftigt.

### *Die Kirche der Letzten Dinge*

Die Wallfahrerin hatte Bildchen, Rosenkränze, geweihte Kerzen und Gebetsheftchen aus allen Wallfahrtsorten Europas vor sich ausgebreitet. Erschöpft war sie von einer langen Busfahrt nach Fatima in Portugal zurückgekehrt, wo sie auf dem Platz gestanden hatte, über dem einst das Sonnenwunder von Zehntausenden gesehen worden war. Jetzt gönnte sie sich ein paar Tage Erholung, dann ging es weiter nach Medjugorje in Bosnien, das die Muttergottes im serbischen Krieg wunderbar verschont hatte und wo sie jeden Samstag zu den Heerscharen der Pilger sprach. Zwischendrin wollte die Wallfahrerin aber auch in Marpingen auf den Knien liegen, wo Maria schon im Kampf der katholischen Kirche gegen den preußischen Staat ihre Freunde gestärkt hatte. Lourdes kannte sie gut; es verging kein Jahr, in dem sie nicht im Wasser der heiligen Quelle badete und ihr Gesicht an den Fels der Grotte preßte, in der die Unbefleckte Empfängnis der kleinen Pyrenäen-Hirtin erschienen war. Für die Wallfahrerin lebten wir in schlimmen, aber auch großen, ja erhabenen Zeiten. Je unheimlicher das Leben auf der Erde wurde mit Kriegen, Katastrophen und menschlicher Bosheit, desto lauter sprachen die Stimmen der Engel und Heiligen. Kein Kontinent, auf dem die Muttergottes nicht mahnend und tröstend erschien. Niemals in der Geschichte der Kirche hatte sich die Muttergottes ihrem Volk so nah gezeigt. Und auch im Mittelalter sind kaum ebensoviel Menschen in der ganzen Welt unablässig zu den Erscheinungsorten unterwegs gewesen. An den neuen Wallfahrtsorten drängten sich Millionen, ohne daß die alten in Vergessenheit gerieten. Der gegenwärtig meistbesuchte Wallfahrtsort der Welt war San Giovanni Rotondo, der Ort, an dem der heilige Pater Pio mit den blutenden fünf Wunden des Gekreuzigten am Leib viele Jahre lang die Messe gelesen hatte. Für die Wallfahrerin war die moderne theologische Frage, ob die Messe das Opfer Jesu oder ein Gemeinschaftsmahl der Gläubigen sei, durch die Gestalt des Pater Pio von Gott selbst bereits entschieden. Sie fand die Bischöfe und Priester der Gegenwart schwach und uninspiriert, aber das bereitete ihr keine Sorgen, denn die Muttergottes und die Engel und Heiligen hatten diesen Mißstand erkannt und ließen die Gläubigen nicht allein. An die Stelle des unspirituellen Klerus auf Erden war ein himmlischer Klerus getreten, der den in Scharen zu seinen Füßen Geeilten ganz genau das sagte, was der irdische Klerus nicht mehr über die Lippen brachte: »Hört auf zu sündigen, vergebt euren Feinden, bekehrt euch! Betet den Rosenkranz, opfert eure Leiden für eure Nächsten auf, tragt euer Kreuz! Betet und fastet und gebt Almosen! Vergeßt nicht: Himmel und Hölle sind nah!«

Eine Krise der Kirche kannte die Wallfahrerin nicht. Sie sah keine Krise, sondern einen gewaltig tobenden unsichtbaren Kampf von Geister- und Dämonenheeren. Und mit ihren dicken Beinen und ihrem Stock war sie in diesen Kampf hineingezogen. Die vor ihr ausgebreiteten Bildchen und Kreuzchen waren ihre Waffen. Sie hatte noch andere Waffen, aber über die sprach sie nicht.

# *II.*
# *Pax in bello*

# Abendstunden der Revolution

## *Ein Spaziergang durch Havanna im Frühling 2009*

### *Havanna pompejanisch*

»Es ist viel Unheil in der Welt geschehen, aber wenig, das den Nachkommen so viel Freude gemacht hätte wie der Untergang von Pompeji«, heißt es in Goethes »Italienischer Reise«. Der Vulkan, der sich über Havanna ergossen hat, war der Kommunismus mit seinen Enteignungen, verschärft durch das amerikanische Embargo, das, so gesteht man es sich heute wohl ein, solideste Fundament der Castro-Herrschaft. Nun liegt die Stadt vor den Augen des Betrachters, als sei sie ausgegraben, nicht mehr richtig bewohnbar, aber mit zahllosen Erinnerungen an eine anderswo längst vergangene Zeit. Die erste Überraschung: wie prachtvoll Havanna einmal gewesen sein muß. Eine romanische Großstadt voller Paläste, Museen, Opernhäuser, Universitäten, Ministerien, Boulevards, mit winkeliger Altstadt und im Schachbrettmuster angelegten großzügigen neueren Vierteln, mit Festungen und Kirchen, an einer Meeresbucht gelegen, auch an schwülen Tagen von salzigen Winden durchweht. Und nun das ganze verzaubert, entrückt, wie aus einem unterirdischen Traumland aufgestiegen: die Hauptstadt des Hades. Kaum Straßenlaternen, keine Fernsehantennen, sehr wenig Verkehr, die dinosaurierhaften fünfzig Jahre alten »Plymouth«- und »Pontiac«-Limousinen, hundert Mal neu lackiert, in schleichender Fahrt, die Insassen in den Tiefen der ausgeleierten Polster versunken, kaum mit der Nasenspitze aus den Fenstern guckend. Die gemauerten, stuckumkleideten Säulen der endlosen Arkadenstraßen sind in neue geheimnisvolle Substanzen verwandelt, eine Materie aus Schwamm, Pilz, Moos, Dreck, verfaultem Kork, Rost, Staub, das alles in so vielen Abstufungen von Grau, daß ein Maler vor Wonne darüber verrückt werden müßte. Die Häuser haben in ihrem dramatischen Verfall eine Persönlichkeit bekommen, die eine glatt verputzte Fassade nie erreichen kann. Jede ihrer Poren hat sich geöffnet, überall erblühen die Organismen der Verwesung. Sie werden bewohnt, wie auf Piranesi-Stichen Hirten und Ziegen in römischen Ruinen hausen. Die Häuser sind längst stärker als ihre Bewohner, es krabbelt und regt sich in ihnen, und wenn man in ihre Tiefen blickt, dann findet sich da oft ein leise schwankender Schaukelstuhl wie das Pendel einer alten Kaminuhr, das die Arbeit eines unsichtbaren Werks aus Anspannung und Entlastung anzeigt. Irgendwann ist dann der Höhepunkt dieses Lebendigwerdens erreicht – dann stürzt das Haus in einer letzten gewaltigen Kraftanstrengung in sich zusammen. Um es klar zu sagen: Dieses zerbröselnde, ruinierte Havanna ist von einer düsteren, ergreifenden Schönheit. Es ist die Schönheit der Agavenblüte, die aus dem Kranz der Stachelblätter erst aufschießt, wenn der Tod der Pflanze kurz bevorsteht. Havanna, dies Wunderwerk des spanischen Kolonialismus, es steht noch da, die eingestürzten Häuser bilden noch keine allzu großen Lücken. Wenn die Zyklone mit ihren Regenmassen kommen und Wasserlasten auf die brüchigen Häuser laden, fallen die Balkons auf die Straße wie reife Äpfel; häufig stand gerade jemand darauf oder ging darunter einher. Übrigens sprach schon Graham Greene in »Unser Mann in Havanna« 1958 von den »Ruinen Havannas« – damals hatte der Diktator Batista die Altstadt im ganzen aufgegeben und plante eine amerikanisierte Hochhausstadt, einige sehr schöne Hochhäuser sind sogar entstanden. Der Kommunismus, der die Entwicklung verschärft vorantreiben wollte, hat die Zeit statt dessen angehalten, Kuba verschwand dazu noch hinter der Dornröschenhecke des nordamerikanischen Embargos. Wie sähe ein Havanna aus, das sich als Teil des nordamerikanischen Machtbereichs hätte entwickeln müssen? Wäre es etwa geworden, was die kubanischen Emigranten in Miami hingestellt haben?

Schönheit hat ihren Preis. Was es die Bewohner Havannas kostet, in diesen Gemäuern zu wohnen, kann der Spaziergänger nur ahnen. Zwischen zwei korinthischen Kapitellen wie aus Zigarrenasche ist eine Wäscheleine gespannt, an der ein roter Tanga trocknet. Das ist schön, aber die Zahl der Habaneros, die noch einen Blick für die spezifischen Schönheiten ihrer von Schimmel und Gestank erfüllten Stadt haben, ist wahrscheinlich klein. Man muß vielleicht aus deutsch-urbaner Wüstensterilität stammen, um für das Bild einer weithin ausgebreiteten reichen unzerstörten Stadt des achtzehnten und neunzehnten Jahrhunderts in ihrem Untergang Dankbarkeit und Bewunderung zu empfinden.

## *An die Wände geschrieben*

Aus der alten DDR kennt man noch das Bestreben, den Städten »Weltniveau« durch Leuchtreklame zu verleihen, obwohl doch der kapitalistische Wettbewerb und der Kampf um den Kunden verpönt waren: »Plaste und Elaste aus Zwickau« leuchtete es über der Dresdner Prager Straße. Da waren Castros Nerven stärker. Havanna ist auch heute eine Großstadt ohne Werbung. Dafür gibt es auf Hauswänden und Tafeln politische Parolen, Losungen für den Alltag und den Feiertag der Kubaner. Manche sind alt und haben sich mit dem abblätternden Putz so verbunden, daß sie nur noch schwer lesbar sind. »Die Ideen sind die wesentliche Waffe im Kampf um die Humanität« – um dieses Wort zu entziffern, braucht es Zeit, denn es stammt wohl aus der Frühzeit der Revolution. Unrealistisch war das nicht: Castro schickte sein Volk ohne Rohstoffe, ohne nennenswerte Industrieproduktion, ohne Wirtschaftskraft in den kalten Krieg mit den Vereinigten Staaten. Alle Ausrüstung mußte von jenseits des Meeres kommen. Er steuerte vor allem die explosiven Ideen bei. Daß es bei diesem Kampf um die ganze Menschheit ging, durfte man, als diese Inschrift gepinselt wurde, gleichfalls behaupten, schließlich hatte der Kommunismus in Kuba die Neue Welt erreicht und war in nächste Nähe der kapitalistischen Zentren gelangt.

Ein Volk in Waffen, das drückt sich in der nächsten noch ganz frischen Parole aus: »Studium! Arbeit! Gewehr!« Das Wort vom Gewehr trifft die Wirklichkeit, denn das Militär in den weltberühmten grünen Kampfanzügen ist allgegenwärtig, immerfort rollt ein Lastwagen voller Soldaten vorbei; auch studiert wird gewiß in Havanna; nur statt »Arbeit« müßte man inzwischen besser »Scheinbeschäftigung, Prostitution, Schwarzmarkt« einsetzen, aber das würde vielleicht zu lang.

In einem Schulhof, einst der Kreuzgang eines barocken Konvents, mitten in der baufälligen Altstadt prangt über einem lecken Abflußrohr, von üblen Gerüchen umweht, die Ermahnung: »Der Jefe befiehlt: absolute Sauberkeit, fleckenlose Ordnung, keine Schlamperei!« Das hat in seinem unüberbrückbaren Gegensatz zum Zustand der Umgebung weniger etwas von einem Befehl als von einem Traum.

»Vaterland oder Tod!« – da ist die Menschheit, um die es anfangs ging, schon fern gerückt, die Ziele sind nah gesteckt, die Hoffnung, sie zu erreichen, scheint geschrumpft. »Fünfzig Jahre revolutionärer Triumph: Einheit, Festigkeit, Siege« – da geht es schon gar nicht mehr um ein Ziel, sondern vielleicht gar um das Staunen, daß es wirklich einmal Siege gab und die Kubaner immer noch leben. Auch das große Wort Castros, das Schlußwort seiner Verteidigungsrede von 1953: »Die Geschichte wird mich freisprechen« findet sich auf den Mauern Havannas. Ein prophetisches Wort mit einer guten Chance, in Erfüllung zu gehen. Die Geschichte verurteilt tatsächlich viel seltener, als man so glaubt. Auch Nero und Dschingis-Khan werden von der Fachwelt heute sehr verständnisvoll gesehen.

## *Die Diktatur des Tanzens*

Irgendwoher klingt Musik; in Alt-Havanna gibt es kaum einen Ort, an dem man es nicht lustig scheppern, rasseln, klopfen hört; wo keine hellen heiseren Stimmen kunstvoll gegen den Rhythmus der Schlaginstrumente ansingen, wo die Musik-Wespen nicht eine erwartungsvolle, gespannte Unruhe erzeugen. Immerfort sieht man eine Salsa-Band, fünf bis acht ältere und jüngere Männer ihre Instrumente, Gitarren, Akkordeons, Trompeten und hohle Kürbisse, aus denen es wie von Klapperschlangen tönt, umherschleppen, um sich ein neues Publikum zu suchen. Wo sie ein paar Touristen sehen, bauen sie sich im Halbkreis auf, und sofort schweben die vertrauten Akkorde in der Luft. Abgerissen und dünn sind die Musikanten, viele tragen Hütchen, die Jeans umschlottern die Beine. Aber ihre Nahrung scheint Musik zu sein; die Energie, mit der sie spielen, wird durch die selbst hervorgebrachten Töne erzeugt, solange sie spielen, sind sie unsterblich. Und welche Macht sie über die Leute besitzen. Kein Passant bleibt ungerührt, wenn er sich der Musik nähert. Musik hören und tanzen ist eins. Die junge Mutter, die den Kinderwagen schiebt, läßt das Hinterteil in der engen Trikothose kreisen. Die zahnlose streichholzdürre Bettlerin setzt ihr Becken in Bewegung und breitet die Arme aus. Die dicken Männer im Café tanzen im Sitzen. Die blondgefärbte Kaffeebraune mit dem gürtelbreiten Röckchen und der schwarze Athlet im Unterhemd tanzen mit geschlossenen Augen. Die Musik läßt ihnen keine Wahl: Sie ist ein Befehl, zu tanzen. Es herrscht Tanzzwang. Die berühmte Szene aus der »Zauberflöte« kommt mir in den Sinn: Papageno, der von den Mohrensklaven des heimtückischen Monostatos verfolgt wird, läßt sein Zauber-Glockenspiel erklingen und versetzt die gefährlichen Häscher in eine selig tanzende Trance: »Wie klinget das so herrlich! Wie klinget das so schön!« singen die Mohren unter dem unerbittlichen Diktat der klingelnden Melodie.

Kuba, die Insel der Musik, der lachenden und tanzenden Menschen, die alles Elend mit einer unerschütterlichen Bereitschaft zum Festefeiern besiegen – so möchte sich dies Land mancher gern vorstellen, so suggeriert es eine auf Ferienfreuden gestimmte Reiseliteratur, und so bestätigt sich das schließlich doch auch in den Straßen des alten Havanna. Warum kamen mir die Leute dann so ernst und still vor? Wenn es nicht gerade aus den geschüttelten Kalebassen rasselte und aus der zerbeulten Trompete heulte, war dies eine beinahe lautlose Stadt, und wenn nicht das Sich-Winden und Sich-Wiegen in die Leiber fuhr, war es Bewegungslosigkeit, die das Straßenbild bestimmte. Wie tot lagen die Straßenhunde in der Sonne, und ebenso erschöpft sahen die Menschen aus: In den Zimmern der verwahrlosten Häuser, die zur ebenen Erde lagen, saßen sie schweigend in Schaukelstühlen oder lehnten an den hohen Fenstergittern wie Gefangene, die gedämpft und vorsichtig zu Vorübergehenden Verbindung aufnehmen wollen. Weil kein Mensch richtige Schuhe trug, nur Gummischlappen und Turnschuhe, blieben die Schritte lautlos; es war, als schleiche man durch diese Stadt. Eine Barpianistin versuchte mir die Augen zu öffnen. »Glauben Sie der Fröhlichkeit der Salsa-Musiker nicht«, sagte sie, als ich ihr auf ihre Klagen über die Zerstörung Havannas etwas schwärmerisch versicherte, »diese ganze Stadt bestehe nur aus Musik«. »Niemand macht hier spontan Musik – dieser Eindruck ist eine Inszenierung, die einzige, die hier richtig gut funktioniert. Alle Salsa-Musiker, die wie zufällig herumstreunen, sind Angestellte des Staates – es wird sogar kontrolliert, ob sie lächeln! Sie müssen so tun, als mache die Musik sie glücklich. Die Touristen sollen uns als musikverliebte Naturkinder erleben, die sich jede Katastrophe mit ein paar Tanzschritten vom Leibe halten ...« Sie sah schwarz, sie war verbittert. Sie hatte Konzertpianistin werden wollen und mußte nun froh sein, für ein Trinkgeld von ein paar »konvertiblen Pesos« – so heißt die nichtkonvertible Touristenwährung – die Nächte hindurchzuklimpern. Ganz glauben wollte ich ihr nicht, daß ihre Miene ausschließlich im Dienste der Regierung stand, dazu war ihr Lächeln, wenn sie dann schließlich doch lächelte, zu schön.

## *Schwarz-Weiß*

»Mit Las Casas ging in Lateinamerika die Linke an Land: man befreite die Indianer und versklavte die Schwarzen«, hat ein kolumbianischer Skeptiker jeglicher Reformpolitik geschrieben. Bischof Las Casas kam schon zur Zeit Karls V. nach Kuba und sah das fürchterliche Elend der unterworfenen Ureinwohner der Insel, die bei der erzwungenen Plantagenarbeit massenhaft starben. Die afrikanischen Schwarzen vertrugen das feuchte und heiße Klima bei harter Arbeit besser und wurden deshalb zu Hunderttausenden nach Kuba auf die Zuckerrohrfelder verkauft. Ihr Schicksal scheint im achtzehnten und neunzehnten Jahrhundert etwas gnädiger gewesen zu sein als das der nordamerikanischen Sklaven: Familienbande waren dem Recht nach geschützt, und es gab die Möglichkeit, sich für einen nicht unerschwinglichen Betrag freizukaufen. An der Stelle, an der die erste heilige Messe in Havanna zelebriert wurde, steht ein kleiner Gedächtnistempel. Die schwarze Wärterin erklärt das hübsche biedermeierliche Gemälde in seinem Innern, auf dem die Einweihung dieses Tempelchens festgehalten ist. »Sehen Sie hier – zwischen den Gouverneuren und Ministern steht auch ein Schwarzer im Frack, und dort hinten kniet eine schwarze Dame mit Mantilla unter den weißen Señoras –« Sie spricht mit einem Nachdruck, der ihren Stolz verrät: »Keine Sklaven sind das!« Und sie hat recht; in Nordamerika wäre ein solches Bild um 1830 unmöglich gewesen.

Hat Kuba das Zusammenleben zwischen Schwarz und Weiß also gelöst? Die Indianer fallen bei dieser Frage nicht ins Gewicht, denn sie haben auch nach ihrer Befreiung von der Sklavenarbeit die weiße Invasion nicht überlebt. Wer in Havanna bloß spazierengeht, kann nur ein paar Beobachtungen beisteuern. Da sind die weißen Kellner, die in einer Bar mit schwarzem Patron servieren. Da ist der dünne weiße Fahrradrikscha-Wallah, der einen schweren Schwarzen fährt – es gibt Länder in Afrika, in denen dieses Bild immer noch Sensation machen würde. Aber in den Slums von Alt-Havanna wird man kaum einen Weißen in einer der einsturzgefährdeten Wohnhöhlen erblicken. Die Weißen leben in Vedado oder Miramar, und wenn auch dort die Häuser bröckeln, so gibt es jedenfalls Platz und frische Luft und üppige Gärten. Seltsam, wie sich das sortiert, nachdem die Gleichheit nun schon fünfzig Jahre lang rabiates Diktat ist. Oder vielleicht doch nicht ganz so rabiat?

Bezeichnend das Nebeneinander der Völker und Religionen in den katholischen Kirchen. Die schwarzen Sklaven brachten ihre afrikanischen Götter mit übers Meer und identifizierten sie im katholischen Kuba mit gewissen Heiligen der Kirche, der Gottesmutter vor allem, aber auch der heiligen Barbara und dem heiligen Lazarus. Ihnen weihten sie auch in der neuen Welt ihren Opferkult und ihre überlieferten Gebete. In den Kirchen kann man Reiskörner, Kuchen und Zigarren neben der Statue des heiligen Lazarus finden, das scheint die Priester nicht zu stören. Die schwarze Madonna von Regla sieht ohnehin beinahe wie eine Kali in Spitzen aus. Ein dekorativer Aspekt des »Santeria«-Kultes: die schwarzen Schamanen, die »Babalao« heißen, gebieten ihren Anhängerinnen gelegentlich, sich ein Jahr lang ganz in Weiß zu kleiden, in Strümpfe, Schuhe und Rüschenröcke, in Fransenschals und kleine Turbane – das sind die einzigen Frauen in Havanna, die nicht aussehen, als wohnten sie auf einem Campingplatz. Aber bei der Messe des päpstlichen Nuntius in der überfüllten französisch-nüchternen Barockkathedrale San Cristobal, da war es wieder wie auf dem Gemälde in dem anfangs erwähnten Tempelchen: unter etwa sechzig Priestern nur ein Schwarzer, und auch in der Gemeinde gab es nur wenige schwarze Gesichter. Ja, diese Kathedrale schien irgendwo in Westeuropa zu stehen, hier versammelte sich der nicht emigrierte Teil des weißen Bürgertums, von dem in langen Streifzügen durch die Stadt sonst nicht eine Spur zu sehen ist. 1950 noch ist der regierende Diktator Batista aus dem Havanna Club gewiesen worden, weil seine Mutter eine Schwarze und sein Vater ein halber Chinese war. Gehört am Ende auch die Führung der kubanischen Kommunistischen Partei zu diesem Bürgertum? Nach einem halben Jahrhundert antirassistischen Kampfes ist die erste Garnitur des Staates jedenfalls weiß geblieben, so rein weiß, als folge Fidel Castro damit dem kultischen Gebot eines Babalao.

## *Marmor und Beton*

Zunächst sieht es aus, als sei der riesige Friedhof von Havanna vor allem ein Pantheon der Republik Kuba: prachtvolle Grabbauten aus dem weißesten Carrara-Marmor aller Zeiten türmen sich über den Gräbern der großen Familien der Insel, die für die Vertreibung der Spanier kämpften, obwohl sie zugleich einen Kult mit der Reinheit ihres spanischen Blutes trieben. Besonders beliebt waren Obelisken, über die eine falten- und fransenreiche Decke geworfen ist, lebensecht herausgemeißelt. Neben manchen solcher Gräber weht eine kubanische Fahne, die anzeigt, daß nicht nur die bürgerliche Republik, sondern auch Fidel Castro wirkungsvolle Unterstützung in der alten Bourgeoisie gefunden hat. Nur ein einziges Grab in all diesem gefrorenen Prunk ist mit Blumen überhäuft, knallbunt leuchtet es aus einem weißen Meer, wo Amelia Milagrosa begraben liegt: Sie starb bei der Geburt ihres Kindes, das Kind wurde zu ihren Füßen begraben, aber als man sie Jahre später exhumierte, da fand man das Kind in ihrem Arm. Nun wird sie als Heilige verehrt, Hunderte von Marmortäfelchen auf den Nachbargräbern danken Amelia für ihre Fürsprache, und ihre lebensgroße Marmorstatue hält die kleine schlaffe Säuglingsleiche an der Brust. So ist der erste Eindruck: Wenn die vertriebenen und geflüchteten Familien nach Kuba zurückkehrten, würden sie die Gräber ihrer Ahnen in einem erheblich besseren Zustand wiederfinden als ihre Häuser.

Aber wie werden die vielen begraben, die heute diese Häuser bewohnen? Daß sie nicht unter Marmorpyramiden liegen, verwundert nicht. Der große Friedhof ist gewissermaßen ein Abbild der heutigen Stadt. Die auffälligen Monumente repräsentieren Alt-Havanna mit seinen wenigen restaurierten Barockpalästen. Aber dahinter erstrecken sich die Felder mit den Grüften der Namenlosen, Kunststeinplatten schließen den Grabschacht, und keine Aufschrift verrät, wer hier liegt. Schließlich tut er das auch nur kurze Zeit, da kann man sich die Inschrift sparen.

Im Schatten eines Baumes lagern Menschen, mehrere Familien, wie sich beim Näherkommen herausstellt. Sie vereint, daß es auf den Tag zwei Jahre her ist, daß sie einen Verwandten bestattet haben. Nun werden die Grüfte geöffnet; kräftige Männer in bunten T-Shirts ziehen und heben die Särge ans Tageslicht, große gleichförmige schwarze Blechkisten; aber die Deckel sind aus dünnem Holz und verrottet, ein Haufen feuchter Latten liegt zwischen den Gräbern. Die nächstsitzende Familie wird herbeigewinkt, um ihr Gelegenheit zu geben, sich von der Verwesung des Leichnams zu überzeugen. Der junge Totengräber, der bis eben in den Gebeinen gescharrt hat, tätschelt dankbar, so scheint es, seinen nackten Muskelbauch. Ein brauner Totenschädel ist einer schwarzen Anzugjacke auf die Schulter gesunken; Jacke und Hose haben der Zersetzung widerstanden und erscheinen beinahe leer, ein paar Knöchelchen sind von Händen und Füßen geblieben. Unterdessen schreibt ein junger Schwarzer mit einem Pinsel in ungelenken Buchstaben »Juan Melendes« auf eine Betonkiste im Format eines Sektkartons. Sie ist bestimmt, die Überreste aus dem Sarg aufzunehmen, auch die Kleider werden dazugestopft – nein, die Jacke ist zu dick, sie wird zur Seite geworfen. Jetzt erklärt sich, woher die Kleiderfetzen zwischen den Gräbern stammen. In großen mehrstöckigen Scheunen werden diese Betonkisten zu schiefen Türmen gestapelt, aber die Daten auf den Kisten sind sämtlich nicht alt – so wird auch die Betonkiste nicht die letzte Station der Gebeine sein.

Bei einem Sarg stockt die Prozedur. Die herbeizitierten Angehörigen wenden sich ab, sie sind sichtbar bewegt. Die Leiche ist offenbar noch nicht zerfallen. Ein älterer Mann erhält einen Flakon und gießt dessen Inhalt über der Leiche aus. Weihwasser? Gebetet wird jedenfalls nicht bei dieser Besprengung. Während der Sarg wieder in die Gruft gelassen wird, sieht der Mann ihm hinterher, um schließlich, wie in einem Wutanfall, das Fläschchen gegen die entfernte Friedhofsmauer zu schleudern, wo es zerplatzt.

## *Ein Sohn der Revolution*

Der ausgedehnteste Spaziergang durch Havanna macht niemanden zum Kuba-Kenner, aber er läßt einen die reiche politische Literatur über Kuba mit anderen Augen lesen. Und deshalb zögere ich nicht, hier das mir sympathischste Buch über die kubanische Gegenwart zu nennen, besser zu loben und nachdrücklich zu empfehlen. Der Autor heißt José Manuel Prieto, ein Schwarzer, keiner von denen, die enteignet und ins Gefängnis geworfen worden sind, er wurde auch nicht gefoltert und hat keinen Verwandten, den Che Guevara hat ermorden lassen. Im Gegenteil, Prieto hat die Schokoladenseite der Castro-Diktatur kennengelernt. Sein Vater war Arzt, er ist in einer, wie er selbst schreibt, palastartigen Villa aufgewachsen, deren Eigentümer vertrieben worden waren. Er ist dankbar für seine Erziehung auf einer kommunistischen Eliteschule, einem revolutionären »Eton«, die ihn für das Leben in Europa vorzüglich vorbereitet habe. Zum Studium wurde er in das befreundete Rußland, und zwar nach Sibirien geschickt, dort erlebte er die Perestrojka des Präsidenten Gorbatschow. Prieto ist heute einer der bedeutendsten Romanciers der lateinamerikanischen Literatur, in seiner Heimat aber natürlich, wie man leider sagen muß, nicht mehr geduldet. »Die kubanische Revolution und wie erkläre ich sie meinem Taxifahrer« heißt sein leidenschaftlicher, witziger und von einem überlegenen Sinn für Mäßigung und gesunden Menschenverstand getragener Essay. Jeder Taxifahrer in Paris und Madrid gratuliere ihm, wenn er sich als Kubaner vorstelle. Habe es Fidel Castro nicht geschafft, sein kleines Land fünfzig Jahre lang dem Einfluß der Nordamerikaner zu entziehen? Sei seine Herrschaft nicht die Erneuerung des Sieges von David über Goliath? Es gibt ein berühmtes Photo, das den »Comandante en Jefe« im Kampfanzug zu Füßen der Kolossalstatue des Abraham Lincoln zeigt, das sprechende Bild einer versteinerten Weltmacht, die den kleinen kühnen Anarchen nicht in ihre Gewalt bekommen kann. Diese Freiheitsidee wirkt noch heute berauschend auf viele Nicht-Kubaner, keinesfalls nur Linke. Aber Prieto sieht sie als einen Irrsinn, einen Aufstand gegen die Realität und die Gesetze der Geopolitik. Niemals sei Kuba frei gewesen in seiner Geschichte, weder als die Spanier dort regierten, noch als die Nordamerikaner den Kubanern halfen, die Spanier zu vertreiben, nur um selbst an deren Stelle zu treten, noch auch unter Castro, der die schon kaum mehr indirekte nordamerikanische Herrschaft nur abschütteln konnte, indem er sich dem Einfluß der Sowjetunion öffnete. Die Chimäre Freiheit hat Kuba in bitterste Armut gestürzt, hat eine Diktatur der Brutalität gefördert, hat alle Begabungen aus dem Land vertrieben, das Land in schmutzige Kolonialkriege in Afrika verwickelt und den kostbaren kulturellen Besitz, die prachtvollen Städte dem Untergang preisgegeben. Prieto weist die Theorie von der Notwendigkeit der kubanischen Revolution mit Entschiedenheit von sich. Er kennt kein Übel, das durch eine Revolution nicht noch schlimmer würde, keinen Mißstand, der sich nicht durch eine allmähliche gewaltlose Entwicklung schließlich von selbst beseitigte. Und deshalb ist ihm der Gedanke an eine neue Revolution nach Castros Tod gleichermaßen schreckenerregend. Eine verfrühte Einführung der Demokratie in diesem jeder Tradition der Selbstverantwortung entfremdeten Land hält er für verhängnisvoll. Dieser Schriftsteller hat zu einem urkonservativen Vertrauen in die naturrechtliche Institution des Privateigentums gefunden; wie ein zweiter Solschenizyn hält er die Wiedergewährung von Privateigentum für die lebensrettende Neuerung, die der Wiedergesundung des Landes vorausgehen müsse, wobei er das Problem der Restitutionsansprüche der Emigranten freilich ausspart. So schwankt der Ton seines kleinen, aber ergreifenden Buchs zwischen Verzweiflung und Hoffnung, Zorn und Liebe zu seinem schönen Heimatland.

Man muß dieser Stimme Glauben schenken, deren Lebhaftigkeit und Ungezwungenheit nichts anderes sind als ein Mittel der Diskretion, um eine Weisheit des Sprechers zu verbergen, für die er sich vielleicht zu jung vorkommt.

# Der Roman als Geschichtsschreibung

Eine Bayrische Akademie der Schönen Künste überreicht mir ihren Großen Literaturpreis; da mag es angemessen sein, daß der Romanautor seine Überlegungen zum Roman in die Form einer Antwort auf eine fiktive Preisfrage kleidet, wie sie Akademien einst zu stellen pflegten. Das Schöne an dieser Fiktion ist, daß ich mir meine Preisfrage selbst stellen darf und sie deshalb mit Gedanken verbinden kann, die mich ohnehin seit längerem beschäftigen. Meine Preisfrage lautet also: Kann man den epischen Roman, wie er sich seit dem Beginn des neunzehnten Jahrhunderts entwickelt hat, als ein Mittel der Geschichtsschreibung betrachten? Der Gedanke, daß Romane Geschichtsschreibung sein könnten, stammt nicht von mir, sondern von einem Historiker und Mitglied des Österreichischen Instituts für Geschichtsforschung, der allerdings weniger als Historiker denn als Romancier bekannt worden ist: Heimito von Doderer, dessen nie genug zu rühmenden Namen ich hier um so lieber erwähne, als auch er einst den Literaturpreis dieser Akademie erhalten hat. Doderers Interesse als Historiker ging von der Beschäftigung mit frühen Selbstzeugnissen von Menschen aus, die nicht zum großen handelnden Personal der Geschichte zählten; besonders gründlich hat er sich mit dem Tagebuch einer Wienerin aus dem Mittelalter, einer Frau Kotanner, befaßt, das nicht nur eine Quelle für den Wissensdurst der gelehrten Zunft ist, sondern ein Stück lebendiger, spannender Literatur. Die Kotannerin berichtet, wie es ihr gelang, in Preßburg die ungarische Krone zu stehlen, und wie sie dabei dem Teufel begegnete. Daß bei der Lektüre eines solchen Textes dem Romancier das Herz im Leibe lacht, ist verständlich, aber Doderer ging in seiner Überzeugung von der historiographischen Bedeutung des Romans über literarisch bedeutende Geschichtsquellen, Briefe und Tagebücher eben, weit hinaus. Gerade der Roman, dieses sprachliche Gewebe aus unzähligen Erfahrungen und Beobachtungen des Autors, die aber im Ganzen ein erfundenes Muster bilden, solle Geschichtsschreibung sein, in Doderers radikaler Formulierung sogar die »heute einzig angemessene«.

Dabei lehnte unser Preisträger den »historischen Roman«, der dem naiven Leser einer solchen Behauptung zuerst in den Sinn kommen mag, entschieden ab. Seiner Vorstellung vom Roman nach durfte ein solches Werk nicht aus Zonen zusammenrecherchiert sein, die dem Autor und seinem Leben fern waren. Das Recherchieren und das Zusammentragen von Fakten in Zettelkästen nannte er nach dem erfolgreichen französischen Romancier das »Zolaisieren«, und das war nicht als Kompliment gemeint. Der Roman sollte ganz aus der eigenen Substanz des Autors geschaffen sein, aus Bildern und Eindrücken, die vor langer Zeit in ihn eingesunken waren und, nachdem sie in Vergessenheit geschlummert hatten und in diesem Schlaf gereift waren, unversehens wieder auftauchten und gleichsam ein zweites Mal geboren wurden. Romanschreiben war für ihn nur als »autobiographisches Heurisma« vorstellbar.

Diese bestrickend eindringliche, in Doderers eigenen Worten noch viel überzeugendere Romantheorie, die hier aber nicht weiter ausgebreitet werden soll, kann freilich nicht davon ablenken, daß es eine große Zahl gelungener »historischer Romane« und »historischer Theaterstücke« – wenn wir dies Genre hier einmal dazunehmen dürfen – gegeben hat, deren beste zum schönsten der erzählenden Literatur überhaupt gehören. Gewiß, man mag sich, wenn man an den Begriff »historischer Roman« denkt, zunächst an Bücher erinnern, die etwa so beginnen: »Der Regen prasselte ans Fenster. Unruhig schritt der Herzog auf und ab.« Aber selbst die lächerlichsten dieser Romane sind noch – natürlich an sehr langer Leine – mit der Atmosphäre jenes Zeitalters verbunden, in der die Geschichtsschreibung als Wissenschaft entstand, als Goethe erklärte, »das Beste an der Geschichte« sei »der Enthusiasmus, den sie errege«. Derselbe Goethe hatte schon als sehr junger Mann und viele Jahre, bevor sich die Geschichtswissenschaft zu ihrer neuen imposanten Größe entwickelt hatte, dieser sich erst ahnungsweise abzeichnenden, die Geistes- und Empfindungsart der folgenden Jahrhunderte verändernden Wissenschaft das bis heute verbindliche Motto vorangeschickt: »Mein Freund, die Zeiten der Vergangenheit / sind uns ein Buch mit sieben Siegel. / Was ihr den Geist der Zeiten heißt / das ist der Herren eigner Geist / in dem die Zeiten sich bespiegeln.« Die ironische Pointe liegt nur darin, daß gerade, was hier kritisch und skeptisch benannt worden war, zum eigentlichen Movens der Geschichtswissenschaft werden sollte. Aus der Geschichte lernen hieß, Parallelen und Analogien in der Vergangenheit zur eigenen Gegenwart zu suchen, hieß Selbstbetrachtung in einem neuartigen Spiegel, verhieß am Ende sogar mit neuen, wissenschaftlichen Mitteln die Zukunft vorhersagen und womöglich beeinflussen zu können. Die Geschichtserzähler des neunzehnten Jahrhunderts, die teilweise noch im achtzehnten Jahrhundert ihre Wurzeln haben, entwerfen große Geschichtsbilder, die ihren verführerischen Glanz durch ihren Bezug zur Gegenwart erhalten, Bilder, die geradezu eine verklärte und überhöhte Gegenwart darstellen. Gibbons Imperatoren und Senatoren des römischen Reiches sind Tories und Whigs, während England dabei ist, die Nachfolge des gesunkenen Reiches anzutreten. Schiller schildert den Volkskrieg in den Niederlanden, während sich die Volkskriege im Gefolge der Französischen Revolution abzeichnen. Burckhardts italienische Renaissance malt ein Szenario eines idealen Bürgerlichen Liberalismus, indem es auch dessen Bedrohtheit in der Gegenwart vorwegnimmt. Michelet unternimmt den kühnen Versuch, die Revolution als das der Logik der Geschichte Frankreichs entsprechende, stabilisierende Ereignis zum Fundament der Zukunft zu machen. Alle diese Geschichtserzählungen haben den historischen Roman durch ihre Farbigkeit und ihre sprachliche Schönheit gerade zu provoziert. Ihre Bilder besaßen die Macht, die Kenntnis der Geschichte zum eigentlichen Gegenstand der Bildung werden zu lassen. Das war sie über die meisten vorangegangenen Jahrhunderte keineswegs. Die längste Zeit trat der gebildete Europäer aus den Wirren seiner jeweiligen Gegenwart in eine zeitlose oder vielmehr stets gegenwärtige Antike ein, in der alle Wechselfälle des Lebens beispielhaft aufgehoben waren. Von nun an sollte gebildet heißen, wer sich »von dreitausend Jahren Rechenschaft ablegen« konnte.

Was eigentlich Bildung und »Gebildetsein« bedeutet, vermag hier nicht ergründet zu werden. Ein Abgrund tut sich bei diesem Begriff auf. Die Frankfurter Übersetzerin Gertrud von Holzhausen erzählte aus ihrer Jugend vor dem Ersten Weltkrieg, der Vater habe den wechselnden Hauslehrern seiner Kinder bei ihrer Einstellung stets dieselbe Rede gehalten: »Ich wünsche nicht, daß meine Töchter die Nebenflüsse der Donau aufsagen können, sondern daß ihr Geist gebildet werde.« Da bei den Lehrern aber nicht die blasseste Vorstellung bestanden habe, wie der Geist ihrer Schülerinnen gebildet werden könne, sei das Ergebnis des Unterrichts gewesen, daß weder ihr Geist gebildet worden sei noch sie die Nebenflüsse der Donau hätten aufsagen können. Die Parallelen zur gegenwärtigen pädagogischen Lage sind zu offensichtlich, als daß auf sie weiter eingegangen werden müßte. Bildung ist eben nicht Information – um nun doch wenigstens ex negativo eine Bildungsdefinition zu versuchen –, sie ist ein bestimmter Umgang mit Information. Bildung ist nicht das konkrete Wissen, sie offenbart sich in einer bestimmten Haltung zum Wissen. Und so besteht Bildung auch weniger in einer Kenntnis des Wissenswerten, als in der Kenntnis einer Rangordnung des Wissenswerten.

Die Chancen, daß so verstandene Bildung im Schulunterricht vermittelt werden könnte, sind seit jeher klein gewesen, die zitierten Hauslehrer jener Übersetzerin haben also keinen Spott verdient. Es mag sein, daß die Entwicklung der Geschichtswissenschaft zum eigentlichen Inhalt der Bildung zur alles übrige erklärenden Überwissenschaft ihrer Vermittlung und Weitergabe über die Generationen hinweg immer mehr im Wege stand. In einer Zeit spezialisierter Forschung, in der alle vermeintlichen Gewissheiten immerfort durch »neueste Forschungsergebnisse« in Frage gestellt werden, ist das einzige, was von der Geschichte guten Gewissens in der Schule noch gelehrt werden könnte, die verachtete und verpönte Folge der Jahreszahlen, die »Nebenflüsse der Donau« eben. Man müßte über den vielfach beklagten Verfall des Geschichtswissens im Grund froh sein, weil er bedeutet, daß eine Fülle von wissenschaftlichen Halbwahrheiten und Legenden gleichfalls in den Orkus des Nichtwissens hinabgefahren sind.

Es mag sein, daß die Bildung tatsächlich, wie die Sprache es nahelegt, an die Bilder gebunden ist. Die großen historischen Romane vermittelten solche Bilder, deren wissenschaftliche Historizität zwar von vielen Seiten anfechtbar war, die aber dennoch wichtige Aspekte der Wahrheit sinnlich faßbar aufbewahrten. Nur zwei Beispiele seien hierfür genannt. Als erstes der italienische Nationalroman »I promessi sposi« von Alessandro Manzoni. Er spielt im sechzehnten Jahrhundert nach dem Konzil von Trient und Manzoni läßt auch historische Figuren in ihm auftreten, vor allem einen Kardinal Borromeo, der zwar nur der Neffe des großen Carlo Borromeo von Mailand ist, in Wahrheit aber als ideales Portrait dieses Heiligen der Gegenreformation erscheint. Schon wer den Beginn der »Promessi sposi« liest, wo die vielen aufeinanderfolgenden Edikte des spanischen

Vizekönigs von Mailand gegen das Räuberunwesen aufgeführt werden, die sämtlich erfolglos bleiben, fühlt sich an den immer nur halb entschlossenen, halb wirkungslos bleibenden Kampf gegen die Mafia erinnert, den die vielen demokratischen Regierungen Italiens seit dem Ende des Zweiten Weltkriegs geführt haben. Ob die große Mailänder Hungersnot oder die Pest in Mailand sich genauso abgespielt haben wie bei Manzoni, ob der heilige Borromeo wirklich ein solches Naturell aus christushaftem Zorn und christushafter Sanftheit hatte, kann im letzten dahingestellt bleiben. Wichtiger ist das Bild, das Manzoni von der politischen und sozialen Verfaßtheit oder eben gerade Nicht-Verfaßtheit des neueren und neusten Italien entworfen hat – wobei die Größe seiner Leistung als Historiker vor allem darin besteht, daß seine Diagnose, die sich ja vor allem mit der Fremdherrschaft in Italien befaßte, auch nach deren Ende, man kann schon sagen, unvermindert die Realität trifft: das Gegenüberstehen von Malgoverno eines überforderten politischen Zentralismus und einem anarchischen Volk, das unter dem Bleidach des Politischen hinwegzutauchen versteht und zur Selbsthilfe greift. Daß Manzoni als Zeitgenosse Canovas und der Nazarener diesem Bild einer unüberwindlichen historischen Gegebenheit gelegentlich idealisierenden Glanz verleiht, vermochte dessen Wahrheitsgehalt nicht zu mindern; Italien hat sich in diesem schönen und dabei gar nicht unbedingt schmeichelhaften Portrait bis heute dankbar wiedererkannt.

Das zweite Beispiel ist Walter Scotts »Ivanhoe«, gleichfalls eine bildliche Erfassung der politischen Entelechie seiner Nation. Die Spaltung des mittelalterlichen England in die herrschenden normannischen Eroberer und die unterworfenen Angelsachsen und die Überwindung dieser Spaltung durch eine Verschmelzung beider Sprachen ist der Stoff dieses romantischen Ritterromans, in den Scott mit Blick auf seine eigene Zeit sogar noch das Bemühen um einen

Ausgleich mit den Juden hineingenommen hat. Wer sich daran erinnert, daß Disreali noch fünfzig Jahre nach Scott in einer berühmten Rede von England als einem »country of two nations« sprach, versteht, daß es bei dem harmonischen Friedensschluß, den Scott seine Protagonisten finden läßt, nicht geblieben ist, daß es sich vielmehr um eine Aufgabe handelte, die jede Generation mit wechselndem Glück von neuem zu leisten hatte, wenn wir die Zeichen richtig deuten, bis in unsere Tage hinein. Das bisweilen schönende, historischer Detailforschung gewiß nicht standhaltende Bild Scotts hat das Gründungsproblem Englands in eine sinnfällige Form gegossen, die vielleicht am ehesten mit der Sprache der Astrologen vergleichbar ist, wenn sie sagen, irgend jemand sei »unter dem Zeichen« eines bestimmten Planeten geboren. Der historische Roman Scotts und auch Manzonis benennt das Zeichen, unter dem die Entwicklung eines Landes steht, bis es eines Tages, wie alles auf Erden, verblassen mag.

Das historische, oder besser historistische Virus hat aber auch große Romanciers des neunzehnten und zwanzigsten Jahrhunderts befallen, die keine historischen Romane im strengen Sinn geschrieben haben. Geschichtsphilosophie welcher Schule auch immer ist die Grundlage vieler Romane dieser beiden Jahrhunderte geworden, ob immer zu deren Glück, steht auf einem anderen Blatt. Wir kennen ebenso viele Romane, die der Theorie des Niedergangs der westlichen Kultur, wie solche, die der Vorstellung eines unaufhaltsamen Fortschritts der menschlichen Gesellschaft folgen. Das Erlebnis der Französischen Revolution mit ihrer Vielzahl tragischer und erschreckender Protagonisten, die zunächst das viel gründlicher umwälzende, aber gesichtslose Phänomen der industriellen Revolution hinter sich verbarg, hatte die Veränderung der menschlichen Verhältnisse zum eigentlichen Thema der Geschichte gemacht; wer sich dieser Veränderung versagte, wurde zum Verlierer, wer sich ihr beugte oder sie gar beförderte, zum Gewinner dieses Prozesses, und diese Dramaturgie übernahm auch der Roman. Selbst die hermetischsten Werke der deutschen Literatur, die in Rosenhäusern und Pädagogischen Provinzen den Ausstieg aus der Geschichte versuchen, haben das historisch entscheidende Faktum der historischen Veränderung fest im Blick, gerade auch, wenn sie deshalb das eigentliche Wagnis der Kunst darin erblicken, den Menschen aus den Fesseln der blinden Geschichte zu befreien. Aber sonst herrschen Geschichtsoptimismus und Geschichtspessimismus in der Literatur beinahe unumschränkt. Große Gesellschaftspanoramen entstehen. Mit einer bis dahin nicht gekannten Vielzahl handelnder Figuren wird versucht, ein Abbild der Massen zu schaffen, die immer mehr als der eigentliche Protagonist der neuen Epoche verstanden wird. Die geschichtsphilosophische Haltung schenkt die Gewißheit, daß man die Gegenwart, vor allem aber die Zukunft erkannt habe. Wie Dante einst den ganzen Kosmos der jenseitigen Welt abzuschreiten unternahm, soll nun in »Menschlichen Komödien« eine repräsentative Schilderung aller erheblichen gesellschaftlichen Kräfte gelingen. Der gesellschaftliche Aufstieg wird zum großen Thema vor allem der englischen und französischen Literatur; der Aufsteiger wird im Guten wie im Bedenklichen als der sprechendste Typus der neuen Zeit erkannt. Nicht alle Autoren sind sich ihrer geschichtsphilosophischen Voraussetzungen bewußt, und manche wechseln sie im Laufe ihres Lebens: Thomas Mann etwa begann geschichtspessimistisch in den »Buddenbrooks«, gelangte dann zum Geschichtsoptimismus in »Zauberberg« und »Joseph« und endete bei einer Geschichtstheologie, die vom Kampf des Guten gegen das Böse im »Dr. Faustus« sprach. Nur die Geschichtsphilosophie als solche verließ er nie, und das hinderte ihn auch gar nicht daran, bedeutende Werke zu schreiben.

Vielleicht war der gelegentliche Wechsel der philosophischen Modelle für seine spätere Wirkung sogar von Vorteil. Nichts kann einem Schriftsteller so gefährlich werden wie eine allzu eindeutige Bindung seines Werks an ein bestimmtes theoretisches Gerüst. Auf der anderen Seite ist eine solche Bindung wie ein Gottesurteil. Ein Werk, das trotz seiner Nähe zu überholten, womöglich gar lächerlich gewordenen theoretischen Vorstellungen als ästhetisches Wesen zu überleben vermag, hat eine der härtesten Proben bestanden.

Wir haben sehr allgemein von den Romanen gesprochen, die sich seit dem neunzehnten Jahrhundert bis heute an eine der verschiedenen Geschichtsauffassungen, wie sie seit der Französischen Revolution entstanden sind, angeschlossen haben. Viel interessanter ist aber eine andere Kategorie von Romanen, die weniger Geschichtsschreibung mit ästhetischen Mitteln fortsetzen als vielmehr einer späteren Geschichtsschreibung durch Zusammentragen von Material, das sich auf eine andere Weise als im Roman nicht aufbewahren läßt, man könnte sagen, zuarbeiten. Gemeint sind die Bücher, die sich mit der detaillierten Beschreibung der gegenwärtigen Welt befassen. Man nennt die indischen Verhältnisse mit ihren zahllosen Kasten und Unterkasten kompliziert. Die Behauptung sei gewagt, daß die Kasten- und Kästchenabstufungen in der Gesellschaft des sogenannten egalitären Westens mindestens so kompliziert, wenn nicht noch viel komplizierter sind, weil weniger statisch als in Indien, in ständigem Fluß, in ständiger Neugruppierung befindlich. Die Tendenz der modernen westlichen Länder, sich gesellschaftlich zu atomisieren und die traditionellen Milieus aufzulösen, führt eben nur zum Teil zum Entstehen von Atomen, viel eher aber zu neuen Zusammenballungen und Verklumpungen, die sich manchmal schnell wieder dekomponieren oder mit anderen zusammenschließen, manchmal eine erstaunliche Haltbarkeit besitzen. Das unaufhörliche Aufeinanderprallen von Bildern und Gegenständen der verschiedensten ästhetischen Herkunft – unser Normalzustand – führt zu einer Umgebung, in der sich nichts mehr von selbst versteht. Für die Erzählung heißt das, daß alles beschrieben werden müßte. Dieser Aufgabe kann von allen Kunstformen nur der epische Roman nachkommen, denn es ist ein großer Unterschied für das Bewußtsein, ob Photographien oder Filme angeschaut werden oder ob ein bestimmtes Phänomen mit dem richtigen Wort benannt worden ist. Weit entfernt davon, an eine untergegangene bürgerliche Klasse gebunden und mit ihr zusammen untergegangen zu sein, wie kluge Leute vom Roman als Kunstform behauptet haben, hat der Roman in der politisch und ästhetisch in Millionen glitzernde Scherben zersplitterten Realität unserer Gegenwart, die man gern nachbürgerlich nennen mag, erst eigentlich sein wahres Gegenüber gefunden. Der Roman als Kunstform hat einen großen Magen und verschlingt nimmersatt die größte Faktenfülle. Er muß mit geläufigen und seltenen Wörtern, Bildern, Tatsachen und deren Verformung und Verzerrung, wie sie sich in Erinnerungen und Träumen ereignen, geradezu vollgestopft werden. Unsere formlose, im Detail aber unendlich vielgestaltige Welt braucht ein sehr weit gespanntes Netz, um umfangen, und ein scharfes Mikroskop, um im einzelnen untersucht zu werden. Oder ein anderes Bild: Der dieser historischen Situation entsprechende Roman muß wie ein großer Kahn sein, der, mit allem erdenklichen Trödel und Abfall bis zum Rand beladen, einen breiten schimmernden Fluß hinabgleitet.

Es wird gern bemerkt, daß die Kette der Könige und Kaiser, die in der altertümlichen Geschichtsschreibung allein die Zeitläufte zu repräsentieren hatte, allzu wenig von der Realität der einzelnen Epochen umschließe. Wahrscheinlicher aber ist, daß man bei einer späteren historischen Erfassung unserer Jahre auf die Nennung der einzelnen Damen und Herren, die sich da in Kanzler- und Präsidentenämtern abgelöst haben, ganz und gar wird verzichten können, weil mit ihren Namen die Wirklichkeit, in der sie sich bewegten, nicht mehr beschworen und aufgerufen werden kann. Statt dessen könnte man die Romane von William Gaddis oder die »Verteidigung der Kindheit« von Martin Walser oder »Letzte Grüße« von Walter Kempowski befragen, »wie es wirklich gewesen ist« – auch dies gehört zur Geschichte der historischen Wissenschaft, daß sie selbst diese einst hochgemut gestellte Frage eben kaum mehr oder nur höchst eingeschränkt beantworten kann und will, während der Roman vor ihrem Anspruch nicht zu erschrecken braucht: seine Fiktion bewahrt eine Wirklichkeit, die keine »neuesten Forschungsergebnisse« anzutasten vermögen. Dank des Romans sind die beiden letzten Jahrhunderte die bestdokumentierten in der Geschichte der Menschheit geworden. Er führt zusammen, was sonst in soziologischen Spezialstudien zerflattert wäre, er hat aus der Riesenstaubwolke ästhetischer und sozialer Auflösung ein anschaubares und faßbares Bild werden lassen.

Wir haben schon davon gesprochen, daß ein wichtiger Antrieb für die wissenschaftliche Beschäftigung mit der Geschichte die Hoffnung war, einem Gesetz der Geschichte auf die Schliche zu kommen, das ihre Wandlungen vorhersehbar machte. Man könnte auf den Gedanken kommen, das geschwundene Interesse an der Geschichte, die vielfältig beklagte neue Geschichtsvergessenheit, der Verfall der historischen Bildung habe im tiefsten neben vielen anderen Gründen vielleicht mit einem dunklen, bisher, wie mir scheint, selten artikulierten Gefühl zu tun, daß uns die Kenntnis unserer Vergangenheit für die Zukunft nichts mehr zu lehren vermag. Und vielleicht hat dieses Gefühl auch etwas für sich. Man erinnert sich des Mittels, mit dem in einem der Meisterstücke deutscher Prosa, in Johann Peter Hebels »Unverhofftem Wiedersehen«, der Erzählung der Wiederauffindung eines fünfzig Jahre zuvor verschütteten Bergmanns im Bergwerk von Falun in Schweden, das Verstreichen der Zeit spürbar machte. Hebel zählte die politischen Ereignisse auf, die Kriege und Revolutionen, die innerhalb dieser fünfzig Jahre stattgefunden haben, und er beendete diese Aufzählung aus der Welt der großen Geschichte mit einer geradezu feierlich litaneihaften Aufzählung aus der Welt der Bauern und Handwerker: »... und die Bauern pflügten, und säten und ernteten und die Schmiede hämmerten und die Bäcker buken etc. ...« Das Bild, das dieser Aufklärer und Napoleonverehrer von der Geschichte vermitteln wollte, ist deutlich: Es gibt die erregende und gefährliche Ebene der Politik, das blutige große Welttheater, aber darunter fließt die Zeit dahin wie zu den Tagen, da Adam grub und Eva spann. Wie die Tiefsee nichts von den Stürmen über den Ozeanen mitbekommt, sowenig werden die elementaren Lebensbedingungen des Menschen von den Staatsaktionen der Weltgeschichte berührt. Man mußte offenbar ein geschworener Feind der Französischen Revolution sein wie die Reaktionäre Joseph de Maistre oder Donoso Cortès, um ahnen zu können, daß die Veränderung, die eingetreten war, gerade die vermeintlich ewigkeitliche Gleichförmigkeit der Lebensfundamente berühren würde. Inzwischen wissen wir, daß die ganze Welt in einem Umgestaltungsprozeß begriffen ist, der keinen Teil des Lebens, der von der Steinzeit bis zur jüngsten Vergangenheit allen Menschen gemeinsam war, verschonen wird. Die Gemeinsamkeit der Lebenserfahrung von Dunkelheit, Kälte, Schmerz und Abhängigkeit von den Jahreszeiten und den Ernten, die Julius Cäsar und Ludwig XIV. mit den ärmsten ihrer Untertanen teilten, ist aufgehoben. Man hat gesagt, die Umgestaltung der Welt durch die wissenschaftlich-technische Revolution sei nur mit jener zu vergleichen, die die Zähmung des Feuers einst bewirkt habe. Wenn dieser Verdacht nicht trügt, dann wäre es tatsächlich vergeblich, in der Geschichte nach Vorbildern zu suchen, um die neuen Lebensformen, die neue Gestalt der Welt, die aus dieser gewiß noch lange nicht abgeschlossenen Umwälzung dereinst geboren werden wird, wenigstens erahnen zu können. Alles, was uns das Studium der Vergangenheit lehren könnte, wäre dann, daß es nichts in ihr gebe, was dem, das komme, irgendwie gleiche – eine Historiographie, die der negativen Theologie verwandt wäre.

Was könnte das für unsere Überlegungen zum Roman als ein Mittel der Geschichtsschreibung bedeuten? Ich gebe zu, daß ich manchmal geneigt bin anzunehmen, daß wir einen radikalen Bruch mit allen Umständen erleben, die unsere Sprache, unsere Vorstellungswelt, unsere Begriffe, unsere Kunst und das Wunderwerk der europäischen Stadt hervorgebracht haben, einen unheilbaren Bruch selbstverständlich, der mit dem Anfang einer von dem uns Vertrauten gänzlich unterschiedenen Zivilisation einhergeht. Nur eines wird sich gleichbleiben: Die kommende Welt wird schließlich auch von Menschen gemacht werden, so wie es die Menschen sind und waren, die durch eine andersartige, neuartige Mentalität zu Entdeckungen befähigt wurden, die ihrer Herkunftswelt das Ende bereiteten. Diese neue Art Mensch zu sein wird aber durch jeden einzelnen Menschen verwirklicht, und so muß sich auch derjenige, den unser historischer Zustand verzweifeln läßt, darüber im klaren sein, daß der Keim des Neuen schon in ihm selber wacht oder schläft – so wird auch der Reaktionär zur revolutionären Zeitbombe.

Das Neue ist, zumindest keimhaft, bereits da, aber wir können es nicht benennen, denn sonst wäre es ja nicht das Neue. Das wirklich Neue, das, was die Realität der Zukunft sein wird – und nicht bloß eine hochgerechnete Gegenwart, wie in der Science-fiction-Literatur –, wird sich zunächst dadurch auszeichnen, daß es uns eigentlich nicht unvertraut vorkommen wird, nur ein wenig abseitig, auch unscheinbar. In den menschlichen Werken, die ein derart gründlicher Abdruck der Person ihres Herstellers sind, wie es der Roman ist, wird es sich notwendigerweise schon aufhalten müssen, vielleicht in Gestalt einer unerklärlichen Narretei des Autors, und auf jeden Fall lange unerkannt. Wie es immer bei den großen Prophetien der Fall war: Sie werden als solche erst erkannt, wenn sie eingetreten sind, und sie erfüllen sich in einer unerwartbaren Weise. Jeder wirkliche Prophet sagt mehr, als er weiß und wissen kann.

Das Beispiel, das ich für eine solche dem Roman eigentümliche historische Prophetie anführen möchte, zitiere ich in München mit besonderem Vergnügen, denn es ist dieser Stadt besonders und gleich zweifach verbunden: Die Romanpassage spielt in München, und sie nimmt ein historisches Ereignis, das in München stattfinden sollte, um fünfzig Jahre vorweg. Ich spreche vom Vierten Buch des »Grünen Heinrich« von Gottfried Keller, erschienen 1855. Der Grüne Heinrich möchte sich in München zum Maler ausbilden; sein schwankender Charakter hat ihn auf mancherlei Abwege geführt, er ist finanziell ruiniert, hat seinen besten Freund im Duell schwer verletzt und sieht sich mit seiner Malerei in einer Sackgasse. Als einer seiner Malerfreunde, dem es gelungen ist, durch eine reiche Heirat aus dem fruchtlosen Kunsttreiben herauszufinden, ihm einen Abschiedsbesuch im Atelier macht, entdeckt er unter den unfertigen Leinwänden dort eine überaus seltsame, befremdliche Arbeit.

»Über dem ganzen leeren Raum schien ein ungeheures graues Spinnennetz zu hängen, welches sich aber bei näherer Untersuchung als die sonderbarste Arbeit der Welt auswies. An eine gedankenlose Kritzelei, welche Heinrich an einer Ecke angebracht, um die Feder zu proben, hatte sich nach und nach ein unendliches Gewebe von Federstrichen angesetzt, welches er jeden Tag und fast jede Stunde in zerstreutem Hinbrüten weiter spann, so daß es nun den größten Teil des Rahmens bedeckte. In einem fortgesetzten Zusammenhang von Federstrichen und Krümmungen, welche vielleicht tausende von Ellen ausmachten, (bildete) sich ein Labyrinth, das vom Anfangspunkte bis zum Ende zu verfolgen war …

Nur hier und da zeigten sich kleinere und größere Stockungen, gewissermaßen Verknotungen in diesen Irrgängen einer zerstreuten, gramseligen Seele und die Art, wie sich die Federspitze aus der Verlegenheit zu ziehen gesucht, bewies deutlich, daß das träumende Bewußtsein Heinrichs aus irgendeiner Patsche herauszukommen suchte.« Und nun sagt der Freund in einer rühmenden Begeisterung, die den Hohn erst allmählich erkennen läßt: »... Du hast, grüner Heinrich, mit diesem bedeutenden Werke eine neue Phase angetreten und begonnen, ein Problem zu lösen, welches von größtem Einfluß auf unsere deutsche Kunstentwicklung sein kann ... Du hast dich kurz entschlossen und alles Gegenständliche hinausgeworfen! Diese fleißigen Schraffierungen sind Schraffierungen an sich, in der vollkommensten Freiheit des Schönen schwebend ... in der holdesten reizendsten Abstraction! Das Schöne, das Poetische, das Göttliche besteht eben darin, daß wir aus diesem materiellen Geschwür wieder ins Nichts zurückabstrahieren, nur dies kann eine Kunst sein! Nein, grüner Heinrich ... nicht hier stehen bleiben! Die Striche bilden ein noch viel zu materielles Muster, welches an Tapeten oder bedruckten Kattun erinnert. Fort damit! Fange oben in der Ecke an und setze einzeln nebeneinander Strich für Strich, eine Zeile unter die andere, von Zehn zu Zehn mache durch einen verlängerten Strich eine Unterabteilung, von hundert zu hundert eine wackere Oberabteilung ... Solches Dezimalsystem ist vollkommene Zweckmäßigkeit und Logik, das Hinsetzen der einzelnen Striche aber der in vollkommener Tendenzfreiheit in reinem Dasein sich ergehende Fleiß.« Wir können uns die lange, immer bösartiger werdende Rede dieses Malerfreundes des grünen Heinrich nur in einem knappen Auszug anschauen, der aber genügt, um das staunenswerte Faktum sichtbar zu machen: Fünfzig Jahre, bevor Kandinsky in München das sogenannte erste abstrakte Aquarell malte, und mindestens hundertzwanzig Jahre vor der seriellen Kunst à la Hanne Darboven wird hier die Erfindung der abstrakten Malerei in München vorweggenommen, und daß diese abstrakte Malerei bei Gottfried Keller als der endgültige moralische und ästhetische Bankrott eines verwirrten Dilettanten erscheint, während sie sich im darauffolgenden Jahrhundert zu einem Hauptstrom der Kunst und einem Welterfolg entwickeln sollte, spricht nur für die Authentizität der Prophetie: Auf solche Weise pflegen sich Visionen zu verwirklichen.

Man versteht aber: Diese besondere historische Qualität des Romans, die vielen Werken eigen ist, wenngleich nicht oft so verblüffend wie beim »Grünen Heinrich«, wird sich dem zeitgenössischen Leser nicht offenbaren können. Sie wird erst sichtbar, wenn die Generation, der ein Roman entstammt, dahingegangen ist. Es ist wie bei großem Bordeaux; ein paar Jahrzehnte wird man sich bis zum Genuß schon gedulden müssen, es dürfen auch Jahrhunderte werden.

Wie viele von den Werken, die diese Akademie preisgekrönt hat – meine eigenen durchaus eingeschlossen –, nach Verstreichen eines solchen Zeitraums allerdings noch eine Chance haben, aufgeschlagen und gelesen zu werden, das steht auf einem anderen Blatt.

# Der politische Märchenerzähler

Wer in Indien das Haus eines mächtigen Mannes betritt, begegnet darin vielen Menschen, die weder Verwandte noch Gäste sind und auch nicht zur Dienerschaft gehören. Schon unter dem palladianischen Portikus mit dem großen Dekkenventilator saßen mehrere Herren auf Bambussesseln und rauchten, ließen ihre Zigaretten aber mit einem betroffenen Gesicht sinken, als der mächtige Mann zwischen die weißgekalkten Säulen trat, ohne sie eines Blickes zu würdigen. In den Vorzimmern sah man weitere Herren, die das Hemd über der Hose trugen und frisch vom Barbier gekommen waren. Auch von ihnen nahm niemand Notiz. Um das Haus herum, wo die Wächter mit langen Bambusstöcken in den Händen Tag und Nacht bereit zu Empfang und Abwehr auf und ab gingen, schlenderten gleichfalls Herren mit angedunkelten Hemdkragen und gelben Fingerspitzen. Alle diese Leute hatten offenbar ein Recht darauf, sich hier aufzuhalten, womöglich sogar eine gleichsam kammerherrenhafte Pflicht. Im Aufwarten steckt das Warten. Es mochte für jeden von ihnen eines Tages der Augenblick kommen, in dem der Herr ihn heranwinkte. Bis dahin war es würdig und sinnvoll, zu warten. Die Macht war ein unsichtbarer, elektrisch aufgeladener Körper, der alles in seine Nähe zog. Beim Verweilen im Umkreis der Macht luden sich die Batterien der Seele auf, da mußte gar nichts weiter geschehen.

In dem palastartigen Haus des Antiquitätenhändlers nahe der hohen Sandsteinmauer des Roten Forts von Delhi machten wir die Bekanntschaft von Mirza Hussein, einem Schiiten aus Lucknow, dessen Frau, wie der Gastgeber uns sagte, mit den schon von den Engländern abgesetzten Nawabs von Oudh verwandt sei; die Begum war aber zu Hause geblieben. Der große, nach angloindischer Manier überhohe Salon war mit altchinesischen Götterstatuen und orangebunten Riesengemälden dekoriert. Menschen wirkten darin klein. Den mächtigen Mann hätte man Antiquitätenhändler eigentlich nicht nennen dürfen. In seinem Hinterhaus hämmerten hundert Silberschmiede Teekannen und Vasen, jedoch seine Geschäfte gingen weit über den Vertrieb von altem und neuem Ramsch hinaus. Eine politische Rolle war in seiner Zugehörigkeit zu einem Clan begründet, der mit der Partei, die er begünstigte, nicht vollständig in Deckung zu bringen war. Seine alte und wohlhabende Familie hatte ihre bei Lahore ererbten Dörfer nach der Gründung Pakistans verlassen müssen. In Delhi bildeten die vertriebenen Pundjabis eine Gesellschaft für sich. Sie waren jetzt viel reicher als vor der Teilung des Landes, aber sie hielten die Wunde ihrer Vertreibung mit medizinischer Grausamkeit offen, wie sie alle Familienerinnerungen pflegten, alle alten Feinde sorgfältig im Gedächtnis behielten, alle neuen Vorteile in die bewährten Familienkanäle zu leiten verstanden.

Der Antiquitätenhändler hatte in das Herrscherhaus des republikanischen Indien eingeheiratet, nicht sehr nah zum innersten Zentrum der Macht, aber nah genug, um im Kreis der inoffiziellen Ratgeber und Vermittler einen nicht genau definierten Sitz einnehmen zu dürfen. Er gehörte weniger zu den Tätern als zu den Weiterträgern, den Informierten, den Bedenkern, den Eingeweihten und Türöffnern. Im System der Partei übte er eine in der Öffentlichkeit nicht erscheinende, aber auf sie bezogene Funktion aus. Ohne selbst Senatorenrang zu besitzen, hielt er für die Granden, seine angeheirateten Vettern und Cousinen, die Verbindung zu den Klienten, den Notabeln der Dörfer zum Beispiel, die Einfluß auf die Wählerstimmen besaßen.

Mirza Hussein jedoch, der Schiit – auf diese Eigenschaft wurde hier in reiner Hindu-Gesellschaft ausdrücklich Wert gelegt –, gehörte nicht zu den herumlungernden und zeitlos im Dunstkreis des Antiquitätenhändlers campierenden Unter-Zuträgern und Vasallen. Er war eine andere Kategorie als diese leise sprechenden Kettenraucher. Keinen der Lungerer begrüßte er, als er sich, von zwei jungen Dienern gestützt, aus seiner alten weißen »Ambassador«-Limousine herausmühte. Von weitem hörten wir seinen dunklen, tief aus den Bronchien aufsteigenden Husten. Mirza Hussein war klein. Er trug einen Kurta Pajama aus naturfarbener Rohseide, als einziger Anwesender war er im Nationalkostüm. Er ging am Stock. Seine Augen mit dem dunklen Weiß blickten wie die einer gequälten Schildkröte. Auf seinem Zeige- und Mittelfinger steckten kleine bunte Ringe. Die Fingernägel waren schwarz, als sei das ein besonderer Schmuck. Im Sessel lag er später wie eine Robbe auf einem Felsen. Unter der Rohseide erhob sich ein harter kugelrunder Bauch. Sein Haar war schweißverklebt. Es hatte ihn etwas gekostet, hier zu erscheinen. Jetzt war er da, aber mehr als hustende Gegenwart durfte nicht von ihm verlangt werden.

Der Antiquitätenhändler war unruhig und geräuschvoll. Es war spürbar, daß er in seinem Haus nur intellektuelle Hochstimmung dulden wollte. Er hatte schmale Lippen und kleine, sogenannte stechende Augen, die er bei jedem Satz, den er über den Islam und den Wahnsinn der Teilung des Pundjabs formulierte, blitzschnell zu dem ächzenden Mirza Hussein hinüberschießen ließ, aber von dort kam nur ein vieldeutiges Brummen. »Der Islam«, sagte der Schiit schließlich, indem sein Husten und Spucken die Wörter beinahe unverständlich machte, »was der Islam sein könnte, wissen wir nicht. Der Islam wurde kurz nach Mohammeds Tod entführt und in Geiselhaft genommen.«

Seine dunklen großen Augen waren noch dunkler geworden, das schiere Trauerpech. Ein barfüßiger Diener kam mit Whiskygläsern. Hussein griff nach dem Kristallbecher wie ein Kind und trank ihn in sich gekehrt und mit geschlossenen Augen in kleinen Schlucken leer.

Im Speisezimmer unter dem trüben Licht des Kronleuchters war jetzt ein großes Büffet aufgebaut, in hotelsilbernen Schüsseln dufteten Ragouts in Safrangelb, Chilirot und Lackschwarz. Die Deckel der Schüsseln wurden gehoben, und diese Bewegung ließ Leben in den weit entfernt ruhenden Mirza Hussein fahren. Er rollte seinen Bauch nach vorn, kam auf seine kleinen Füße in den ledernen Schnabelpantoffeln zu stehen und schleppte sich mühevoll, aber zielbewußt auf die Flügeltür des Speisezimmers zu, an den vorgereckten Sandsteinbrüsten einer mittelalterlichen Göttinnenstatue vorbei, bis er die schwärzlichen Hände auf den Tisch legen konnte und auf die reiche Schüsselversammlung herabblickte. Es war, als sei er zu dem Antiquitätenhändler vor allem des Essens wegen gekommen.

Fand Mirza Hussein alles nach seinem Geschmack? Es entstand unversehens der Eindruck, als habe Mirza Hussein einen Anspruch darauf, mit einem überreichen Essen empfangen zu werden, wie mit einer Tributleistung. Er nahm viel von allem, aß langsam mit den spitzzulaufenden Fingern, auf denen die Ringe mit den Saucen in Berührung kamen, und sah sich dabei großäugig und erschöpft um. Sein Ausdruck zeigte, daß er sich im Recht fühlte, wenn er am Tisch seines Freundes, des Antiquitätenhändlers, reich bewirtet wurde, daß er es aber auch für möglich gehalten hätte, die Schüsseln plötzlich wieder entschwinden zu sehen. Die Hausfrau mit dem weißen Teint einer Italienerin, die sich den Europäern würdevoll lächelnd zugewandt hatte, durch Mirza Hussein aber wie durch Glas hindurchblickte, berührte ihre Schläfen leicht mit den Fingerspitzen, als habe sie Kopfschmerzen. Während sie in ihrem kobaltblauen Sari, den sie wie ein exotisches Zitat trug, davonschwebte, aß Mirza Hussein weiter, ohne aufzublicken.

Einige Tage später trafen wir Mirza Hussein wieder. Wir waren am Bahnhof von Lucknow verabredet, der einst persisch-islamisch geprägten Fürstenresidenz, um uns einer seiner Reisen im Auftrag des Antiquitätenhändlers anzuschließen. Seine Diener, zwei junge, sehr schlanke Männer in Blue jeans, fanden uns am Bahnsteig im Gewühl. Der Zug hatte Verspätung. Mirza Hussein wartete draußen in seinem »Ambassador«, dem einzigen Autotyp, der während der Herrschaft der nach Autarkie strebenden Indira Gandhi in Indien gebaut werden durfte, der inzwischen aber, in den Großstädten jedenfalls, selten zu werden beginnt. Ein »Ambassador« hat viel Platz im Innern, ist hoch genug für Rajputen-Turbane und Zylinderhüte, kann auf dem Land von jedem Schmied repariert werden, fährt gerade so schnell, wie man auf indischen Landstraßen fahren kann, und hat die soliden Formen eines Mercedes der fünfziger Jahre. Für Mirza Hussein war ein anderes Auto gar nicht vorstellbar. Es drückte seine Gravitas, aber auch seine politische Vergangenheit, seine Verbindung mit dem System, das dies Auto hervorgebracht hatte, vollendet aus. In der Wartezeit hatte irgend etwas seinen Ärger hervorgerufen. Kaum erblickte er seine beiden jugendlichen Diener, die so modern und locker wirkten, als kämen sie gerade von einem Sportplatz, fing er ein hartes, dunkel-rauhes Schimpfen an. Die melancholische Schläfrigkeit von Delhi war von ihm abgefallen. Wenn er die Bastonade für die Diener befohlen hätte, sein Gesicht wäre nicht drohender gewesen.

Die Diener lächelten. Sie stellten ihren Herrn auf die Füße. Er trug jetzt einen Kurta Pajama aus weißer Baumwolle. Der gestärkte Stoff des langen Hemdes war im Sitzen zerknittert und umstand ihn wie die Packpapierfalten einer Rokoko-Heiligenfigur. Für seine Gäste ließ er ein Begrüßungslächeln auf seinem eben noch verfinsterten Gesicht aufgehen. Es war herzlicher und selbstbewußter als in Delhi. Er bat uns, im Wagen Platz zu nehmen. Die Fahrt nach Utrowla begann.

Utrowla war eine kleine Stadt zwischen Lucknow und Ayodhya in einem Gebiet, in dem vor allem Zuckerrohr angebaut und verarbeitet wurde. Dies war schiitisches Land mit deutlich puritanischer Atmosphäre. Die Frauen auf der Straße trugen häufig schwarze Schleier, bei den Männern fehlte jede Art farbenfroher Folklore. Das Ende des schiitischen Trauermonats, des Muharram stand bevor. Überall wurden Vorbereitungen für die letzte große Muharram-Prozession getroffen. Bei solchen Prozessionen, die die Trauer um den Märtyrertod der Enkel Mohammeds verherrlichen, wird das Grabmal der heiligen Familie des Islam im irakischen Kerbela als prächtig-bunter Goldpapierturm mitgeführt. Diese Türme gleichen riesigen Laternen und sind federleicht; auf einen Fahrradgepäckträger geschnürt, kann ein solcher dreimeterhoher Turm von einem Kind befördert werden. Die Fahrt mit Mirza Hussein wurde zu einem Slalom zwischen Kerbela-Türmen; manchmal war es, als bewege sich eine luftige zerbrechliche Stadt über die Landstraßen. Zwischen die Kerbela-Türme schoben sich Ochsengespanne, die gleichfalls turmhoch mit Zuckerrohr beladene Wagen zogen. Die Kutscher lenkten die weißen Ochsen stehend, wie antike Streitwagen. Gelegentlich fiel ein solcher Wagen um, denn der Straßenrand war abgefahren, und die Last wuchs in den Himmel, als sei die Ernte eines ganzen Feldes daraufgepackt worden. Mit Dauerhupen scheuchte Mirza Husseins jugendlicher Fahrer Hindernisse beiseite oder umfuhr sie. Kerbela- und Zuckerrohrtransporteure versuchten, bei Stockungen ins Wageninnere zu blikken. Dort sahen sie Mirza Husseins gedrungene, halslose Silhouette, die starr geradeaus sah; sie schienen ihn zu erkennen.

Mirza Hussein litt. Schon im Haus des Antiquitätenhändlers sei er erkältet gewesen, aber jetzt habe er Fieber. Er brauche nur eines: Utrowla. In Utrowla werde er sich augenblicklich erholen.

Dort habe er ein Haus?

»Jedes Haus in Utrowla gehört mir. Wenn ich nach Utrowla komme, nehme ich mir irgendein Haus. Utrowla ist meine Heimat, meine politische Hausmacht, mein Leben.«

Die enge, dichtbefahrene Landstraße führte durch sattgrünes Land, das von Kanälen durchzogen und mit Pumpen bewässert wurde. Wir fühlten die Unruhe, mit der Mirza Hussein die Ankunft erwartete, aber wir wußten, daß er sich noch lange würde gedulden müssen, mehr als vierzig Stundenkilometer zu fahren wäre schon Rennfahrerei gewesen. Politische Hausmacht? Was war es für eine Politik, die einen agnostischen Hindu wie den Antiquitätenhändler mit einem gläubigen Schiiten zusammenführte? »Ich bin Schiit, aber ich bin nicht gläubig«, sagte Mirza Hussein, »auch ich bin Agnostiker, ich bin sogar Atheist.«

»Aber dennoch Schiit?«

»Ja, dennoch Schiit.«

Hätten wir ihm bei diesen Worten nur in die Augen sehen können. Ohne seine finsteren, unversehens aber auch amüsiert blickenden Augen zu sehen, vernahm man mit jedem Wort von ihm nur die Hälfte, vielleicht sogar weniger. In den ersten Jahren nach der Staatsgründung sei er Kommunist gewesen. Was hieß das, »Kommunist«? Doch nicht dasselbe wie in Europa? Nun, es hieß in seinem Fall vor allem, daß er Schiit gewesen sei, ein Feind der Teilung des Landes in Indien und Pakistan. Für die Muslime östlich von Delhi, die keine Chance hatten, sich dem neuen Muslim-Staat anzuschließen, war die Teilung eine Katastrophe. Sie waren plötzlich Staatsfeinde, ob sie wollten oder nicht. Sechs Jahre sei er im Gefängnis gewesen. Weshalb? Er zuckte mit den Achseln und sah uns strahlend an. Bei bloß sechs Jahren lohnte es wahrlich nicht, nach dem Grund zu fragen. Er war auch nicht nachtragend – oder doch? Aber war er denn jetzt nicht schon lange in engstem Verhältnis mit dem Antiquitätenhändler, dem nahen Verwandten genau jener Leute, die ihn ins Loch gesteckt hatten? »Die Zeiten haben sich geändert. Jetzt ist er mein Freund. Er ist zu den schlimmsten Dingen auf Erden imstande und zu den besten – und seit Madam Gandhis zweiter Amtszeit brauchen sie die Schiiten.«

Niemals hatten wir ein einziges gutes Wort über die gewaltsam umgekommene Machthaberin gehört, aber nie war sie »Mrs. Gandhi«, immer »Madam Gandhi«. Man bewahrte ihr die Ehrfurcht, die nur der große Schrecken und die große Bewunderung erzeugen. Wir erinnerten uns, daß Madam Gandhi, als sie sich schwerer tat, Mehrheiten zu erringen, den Muslimen ihres Herrschaftsbereiches Privilegien gewährte. Für die Muslime wurde der bis dahin gewahrte laizistische Charakter der Republik aufgehoben; sie wurden nicht den Gesetzen für die Familienplanung unterworfen und erhielten ein dem Koran entsprechendes Familienrecht. Diese Privilegien waren der Grund für die Proteste der Hindu-Partei. Die politisierten Hindus erklärten, es sei ausgeschlossen, eine Volksgruppe von zweihundertzwanzig Millionen als Minderheit zu begünstigen. »Um als Minderheit anerkannt zu werden, muß man an manchen Orten die Mehrheit haben«, sagte Mirza Hussein, sein Hustenröcheln schien uns jetzt mit Gelächter vermischt.

Es war tiefe Nacht, als wir Utrowla erreichten. Auf der Fahrt hatte Mirza Hussein uns genährt. Zweimal waren wir in schmutzigen Zelten am Straßenrand, die sich in nichts von hundert anderen Zelten und Bretterbuden vor und nach ihnen unterschieden, die aber dennoch die, wie er sagte, »einzig möglichen« waren, abgestiegen, um Dhal, den gelben Linsenbrei, und Kräuteromeletts zu essen, während große träge Ratten sich vor den Eindringlingen ins Dunkel davonmachten. Zielbewußt, wie er das Speisezimmer des Antiquitätenhändlers betreten hatte, drang er unter die Zelt- und Bretterdächer vor und würdigte die Männer, die dort zwischen den Eierkartons hockten, keines Blickes, während sie ihn bei jedem seiner mühevollen Schritte besorgt, wie uns vorkam, betrachteten. Seine schwärzliche Hand war in den Arm des jugendlichen Fahrers gekrallt. Vielleicht hatte es einmal eine Zeit gegeben, in der Mirza Hussein ohne stützenden Diener hatte laufen können, aber ohne Zweifel war jetzt die eigentliche, ihm angemessene Fortbewegungsart erreicht.

Das nächtliche Utrowla sah aus wie die Rekonstruktionen, die sich die Archäologen für die prähistorischen Städte am Indus ausgedacht haben, wenn sie sich nicht einfach an die Realität von Städten wie Utrowla hielten. Die Häuser waren einstöckig und zur Straße fensterlos. Eine Tür führte auf einen Innenhof mit einer Treppe oder Leiter zum flachen Dach. Die Straßen waren wie Wannen, zu den Häusern hin ansteigend. Für indische Verhältnisse war Utrowla eine reingehaltene Stadt, ohne Abfall in den Ecken, in den kleinen Straßen aber auch ohne Laternen. Der »Ambassador« rumpelte durch immer engere menschenleere Gassen. Wenn Utrowla Mirza Hussein gehörte, dann hatte die Stadt die Ankunft ihres Herrn jedenfalls noch nicht bemerkt.

An einer Straßenecke, die aussah wie alle anderen Straßenecken zwischen den fensterlosen Mauern, hielten wir an. Hier lag das Haus, das Mirza Hussein für diese Nacht in Besitz nehmen wollte. Aus dem Schatten kam ein junger Mann und öffnete eine schief in den Angeln hängende Tür. Wir tasteten uns durch die Schwärze. Zwei Kerosinlampen wurden gebracht. Im Innenhof lagerte Gerümpel; er wirkte verlassen. War dies ein bewohntes Anwesen? Unter einem Vordach stand eine Reihe jener Holzbetten, deren Liegefläche aus Hanfseilen geflochten ist, Lagerstätten, Divane, Sitzmöbel der einfachsten Art. Der Tontopf, in dem uns Wasser zum Händewaschen gebracht wurde, wirkte wie ein steinzeitlicher Ausgrabungsgegenstand, obwohl er in Massen auch heute noch hergestellt wird. Sah so das Haus aus, das Lot in Sodom bewohnte, als er die Engel bei sich aufnahm und die bösen Nachbarn sie von ihm herausverlangten?

Wir saßen, oder besser, wir lagerten noch nicht lange auf den Hanfseilbetten, Mirza Hussein mit umgehängten Wolldecken, denn seine Augen waren auf der Fahrt immer röter geworden und sein Husten immer aggressiver, da scharrte es auch schon am Hoftor und mehrere Männer traten ein, die sich vor Hussein verbeugten und dann auf den Boden zu seinen Füßen setzten. Aus den wenigen wurden mehr, ein Strom. Wer hatte diese Leute in dem toten Städtchen erweckt? Sie kamen, um sich zu verneigen und dann bei ihm auszuharren. Es wurde wenig gesprochen. Der große Mann war unter seinen Decken nicht zu erkennen. Er bewegte sich wie ein großes Tier in einem Sack oder gar wie eine zugedeckte Gebärende und röchelte nur gelegentlich mit einer Kraft, die jedermann sofort als außergewöhnlich erkennen mußte. Die inzwischen den ganzen Hof füllende Menge war, nahe der Mitternacht, vollständig zufrieden, Mirza Hussein beim Ächzen und Spucken zuzuschauen und zuzuhören. Er war in sein Dorf gekommen, und die Männer waren zur Stelle. Wenige Frauen saßen auf dem Dach und sahen auf die Versammlung im Dunkel herab.

Es war Neumond, die Nacht der vorletzten Muharram-Prozession. In diesem für eine Nacht nur in Besitz genommenen Gehöft waren die Rollen genau verteilt, ohne daß Anweisungen gegeben werden mußten. Männer machten ein Holzkohlenfeuer, andere brachten Schüsseln und Brote, es wurde gekocht in einem Winkel, während andere Männer Matratzen für uns herbeibrachten. Das verlassene Haus war wie eine Pfalz, die ohne den Monarchen leer dahindämmert, zu seinem Einzug dann aber mit von überall her Herbeigebrachtem angefüllt wird.

Wir hatten Mirza Hussein in einem modernen Polstersessel lehnen sehen und zusammengesunken und halslos geworden auf dem Rücksitz seines »Ambassadors«. Jetzt auf dem Gurtbett erlebten wir ihn in der ihm natürlichsten Haltung. Er war unter den Decken hervorgekommen, seine weiße Kurta war auf der Brust mit rötlichen Betelflecken bekleckert, so daß man zunächst fürchten mußte, er habe

Blut gehustet. Das Betelkauen hatte seine Zähne zu braunen Stümpfen abgeschliffen, gab seinem Atem aber etwas frisch Pfefferminziges, weil in die Betelblätter stets viel scharfes, appetitliches Gewürz aus einem mitgeführten Messingkästchen eingewickelt wurde. Er war immer noch sehr krank. Das Fieber ließ sein Haar an den Schläfen kleben, aber es schien dennoch jetzt möglich, daß er eine Auferstehung unmittelbar aus dem Fieber heraus erleben könne, ohne erst erkalten zu müssen. Er saß mit gekreuzten Beinen. Man scheut sich, diese Haltung »Schneidersitz« zu nennen, so wenig handwerklich und arbeitsmäßig wirkte sie bei ihm. Er thronte, wie König Salomon und Kalif Harun Al-Rashid gethront hatten. Das Bett war gleichsam sein Unterkörper, er war zum Bett-Zentaur, zu einer divanischen Sphinx geworden, so festgebacken ging er aus diesem Untergestell hervor.

Man brachte ihm Kebab und Zwiebeln auf einem Aluminiumteller, aus dem bei uns die Hunde gefüttert würden. Er aß mit vorquellenden Augen, während die Schar jede seiner Bewegungen, sein Kauen, sein Pflücken mit den drei Fingern der rechten Hand im flackernden Lichtschein genau beobachtete. Sie wußte: Er war unbeweglich, aber er konnte Blitze schleudern. Wie Donnergrollen war es, wenn er zwischen zwei Bissen nach Wasser verlangte. Dann ging es wie eine Welle über die Menge, und in einer zweiten, zu Mirza Hussein zurückflutenden Welle wurde der Trunk von der äußersten Ecke des Hofes zu ihm gebracht.

Nach dem Essen begann er zu sprechen. Er hielt Monologe, die sich an einzelne richteten, Monologe, die alle zum Adressaten hatten, Monologe, die sich an uns wandten und etwas »Beiseite«-Gesprochenes hatten, und Monologe, die nur Gott und ihm selbst galten. Wie auf dem Theater waren alle diese Reden öffentlich. Wandte er sich an einen einzelnen, war jedes Wort zugleich für alle Anwesenden bestimmt. Er erklärte seinen Hörern Indien, und sie hingen an seinen Lippen. »Wir fahren von weit her, um ihn zu hören«, flüsterte uns ein junger Mann in westlichen Kleidern zu, der mit ein paar Freunden gekommen war. »Wir sind von Utrowla weggegangen, um zu studieren und zu arbeiten. Wir alle stammen aus Utrowla, aber wir leben in Lucknow oder Delhi und verdienen unser Geld als Informatiker. Aber hier sind unsere Wurzeln, unsere Familien und unser Lebensstil. Männer wie Mirza Hussein zeigen uns, wie wir leben müssen und wie wir mit unserer Tradition in Verbindung bleiben.« Sein Blick wanderte voll Liebe und Verehrung zu Mirza Hussein. Und tatsächlich war unser Gastgeber ein anderer geworden, seitdem er den Salon des Antiquitätenhändlers verlassen und den mütterlichen Boden von Utrowla berührt hatte, als hätten wir ihn in Delhi zwischen den geschmacklosen neuen und den edlen alten Kunstwerken nicht richtig wahrgenommen, als hätten wir ihn dort gleichsam mit verkehrtherum gehaltenem Operngucker beäugt. Nun hielten wir das Fernrohr richtig und erschraken förmlich vor der sich offenbarenden Übergröße.

»Der Mord im Hause Nehru stammt aus einer einzigen Quelle«, sagte Mirza Hussein soeben, die riesigen Augen auf ein nur ihm sichtbares Bild gerichtet. »Schon der Pandit Nehru sollte ermordet werden, aber er war schneller und brachte seine Mörder um. Aber wer hat Madam Gandhi ermordet? Die Sikhs, heißt es, und Sikhs jedenfalls sind dafür hingerichtet worden. Und wer hat ihren Sohn Sanjay ermordet? Ah, das sei ein Flugzeugabsturz gewesen? Solche Flugzeugabstürze kennen wir. Und dann wurde sein Bruder Rajiv umgebracht – und wer hat den Nutzen davon? Madam Pasta –« Wir hatten diesen Spottnamen für die italienische Witwe Rajiv Gandhis schon gehört, aber hier erregte er kein Gelächter, sondern finstere Zustimmung. »Sie allein steckt hinter all diesen Morden – die sizilianische Mafia wollte das Haus Nehru ausrotten!« Wußte jemand in diesem nächtlichen Hof, was Sizilien war und wo es lag? Ein junger Mann runzelte seine Stirn. Mirza Hussein sah es. »Und dein Großvater ist auch von Sanjay Gandhi umgebracht worden«, sagte er mit einer Handbewegung, als sei der junge Mann ein Hahn, dem er im Hühnerhof Mais hinstreute.

»Mein Großvater ist vom Pferd gefallen«, antwortete der junge Mann, dessen Augenbrauen über der Nasenwurzel zusammengewachsen waren, höflich und schüchtern.

»Er ist vom Pferd gefallen – und warum?« In der an alle gerichteten Frage Mirza Husseins lag väterlicher Spott, und ein ganz zartes Lachen regte sich in der dunklen Menge.

»Und als er vom Pferd fiel, war Sanjay Ghandi schon zwei Jahre tot«, fuhr der höfliche junge Mann fort, der nicht widersprechen wollte, aber es für seine Pflicht hielt, die ihm bekannte Wahrheit herbeizubringen, wie die anderen Zwiebel und Kebab herbeigebracht hatten.

»Zwei Jahre war er tot ...«, wiederholte Mirza Hussein bedeutsam und langsam und sandte einen durchbohrenden Blick in die Nacht. Schweigen antwortete ihm. Die Männer sahen sich an. Wir fühlten, wie sich die Bedeutung dieser Worte in allen Anwesenden verbreitete. Es war der großen schrecklichen Familie alles zuzutrauen. In so vieler Hinsicht wirkte sie noch täglich über das Grab hinaus – warum nicht auch bei einem unbedeutenden Mord in der Provinz?

In solchen und anderen Erzählungen und Ausfaltungen der historischen Realität in eine überzeitliche mythische Realität bereitete sich heute das – katholisch gesprochen – besondere »Festgeheimnis« vor. Die Niederlage des Schwiegersohnes und der leiblichen Enkel des Propheten in Kerbela, die Gründungsschmach des Islam – denn es waren die Heerscharen der Rechtgläubigen, die die Erben Mohammeds vernichteten – galt es sich wieder vor Augen zu stellen. Im Trauermonat Muharram hatten die Lieder und Gedichte der Sufis schweigen müssen. – »Ich kenne Ihre Literatur nicht«, sagte Mirza Hussein, indem er sich uns zuwandte, »diese Shakespeare und Shelley und Shaw, denn unsere Literatur ist von unausschöpfbarem Reichtum. Urdu ist vermutlich die ausdrucksfähigste Sprache der Welt.«

»Auch Mirza Hussein hat einige sehr schöne Gedichte geschrieben«, warf einer der Männer ein, ohne die Augen von dem Thronenden zu lösen.

»Ja, einige schöne ... es gibt einige schöne ...«, das kam mit einer Nachdenklichkeit, die den Gefolgsmann ahnen ließ, er wisse vielleicht gar nicht, wie recht er habe. Ob wir nicht eines davon hören könnten? Nein, davon könne keine Rede sein, seine Stimme sei heute ruiniert – er sprach seit Stunden, ohne daß sich, soweit der Lampenschein ein Urteil zuließ, sein Zustand verschlechtert hätte –, aber was gestattet werden könne, sei ein Trauerlied auf Hussein und Hassan, die gemordeten Prophetenenkel. Während er von der Katastrophe von Kerbela sprach, erwachte in ihm ein Zorn und ein Ingrimm, als sei der ungleiche Kampf zwischen Gut und Böse erst gestern gekämpft worden. »Sie waren zwanzigtausend Männer« – sie, das waren die Heerscharen der Omajaden – »und Hussein hatte nur noch zweiundsiebzig Männer bei sich, darunter Knaben. Wie er den Feind anflehte, einem siebenjährigen Knaben einen Schluck Wasser zu reichen! Aber die Feinde in ihrer teuflischen Bosheit haben es verweigert. Welch ein Mensch muß man sein, um einem siebenjährigen Kind einen Schluck Wasser abzuschlagen.« Eine gefährliche Trauermaske war sein Gesicht geworden. Seine Augen schwammen. Tiefster Ernst breitete sich aus. Ein Kind. Von sieben Jahren. Ein Schluck Wasser. Verdurstet. Ob dies vor tausendvierhundert Jahren geschehen war oder eben erst, darauf kam es jetzt nicht an. Aber wie verhielt es sich denn mit dem schiitischen Agnostizismus oder dem atheistischen Schiitismus eines Mannes, der drauf und dran war, wegen des bewußten Siebenjährigen in Tränen auszubrechen?

Ein junger Mann, Informatiker wie sein Freund, begann einen sanft anschwellenden und abschwellenden Gesang, ein Klagelied um den Kalifen Ali. Viele Augen waren auf uns gerichtet: Wie wirkte dies Lied auf uns? Zerriß es uns nicht das Herz? Diese Art Lied durfte an Muharram gesungen werden, die Instrumente aber mußten schweigen. Was verstanden Leute überhaupt von der Welt, die bei den Tönen dieses Gesanges nicht mitweinen konnten?

Von fern war jetzt Tumult zu hören, rhythmisches Rufen einer großen Menge, die auf der Stelle zu verharren schien, sich dann aber offenbar in Bewegung setzte. Es näherte sich da etwas schwerfällig und vielstimmig. Unwillkürlich dachten wir wieder an Sodom und die Engel in Lots Haus. Manche Männer standen auf und gingen zur Tür. Es war die Muharram-Prozession, die heranrückte, und Mirza Hussein ermunterte uns, sie zu sehen, obwohl er selbst mit der überwiegenden Menge der Versammelten zurückzubleiben gedachte. Wir kannten dies An-einem-Fest-Teilnehmen und zugleich Nicht-Teilnehmen schon aus Hindu-Milieu, wo man die zu einem Opfer eigens angereisten Männer irgendwo in der Nähe der Zeremonien ins Gespräch versunken vorfand, ohne daß sie sich den heiligen Vorgängen auf Sichtweite näherten. War das vergleichbar mit dem Brauch vieler Bauern in Europa, die früher während der Messe zusammen vor der Kirchentür standen und den Orgelschwall aus dem Inneren durch das schwere Tor hindurch gedämpft vernahmen? Man mußte am Ort der Ereignisse sein, aber nicht zu nah.

In der stockdunklen Gasse gab es ein hölzernes Podest, auf dem tagsüber Gemüse verkauft wurde. Darauf sollten wir uns setzen, während der rhythmische Lärm unablässig anschwoll. Wie schwarze Geier saßen auf allen Hausdächern dicht verschleierte Frauen. Die Ankunft der Prozession geschah dann trotz der langen Vorankündigung plötzlich. Kleine Jungen trugen Fackeln, Männer, die sich an die Brust schlugen, riefen: »Ja Zakina«, das war die Tochter des unglücklichen Hussein, junge Männer tanzten eine Art Gewalt-Quadrille, indem sie sich kunstvoll mit langen Stöcken schlugen, rückwärts voranhüpften und dabei leidenschaftliche Schreie ausstießen. Etwas Zierliches hatten diese Zappelkampfgruppen, aber die Mienen der Jungen waren leidend und voll Schmerz. Unversehens war es wieder stille Nacht, ungebrochene Neumonddunkelheit; der lärmende Zug hatte sich in den Gassen verloren.

Als wir ins Haus zurückkamen, fanden wir Mirza Hussein, von neuen Besuchern umgeben, hustend, lehrend, antwortend und fest mit seinem Thron verwachsen. So verging die Nacht, während wir einschliefen, und schon am frühen Morgen weckte uns seine Stimme. Der Kreis um ihn herum war kleiner geworden. Mirza Hussein sah zerrauft aus und sprach lächelnd, wie Sokrates am Morgen nach dem berühmten Gastmahl, bei dem alle außer ihm betrunken dahinsanken, nur daß hier kein Tropfen Alkohol geflossen war. Kein Zweifel, Mirza Hussein ist in dieser Nacht gesund geworden.

## Braucht Deutschland einen Bundespräsidenten?

### *Ein unerbetener Ratschlag*

Wenn heute über das Amt des Bundespräsidenten gesprochen wird, dann hauptsächlich mit der Klage, irgendwer oder irgendwas habe das Amt des Bundespräsidenten »beschädigt«. Keiner weiß, worin dieses Amt eigentlich genau besteht, aber es ist offenbar furchtbar leicht »zu beschädigen«, wie gewisse Nippsachen, deren erste Eigenschaft darin besteht, kaputtzugehen. Das Königtum wurde noch nicht einmal dadurch beschädigt, daß man Ludwig XVI. den Kopf abschlug – die französische Monarchie wurde dadurch vielmehr in die ewige Glorie des Mythos gerufen. Bis ins kleinste sind die Rechte und Pflichten eines Bundespräsidenten den Aufgaben eines Königs in einer modernen konstitutionellen Monarchie nachgestaltet, die Differenzen sind geringfügig: Der Bundespräsident darf weniger als die holländische Königin oder der spanische König, aber mehr als der schwedische – nur kommt für das Gemeinwesen viel weniger dabei heraus. Wer dies Manko feststellt, macht sich nicht verdächtig, für eine deutsche Monarchie zu plädieren, denn ein Rex Germaniae ist im religiös gespaltenen Deutschland eine Unmöglichkeit geworden: Süd- und westdeutsche Katholiken können keinen protestantischen König akzeptieren, ebensowenig wie die norddeutschen und ostdeutschen Kulturprotestanten einen katholischen König ertragen würden. Gerade weil eine deutsche Monarchie schon an dieser Grundkonstellation scheitert (und in der Vergangenheit daran gescheitert ist), lohnt es sich aber auch festzustellen, warum der im modernen Rechtsrahmen einer europäischen Monarchie agierende Bundespräsident niemals erfüllen kann, was ein Monarch leistet. Die Funktion eines über den Parteien stehenden Staatsoberhaupts wird ein Wulff, der im Fall seiner Wahl eine Kreatur der Kanzlerin und ein Gauck, der gewählt ein Instrument zum Sturz der Kanzlerin sein würde, nicht ausfüllen. Nur der Monarch, der durch das erbarmungslose Schicksal seiner Geburt der einzige seines Volkes ist, dem die der persönlichen Freiheit dienenden Menschenrechte entzogen sind, die einzige Ausnahme im demokratischen System, der durch seine bloße Existenz die totalitäre Versuchung der Demokratie zurückzudrängen vermag, kann glaubwürdig im Parteienstaat überparteilich sein. Monarchen kann man sich aber nicht backen. Wenn es keinen gibt, muß es ohne ihn gehen. Die Chimäre des überparteilichen Staatsoberhauptes ist nicht erst seit Heinemanns offenem Wort, seine Wahl sei »ein Stück Machtwechsel«, entlarvt. Aber was soll ein Parteipolitiker als machtloser Ordensverleiher und Kranzniederleger? Es bleibt für demokratische Republiken keine Wahl: Wem die Wähler die Staatsgewalt anvertraut haben, der muß das Land auch als Staatsoberhaupt repräsentieren.

Der wichtigste akustische Unterschied zwischen einem Monarchen und einem Bundespräsidenten: Könige halten keine Reden. Berühmt ist die Formel, mit der Kaiser Franz Joseph sich zu jedem Anlaß äußerte: »Es war sehr schön, es hat mich sehr gefreut.« Nicht zufällig wird der Untergang der preußischen Monarchie durch Kaiser Wilhelm II. eingeleitet, der mit der monarchischen Etikette brach und unablässig Reden hielt. Auf diesem wilhelminischen Pfad wandeln die Bundespräsidenten. Mangels ernst zu nehmender Funktionen konzentrieren sich die Möglichkeiten, von der Öffentlichkeit wahrgenommen zu werden, die sie nicht regieren, auf das Redenhalten; ihr »hoher Beruf« gleicht in dieser Hinsicht dem der Bestattungsredner für atheistische Beerdigungen. Wie Wilhelm wollen sie »keine Parteien mehr, sondern nur noch Deutsche kennen«. Anders als Wilhelm müssen sie dafür jedoch ein quasipaulinisches Damaskuserlebnis fingieren: Nur durch eine Partei und um deren Interesse willen ins Amt gelangt, wird von ihnen gefordert, von nun an in Parteilosigkeit zu exzellieren. So geraten ihre Reden zu allgemeinen Adhortationen, Beschwörung von Moral und Bürgersinn, Mahnungen, aus der Geschichte zu lernen – hoffentlich das richtige – und der, wenn sie ernst gemeint wäre, nicht ungefährlichen Forderung, »ein Ruck« müsse durch Deutschland gehen. Seneca sprach bei Kaiser Claudius von dessen »Apokolokyntesis«, seiner »Verkürbissung«; auch sie hat deutsche Bundespräsidenten schon befallen, aber beinahe alle sind der Verpastorung erlegen, manche, Heinemann etwa und von Weizsäcker, sind besonders prachtvoll verpastort.

Ist das so schlimm? Erinnert man sich nicht mit Wehmut manchen heißen Sonntags in der Kirche, wo man zur Predigt sanft einschlief? Aber es gibt Zeiten, in der das politische Predigen etwas Ärgerliches, etwas die öffentliche Atmosphäre geradezu Verpestendes hat. Auch die Politiker, die im Besitz der Macht sind oder darum kämpfen, schwelgen freilich in salbungsvollen Euphemismen, sie verschleiern und täuschen und winden sich und gebrauchen Leerformeln, aber es gehört zu den Geheimnissen der Demokratie, daß das Wahlvolk, das so ungern die traurige Wahrheit hört, sich über den wahren Inhalt der jeweiligen Politikerrede selten irren dürfte. Man versteht schon, weil man die Interessen des Redners kennt.

Was aber ist das Interesse des Bundespräsidenten? Was mehr fällt für ihn nach seiner staatstragenden Rede ab als ein bißchen Zeitungslob, er habe »eine große Rede« gehalten – Sankt Perikles, erbarme dich!

Kein Zweifel, daß es ein Bedürfnis nach politischer Form war, das die Väter des Grundgesetzes die Figur eines Bundespräsidenten entwerfen ließ. An zeremonieller Inszenierung der Macht, an Herstellung theatralischer Anschaulichkeit der Staatsgewalt hatte es während der Herrschaft Hitlers wahrlich nicht gefehlt; daran anzuknüpfen verbot sich für die junge Bundesrepublik in gleicher Weise, wie es die römischen Kaiser nach dem Sturz Neros vermieden, dessen Pomp fortzuführen, die das Goldene Haus zuschütten ließen und sich im Auftreten einer republikanischen Bürgerlichkeit befleißigten. Politische Macht sollte in der Bundesrepublik, anders als in der DDR, von der Darstellung des Staates streng getrennt erscheinen. Die Mächtigen sollten sich nicht mehr an zeremoniellen Huldigungen berauschen dürfen, das Volk sollte durch festliche Staatsliturgien nicht mehr geblendet werden. Den Mächtigen sollten nicht mehr Ehren zukommen, als sie tüchtige Verwalter einer großen Firma verdienen, die zum fünfundsechzigsten einen schönen Blumenstrauß geschenkt bekommen. Das war gut und richtig und der historischen Situation angemessen, obwohl schon damals allen bewußt war, daß ein Staat etwas wesenhaft anderes ist als eine große Firma: Er übt eine Gewalt über seine Bürger aus, die oft tief in das Leben der einzelnen einschneidet, er ist berechtigt, von ihnen Opfer zu fordern, und er erhebt den Anspruch, daß seine Soldaten für die Interessen des Staates sterben. Es ist unbestreitbar, daß es kein abstraktes Gebilde sein kann, dem gerade auch in Notzeiten die Loyalität der Bürger gelten wird. Auch der demokratische Staat braucht ein Gesicht; den gewählten und mit der Ausübung der Staatsgewalt betrauten Amtsträgern zu verweigern, dies Gesicht des Staates für die Dauer ihrer Amtszeit darzustellen, entsprach der allzu verständlichen Verzagtheit der jungen, nur beschränkt souveränen Bundesrepublik, konnte aber eine überzeugende politische Form nicht hervorbringen.

Es gehört zu den Lastern des deutschen Denkens, zwischen Form und Inhalt zu unterscheiden, als seien Formen von Inhalten ohne Verlust zu lösen – als könne derjenige überzeugend die Staatsgewalt verkörpern, der sie nicht besitzt. Wie im epischen Theater Bert Brechts ist der Bundespräsident ein Staatsschauspieler, dessen Amt darin besteht, zu spielen, was er nicht ist.

Wie das epische Theater aber aus der Mode gekommen ist, so ging es auch dem Bundespräsidenten: das Publikum begann unaufmerksam zu werden, die Rolle in ihrer Uneigentlichkeit nicht mehr richtig zu verstehen und sich von dem ohnehin aufs äußerste minimierten Schauspiel abzuwenden. Als Bundespräsident Köhler den Schriftsteller Walter Kempowski in der Berliner Akademie der Künste ehren wollte, bemerkten die Versammelten zunächst gar nicht, daß der Bundespräsident im Saal war; das Ehepaar Köhler war unbeachtet hereingehuscht; beim anschließenden Bankett des Bundespräsidenten brachen die Leute schon vor dem Dessert auf und ließen den Bundespräsidenten allein zu Ende essen. Man kann sicher sein, daß es der Bundeskanzlerin nicht so ergangen wäre.

Warum gelingt den Königen dann aber die Staatsschauspielerei so gut? Auch sie verfügen doch nicht über die Machtvollkommenheit, die ihrem Glanz entspricht. Aber sie haben einst darüber verfügt; ihre Familien haben ihre Länder groß werden lassen. Sie verkörpern die Vergangenheit des Landes und sind das lebendige Zeichen, daß das Land und seine jeweilige Regierungsform nicht völlig identisch miteinander sind; daß es das Land schon vor der Demokratie gab und es auch nach der Demokratie geben wird.

Formen ergeben sich aus Realitäten. Sie können nicht gemacht werden – von wenigen historischen Ausnahmen abgesehen, wie der Französischen Revolution, in der der Maler Jacques Louis David den noch heute gültigen Formenkanon der französischen Republik schuf. Aber auch da war es eine durch die Erotik der Macht mächtig angeregte Phantasie, die die Form hervorbrachte. Die Macht weckt um sich herum Ehrgeiz und Ehrgefühl, Eitelkeit und Spannung, sämtlich formgebärende Kräfte. Ihnen mag man vertrauen, wenn es um die Hervorbringung authentischer politischer Form geht, sie entsteht im Umkreis der Macht von selbst.

Und deshalb sollten diejenigen, die unter der lahmen Peinlichkeit politischer Form in Deutschland leiden, dafür plädieren, das Amt des Bundespräsidenten abzuschaffen und eine Präsidialdemokratie nach nordamerikanischem oder französischem Muster einzuführen.

# Koreanisches Kriegstheater

»Kriegstheater« ist ein schöner barocker Begriff, der wahrlich nichts mit Theaterkriegen zu tun hat, sondern mit den realen Belagerungsgräben und Blutsümpfen sich lang hinziehender Kriege. Zur Betrachtung der historischen Szene als »Kriegstheater« gehört allerdings ein gewisser Abstand; die Wechselhaftigkeit von Sieg und Niederlage wird aus der Ferne, aus der Opernloge gleichsam mit dem Operngucker rekognosziert. Die großen Kriege der Neuzeit sind aus der Nähe unübersichtlich und verwirrend bis zur völligen Unanschaulichkeit, wie Stendhal es schon mit seiner Beschreibung des Nebels über dem Schlachtfeld von Waterloo gezeigt hat und wie jedes Fernsehbild der Kriege unserer Gegenwart es bestätigt, auf denen ein Panzer langsam von rechts nach links fährt. Beim wichtigsten zeitgenössischen Kriegstypus, dem Guerilla- und Partisanenkrieg in seinen unterschiedlichen Ausprägungen, ist die Unsichtbarkeit – natürlich nicht in den Folgen – geradezu essentiell. Man muß bis in die Zeiten der Ritterturniere zurückgehen, um eine reale und höchst bedrohliche Kriegssituation so bühnenhaft und theatralisch wirkungsvoll sichtbar gemacht zu finden wie in der entmilitarisierten Zone zwischen Nord- und Südkorea bei dem Dorf Panmunjon. Hier fällt das »Kriegstheater« mit dem »Theaterkrieg« zusammen, ohne daß die Gefahr wirklichen Blutvergießens dadurch auch nur um ein Gran gemildert würde.

Kein Theater ohne Zuschauer. Die schwedischen und Schweizer Offiziere, die sich als Beobachter an der Grenze aufhalten und jede Veränderung protokollieren, sehen es als ihre Aufgabe an, Besucher nach Panmunjon zu bitten, um möglichst viele Augenzeugen dieses außergewöhnlichen

Phänomens zu haben. Der Omnibus der Geladenen verläßt die Dreizehn-Millionen-Stadt Seoul durch endlos erscheinende babylonische Trabantenstädte. Krieg ist gut für den Umweltschutz: Kaum hat man die ersten Stacheldrahtzäune überwunden, Paßkontrollen absolviert und ist in die entmilitarisierte Zone eingedrungen, breitet sich unzerstörtes grünes Land aus, die tropisch feuchten Reisfeldidyllen, in denen am Horizont, winzig wie auf einem chinesischen Rollbild, der pagodendachförmige Strohhut einer Bäuerin zu ahnen ist. Diese Bäuerin wohnt in jenem Dorf, dessen Aufgabe es ist, inmitten von Minengürteln und Bunkeranlagen Normalität darzustellen, ein Propagandadorf, das im Todesstreifen den teuersten Reis Südkoreas produziert – sein Genuß gilt als glücksverheißend – und dessen Bewohner die für die radikalliberalistische Gesellschaft Südkoreas höchst ungewöhnliche väterliche Fürsorge des Staates genießen. Ungewöhnlich für ein kleines Dorf ist auch der Fahnenmast auf dem Dorfanger: Etwa hundert Meter ist er hoch, die daran müde schlappende Fahne ist größer als das Hauptsegel eines alten Schlachtschiffs.

Je tiefer man in die entmilitarisierte Zone hineingerät, desto harmloser sieht es in ihr aus. Baracken mit Blumenkästen, Minigolfplatz-Atmosphäre, Rasenmäher erzeugen frischen Grasduft. Nach Captain Bonifas ist das Lager der US-Soldaten benannt. Bonifas hatte den Versuch unternommen, einen auf südkoreanischem Territorium emporgeschossenen Baum zu fällen, der den amerikanischen Fernrohren die Sicht versperrte, als nordkoreanische Soldaten über die Grenze gelaufen kamen und ihn mit einer Axt erschlugen. Im Herzen einer Region, die unter der Drohung von High-Tech-Bombardements und Atomkrieg steht, trägt der Konflikt um Baum und Axt archaische Züge. Die Axt ist denn auch stolz gezeigte Trophäe in einem nordkoreanischen Museum geworden.

Unversehens nimmt das grüne Land städtischen Charakter an. Auf einem Betonplatz erheben sich zwei mächtige Kästen, als solle hier die Agora einer künftigen Idealstadt entstehen. Das Rote Kreuz residiert in einer Betonburg mit Tempeldach, aber in Wirklichkeit ist das Riesenhaus leer bis auf ein paar Büros, wie der Schweizer Major sagt – nie wird das Wort »Büro« als Chiffre für Nicht-Sinn und Nicht-Sein deutlicher. Das Zentralgebäude ist aus grünen Sonnenbrillenglasscheiben zusammengesteckt. Ein Festpalast sollte es sein, Propyläen für aus Nordkorea eintreffende Familien auf dem Weg in das Wunderland des Südens. Zwei vertrocknete Palmen flankieren die hohe Freitreppe im Inneren, ein Wohnzimmer-Preßglas-Kronleuchter spiegelt sich im glatten Marmor. Einziger Schmuck der weiten Hallen ist eine im ostasiatischen Balsaholz-Rokoko gefertigte Standuhr, die stehengeblieben ist wie die Uhr in einem explodierten Flugzeug. In solcher Umgebung wird das Grüppchen Westeuropäer aus dem Omnibus zur »Delegation«, auch wenn niemand sie delegiert hat. Die Delegation erklimmt die steile Treppe. Oben tut eine weitere Tür sich auf. Aus dem grüngetönten Licht tritt die Delegation wieder in das harte Weiß einer von dünnen Wolken bedeckten Sonne. Und hier stößt sie auf die Bühne des Kriegs.

Kein Regisseur hat die Kriegsinszenierung von Panmunjon ersonnen, sie ist ein kollektives Werk einander unversöhnt gegenüberstehender Parteien, die vielleicht nur eine unbewußte gemeinsame, womöglich genetische Erinnerung an Kabuki- und No-Theater verbindet. Die Grenze ist ein Strich aus Beton, die Felder im Süden sind mit weißem Kies, im Norden mit braunem Sand bestreut. Der Krieg ist ein Schachspiel. Viele Figuren sind nicht mehr auf dem Brett, die meisten sind längst herausgekegelt. Das Spiel ist in seiner Schlußphase. Jetzt kommt es auf jeden Zug an. Die Spieler sind in Nachdenken erstarrt und scheinen das Schachbrett vergessen zu haben.

Das Schachspiel ist gestört. Eine die Regeln des Kriegs

mißachtende Hand hat eine schmale Baracke über die Grenzlinie gesetzt, deren eine Hälfte im Norden, deren andere im Süden liegt. Hier haben Nord- und Südkorea mehr als vierzig Jahre nach dem Ende des Koreakriegs einen brüchigen Waffenstillstand unterzeichnet, der häufige, jedoch in keiner Zeitung berichtete Zwischenfälle nicht ausschließt. Seitdem ist die Baracke in der Mitte Tag und Nacht von Nord und Süd zugänglich, ihre Türen müssen stets unverschlossen bleiben. An die Wand der Baracke gepreßt stehen rechts und links zwei südkoreanische Soldaten mit glänzenden schwarzen Helmen im Kampfanzug: Ihre Fäuste sind geballt, sie stehen breitbeinig in Taekwondo-Grundstellung, die eine Hälfte ihres Körpers hinter der Baracke verborgen, die andere gefährlich darüber hinausragen lassend. Die Nordkoreaner auf der anderen Seite des Striches stecken in etwas zu großen Uniformen mit übergroßen kreisrunden Schirmmützen. Wenn sie zierlich im Stechschritt vorüberparadieren, erscheinen sie wie die Ballettarmee aus Tschaikowskys »Nußknacker und Mäusekönig«, exakt dressierte Mausetänzer. Keiner scheint die Besuchergruppe auf der Terrasse wahrzunehmen, aber der Schweizer Major bittet darum, nicht plötzlich die Hände zu heben oder auf etwas zu zeigen. Manierliche Leute pflegen im Theater während der Vorstellung nicht auf etwas zu zeigen. Dennoch vermag der kleine Hinweis des Majors bei diesem beinahe ereignislosen Stück deutlich die Spannung steigen zu lassen.

In der Baracke steht der Verhandlungstisch auf der Grenzlinie. Die Sessel mit karamelbonbonfarbener Schnitzerei stammen aus dem Berner Bundeshaus und tragen ein Schweizer Kreuz als Emblem auf der Rückenlehne. Einmal in der Woche nehmen die Schweizer und die schwedischen Herren an diesem Schreibtisch Platz und warten auf ihre polnischen und tschechoslowakischen Kollegen. Die betreffenden Herren werden freilich nicht erscheinen, die Tschechoslowaken nicht, weil es die Tschechoslowakei nicht mehr gibt, die Polen nicht, weil sie Panmunjon von Warschau aus beobachten. Dann stellen Schweden und Schweizer ein Protokoll aus, das vermerkt, daß Tschechoslowaken und Polen nicht erschienen sind und daß es nicht weit von hier nachts geknallt habe, und dann stecken sie dies Protokoll in den nordkoreanischen Briefkasten im Vorraum der Baracke. Dieser Briefkasten quillt über. Seit vielen Jahren interessiert Nordkorea sich nicht mehr für seine Post.

Die Besucher betrachten den vollen Briefkasten. Sie befinden sich jetzt drei Meter tief auf nordkoreanischem Territorium. Da ist die Tür nach draußen in den Norden. An ihrer Schwelle dringt Sonnenlicht in das düstere Räumchen, aber in der Mitte der Schwelle ist es schwarz: Dort steht ein Soldat.

Was würde er tun, wenn man die Tür nun einfach öffnete? »Sie werden sie nicht öffnen«, sagt der Schweizer Major.

Kunstgenuß macht hungrig und durstig. In der Baracke der UN-Beobachter ist über den Billardtisch ein weißes Tuch gebreitet, hier stehen kleine Brote und Weißwein. In der UN-Baracke gibt es nur Häuptlinge, keine Indianer. Die Militärs sind keine Soldaten, sie sind in Wahrheit Diplomaten, die für die Dauer ihrer Mission Generals- und Majorstitel erhalten haben. Der Schweizer General ist ohnehin eine Unmöglichkeit, denn in der Schweiz gibt es einen einzigen General immer nur dann, wenn sich ein Nachbarland im Kriegszustand befindet, den letzten also 1945. Und so ist auch sein Sinn für die dramatischen Qualitäten von Panmunjon besonders entwickelt. »Haben Sie das Propagandadorf des Nordens liegen sehen? In dieser Betonburg wohnt niemand. Die Fenster sind schwarz auf die Mauern aufgemalt. Der Fahnenmast ist allerdings viel höher als der südliche. Das Treiben, das Sie rund um die magische Baracke erleben konnten, ist nur für Sie veranstaltet worden. Wenn keine Gruppen da sind, gibt es weder nördlichen Stechschritt noch südliches Taekwondo. Dann ist die Region wieder Paradies für die vielen seltenen Vögel, die aus den Industriegebieten Koreas längst vertrieben sind.«

In Panmunjon lernt der westliche Besucher, daß Theater nicht Operette heißen muß und Zeremoniell nicht Unwirklichkeit. Auch mit schön damaszierten Klingen kann man Köpfe abschlagen. Die eigentliche Gefahr, daß aus der kühlen Ritualität von Panmunjon einmal wieder heißer Krieg werden könnte, sieht aber weder in der UN-Baracke noch irgendwer sonstwo in Südkorea im Norden oder im Süden des Landes, sondern im Osten, weit jenseits des Pazifischen Ozeans.

# Walter Kempowskis glückliche Schuld

## *Rede aus Anlaß der Übergabe des Kempowski-Archivs an das Archiv der Akademie der Künste Berlin*

Walter Kempowski ist in diesem Jahr achtundsiebzig geworden, einige andere berühmte deutsche Schriftsteller wurden achtzig, aber er ist ohne Zweifel derjenige unter ihnen, der in der Generation der heute Vierzigjährigen die meiste Beachtung, ja Bewunderung findet. Alt werden heißt oft genug ein Publikum verlieren – er, der zu keinem Zeitpunkt seiner Laufbahn um Publikum verlegen war, hat in seinen vorgerückten Jahren erst die Leser gefunden, die seinen literarischen Rang entdeckten. Lang genug galt Kempowski in den Milieus intellektueller Literaturkritik als Fliegengewicht; seine Erfolgsbücher wurden nicht als moderne Literatur empfunden, sondern als Unterhaltung für die kleinbürgerlichen Massen.

Dann kam das »Echolot«, dieses vielbändige Riesenwerk, das aus einem noch viel größeren, in Jahrzehnten zusammengetragenen Archiv herausgewachsen ist. Wenn man sagt, daß das »Echolot« wie eine Bombe einschlug, ist das vielleicht etwas unpassend gegenüber einem Werk, in dem so viele Bomben einschlagen, aber die Sensation hatte jedenfalls explosiven Charakter, und in dieser Explosion fielen alle alten Maßstäbe, die man an Kempowski angelegt hatte, in sich zusammen – hinter diesen Kritikruinen stieg Kempowski, der kühne, durch die literarischen Avantgarden des letzten Jahrhunderts angeregte Schriftsteller, in die ihm bisher verwehrten Höhen. Daß »Echolot« ein Werk der Literatur sei, war vielen sofort klar. Es ergriff die von der experimentellen Literatur entwickelten Mittel der Collage, aber es spielte mit ihnen nicht mehr ein brillantes, geistvolles, absurdes Spiel, sondern es erzählte mit ihnen, es ließ mit ihrer Hilfe eine untergegangene Welt neu erstehen und aufs neue wieder untergehen. Es setzte die Effekte der Spannung wie bei einem fiktionalen Stoff ein, und es schuf einen Begriff von der ungeheuer ausgebreiteten widersprüchlichen Quellenlage, es weckte Anteilnahme und es klärte auf. Und es war, so überraschend das auch heute noch klingt, wo der Rang des »Echolot« längst unbestritten ist, auch ein großes Sprachkunstwerk.

Dort, wo Kempowski aus seinem Archiv die kleinen Steine für seine riesenhaften Historienmosaiken herausschnitt, vertraute er zu Recht auf einen gleichsam von selbst aus den heterogensten Elementen hervorwachsenden Stil, der die Steinchen zusammenschmilzt und sie mit einer Tönung überzieht, die man mit der Haut der von ihm dargestellten Epoche vergleichen könnte. Amtliche Verlautbarung, Intellektuellen-Briefwechsel, Besprechungsprotokoll, Postkarten junger Soldaten, Tagebücher heranwachsender Mädchen, geschliffene Prosa von Leuten, die ein Leben am Schreibtisch verbracht haben, und die hilflosen Klischeeaneinanderreihungen von Menschen, deren Erziehung ihnen keine Hilfe zur Gewinnung einer eigenen Sprache gewährt hat, zwischendrin sogar gelegentlich ein gutes Gedicht oder ein Schlager aus einer UFA-Revue – dies alles wächst beim Lesen zu etwas Gleichartigem, aus gleicher Quelle Stammenden zusammen. Zu den großen Erfahrungen, die der Leser der »Echolot«-Bände macht, gehört die Offenbarung des Zeitstils, dessen Macht über allem individuellem Stilisierungswillen steht. Der Zeitstil ist unsichtbar, solange er lebendig ist, er ist wie ein Gas, das sich beim Erkalten als zarter Reif auf alle Gegenstände legt, die es umgibt. Wer den Zeitstil dann wahrnimmt, weil er eben nicht mehr Zeitgenosse ist, bemerkt, wie die frühere, von diesem Stil geprägte

Generation ihm immer fremder, immer unbegreiflicher wird. Mir scheint, dies ist die wichtigste Erfahrung im Umgang mit dem historischen Dokument. Mir scheint es sogar die wichtigste Lehre, die aus der Geschichte zu ziehen ist. Wir erleben die Menschen einer anderen Zeit bis über beide Ohren in ihre Zeit getaucht, wir erleben, daß politische Feinde, ästhetische Gegenpositionen, voneinander scharf getrennte soziale Milieus in Wahrheit viel mehr gemeinsam hatten, als daß sie voneinander geschieden gewesen wären. Und wir ahnen mit Schaudern, daß es sich mit uns selber wohl kaum anders verhalten kann – auch wir sind von unserer Zeit bis auf den letzten Faden imprägniert, und wir sprechen ihre Sprache, auch wenn wir uns als Schriftsteller noch so beflissen in unsere kleinen Spezialdialekte flüchten: Gerade die bieten kein Entkommen aus der großen gemeinsamen Grundsuppe der jeweiligen Gegenwart, sondern werden später meist als ganz besonders zeittypisch empfunden. Mir ist es, wenn ich »Echolot« lese, als gelinge es Kempowski, gleichsam nebenher beständig ein Radio laufen zu lassen; die Stimmen der Mörder und der Gemordeten, der Davongekommenen und der zwischen den Mühlsteinen Zermahlenen mischen sich mit »Irgendwo auf der Welt gibt's ein kleines Stückchen Glück« oder »Wenn die Sonne hinter den Dächern versinkt«, und diese Melodien werden wie in einen gesprengten Schiffsleib einlaufendes Wasser, in dem alles ertrinkt. Das Memento, das das »Echolot« ausspricht, gilt nach Kempowskis Wunsch gewiß zuerst den Toten, aber es ist zugleich auch ein Memento für unsere eigene politische und ästhetische Existenz: Gedenke, daß du ein der Geschichte verfallenes, von der Geschichte abhängiges, ganz und gar von der Geschichte deiner eigenen Zeit durchsäuertes Wesen bist, gedenke, daß dir dein Urteil nicht nur nach deinen Handlungen, Unterlassungen und Gesinnungen gesprochen werden wird, sondern nach deiner bloßen Zeitgenossenschaft, gerade auch dann, wenn dir deine

Verstricktheit in die eigene Zeit gar nicht recht klar gewesen ist.

Die schöpferische Arbeit mit dem eigenen Archiv hat aber auch in der erzählenden Prosa Kempowskis deutliche Spuren hinterlassen. Es konnte nicht anders sein, als daß der vielfältige Umgang mit dem kunstlosen, dem kunstfreien Material, der nicht in Kunstabsicht geformten Sprache, die zugleich so wirklichkeitsgesättigt war, wie es der bewußt gestaltete Text so selten ist, den literarischen Geschmack beeinflußte. Man kann diesen Vorgang vielleicht mit der Entwicklung eines Kochs vergleichen, dem alle Saucen und Essenzen, alle Pasteten und Gewürze von dem Tag an verdächtig und überflüssig erscheinen, an dem er den köstlichen reinen Geschmack eines wohlgezogenen Naturprodukts wirklich einmal realisiert hat. Man könnte sich vorstellen, daß Kempowski unter dem Eindruck fremder Tagebücher und auch des eigenen Tagebuches gar nicht mehr ertragen konnte, eine Sprache zu schreiben, die man als im landläufigen Sinne »gepflegtes gebildetes Schriftdeutsch« nennen könnte. Es muß einen Augenblick gegeben haben, in dem er, der Lehrer, der Generationen von Kindern Deutsch beigebracht hat, ein solches Deutsch, wie man es andern beibringen kann, nicht mehr schreiben wollte. Wahrscheinlich war ihm alles, was sich an ästhetischer Überlegung zwischen die Person und das Schreiben drängen könnte, auf einmal unerträglich. Umgangssprache bis hin zur Unbeholfenheit, mit dem Schutt der Redensarten beladen, im Jammerkleid der Zeitgenossenschaft – auf etwas anderes meinte er als redlicher Zeitschilderer keinen Anspruch erheben zu dürfen. Man erzählt sich von unerschrockenen Pflegerinnen, die sich im Dienst der Kranken niemals vorsehen und im Lazarett der Pestkranken dennoch stets gesund bleiben. So geht Kempowski mit Redensarten wie »sei kein Frosch«, »der große Teich«, »eh man sich schlagen läßt«, »an der Wiege gesungen«, »der wahre Jakob«, »Ruhe im Karton«, »Bauklötze staunen« um, mit Versatzstücken, die jeden anderen Text mit tödlichen Viren anstecken würden. Was ist es, das seine Sprache dennoch aufblühen läßt? Wie kann es gelingen, mit lauter Klischees zu einem unverwechselbaren Tonfall zu gelangen? Es war wohl die Fähigkeit, das eigene Tagebuch und die eigene Erzählung als objektives Dokument eines Fremden zu betrachten, die Fähigkeit, das eigene Schreiben in die Menge der ohne Kunstabsicht entstandenen Tagebücher hineinwachsen zu lassen. Es gelang Kempowski, die eigene Person noch einmal als Kind der eigenen Phantasie neu zu erschaffen und diesem Kind eine Sprache mitzugeben, hinter deren ungezwungener Alltäglichkeit der zweite Kempowski, das Kunstgeschöpf, Gestalt annahm. Musikalisch möchte man diese Sprache nicht gerade nennen, aber sie ist vor allem zum Hören da. Kempowski-Monologe lassen im Kopf des Lesers eine Stimme entstehen, einen unverkennbaren Tonfall, der die Sprache einfärbt, ihr die Komik und Doppelbödigkeit verleiht. Kempowski hat das einfachste Mittel erfunden, jeden trivialen Aussagesatz mit einem ganzen Mondhof von Bedeutung zu umgeben: das Fragezeichen – aber dies Fragezeichen muß man hören, um seinen Effekt auszuschöpfen, und man hört es auch – Kempowski-Prosa läßt auch ohne Schallplatte ein Hörbuch im Kopf entstehen. Eine helle hohe Stimme, die anstrengungslos und etwas monoton zu sich selber spricht, ein enttäuschtes Selbstgespräch, Ernüchterung, eine leichte Bitterkeit, Schlauheit und Naivität einzigartig gemischt – oder doch nicht ganz einzigartig – ist das nicht der Ton eines von Heinz Rühmann gesprochenen Monologs? – wenn der alte Rühmann etwa mit traurigem Blick sagte: »Man ist ja schließlich auch nur Mensch« – aber dahinter eben das Fragezeichen, als sei dies bloße Menschsein womöglich gar nicht weiter erheblich für den Rest der Welt, als folge daraus vielleicht gar nichts, schon gar kein Recht, schon gar keine begründete Hoffnung auf Glück, als sei dies ganze Menschsein am Ende nur eine Chimäre, ein leerer Begriff, und als werde ihm das jetzt in demselben Augenblick klar, in dem er sich als letztes Mittel darauf berufen wollte.

Ein starker, den Leser im Innersten kitzelnder Reiz der Literatur des Walter Kempowski ist gar nicht leicht zu benennen, er rührt an verborgene Punkte, an geheime Ängste, an die Wollust der Heimtücke, die wir uns selbst nur ungern eingestehen. Es ist Kempowskis Verhältnis zur Peinlichkeit. Dieser Schriftsteller hat nicht nur keine Scheu vor der Peinlichkeit, sie zieht ihn sogar an, sie scheint eine mächtige Verlockung für ihn zu enthalten. Vor fremder Peinlichkeit schlägt sonst auch der Schadenfreudige die Augen nieder; eigene Peinlichkeiten sind uns ein Alptraum. Unglück greift uns ans Herz, Peinlichkeit stößt uns ab. Der Peinliche verströmt einen üblen Geruch. Die peinliche Situation ist das unbedingt zu Meidende, als könne die Peinlichkeit alle Menschen, die ihr Zeuge waren, anspringen und an ihnen klebenbleiben.

Ist es da eigentlich ein Zeichen besonderer seelischer Gesundheit, der Peinlichkeit nicht füglich aus dem Weg zu gehen, sondern es sich geradezu in ihr bequem zu machen? Und nun schon gar, wenn es nicht um die spezielle, konkrete, persönliche Peinlichkeit geht, sondern um die grundsätzliche Peinlichkeit, das große Vorzeichen jeder gesellschaftlichen und ästhetischen Äußerung in Deutschland. Das ist die Last auf den Schultern jedes deutschen Intellektuellen, die schwer drückt, auch wenn man versucht, sie nicht wahrzuhaben, und selbst wenn das gelegentlich sogar gelingt: ein Boche zu sein, ein Mitglied der anmutlosen, der plumpen, der taktlosen, der hoffnungslos uneleganten Nation. Der Boche ist unsere Zwangsjacke: Je heftiger man sich gegen sie wehrt, desto enger zieht sie sich zusammen. Am unglücklichsten ist der deutsche Dandy dran, dies deutsche Dandytum fällt eigentlich immer auf die unheitere Nase.

Und nun tritt Alexander Sowtschik auf, Walter Kempowskis poetisches Alter ego mit dem schrecklichen Namen – ich übersetze mir Sowtschik mit »der von der Sowjetunion Zugerichtete«. Für seine kulturkritische Sendung jedenfalls hat er sich nicht hergerichtet, sondern wahrhaft zugerichtet. Der erbarmungslose Registrator jeder fremden Lebensregung trägt auf seiner Reise in die fatale neue Welt eine praktische Reisejacke, an der überall Schnüre »lotrecht«, wie er stets aufs neue vermerkt, herunterhängen, im Gesäßteil der Jacke ist ein sich als unerhört lästig und sperrig erweisender Miniaturregenschirm untergebracht. Auf dem Kopf hat Sowtschik in New York und San Francisco eine Prinz-Heinrich-Mütze, wie sie auch Kanzler Schmidt nach der Hamburger Sturmflut trug. Die Strippen umbaumeln den Boche-Dichter, der mit Kinderaugen um sich blickt und wie ein bösartiges Kind voller Taktlosigkeit, mit einer nur gelegentlich durch schamlose Berechnung gebremsten Hemmungslosigkeit beim Namen nennt, was so unvorsichtig war, sich seiner Beobachtung auszusetzen. Walter Serners Dada-Kompendium »Die letzte Lockerung« erreichte eben nur die vorletzte Stufe. Die wirklich letzte Lockerung, die Lockerung in der unrettbaren Peinlichkeit, ist die von Sowtschik-Kempowski. Seine Schamlosigkeit langt bis in die Höhen eines Samuel Pepys, aber der wagte sie nur in Geheimschrift, nicht in Goethe-Instituts-Öffentlichkeit, während die Strippen nicht aufhören zu baumeln. Die Überwindung des Boche wird in Kempowskis Romanen durch Übererfüllung des Boche-Ideals geleistet: der Boche als Archetyp, der dadurch gleichberechtigt neben die anderen Archetypen des Menschseins rückt. Auch der griechische Götterhimmel hat schließlich seinen Boche, den hinkenden Schmied Hephaistos, schnaufend vor Tüchtigkeit und Eifersucht, häßlich und lächerlich – aber wie er seine untreue Frau und deren Liebhaber im Netz fing und zappeln ließ, das verriet doch Intelligenz, sehr viel Witz und ein nettes Maß an Grausamkeit. Die Peinlichkeit – hier grenzte sie unmittelbar an ein himmlisches Vergnügen. Der Sowtschik-Boche findet sich mit sich ab, ohne in Selbstzufriedenheit zu versinken. Eine Identifikationsfigur ist er wahrscheinlich nur für sehr starke Naturen, aber aufatmen läßt er verblüffenderweise beinahe alle seiner kompatriotischen Leser.

Kempowski, der liebevolle, die Kinderseele begreifende Volksschullehrer; Kempowski, der sich am Klavier Schubert vorspielt; der Gedichte auswendig kann und sie zur eigenen Freude und vor anderen rezitiert; der Konservative, für den Frömmigkeit und Sparsamkeit selbstverständlich zum Leben gehören; der Mann des gesunden Menschenverstandes, Theorien abgeneigt, Philosophien skeptisch und eher von der Seite her betrachtend; der Mann der Erinnerungen und des respektvollen und ehrfürchtigen Umgangs mit der Vergangenheit – diese Litanei habe ich mir immer wieder vorgesagt, als ich die Romane »Hundstage« und »Letzte Grüße« las und mein Staunen beständig wuchs. Denn die Lesereise, die der Schriftsteller Sowtschik durch Nordamerika macht, ist zu einem der bösartigsten Dokumente der neueren deutschen Literatur geworden, die Beschreibung eines Schattenreiches, in dem es heißt, von jeder Hoffnung Abschied zu nehmen. Ja, es ist ein Dichter, der da reist, eingeladen von deutschen und amerikanischen Instituten der Kulturvermittlung, aber selten ist das gesamte Unternehmen »Kulturvermittlung« mit derart kaltem Blick, derart radikaler Verachtung geschildert worden. Das Schreiben, das Veröffentlichen, das Bücherverkaufen, das Bücherpräsentieren und Vorlesen, die Beschäftigung mit Büchern – dies alles erscheint als einzige hypertrophe Absurdität. Das Gastland wird mit der Gnadenlosigkeit gesehen, die der Autor sich auch selbst entgegenbringt, und das heißt, daß von beiden nichts übrigbleibt, das noch Schonung oder Mitgefühl verdiente. Das Gebet, das über »Letzte Grüße« schweben könnte, ist:

»Herr, mach, daß es endet.« Und für Sowtschik jedenfalls findet dies Gebet, hätte er es denn ausgestoßen, auch Erhörung: »Armer Sowtschik, da liegst du nun, und es läuft dir noch nicht einmal Blut aus dem Mund« heißt einer der wahrhaft unvergeßlichen Schlußsätze der deutschen Romanliteratur – da kann man sich den Zusatz »des zwanzigsten Jahrhunderts« ruhig sparen.

»Als einzigen Fluch, als schockierende Verneinung der zur Farce gewordenen Zivilisation mitten ins Gesicht der von Fäulnis und Verlogenheit stinkenden Epoche« – so könnte man auch Kempowskis »Letzte Grüße« charakterisieren, wenn man die hinterhältige Komik, die das ganze Buch durchzieht, nicht zu erwähnen vergißt. Aber dieses finstere und drohende Zitat galt einem ganz anderen Autor, der als Typus denkbar weit von Kempowski entfernt zu sein scheint: Louis-Ferdinand Céline, dem Pariser Armenarzt, dem tobsüchtigen Außenseiter. In der Gestalt Kempowskis kommt uns der Anarch in gutbürgerlichem Kostüm entgegen, mit dem Philiströsen kokettierend, um nur ja keine stallwarme Sympathie aufkommen zu lassen. »Ich muß aufpassen, daß ich die Leute nicht verachte«, mahnt Sowtschik sich in seinem Tagebuch, »sind doch alles ganz liebe nette Leute.«

»Ganz lieb und nett« – das geht über die schäumende Verachtung eines Céline womöglich noch hinaus. Kein Buch für den Paulskirchen-Friedenspreis ist »Letzte Grüße«; auch Preise für Völkerverständigung und den Abbau von Vorurteilen waren niemals dafür zu erwarten. Es ist, als ob die lange Beschäftigung mit der Geschichte, mit ihren Tausenden von Zeugnissen, mit ihrer Vergeblichkeit, ihrem »Alles umsonst« – so heißt der letzte Roman und dies »Alles umsonst« durchbricht auch die »Letzten Grüße« –, als ob das jahrzehntelange Durchblättern dieser Papiere Kempowski schließlich den Blick auf ein schwarzes Loch der Sinnlosigkeit eröffnet hätte, das alles, was da ist, zu verschlingen vermag.

Kann das verwundern? Das Archiv von Walter Kempowski ist beinahe einzigartig; als Schriftstellerarchiv ist es wohl nur mit Alexander Solschenizyns Revolutionsarchiv vergleichbar. Wie bei Solschenizyn war es in der Absicht zusammengetragen worden, ein großes Zeitbild zu schaffen, auch Kempowski ist viel zu sehr Erzähler, um an dem bloßen Sammeln von Fakten Genüge zu finden. Er schöpfte aus dem Archiv für Romane, aber es kam der Tag, an dem der Reichtum seiner Dokumentensammlung in einem Roman herkömmlichen Stils nicht mehr unterzubringen war. Kempowski schuf mit seinem »Echolot« den historischen Collage-Roman, indem das Originaldokument unkommentiert zur Sprache kam. Es ist, als habe er die Fehler der zeitgenössischen Restauratoren von Kunstwerken vermeiden wollen, als habe er sich die Erkenntnis zu eigen gemacht, daß man den vergilbten und verschmutzten Firnis eines Gemäldes häufig nicht einfach abnehmen kann, ohne die malerische Substanz darunter zu beschädigen. Als Künstler ist für ihn das Wichtigste an dem einzelnen historischen Schriftstück weniger die wissenschaftliche Überprüfbarkeit des Inhalts als die Andersartigkeit, der Ausdruck einer anderen Art Mensch zu sein, als es die zeitgenössische ist. Es gibt unter den russischen und griechischen Ikonen besonders verehrungswürdige Bilder, in deren Farben die Maler pulverisierte Reliquien der dargestellten Heiligen gemischt haben, der Heilige wurde gleichsam mit eigener Substanz gemalt, Bild und Dargestellter fallen zusammen, und so ist der historische Collage-Roman Kempowskis nichts anderes, als das Bild der Geschichte gänzlich aus ihren Reliquien erstehen zu lassen. Nur solche Stimmen sollen zu Wort kommen, deren Sprecher sich selbst unter dem glühenden Waffeleisen der Ereignisse befunden haben und die darunter schließlich verbrannten oder zu den unterschiedlichsten Formen gepreßt wurden. Der Strom des Trivialen soll die gleichsam geologische Gewalt der historischen Entwicklung erfahrbar machen. Daß es, um Kontingenz sinnlich erfahrbar zu machen, der Ordnung bedarf, gehört freilich zum kleinen Einmaleins der Kunst. Kempowski hat aus den naturbelassenen Steinchen ein großes Muster gelegt, dessen geistiger Hintergrund die Geschichtsphilosophie des Joseph de Maistre und Leo Tolstois bildet. Er war der Herr seines Materials, er hat sich vom Ozean der Schmerzen nicht wegspülen lassen, sondern ist auf seinen Beinen stehen geblieben.

Das Ozeanische seines Archivs bleibt hinter dieser souveränen Ordnung des »Echolots« allerdings ahnbar, das Chaos, in dem sich jeder Sinn, jede Moral, jede Hoffnung auflöst. Um dieses Erlebnis des hinter der archivarischen Ordnung lauernden Chaos, der Sinnvernichtung zu charakterisieren, sei der Blick auf ein Werk gestattet, das weit von dem tragischen Ernst des »Echolots« entfernt ist, aber viel mit seiner Konstruktion gemeinsam hat und ein Werk wie das »Echolot« vielleicht sogar ästhetisch erst möglich gemacht hat. Gemeint ist Flauberts »Bouvard et Pécuchet«, die Geschichte jenes Freundespaares, das bis zum offenen Wahnsinn Fakten in seinem Archiv sammelt, und die im Zusammenhang mit diesem Werk entstandene »Universalenzyklopädie der menschlichen Dummheit«. Was für Kempowskis Archiv gilt und was diesem Archiv seine unschätzbare Bedeutung verleiht, galt auch für Bouvard und Pécuchet: Es gibt für diese Archive nichts Unwichtiges. Alles ist interessant – und unter dem Blick eines Erzählers und Künstlers und Historikers wie Kempowski wird ja tatsächlich alles interessant, alles sprechend, alles bedeutungsvoll, aber in der »Universalenzyklopädie der menschlichen Dummheit« geschieht eben das Gegenteil: Hier fehlt dieser gestaltverleihende Blick, und aus dem Interessanten wird das Beliebige, aus dem Klugen das Dumme, aus dem Bizarren das Idiotische, die Besitznahme der Welt, wie sie die Enzyklopädie des achtzehnten Jahrhunderts anstrebte, schlägt um in die Besitznahme eines gigantischen Scherbenhaufens. Der Nihilismus kann aus einer Überfülle von Daseinssplittern geboren werden. Für die Genesis waren das Chaos und das Nichts geradezu dasselbe.

Kraftquellen in der Literatur sprudeln oft im Verborgenen; so ist die Energie, die zum Leser durch die ganze Pracht der Konstruktion und der aufgewandten Kunstfertigkeit hindurchschlägt und ihn anrührt und fasziniert, manchmal gar nicht so leicht beim Namen zu nennen: ein wunder Punkt des Autors, ein tiefer Schmerz, eine Liebe, eine Scham. Daß es auch bei Kempowski solch ein innerstes, nach außen hin kräftig strahlendes Movens gibt, ist evident: Jenes große Motiv, das er selbst vielfach genannt hat, wenn er von seinem Lebenswerk der Erinnerung sprach. Für seinen eigenen Anteil an der Gefängnishaft der Mutter in Bautzen, den er sich nicht vergeben kann, will er Sühne leisten: Einige wenige, die im letzten Jahrhundert unter Krieg und Verfolgung gelitten haben, will er deshalb dem Vergessen entreißen, und inzwischen sind es schon gar nicht mehr so wenige. Es leuchtet ohne weiteres ein, daß es gerade das Schicksal seiner Mutter war, einer Frau, die fern von jedem Nachdenken über Politik, geschweige denn von Engagement, ausschließlich für ihre Familie lebte, des Privatmenschen schlechthin, das ihm das Wesen des Terrors offenbarte. Seitdem Robespierre und Saint-Just über den Terror nachdachten und ihn als Mittel ihrer Politik entwickelten, ist dieser Krieg, den die jeweiligen Machthaber oder die Kämpfer um die Macht eben nicht mehr nur gegen echte oder vermutete Feinde, sondern gerade gegen den unbeteiligten Privatmenschen führen, zum eigentlichen Abzeichen nachrevolutionärer Gewalt aller Spielarten geworden, und deshalb bleibt es die einzig wirkungsvolle, den Terror durchkreuzende Tat, seine Opfer aus ihrer Anonymität ins Licht des Bewußtseins zu heben.

Je weiter die vergangenen Schrecken von uns wegrücken, desto mehr mag den zeitgenössischen Leser die Vorstellung einer Sühneleistung, die hinter dieser Literatur und diesem Archiv steht, befremden. Aber es ist wohl dieses Gefühl persönlicher Schuld, das Kempowski vor den Versuchungen des Zynismus und der Sinnlosigkeit bewahrt und das die Vorstellung einer Ordnung in ihm wachgehalten hat, die zwar vielfach entstellt und geschändet worden ist, die aber dennoch sein Maßstab bleibt. Ihn, den genauen Kenner der alten liturgischen Dichtung, mag es freuen, daß das berühmte Wort von der »glücklichen Schuld« sich auch in seinem besonderen Fall aufs neue bewährt.

## Sarajevo im November 1994

### *Spuren im Pflaster*

Das Pflaster von Sarajevo ist von Granateinschlägen gesprenkelt. Wo eine Granate gefallen ist, ist der Stein wie unter den Stößen eines Preßlufthammers geborsten. In der Mitte ist immer ein tieferes Loch, um das sich in konzentrischen Ringen kleinere Löcher legen, die von den Granatsplittern herrühren. Wer in der Nähe des tieferen Lochs gestanden hat, ist im ganzen zerfetzt worden; weiter entfernt bei den kleineren Löchern sind manchmal nur ein Bein, ein Arm oder die Augen verlorengegangen. Viele Menschen strömen im Hellen und im Dunkeln über das gesprungene Pflaster. Das ist in der Zeit, als manchmal täglich zwanzigtausend Granaten fielen, nicht anders gewesen. Die jungen Leute vor allem haben sich auch in den schlimmsten Tagen geweigert, lange im Keller zu sitzen. An jeder Straßenkreuzung, wo sich der Blick auf die schönen Berge öffnet, haben sie sich den Kugeln der Heckenschützen ausgesetzt. Aber auch jetzt noch fallen jeden Tag ein paar Granaten auf die Stadt. Keiner kann wissen, ob er gesund nach Hause kommt.

Die meisten Menschen drängen sich auf dem Marktplatz. An offenen Ständen werden hier die kostbarsten Waren angeboten: frisches Gemüse, das zum Teil aus den vielen neuen Gärtchen stammt, die seit Beginn des Kriegs überall in der Stadt angelegt worden sind. Ein Kohlkopf, ein paar Kartoffeln, ein paar Zwiebeln, ein kleiner Haufen Äpfel. Aber trotz der vielen Neugierigen, die sich zwischen den Ständen bewegen, bleiben die Waren lange unberührt. Sie sind nur für deutsches Geld zu haben. Zehn Mark für ein Pfund Äpfel sind zuviel für eine Familie, die mit hundertfünfzig Mark im Monat auskommen muß.

Am Rand des Markts hat sich in einem großen Loch allerhand Kehricht angesammelt: eine Orangenschale und schmutziges Papier. Hier ist die Granate explodiert, die achtundsechzig Menschen getötet und viele schwer verwundet hat. Eine junge Frau erzählt von dem Augenblick, in dem sie unversehens mit beiden Schuhen tief in menschlichem Blut stand. Mit der ohnmächtigen Empörung, der man immer begegnet, sobald die Sprache auf die englischen und französischen UN-Truppen kommt, erinnert sie an den Versuch des englischen Generals Sir Michael Rose, die Verteidiger von Sarajevo für die schreckliche Granate verantwortlich zu machen. »Das ist, als ob ein Mann, der eine Hand verloren hat, sich auch die zweite abhacken ließe, um Mitleid zu erregen!« Von den zwei Millionen Granaten, die auf Sarajevo gefallen sind, wird die Granate von Markale, so heißt der Marktplatz, so tief im Gedächtnis der Stadt bleiben, wie sie sich in den Stein eingegraben hat. Und was das westliche Europa tat und sagte, als sie fiel, wird gleichfalls nicht vergessen werden.

Am Flußufer in der Nähe der Lateinischen Brücke, die früher das türkische und das kroatische Viertel verband, findet man eine Unebenheit im Pflaster, die keine Granate zur Ursache hat. Hier lag eine Marmorplatte mit feierlicher Inschrift. Sie bezeichnete die Stelle, von der aus der Student Princip den Thronfolger Österreichs und die Herzogin von Hohenberg erschossen hat. Sie ist in den ersten Kriegstagen herausgerissen worden. Das Museum, in dem das Andenken des jungen Mörders gefeiert wurde, ist verwüstet. Der heroischen Monumentalbüste, die das unfertige Gesicht Princips im Art-déco-Stil idealisiert hat, ist mit einem Hammer die Nase abgeschlagen worden.

»Ich habe das bosnische Volk geliebt!« steht auf Serbisch und in kyrillischen Buchstaben an der Wand, aber die bosnischen Kroaten und Muslime wollen diese Beteuerung nicht mehr hören. Die Schüsse Princips waren nicht der erste Ausdruck serbischen Machtstrebens, aber man empfindet die juvenile Grausamkeit, mit der der aufgehetzte Student auch die Frau des Erzherzogs nicht schonte, als besonders drastische Ankündigung des heute alltäglichen Schreckens.

## *Der alte und der junge Muslim*

Vater und Sohn erzählen vom Krieg. Der Vater ist schon zu alt für die Front. Er ist Modelleur für Damenschuhe und geht täglich in die Fabrik, obwohl in Sarajevo zur Zeit keine Damenschuhe hergestellt werden. Ein altmodisches Balkangesicht: Die Glatze ist von jener langen Locke bedeckt, die man früher »Sardelle« nannte, die Augen blicken schlau und ein wenig beflissen, die gebogene Nase senkt sich über einen lächelnden Mund. Der Sohn sieht aus wie ein junger Amerikaner: sportlich, fleischig, idealistisch. »Mein Sohn«, sagt der Schuhmodelleur, als müsse er sich immer von neuem davon überzeugen, »der erste bosnische Soldat.«

»Ich bin nicht der erste bosnische Soldat, ich bin der erste Soldat, der eine bosnische Uniform getragen hat«, sagt der Junge streng. »Wir hatten ja lange überhaupt keine Uniformen.« – »Keine Uniformen! Stellen Sie sich das vor!« sagt der Vater bekümmert. »Wir wurden im Keller der Kaserne ausgebildet, weil auf dem Hof dauernd Granaten explodierten.« – »Ausgebildet!« ruft der Vater, »aber ihr hattet doch gar keine Waffen!« – »Wir hatten keine Waffen, aber wir hatten Spaten. Mit Spaten kann man sehr gut kämpfen. An ein paar Männern mit Spaten kommt kein Panzer vorbei. Fünfzig Metern vor den serbischen Panzern haben wir Löcher gegraben. Viele Panzer sind in diese Löcher gefallen. Ich hatte manchmal zwanzig Blasen an den Händen.« – »Zwanzig«, sagt der Vater. – »Und nachts haben wir unsere

Freunde begraben. Tagsüber waren auch die Friedhöfe unter Beschuß. Aber als ich meinen besten Freund begraben habe, fingen sie auch nachts zu schießen an. Ich habe einfach weitergegraben. Das habe ich erlebt.« – »Es ist alles wahr«, sagt der Vater. – »Am Anfang, 1992, hatten wir nur Molotow-Cocktails. Man mußte die Panzer zwanzig Meter herankommen lassen und dann werfen. Die Serben sind zu feige, um auszusteigen und uns totzumachen.« – »Zwanzig Meter«, sagt der Vater.

»Und doch gibt es etwas, das ich nicht verstehe«, sagt der Sohn. »Bei uns hier ist vieles auch nicht in Ordnung.« Er ist zornig, aber auch traurig. »Die Polizei hier benimmt sich nicht gut. Wenn ein Polizist einen Soldaten sieht, dann weiß er sofort: Aha, das ist einer, der keinen bei der Regierung kennt – deshalb muß er an die Front und darf kein Polizist werden. Und dann behandeln sie uns schlecht. Und so etwas«, das sagt er nun sehr leidenschaftlich, »muß aufhören. Wir müssen einen anständigen Staat aufbauen, eine anständige Gesellschaft!«

Der Vater nickt eifrig, aber er muß den Worten seines Sohnes noch etwas hinzufügen, etwas Wichtiges, das nicht vergessen werden darf. »Sie müssen wissen, er ist unser einziger Sohn! Er darf lesen, soviel er will! Er weiß schon so viel für sein Alter. Meine Frau und ich – wir leben nur für ihn!«

»Das tun alle Eltern«, sagt der Sohn. »Ja, natürlich«, sagt der Vater, »das tun alle Eltern.«

## *Klaustrophobie*

Die Form Sarajevos gleicht einem großen Fisch. Ein enges langes Bergtal bestimmt die Grenzen der Stadt. Eine lange Straße zieht sich wie eine große Gräte vom Anfang bis zum Ende. Das ist die Cemaluša, die den Namen des türkischen Paschas Kemal trägt und in diesem Jahrhundert schon nach

Kaiser Franz Joseph, König Alexander von Serbien, dem faschistischen Staatschef Ante Pavelič und nach Marschall Tito benannt worden ist, bevor sie ihren historischen Namen zurückerhielt. Auf dieser Straße gelangt man vom großen Basar der Türkenstadt über die gründerzeitliche Österreicherstadt in die Neustadt mit ihren ausgebrannten und zerschossenen Hochhäusern. Ein Boulevard durch die Geschichte der Stadt, vom einen zum andern Ende in einer guten halben Stunde abzuschreiten. Das ist der Auslauf der Bürger von Sarajevo. Diese Strecke gehen sie seit dem 6. April 1992 täglich auf und ab, im Kugelhagel, in spannungsvoller Ruhe, im Dunkeln. In den heißen Sommernächten verließ man nur ungern die Straße, wenn die Ausgangssperre näherkam, aber auch die winterliche Kälte läßt sich im Gehen leichter ertragen als in einer ungeheizten Wohnung. Die Querstraßen eröffnen wie für Käfigtiere die Blicke in die freie Natur. Das Bergland mit Landhäusern und Almen begrenzt an vielen Stellen den Horizont. Dort sitzen die Tschetniks mit ihren Präzisionswaffen. Wer an einer Kreuzung stehenbleibt, muß wissen, daß er vielleicht gerade in das Blickfeld eines Zielfernrohrs geraten ist.

Man muß nur ein paar Abende die Cemaluša in der hereinbrechenden Dämmerung auf und ab gegangen sein, um das Gefühl der Platzangst, des Gefangenseins kennengelernt zu haben. Zuerst fällt das Verhalten der Hunde auf. Immer wieder rasen Hunde durch die Straße, um ebenso unvermittelt stehenzubleiben und verwirrt um sich zu sehen. Ein Schäferhund dreht sich mit wachsender Wut um sich selbst und versucht, seinen Schweif zu fangen. Die Hunde sind feindselig und eingeschüchtert zugleich. Man sagt, sie seien während der unablässigen Beschießungen verrückt geworden. Vielleicht ist es aber auch nur der Hunger, der sie um den Verstand bringt. Abseits von der Hauptstraße stößt man auf riesige Müllhaufen, die nicht abgefahren werden können. Da stöbern die Hunde und manche alten Leute nach

Eßbarem. Andere haben den Hunger vergessen. Sie gehen gestikulierend und in ein ausdrucksvolles Selbstgespräch versunken durch die Straßen. Eine Frau hält den orthodoxen Popen während der Messe am Meßgewand fest und beginnt, auf ihn einzureden, bis sie aus der Kirche gedrängt wird. Von manchen Leuten wissen die Passanten, an welchem Tag sie verrückt geworden sind. Das psychiatrische Krankenhaus sei überfüllt. Aber auch starke und gesunde Leute gestehen in der Unterhaltung, daß sie die Versuchung kennengelernt haben, die Selbstbeherrschung zu vergessen und den täglichen Kampf um Disziplin und Haltung aufzugeben.

## *Dobrinja – das »Gute Dorf«*

Wer Hochhausviertel häßlich findet, könnte beim Anblick von Dobrinja zufrieden sein und sich bestätigt fühlen. Das einstige »Olympische Dorf«, ein Stadtteil für dreißigtausend Menschen, ist verbrannt und verwüstet, und die Zerstörung hat die ganze Erbärmlichkeit der Bauweise überdeutlich sichtbar gemacht. Der Krieg ist eine grausame Prüfung für die Qualität einer modernen Trabantenstadt, die einstmals gewiß für »Licht und Luft, Naturnähe, technische Perfektion und die vorzügliche Qualität aller urbanen Einrichtungen« gepriesen worden ist. Es gibt in Sarajevo genügend Leute, die schon die Beschießung von Dubrovnik erlebt haben. Da saßen sie in jahrhundertealten Gewölben; die Granaten ließen von der kostbar gemeißelten Außenhaut der Häuser unersetzliche Stücke abplatzen, aber die Substanz war nicht zu erschüttern. In Dobrinja tritt das billige Material verschmort und stinkend überall zutage; die mit dünnen Blechen und Isolierwatte beklebten Kartenhäuser stehen wie schrottreife Automobilkarosserien an den mit getrocknetem Schlamm bedeckten Straßen. Ausgebrannte Autobusse bilden hohe Barrikaden. Die Grünanlagen sind sämtlich in Kohlgärten verwandelt. Wer aber Befriedigung angesichts dieses Bankrotts neuzeitlicher Stadtplanung empfinden sollte, dem wird der Atem stocken, wenn er sieht, daß alle diese Ruinen bewohnt sind. Dobrinja ist eine von Kindern und Frauen, Invaliden und alten Leuten bewohnte Festung, besser, eine Verschanzung, ein Schützengraben, der zugleich eine Stadt ist.

Für die Bosniaken ist Dobrinja die Heldenstadt. Die Einwohner selbst haben Barrikaden und Gräben gebaut und den serbischen Vormarsch auf Sarajevo zum Stehen gebracht. In einer Mondlandschaft aus Staub, Rost und zerbröckelndem Beton spielen Kinder, beugen sich Männer über einen Kohlkopf, eilen geschminkte Frauen in großen Lederjacken zur Bushaltestelle. Wer von außen kommt, muß einen Passierschein des Kommandanten vorweisen und sich bei dem örtlichen Befehlshaber melden. Es wird geraten, eine schußsichere Weste zu tragen. An gefährlichen Tagen – gibt es ungefährliche? – soll man Dobrinja nicht betreten. Das sind Ratschläge für Journalisten, nicht für die kleinen Kinder und ihre Mütter, die Dobrinja niemals verlassen, die viele Menschen haben sterben sehen und die in dieser Angstwüste seit zweieinhalb Jahren ausharren.

Das ist ein neuer Aspekt in den Kriegen unseres Jahrhunderts. Mitten in die Geschwüre aus Schmutz und Todesangst werden die Betrachter von außen eingeschleust, die auf den zerschossenen Sofas Platz nehmen, vom großzügig mitgebrachten Kaffee sich auch ein Täßchen zubereiten lassen, die niedlichen sprachlosen Kinder mit Schokolade füttern und den Schreckensschilderungen der Belagerten mit Anteilnahme zuhören. Im schwindenden Licht sitzt die junge Mutter in der Küche, deren einzige Sorge ist, daß die Kinder in das Nebenzimmer gehen könnten, das in der Schußlinie der Front liegt und dessen Wände von Granatsplittern und Gewehrkugeln durchsiebt sind. Kein Tag vergeht, an dem in dies Zimmer nicht hineingeschossen wird. An den Einschlägen kann man den Verlauf der Schlachten um Dobrinja studieren. Die Löcher in der Haustür stammen aus den ersten Tagen, als die Serben auch die Anhöhen direkt über der Stadt besetzt hatten. Die Granaten, die den Balkon weggerissen haben, kamen später; gegenwärtig ist die Balkonseite des Hochhauses eher sicher. Aber nun wird seit langem schon das Kinderzimmer unter Beschuß genommen. Und die Kinder haben noch immer nicht verstanden, warum sie dort nicht mehr spielen dürfen.

Humanitäre Hilfe für Dobrinja. Es werden ausgeteilt, für eine Person in einem Monat: zweihundert Gramm Zucker, fünfhundert Gramm Bohnen, fünfhundert Gramm Reis, zweieinhalb Kilo Mehl, dreihundertvierzig Gramm Fleischkonserven. Die Gartenarbeit ist neuerdings zu gefährlich. Beim Zwiebelsetzen sind schon zu viele Leute erschossen worden. Sonst wären die Gärtchen schon eine gewisse Erleichterung.

Wenn die Zeitungen und Fernsehnachrichten Ruhe in Sarajevo gemeldet haben, war in Dobrinja dennoch immer Krieg. Bei den gelegentlichen Salven aus einem nahen Maschinengewehr wendet die junge Mutter kaum den Kopf. Draußen erhebt sich die Stimme des Muezzins, der mit seinem langgezogenen Gesang auch in Dobrinja die Gläubigen zum Abendgebet ruft. Solche friedlichen Tage lassen in Dobrinja stets die Spannung wachsen. Sie kündigen fast immer einen ernsten Angriff an.

## *Fetisch Kultur*

Zu den schönsten Zufluchtsorten einer nostalgisch-literarischen Phantasie gehört sicher ein K.u.k.-Provinztheater. An der Miljačka, dem flachen, schnell fließenden Gebirgsfluß, steht der klassizistische Palast des bosnischen Nationaltheaters, klein genug, um den Ballettkult der in diese entlegene österreichischen Garnison strafversetzten österreichischen Offiziere noch ahnen zu lassen.

Warum haben die Serben diese sybaritische Insel noch nicht niedergebrannt, wie sie es mit der maurischen Nationalbibliothek getan haben, die gleichfalls ungeschützt vor den Rohren der Granatwerfer lag? Oft war und ist es lebensgefährlich, sich dem Theater nur zu nähern, aber die Aufführungen sind nie unterbrochen worden; neun Premieren hat es bisher im Krieg gegeben. Im Inneren fühlt man sich gerettet – nicht nur vor den tödlichen Kugeln, sondern auch vor dem staubigen Grau, dem Mangel, den Bildern der Zerstörung. Roter Samt und Goldbronze verheißen noch einmal das Glück des Kinderweihnachtsmärchens.

Am frühen Nachmittag gibt ein Streichquartett ein kleines Konzert. Auf dem Programm stehen das Menuett von Boccherini, das Adagio von Albinoni und »Eine kleine Nachtmusik« von Mozart. Die Musiker scheinen es eilig zu haben, und tatsächlich ist die festliche Beleuchtung des Saales in dieser Zeit ein Luxus, der nicht über eine ganze Stunde ausgedehnt werden kann. Aber auch die Zuhörer sind nicht wirklich konzentriert. Sie kennen die Stücke, ein alter Herr dirigiert sogar ein wenig mit. Diese Stücke repräsentieren die Kultur, sie sind »die Kultur«, und es ist den Leuten im Saal unerhört wichtig, daß sie in der Eintönigkeit ihres sorgenvollen Vegetierens in das goldene Theaterchen gegangen sind, um die Werke der Kultur zu hören. Die Serben, die die Kinder von Sarajevo mit Hilfe von Zielfernrohren in ihren Betten erschießen, sind Barbaren, Wilde. Die Bürger von Sarajevo müssen sich verteidigen, aber es tut ihnen gut, wenn sie hören, daß sie mit dem eigenen Leben auch die Kultur verteidigen. Also auch das Menuett von Boccherini. Das Menuett ist ein flüchtiger Genuß, nicht recht greifbar. Das war sie also jetzt, die Kultur, die den ganzen entsetzlichen Kampf rechtfertigen muß. Und doch ist es weniger Enttäuschung und Verwirrung, die auf den Gesichtern zu sehen sind, sondern vor allem eine leichte Benommenheit. Man war in die Straßenbahn gestiegen, man war während der Fahrt beschossen worden, man war zwischen ruinierten Fassaden auf das Theater zugeeilt, und dann saß man im prunkvollen Saal unter dem Lüster, der rote Samtvorhang öffnete sich lautlos, und an die Rampe traten vier Herren im Frack und verneigten sich. Es war ein Traum.

### *Der Haß*

Der Sohn des Imams ist ein eleganter alter Herr, der ganz aus der Tradition der muslimischen Oberschicht stammt. Koransuren schmücken die Wände des Hauses, das im Schatten einer kleinen Moschee liegt. Das Gackern der Hühner, die die Familie seit Beginn des Krieges hält, erzeugt die Stimmung friedlicher Ländlichkeit. Der Sohn des Imams blickt zurück. Woher ist der Haß gekommen, der die Serben und die Muslime und die Kroaten jetzt gegeneinander befallen hat? Herrschte nicht lange Frieden? Er erinnert sich, daß noch zu Beginn des Kriegs die muslimische Nachbarschaft das orthodoxe Begräbnis eines einsamen alten Serben bezahlt hat, den man schon in die Anatomie gebracht hatte. »Der orthodoxe Priester hat geweint«, sagt der Sohn des Imams. »Das war hier in der Stadt«, sagt seine Frau, »auf dem Land war es immer anders. Vergiß die Gusla nicht!«

Die Gusla ist ein Saiteninstrument mit einer einzigen Roßhaarsaite. Sie begleitet die alten serbischen Heldengesänge, die Erinnerungen an die Kämpfe der Heiducken und Uskoken gegen Türken und Renegaten. Die Serben Montenegros rühmen sich, nie ganz von den Türken unterworfen worden zu sein. Ihre Stämme waren arm und verwildert, aber in ihrer Phantasie haben sie die verwahrlosten Räuber in strahlende Argonauten umgeschaffen. Aus Häuptlingen wurden Zaren und aus dem Überfall auf das Nachbardorf wurde ein trojanischer Krieg. Zehn Silben hat die Verszeile eines solchen Gesangs; auch ein modernes serbisches Kind verlasse jeden Fernsehfilm, wenn die Gusla zu einem Heldenlied gestrichen werde, schwört das alte Ehepaar. Vom Augenausstechen und Bauchaufschlitzen, vom Verbrennen und vom Pfählen handelten diese Lieder. Der serbische Führer Karadžic habe die Gusla gespielt, während er die Nationalbibliothek mit den kostbaren islamischen Handschriften in Brand schießen ließ. Die Serben seien zum Hassen und zum Zerstören erzogen – ihre scheußliche Mythologie sei aber inzwischen wohl nur eine Maske, hinter der sich ein genetisch verankerter Mordtrieb verberge.

Der katholische Bischof von Sarajevo, Vinko Kardinal Puljic, will von solchem Determinismus nichts wissen. »Alle Völker Bosniens und der Herzegowina sind dazu verurteilt, hier zusammen zu leben«, sagt der jüngste Purpurträger der römischen Kirche. »Als nach der Türkenzeit, die man nicht verklären sollte, wieder Bischöfe in Bosnien-Herzegowina eingesetzt wurden, erkannte Papst Leo XIII., daß er das Land nicht einfach zu den kroatischen Bistümern schlagen konnte, weil es etwas Eigenes geworden war. Wer die komplizierte Mischung von Serben, Kroaten und Muslimen – die ja nichts anderes sind als zum Islam konvertierte Serben und Kroaten – durch Vertreibungen auflösen will, schafft nur die Ursache für immer neue Kriege.« Der Kardinal hat einen dicken kroatischen Bauernschädel, er trinkt am frühen Morgen ein Glas Sliwovitz, und er ist im Machtkampf mit der islamischen Regierung, die den Muslimen allein die Rolle des künftigen Staatsvolks zudenkt, ein zäher Taktiker. Er ist kein pazifistischer Gesinnungsethiker. Er ist ein Ethnarch, die Kroaten hören seine Stimme. »Der Haß ist eine Erfindung der Medien«, ruft er, »geben Sie mir eine Woche lang Macht über die Medien, und ich entfessele einen Krieg zwischen Bosnien und den Vereinigten Staaten. Die Medien haben diesen Haß geschaffen, sie sollen auch wieder den Frieden schaffen.«

Glaubt der Kardinal, was er sagt? Klingt seine Erklärung des Schreckens nicht naiv? Oder äußert sich eine verzweifelte Hoffnung in seinen Worten? Die Kirche, die der Kardinal vertritt, glaubt, daß der Mensch zum Bösen geneigt, aber nicht dazu gezwungen ist. Ist es dann nicht klug, den Haß in Bosnien nicht gar so uralt, so notwendig und festgegründet zu schildern, wie es die Geschichte tun muß? Kann man den Haß nicht einfach plötzlich vergessen? Einzelnen Menschen gelingt das zuweilen. Gelingt es auch Völkern?

## *Pax in bello*

Manchmal vergißt man den Krieg in Sarajevo. Ein kleiner Omnibus, aus dem amerikanische Musik herausdröhnt, ist voller schöner Mädchen, die aussehen, als ob sie zu einem großen Fest fahren und laut lachen und sprechen. Der kleine Bus ist noch nicht um die Ecke verschwunden, da ist plötzlich die ganze Straße von ausgefallen angezogenen, perfekt geschminkten und frisierten Frauen bevölkert. Je jünger die Frauen, desto sorgfältiger haben sie ihre Masken gemalt. Die Frauen in Sarajevo wehren sich nicht gegen ihren Typ; sie betonen ihre weiße Haut durch zartrosige Wangen, und sie lassen die Lippen voll, die Nasen klein und die Augen groß und ausdrucksvoll erscheinen. Ist das eine belagerte Stadt? Sind das die Menschen, die seit zweieinhalb Jahren nur schlechte und ungenügende Nahrung zu sich genommen haben, die in zwei harten Wintern fast erfroren sind und die sämtlich Verwandte, Ehemänner und Kinder unter alptraumhaften Verhältnissen zu Grabe getragen haben? Im deutschen Mittelalter, so erzählt man, habe es eine belagerte Stadt gegeben, deren Besatzung fast vor Hunger starb. Da habe man mit dem letzten Schinken auf den Feind geschossen, um ihm zu zeigen, daß es noch übergenug Vorräte in der Festung gebe. Die Frauen von Sarajevo machen sich schön für ihre kämpfenden Männer, um ihnen das Gefühl zu geben, daß ihre Kraft noch lang nicht am Ende sei. Sie geben sich unversehrt und ungeschwächt. »Das Leben in Sarajevo ist schön«, scheinen sie zu sagen, »es lohnt sich, die Stadt zu verteidigen.«

Und der Zauber, der von diesen Frauen ausgeht, verändert dann wirklich den Blick auf die geschundene Stadt. Gewiß, da steht das ausgebrannte Jugendstilkaufhaus, daneben hat eine Granate die Brandmauer eines Wohnhauses aufgerissen. Aber wenn man diesen frischen Trümmern den Rücken zuwendet, dann sieht man eine alte Moschee mit kupfergrüner Kuppel, strengen Säulen, dem kostbaren Marmorgefältel des Portals. Ein Brunnen spendet den Gläubigen Wasser für die rituelle Waschung, die dem Gebet vorangeht. Der junge Muezzin singt mit reiner voller Stimme seinen langen Gesang, der an den »Exsultet«-Hymnus der katholischen Osterliturgie erinnert. Ein alter Goldschmied mit türkischem Fez betritt die Moschee, ihm folgen viele junge Männer in Uniform. Eine mondäne Blondine steckt sich mit Sicherheitsnadeln den Schlitz am Rock zu und legt den Tschador über die Löwenmähne. Kastanienlaub treibt laut raschelnd über den steinernen Hof und untermalt den Gesang des knabenhaften Muezzin. Die Berge im Hintergrund zeigen ihre harmonischen Hügelsilhouetten in den herbstlichen Farben. West-östliche Diwan-Stimmung; Goethes Erfindung aus Persien und Rheingau steht dem Betrachter vor Augen. Selbst die weit entfernten Schüsse scheinen lustig zu knattern wie ein kleines Feuerwerk zur Weinlese.

## *Friedhöfe in Sarajevo*

Die alten Friedhöfe von Sarajevo geben einen Vorgeschmack vom Himmel des Islams. Wenn sie rund um eine Moschee liegen, bilden sie verschwiegene, anmutig verwilderte Gärten, deren Mauern von Rosenhecken überwuchert sind. Auf den grasbewachsenen Hügeln vor der Stadt im Schatten der hohen Berge gleichen sie von weitem einer Menge von Turbanträgern, die sich im Grünen niedergelassen hat. Der Himmel des Islams ist ein männlicher Himmel. In weißen Stein gehauene Turbane auf den Grabstellen bezeichen die Stelle, an der der Kopf des Toten liegt, ein schmuckloses zugespitztes Steinbrettchen ragt über den Füßen aus dem Boden. Die Grabhügel sind längst in sich zusammengesunken, die schweren Turbane neigen sich nach allen Seiten. Die Gleichheit der Gläubigen, die sich zu ihren Lebzeiten gemeinsam vor Gott auf ihr Gesicht geworfen haben, wird auf diesen Friedhöfen zum Bild. Es gibt keine Familiengräber; jeder liegt für sich allein. Das Grab einer Frau erkennt man an der einfachen weißen Tafel. »Er war ein Mann und ein Muslim«, das scheint das Beste zu sein, was über einen Toten gesagt werden kann.

Die neuen Friedhöfe kennen keine Marmorstelen. Weil der städtische Friedhof von Sarajevo unmittelbar an der Front liegt, hat man begonnen, die Toten an geschützteren Stellen zu begraben. Eine Reihe frischer Gräber liegt sogar im Stadtpark unter den wenigen Bäumen, die nach den letzten kalten Wintern übriggeblieben sind. Aber die größten Gräberfelder ziehen sich über die Sportplätze bei der ausgebrannten Eissporthalle hin. Hier ist der Boden noch mit rotem Ziegelstaub bestreut, aber die langen Grabreihen sind exakt gezogen, denn für die spielerische Asymmetrie der alten Friedhöfe ist kein Platz mehr; es gibt zu viele Tote. Mit Liebe ist jeder Grabhügel aufgeschichtet. Aus Kieselsteinen sind Muster in die frische Erde gedrückt, Papierblumen stekken im Boden. Von weitem haben die Gräber etwas Kindliches. Sie sehen aus wie die Erdhäufchen, unter denen Kinder im Garten einen Vogel begraben haben und die sie nun mit Stöckchen und Steinchen schmücken. Und dennoch verdienen die Verwandten für ihre Grabpflege Bewunderung.

Ein sicherer Aufenthaltsort ist auch das Gräberfeld an der Eissporthalle nicht.

Die Eltern, die am Grab ihrer Kinder beten wollen, befinden sich dabei im Fadenkreuz der Scharfschützen; sie bilden ein ruhiges Ziel. So ist der junge Totengräber im blauen Overall der einzige Mensch auf dem unübersehbaren Gräberfeld. Er rastet und ißt ein trockenes Brötchen. Sechs neue Gräber hat er schon ausgehoben an diesem Vormittag. Sind sie für die vier kleinen Kinder mit ihren Eltern bestimmt, die gestern von einer Granate zerrissen worden sind? Nein, die sind längst beerdigt. Diese Gräber hier hat er auf Vorrat gegraben. Auch wenn kein Schuß fiele, gäbe es die Verletzten, die in den Krankenhäusern ihren Wunden erliegen. Die Schüsse werden aber fallen. Ein Tag mit nur einem oder zwei Erschossenen ist in Sarajevo ein ruhiger Tag.

## *Wasser ist schlecht für Aquarelle*

Der alte Professor ist in Sorge, als er die Haustür öffnet. »Wir sind schließlich einmal etwas gewesen«, sagt er, »aber nun hat der Krieg unsere Wohnung neu dekoriert, und meine Frau macht das vor neuen Gästen nervös.« Damit will der Professor sagen, daß man die Möbel aus drei Zimmern in ein einziges hat schaffen müssen, weil die beiden andern durch den Granateneinschlag im Stockwerk darüber nicht mehr vor dem Regen geschützt sind. Aber nicht nur das Möbelgedränge, auch der Ofen, der mitten im Zimmer steht, bezeugt den Ausnahmezustand. Ein großes Benzinfaß, das auf Backsteinen steht, ist der Behälter, in dem der Professor Bücher, Möbel, teuer gekauftes Brennholz und Papierbriketts in den beiden letzten Wintern verbrannt hat; der Rauch wird durch ein Rohr und ein Loch in der Fensterscheibe hinausgeleitet. »Zwei Winter haben wir überstanden. Jetzt müssen wir uns auf den dritten konzentrieren. Der

Krieg dauert noch lange, und meine Frau und ich werden sein Ende nicht erleben, aber über den nächsten Winter könnten wir noch kommen! Man muß halt sehen, daß man verkauft – wir sind hier ja von allem Geld abgeschnitten. Was sagen Sie zum Beispiel von meinem Webster – ich werde voraussichtlich nicht mehr aus dem Englischen übersetzen. Ein Standardwerk! Was meinen Sie – hundert Mark? Eher fünfzig? Für fünfzig würde ich dem Käufer die Hände küssen – das ist der bosnische Charme. Sehen Sie, mit dem bosnischen Charme ist das natürlich so eine Sache. Der gegenwärtige Krieg ist nicht vom Himmel gefallen. Die Geschichte hat ein Elefantengedächtnis, verzeiht nichts, holt alles wieder hervor. Die türkische Eroberung hat die Serben vor fünfhundert Jahren um ihre Kultur gebracht, sie hat die Serben auf den Stand von halb vertierten hungrigen Waldbewohnern heruntergedrückt. Natürlich haben die Serben mit den türkischen Unterdrückern auch tüchtig kollaboriert – einige der grausamsten Paschas von Sarajevo waren konvertierte Serben –, aber das hat den Haß durch das schlechte Gewissen nur noch größer gemacht. Sehen Sie diese Wanduhr – eine venezianische Uhr mit islamischen Zeichen; sie stammt aus dem Palast des letzten türkischen Paschas von Bosnien – was meinen Sie? Dreihundert Mark? Sie meinen, die Uhr wäre mehr wert, ein einzigartiges Stück?

Aber bedenken Sie – dreihundert Mark! Dafür kann ich vielleicht in den kältesten Monaten ein Feuerchen haben, und es wird schließlich minus zwanzig Grad Celsius in diesem schönen Tal. Und die Serben werden die Uhr nicht schätzen. Bei der Errichtung des Fürstentums Serbien im vergangenen Jahrhundert wurden alle Moscheen in Serbien zerstört, alle Zeichen mohammedanischer Kultur vernichtet, alle Muslime vertrieben. Was den Muslimen hier blüht, ist nicht neu. Das ist alte, seit langem bekannte und konsequent durchgeführte Politik. Serbien ist das Dorf, der Stamm, die reine Rasse, die alte Ordnung. Sarajevo ist die

Stadt, die kulturelle Aufweichung, die Relativierung der Kulturen. Der Serbenführer Karadžic ist ja ein Dichter, wie Sie wissen. ›Hinein in die Städte, um die Gauner auszurotten!‹ ist der Refrain eines seiner berühmtesten Gedichte. In seinem montenegrinischen Stamm gibt es noch die Blutrache, und als junger Arzt hat er gestunken, daß ihn der Primarius aus den Krankenzimmern weisen mußte, obwohl die Leute hier eigentlich gar nicht so empfindlich sind.

Nein, das wird nicht wieder gut – weil es, außer während der österreichischen Herrschaft, auch nie gut war. Die Serben haben ihren Komplex, der ist unheilbar: Sie haben ihren türkischen Unterdrückern gedient und haben sie gehaßt und wurden von ihnen vernichtet, und sie fühlen sich vom Westen verachtet. Und der Westen – das sind schon die Kroaten. Die Unterschiede zwischen dem Serbischen und dem Kroatischen sind klein – manchmal nur ein Diphthong! – aber um Diphthonge werden Kriege geführt! ›Lijepo‹ heißt ›schön‹ auf kroatisch. Serbisch sagt man ›lepo‹ – das heißt auch ›schön‹, klingt aber nicht so schön.

Und was wird aus meinen Bildern werden, wenn die Stadt untergeht? Mein Onkel Carlo Mijic war ein bedeutender Maler, ein dalmatinischer Kanoldt. ›Neue Sachlichkeit‹ hieß das bei Ihnen, und mein Onkel Mijic kann sich mit den besten Namen dieser Gruppe vergleichen. Unter tausend Mark sollte ich diese Landschaft nicht weggeben, ich würde es aber schon für fünfhundert tun, vielleicht auch weniger. Diese Bilder müßten heraus aus der Stadt, und wir müßten über den Winter kommen. Was sagen Sie?«

Der Besucher betrachtet die Gemälde mit Bewunderung. Nur eine Sorge wagt er zu äußern. Die Ölbilder scheinen wohl konserviert, aber die Aquarelle sollten an einem trokkenen Platz hängen – die feuchte Wand tut dem Papier nicht gut. Da verliert der alte Mann zum ersten Mal die Fassung. »Die Feuchtigkeit tut den Aquarellen nicht gut?« ruft er zornig. »Der Krieg! Der Krieg tut uns alten Leuten nicht gut!«

## Der achte Mai

*Wie eine große politische Rede zu praktischer Lebenshilfe für die vielen werden könnte*

*Der Mann:* Schau mal, was Pfarrer Hafersack uns geschickt hat! Er meint, daß wir mit dieser Rede, die neulich im Fernsehen gehalten wurde, am allerbesten unsere Probleme aufarbeiten könnten. ›Sie werden manches Wort darin finden, das Ihre Situation wunderbar auf den Punkt bringt‹, schreibt er. Und er hat zwei Kopien geschickt, damit wir getrennt lesen können, erst getrennt und dann gemeinsam.

*Die Frau:* Und das ist auch gut so. Glaubst du, ich will mich schon wieder durch deine Interpretation dominieren lassen? Hier steht ja: ›Seinem Schicksal gemäß hat jedes Volk seine eigenen Gefühle.‹ Ich habe ein Recht auf meine eigenen Gefühle!

*Der Mann:* Hier steht aber auch: ›Schonung unserer Gefühle durch uns selbst und andere hilft nicht weiter. Wir brauchen und wir haben die Kraft, der Wahrheit so gut wir es können ins Auge zu sehen, ohne Beschönigung und Einseitigkeit.‹ Das merk dir bitte. Was wir beide wirklich brauchen, ist hier auch ausgedrückt: ›Einen Tag des Nachdenkens über unsere Geschichte. Je ehrlicher wir ihn begehen, desto freier sind wir.‹ Hörst du: Ehrlichkeit macht frei!

*Die Frau:* Ehrlichkeit ist nicht mein Problem, sondern deins. Du bist so verlogen wie alle Männer. Ich möchte mal sehen, wie du das anstellen willst. ›Erinnern heißt, eines Geschehens so ehrlich und rein – du und rein! – zu gedenken, daß es zu einem Teil des eigenen Innern wird. Das stellt große Anforderungen an unsere‹ – ich füge hinzu, vor allem an deine – ›Wahrhaftigkeit. Den vielleicht größten Teil dessen, was den Menschen aufgeladen war, haben die Frauen der Völker getragen.‹ Wenn ich bloß daran denke, daß du, als es um die Druckkosten meiner Dissertation ging, mir beinahe ein Jahr lang verheimlicht hast, daß Tante Mariechen dir 20 000 Mark geschenkt hatte …

*Der Mann:* Du weißt genau, daß ich das Geld für die Hypothek retten wollte.

*Die Frau:* Auch darauf hat die Rede eine Antwort: ›Es gab viele Formen, das Gewissen ablenken zu lassen, wegzuschauen, zu schweigen.‹ Wenn ich mich bloß erinnere, wie du immer weggeschaut hast, wenn ich von Geld zu reden anfing. ›Jeder, der die Zeit mit vollem Bewußtsein erlebt hat – und das hast du ja wohl, bei Bewußtsein bist du schließlich gewesen –, frage sich heute im stillen selbst nach seiner Verstrickung.‹ Und wenn du das getan hast, dann darfst du mir gegenüber ruhig einmal zugeben, was das für ein bodenloser Vertrauensbruch gewesen ist.

*Der Mann:* Du mußt bitte vollständig zitieren. Hier heißt es schließlich auch: ›Wir alle, ob schuldig oder nicht – ob schuldig oder nicht! Darauf lege ich Wert – müssen die Vergangenheit annehmen.‹ Du weißt genau, daß unsere Ehe damals vor zwei Jahren in einer großen Krise gewesen ist.

*Die Frau:* Sie ist seit unserer Hochzeit in einer großen Krise gewesen.

*Der Mann:* … und ich einfach nicht wußte, ob ich mich auf dich verlassen konnte. Ich war furchtbar einsam damals!

*Die Frau:* Du warst einsam, weil du dir, wie alle Männer, nicht helfen lassen wolltest. Du hast die Zugbrücke hochgezogen, die Schotten dicht gemacht. Du hast meine Hilfe eisern abgelehnt. Und dabei steht doch ausdrücklich: ›Wir müssen und können uns gegenseitig helfen zu verstehen, warum es lebenswichtig ist, die Erinnerung wachzuhalten.‹ Wenn ich deine Einsamkeitsempfindungen, die an sich schon eine Frechheit sind, einmal ernst nehmen will, dann muß uns doch zugleich die Erinnerung daran unaufhörlich mahnen, daß es dazu niemals mehr kommen darf. Voraussetzung dafür ist, daß du vor der Erinnerung deiner Schuld nicht mehr die Augen verschließt.

*Der Mann:* Du drehst den Text herum, wie es dir paßt: dabei heißt es doch ganz ausdrücklich darin, wie auch Pfarrer Hafersack immer sagt: ›Es geht nicht darum, Vergangenheit zu bewältigen. Das kann man gar nicht.‹ Also laß es bitte auch, so etwas weiter zu versuchen. Sonst werde ich nämlich auch dich auffordern, ›dich im stillen nach deiner Verstrickung zu fragen‹. Die Dinge sind damals doch nicht aus dem Nichts gekommen.

*Die Frau:* Freilich nicht. Dein demütigender Egozentrismus hat mir vom ersten Tag an die Atemluft weggenommen. Wenn du schon damit angefangen hast, von ›meiner Frau‹ zu reden – ich war nur als Funktion von dir existent, nur als dein Anhängsel, es ging immer nur um dich. Und deshalb konntest du auch nicht ertragen, daß meine Dissertation im Gegensatz zu deiner fertig geworden ist, und mußtest überall herumlaufen und jedem sagen, du hättest sie geschrieben.

*Der Mann:* Vorsicht! Rühre nicht an dieses Thema! Bleib beim Text, wie wir es Pfarrer Hafersack versprochen haben. Und da steht: ›Wir suchen als Menschen Versöhnung.‹

*Die Frau:* Dann lies aber auch weiter: ›Gerade deshalb müssen wir verstehen, daß es Versöhnung ohne Erinnerung gar nicht geben kann.‹ Und deshalb erinnere ich dich jetzt noch einmal ganz nachdrücklich, daß du meiner besten Freundin Mechthild unter dem Siegel der Verschwiegenheit ausgeplaudert hast – ausplaudern mußtest, aus Wichtigtuerei und Verachtung meiner Würde! –, daß du meine Doktorarbeit geschrieben hättest, obwohl wir uns doch einig waren …

*Der Mann:* Ich weiß genau, wann ich mit Mechthild über deine Dissertation gesprochen habe – im Skilift in Davos, als wir zu viert Urlaub gemacht haben und sie mir sagte, du hättest ihr anvertraut, ich sei völlig impotent ...

*Die Frau:* Und deshalb mußtest du ihr selbstverständlich sofort beweisen, daß das nicht stimmte. Männer sind wie Maschinen, ihr Verhalten ist von dummer Vorhersehbarkeit. Ich frage mich, ob Pfarrer Hafersack deine Fähigkeiten nicht maßlos überschätzt hat. Wie will einer wie du mit solchen Forderungen der Rede zurechtkommen: ›Für uns kommt es auf ein Mahnmal des Denkens und Fühlens in unserem eigenen Innern an.‹ Wie willst du das leisten, sag mir das mal, ein solches Mahnmal in deinem Innern zu errichten, wenn du nur immer den Splitter im Auge deiner Mitmenschen sehen kannst? Berechtigt eine kleine Indiskretion unter engen Freundinnen zum Ehebruch? Soll die ganze Gewissenserforschung nur auf ein ödes Aufrechnen hinauslaufen?

*Der Mann:* Dazu könnte ich sehr viel sagen, aber wenn ich mich an unserem Text entlangbewege, dann finde ich in unserem Zusammenhang jetzt nur etwas von ›Erfahrung, die Hoffnung schafft, sie schafft Glauben an Erlösung‹. Ich weiß offengestanden nicht genau, wie das jetzt zu uns paßt, und ich würde beinahe vorschlagen, daß wir das vorläufig einfach überspringen. Wenn so ohne weiteres Gott und Erlösung und solche Sachen ins Spiel gebracht werden, finde ich das immer etwas anstrengend ...

*Die Frau:* Sich der Wahrheit zu stellen ist immer anstrengend – das steht zwar nicht in unserem Papier, aber das könnte darin stehen, ich finde, ich habe das Recht, im rechten Verständnis daran fortzuschreiben. Gib fairerweise auch zu, daß Pfarrer Hafersack immer sagt: ›Gott, wie ich ihn verstehe‹ – das hast du bis jetzt problemlos akzeptiert.

*Der Mann:* Ich war ja auch bereit, problemlos zu akzeptieren, daß du Hans Jürgen, Mechthilds Mann, so liebevoll getröstet hast, nachdem du ihn rücksichtsvoll darüber aufgeklärt hattest, daß Mechthild und ich – nun ja, über Mechthild und mich eben. Ich nehme an, du verbuchst dies unter folgendem schönen Ausspruch aus unserem Text: ›Die Willkür der Zuteilung unterschiedlicher Schicksale ertragen zu lernen, daran muß sich die menschliche Kraft erproben, die Lasten anderer zu erkennen, an ihnen dauerhaft mitzutragen, sie nicht zu vergessen.‹

*Die Frau:* Nichts anderes tue ich mein ganzes Leben lang. Ich fühle mich durch Pfarrer Hafersacks Text überaus bestätigt. Meine Kraft hat sich seit vierzig Jahren darin erprobt, die Lasten meiner Mutter und dann die deinen zu tragen – daß ich sie nie vergesse, dafür ist gesorgt.

*Der Mann:* Ich glaube, es täte dir gut, wenn du den folgenden Satz einmal beherzigen wolltest und ihn dir am besten irgendwohin schriebest, wo du ihn täglich lesen kannst: ›Wir müssen uns bewußt machen, welche Überwindung die Bereitschaft zur Aussöhnung den ehemaligen Feinden abverlangt!‹ Wie wahr! Wie schwer mir jetzt schon dieses Gespräch fällt, in dem wir bis zur Aussöhnung wohl noch eine gute Strecke Wegs zurückzulegen haben, wie es in unserem Text wahrscheinlich heißen würde – ja, ich bin davon überzeugt, hätten wir nicht unseren Text hier als Haltestrick und roten Faden, unser Gespräch wäre heute ein weiteres Mal gescheitert.

*Die Frau:* Auch mich kostet es große Überwindung, mit dir zu sprechen. Ich fühle, wie mich die Abneigung überwältigt, wenn ich mich an die Details erinnere, die mit unserer Ehe verbunden waren und sind. Beinahe glaube ich, wenn ich mich weiter derart intensiv und phantasievoll erinnere, könnte ich mich übergeben. In meinem eigenen Interesse muß ich meine Erinnerungen etwas bremsen – ohne dir dabei etwas zu ersparen, das ist das Kunststück.

*Der Mann:* Vorsicht! Jetzt würde Pfarrer Hafersack wahrscheinlich warnen. ›Wir haben wahrlich keinen Grund zu Überheblichkeit und Selbstgerechtigkeit‹ – das ist die Botschaft, die er uns hier mitgegeben hat. Und ein zweites: ›Es hilft unendlich viel zum Frieden, nicht auf den anderen zu warten, bis er kommt, sondern auf ihn zuzugehen.‹ Das ist die Aufgabe, die sich uns stellt – ›als Menschen‹, wie Pfarrer Hafersacks Text sagen würde.

*Die Frau:* Auch ich sehe diese Notwendigkeit, vor allem aus Klugheit. Wenn ich auf dich warten wollte, könnte ich warten, bis ich schwarz werde. Wieder einmal müssen die Frauen die Hauptlast tragen. Als ob Pfarrer Hafersack es geahnt hätte! Er bietet hier einen wunderbaren sehr weiblichen Weg zum Frieden an. Daß er dabei an die Frauen gedacht hat, zeigt schon, weil es ums Backen geht. Du kannst ja nichts backen, du kannst ja nur deine widerlichen Steaks grillen. Aber hier wird eben eine ganz stille, ganz friedliche Geschichte erzählt, vom Brotbacken: die versöhnungsbereiten Feinde backen Brot und schicken es sich, und die Empfänger schicken die Brote dann noch zu anderen Feinden, und so kommt es zu einer geheimnisvollen Wanderung von Broten über die Ländergrenzen hinweg, und alle Feindschaft hat ein Ende. Ich habe, wie es sich gut trifft, gerade einen Brotbackkurs besucht und kann jetzt bereits sehr gutes Brot backen …

*Der Mann:* Das muß nach meinem Auszug gewesen sein …

*Die Frau:* Ja, meinst du, ich sitze, wenn ich allein bin, untätig herum? Ich habe aufgeatmet, als du aus dem Haus warst. Und dennoch werde ich jetzt als Zeichen meiner Großzügigkeit und Versöhnungsbereitschaft für dich ein Brot backen, und dieses Brot könntest du dann dankbar aus meinen Händen annehmen und es dann an Hans Jürgen weiterreichen, dem du bitter weh getan hast, und er hinwiederum könnte es Mechthild geben, bei der er viel auf dem Kerbholz hat, und Mechthild, diese falsche Schlange, könnte sich mit diesem Brot dann, in passender Form, vielleicht auch unter Hinzufügung eines Blumenstraußes, bei mir, ihrer ältesten Freundin, für manchen Vertrauensbruch entschuldigen. Ich werde übrigens kein Weißbrot für das Friedensbrot nehmen, sondern ein Mehl voll dicker Spelzen und Körner – für den Frieden sind sicher viele Ballaststoffe gut, außerdem wird es nicht so schnell trocken, wenn es in seiner Friedensmission von einem zum andern wandert und überall Aussöhnung und Gemeinschaft stiftet. Und zum Schluß ist das Brot bis in die letzte Krume aufgeladen mit Friedensenergie wieder bei mir. Und ich werde es dann Pfarrer Hafersack stiften. Und er wird – ahnst du wem? – das Brot an den Mann weiterreichen, der uns mit seinem Text so großartig geholfen hat. Vielleicht wird er bei der Übergabe des Brotes sogar photographiert! Dann besäßen wir alle das Brot ewig.

*Der Mann:* Wenn man bedenkt, daß dies alles genau in dem Jahr geschieht, in dem wir beide vierzig werden! Wie heißt es hier in unserer Rede: ›Vierzig Jahre bedeuten stets einen großen Einschnitt.‹

*Die Frau:* Was wir hinter uns haben, wenn erst einmal die Sache mit dem Brot gemacht worden ist, das kann man wirklich einen Einschnitt nennen. Aber halten wir uns dennoch weiter an den Text: ›Wir lernen aus der Geschichte, wozu der Mensch fähig ist. Deshalb dürfen wir uns aber nicht einbilden, wir seien nun als Menschen anders und besser geworden.‹

*Der Mann:* Vielmehr gilt auch für die Zukunft: ›Wir haben als Menschen gelernt, wir bleiben als Menschen gefährdet.‹

*Die Frau:* Vor allem du. Aber du wirst dir ja in Zukunft von mir helfen lassen.

*Der Mann:* Ja.

*Die Frau:* Sprich es bitte in einem ganzen Satz aus.

*Der Mann:* Ich werde mir von dir ... (Er versinkt langsam in den Boden.)

# *III.*
# *Kennen Sie ein anderes Wort für Kultur?*

# »Sind die Deutschen noch ein Kulturvolk?«

## *Antwort auf eine Anfrage*

*für G. M.*

Jeder Reisende in südliche Länder kennt ähnliche Bilder: ein einsames Kloster in ausgeglühter Steinwüste; die Morgensonne läßt eine Zypresse vor der roten Mauer den scharfen Schatten einer lebenden Sonnenuhr werfen; die Glocke bimmelt hell und streng und ruft zu einer der morgendlichen Gebetszeiten. Ein Mönch in langem schwarzem Gewand beschleunigt seinen Schritt und verschwindet hinter einer kleinen Tür, der einzigen Pforte in der uralten steinernen Wand. Die Glocke schweigt; die Landschaft schweigt; das Herz des Klosters schlägt unter den Gewölben der Kirche, draußen nicht einmal zu ahnen. So bleibt das für einige Atemzüge. Dann nähert sich ein Omnibus. Aus steigen in langer, nicht abreißender Reihe verschwitzte, spärlich und bunt gekleidete Menschen mit Videokameras und Photoapparaten. Wohin hat man sie gebracht? Der Staub, die alten Steine, das schattenlose Gebirge, die Stille – sehr vertrauenerweckend wirkt das alles nicht. Ein braunhäutiger Fremdenführer winkt der Schar mit einem rosa Schirm und treibt die sich aus der Gruppe Lösenden wieder zusammen. Die Leute haben Taucherferien am Roten Meer gebucht und den größten Teil der letzten Tage unter Wasser verbracht. Heute ist der »Kulturtag«. Obwohl man in der Badehose geblieben ist, geht es nicht hinab zu den Korallenriffen, sondern im Bus zu diesem Kloster. Das Kloster ist die Kultur. Zum Glück dauert Kultur nicht sehr lang. Deshalb konnten die Reisenden getrost ihren Kulturbeutel im Hotel lassen. Auch der Kulturschock würde sich in der halben Stunde Klosterfilmen und

Klosterknipsen nicht einstellen, nur ein paar Hamburgerinnen würden sich auf der Rückfahrt gegenseitig versichern, ihnen sei von dem Weihrauch schlecht geworden. Der Reiseveranstalter hat das Kulturmanagement fest im Griff. Und im Bus gibt es immerhin auch ein paar Leute, die aufs Kulturtanken ganz versessen waren – sie haben auf den Ansichtskarten vom Kloster, die sie nach Hause geschrieben haben, versichert, »sie hätten heute mal in Kultur gemacht«. Das empfiehlt den Tauchclub, von dem sie aufgebrochen sind, ja so sehr: daß er in der »Nähe von tollen Kulturdenkmälern« liegt, wie es im Prospekt hieß. Und wo Kulturdenkmäler nah sind, ist Urlaubskultur nicht fern.

»Sind die Deutschen noch ein Kulturvolk?« heißt die Frage, die man mir vorgelegt hat. Darf man eine solche Frage als einigermaßen empfindlicher Zeitgenosse eigentlich stellen? Der Begriff »Kulturvolk« – reiht er sich nicht auf die schauerlichste und abstoßendste Weise in alle die zahllosen Zusammensetzungen mit dem Wort »Kultur« ein? Ich empfehle in diesem Zusammenhang ein Werk des Dichters Eckhard Henscheid »Alle 756 Kulturen«, das längst schon eine stark erweiterte Auflage verdiente, denn »Streitkultur«, »Suhrkampkultur«, »Erinnerungskultur«, »Talkkultur«, »Hauptstadtkultur«, »Impf-Folter-und-Hinschau-Kultur« bringen im kulturpolitisch gern geförderten »Tanz der Kulturen« unablässig neue Kulturverbindungen hervor. Wann hat dieser hemmungslose Umgang mit dem Wort Kultur begonnen? Seit wann muß ein ästhetisch empfindsamer Mensch sich schämen, das Wort Kultur unbedacht im Munde zu führen? Der Nazischriftsteller Hans Johst hat in seinem Ruhrkampf-Drama »Schlageter« ein vielzitiertes Aperçu geprägt, das ich auch nur dem On dit nach weitergebe, wobei ich mir klar bin, daß man Johsts Satz am besten im schwarzen Ledermantel sprechen müßte, daß er mithin Ausdruck einer Ledermantelkultur sei: »Wenn ich das Wort Kultur höre, entsichere ich meinen Revolver!« Das

Wort Kultur erscheint aus dem Munde dieses pränazistischen Rabauken, der vor allem scharf antibürgerlich war, als das Instrument einer unerhörten Lüge: als Versuch, einer wölfischen Ökonomie ein heiliges Mäntelchen umzuhängen; als Trick, brutale Interessenpolitik mit humanistischen Weihen auszustatten; als die fatale Selbsttäuschung, bürgerliche Existenz in ihrer auslaugenden Banalität noch irgendwie adeln zu können. Linke und rechte Jakobiner haben freilich, bei aller fanatischen Übertreibung, etwas Richtiges erkannt. So wie heute das Wort Kultur gebraucht wird, hat es sich von dessen eigentlicher Bedeutung so weit entfernt, daß schon beinahe das Gegenteil ebendieser eigentlichen Bedeutung dabei herausgekommen ist. »Kultur« ist bei uns etwas vom allgemeinen Lebensstrom Abgezweigtes, in den sogenannten höheren Sphären Angesiedeltes, das unsern Alltag nicht zu beeinträchtigen vermag. Für die Kultur gibt es Fachleute; »Mein Mann interessiert sich nicht so sehr für Kultur«, hört man eine »kultiviert« genannte Dame sagen, wie überhaupt das Damenprogramm, während die Herren in wichtiger Konferenz über Krieg und Frieden beraten, zuverlässig ein »Kulturprogramm« ist. Kultur ist der Luxus, der kommt, nachdem für die ernsthaften Dinge des Lebens gesorgt worden ist – »Erst kommt das Fressen, dann kommt die Kultur« hätte Brecht ebensogut singen lassen können. Heimito von Doderer, der große Romancier, hat für unseren Umgang mit der Kultur das Bild des Hausmeisters geprägt, der im Souterrain eines vielstöckigen Mietshauses sitzt und genau weiß, was sich in den oberen Etagen abspielt, »ohne jedoch den Betrieb in der Portierloge zu stören (obwohl man von allem Kenntnis hat!), insbesondere aber deren Geruch nicht andersartig zu durchkreuzen«. Besonders schön ist diese strenge Scheidung von Kultur und den wichtigen Dingen des Lebens in der unvergessenen Formel »Kunst am Bau« ausgedrückt worden. Das Bürohaus wurde ein trostloses Klapperwerk, aber auf den Rasenplatz davor kam eine verbogene Riesenbüroklammer aus Bronze für einen Promilleanteil der Bausumme und repräsentierte als scheppe Brosche an der mausgrauen Kluft den Schönheitssinn der Bauherren. Eckhard Henscheids Dokumentation jener siebenhundertsechsundfünfzigfachen Kulturvermehrung ist aber der nur schwer zu erschütternde Beweis, daß das Wort Kultur den Plural nicht verträgt und die Zusammensetzung mit anderen Begriffen noch viel weniger: Die Kultur fühlt sich nur im Singular wohl und will Verbindungen nur in wissenschaftlich-biologischem Zusammenhang eingehen, in Form von Pilzkulturen etwa.

Man fühlt beim Aussprechen des Wortes Pilzkultur augenblicklich eine gewisse Erleichterung, ein Wohlbefinden, in faßbare Verhältnisse zurückgekehrt zu sein, denen sich die Kultur sonst so beharrlich zu entziehen scheint. Es ist Zeit, sich von den vielgeschmähten Oberlehrern, den Lateinlehrern im besonderen informieren zu lassen, was es mit der Kultur eigentlich auf sich hat: Die Pilzkultur im Laboratorium hat schon in die richtige Richtung gewiesen. Ackerbau ist die Kultur, jenes einförmige, Jahr um Jahr gleiche Geschäft von Pflügen, Eggen, Säen und Ernten und wieder Pflügen, das Grundgeschäft der menschlichen Ernährung, ausgeübt von jenem Stand, der einmal alles war, in vielen Ländern außerhalb Europas immer noch alles ist, bei uns aber inzwischen nur eine winzige Produzentengruppe: den Bauern. Kultur ist also gerade nicht das festtäglich Abgehobene, das Spezielle, das Künstlerische, sondern alles, was mit der unmittelbaren Lebensreproduktion zu tun hat. Kultur ist zunächst nichts anderes als die Reaktion der sich aus der Erde ernährenden Menschen auf das Klima, die Abfolge der Jahreszeiten und die Beschaffenheit der Böden in ihrer jeweiligen Region, mit der sie sich seit vielen Generationen verbunden haben. Kultur hat sehr wenig mit Freiheit und sehr viel mit Notwendigkeiten zu tun: mit der Notwendigkeit, Vorräte anzulegen, um über den Winter zu kommen, mit der Notwendigkeit, das kurze Menschenleben in Vergangenheit und Zukunft auszudehnen, um den längeren Rhythmus des Wachsens und Fruchttragens gewisser Pflanzen zu überlisten. Kultur heißt, einen Baum zu pflanzen aufgrund von Erfahrungen, die man nicht selbst gemacht hat, damit er Früchte hervorbringe, die man nicht selbst ernten wird. Für denjenigen, der unter den Gesetzen einer solchen Kultur lebt, ist sie unsichtbar. Sie ist das Selbstverständliche, das, was ohnehin und immer schon und gedankenlos so und nicht anders gemacht wird. Sie ist etwas Kollektives, dem Willen und Geschmack des einzelnen nicht unterworfen. Auch wer von außen in sie eintritt, könnte sie zunächst schwer auf einen Begriff bringen. Der savoyardische politische Philosoph Joseph de Maistre sagte über die Verfassung des französischen Königreichs vor der Revolution, die nicht schriftlich niedergelegt war: »Diese Verfassung war das, was Sie spürten, wenn Sie in Frankreich waren«, ein Satz, der sich auf die Kultur noch müheloser anwenden läßt. Wo Kultur ist, ist sie überall, wo sie nicht ist, kann sie nicht gemacht werden. Sie war schon immer da, oder sie ist nicht.

Wer Beispiele für kulturelles Verhalten nennen will, landet von selbst in der für uns untergegangenen bäuerlichen Sphäre; und wenn wir von der Industriegesellschaft geprägte moderne Intellektuelle dort landen, dann ist die Gefahr der Blut-und-Boden-Sentimentalitäten nahe, die Gefahr, das vormoderne bäuerliche Leben zu verklären. Aber wer sich mit der Bedeutung des Wortes Kultur beschäftigen will, der kommt um eine Betrachtung bäuerlicher Lebensform nicht herum: Sie ist mit diesem Wort nun einmal auf das engste verbunden, denn sie hat es hervorgebracht. Ich bin zu jung, um das unmittelbare Hervorgehen der Kultur aus den bäuerlichen Lebensnotwendigkeiten noch selbst beobachtet haben zu können, höchstens einen Zipfel habe ich davon mitbekommen, und zwar einen Zipfel im wörtlichen Sinne, einen Stoffzipfel nämlich. In Süditalien zeigte mir einmal eine alte Frau ihren Wäscheschrank. Die Wäschestapel lagen darin sorgfältig geordnet und hochgetürmt. Um manche Stapel waren gestickte Bänder gewunden, auf denen zu lesen stand, was sie umschlossen: zwölf Servietten etwa oder zwölf Handtücher. Der überwiegende Teil dieser Wäsche bestand aus einem dicken schweren Leinen, das manchmal bräunlich geworden war. Die Leintücher waren lang wie Zeltbahnen, die Servietten groß wie Tischdecken. Vor allem die Bettwäsche war reich bestickt, mit roten Riesenmonogrammen, ineinander verschlungenen Buchstaben, die den Namen der alten Frau, aber auch die Namen ihrer Mutter und Großmutter abkürzten, die ohnehin alle gleich gehießen hatten. Als sie vor achtzig Jahren geboren wurde, hatten sich alle Frauen ihrer Familie, auch die Tanten und Cousinen, darangemacht, diesen hohen Berg von Leinenwäsche für sie zu besticken. Sie hatte in Windeln gelegen, die ihre Großmutter für sie bestickt hatte, und während sie heranwuchs, saß da immer auf dem kühlen Kachelboden und den quietschenden Strohstühlen dieser Kreis von Frauen und bereitete das Leben der Kleinen vor, indem sie unablässig alles Textile, was zu diesem Leben gebraucht werden würde, bestickten. In diesem Sticken war vorweggenommen, was sich in dem Leben einer Frau aus ihren Verhältnissen vermutlich ereignen mochte: Windeln und Kleidchen für die zukünftigen Kinder, die Bettwäsche für das Ehebett, in dem diese Kinder empfangen und geboren werden würden, die Tischtücher für die Familienmahlzeiten, schließlich auch die Nachthemden, von denen das schönste bereits zum Sterbehemd bestimmt war. Man kann nicht anders, als diese Frauen, die ein ganzes Menschenleben mit ihren Fäden umwoben und umstickten und umspannen, wie Nornen zu betrachten, die das Schicksal des kleinen Mädchens in ihrem Zusammenwirken, während sie dabei leichthin daherplauderten, recht eigentlich herstellten, und scherenschnappend auch dessen Ende schon vorwegnahmen.

»Costumi della povertà – Gebräuche, die aus der Armut stammen«, sagte die alte Frau, die ihren Wäscheschrank zwar durchaus stolz, aber doch auch als etwas betrachtete, das mit ihrem jetzigen Leben und schon gar mit dem Leben ihrer Kinder und Enkel nichts mehr zu tun hatte. Unfaßbar, welche Zeit sich die Frauen für diese Sachen genommen hatten, bemerkte sie kopfschüttelnd. Lesen konnten sie nicht, aber kunstvolle Ornamente und verschlungenes Rankenwerk, das große Flächen schön ausfüllte und belebte, konnten sie entwerfen: Vieles von den Mustern war zwar überliefert, das achtzehnte Jahrhundert war für diese Frauen im zwanzigsten noch keineswegs verflossen gewesen, aber niemand hinderte sie, diese Muster nach eigenem Gusto und Begabung noch auszuspinnen und fortwuchern zu lassen. In einer für mich selten so deutlich sichtbaren Weise zeigten mir diese längst gestorbenen Frauen und der von ihnen zurückgelassene Wäscheschatz, welche Art von Tätigkeit mit welcher Art von Wirkung eigentlich und ursprünglich Kultur genannt wird: dieses gemeinsame Schmücken und Stikken hatte ein konkretes Menschenleben zum Gegenstand, es bezog sich auf die Geburt, das Heranwachsen, die Verheiratung und den Tod eines Menschen. Es ging bei diesen jahrelangen Vorbereitungen um Essen und Trinken, um Schlafen und Waschen, um die Grundvollzüge des Lebens, die in eine gemeinsam auszufüllende Form gebracht werden sollten. Kultur bezog sich auf die Urmotive der menschlichen Existenz, auf die biologischen Fakten, die nun mit dem Ritus gemeinsam vollbrachter Handarbeit gleichsam nachgeschaffen und humanisiert wurden. Aus den Zufällen der Existenz wurde mit dieser nach überlieferten Gesetzen gemeinsam geleisteten Arbeit eine notwendige Gestalt geformt: ein Menschenleben an sich, in all seinen Stationen, in denen das Individuum bei jedem Nadelstich immer mehr mit der großen Silhouette des Frauentypus dieser Erdenregion verschmolz.

Gewisse Merkmale von dem, was Kultur genannt wird, lassen sich also aus dem erwähnten Wäscheschrank ablesen: Es handelt sich um ein kollektives Tun, ein Lebensgesetz, das alle Schichten der Bevölkerung beherrscht, gerade auch die Armen. Es ist ein Tun, das sich an die natürlichen Notwendigkeiten des Lebens knüpft, um sie sich schmückend und veredelnd zu eigen zu machen, um aus der erinnerungslosen vegetierenden Existenz menschliches Schicksal zu bilden. Es ist ein Tun, das Vergangenheit und Zukunft im Auge hat, ein Herstellen von Paketen, die dazu bestimmt sind, von der nächsten Generation geöffnet zu werden. Es ist ein Tun mit ästhetischen, ja künstlerischen Aspekten, zu dem aber keine Künstler und keine Ästheten erforderlich sind, weil das Schmücken und Bilden als etwas zum Lebensvollzug unbedingt Notwendiges begriffen wird, das Künstlern und Fachleuten nicht überlassen werden kann, das vielmehr von jedem Menschen in den von der Tradition bereitgestellten Formen geleistet werden können muß. Und so kann es denn auch nicht verwundern, daß die alte, der ganzen Welt gemeinsame Form der Religionsausübung – die praktische Seite der Religion, nicht die verschiedenen Religionen oder gar Theologien sind gemeint – mit demselben Wort »Kultus« benannt werden, weil sie nach kulturellem Selbstverständnis auch zu genau dieser Art des Lebensvollzugs dazugehört. Die Kultus genannte religiöse Praxis wird nach denselben Gesetzen wie das kulturell geformte tägliche Leben vollzogen: gemeinsam, nicht individuell, in überlieferten Formen, in ihrer ästhetischen Sprache aus den Gegenständen des Alltags entwickelt und als ihr transzendentales Pendant gedacht. Altäre werden wie Esstische gedeckt, religiöse Reinigungen werden wie das Händewaschen vor dem Essen vollzogen, Opfer bestehen aus den Nahrungsmitteln des täglichen Lebens, Feste werden im Rhythmus des Jahres gefeiert. Das Fest ist nicht Gegensatz der Tagespflicht, sondern seine Steigerung und schauspielerische Darstellung, und es ist selbstverständlich Pflicht, diese über das Jahr verteilten Feste auch zu feiern – »Man muß die Feste feiern, wie sie fallen« –, also nicht, wann es einem paßt und wenn es sich organisatorisch mit der Arbeit vereinen läßt – die Arbeit hat vielmehr dem Fest zu weichen. Ist das Fest da, dann ist das Fest Pflicht. So geht T. S. Eliot denn nicht zu weit, wenn er die Kultur eines Volkes mit all ihren zunächst profanen Details im ganzen der praktischen Religionsausübung zurechnet. Was ein Volk kulturell im Alltag tut, ist das, was es wirklich glaubt.

Dies alles mußte vorausgeschickt werden, bevor der Versuch gemacht werden konnte, die Frage, ob die »Deutschen noch ein Kulturvolk seien?«, sinnvoll zu beantworten. Die deutschen Länder geben für »Kultur«, wie es eben heißt, mehr Geld aus als jemals in ihrer Geschichte: Ich wage die Behauptung, daß der Jahresetat für Kultur etwa des Freistaats Bayern höher ist als alles, was die verschwendungssüchtigen Medici in dreihundert fruchtbringenden Jahren für Kunst ausgegeben haben. Hunderttausende von Platon- und Goethe-Ausgaben stehen in deutschen Wohnungen; die Universitäten wachsen, Hunderte von Orchestern exekutieren auf Hunderten von Festspielen komplizierte Musik. Wer auf Erden Sängerin oder Geiger werden will, kommt nach Deutschland. In Deutschland können ziemlich viele Menschen lesen und finden sogar in der Bild-Zeitung Artikel über Schubert und Mozart. Und die Nachrichten, daß es mit diesem gigantischen öffentlich-kulturellen Treiben nicht so gut auszusehen beginnt, daß die Kinder beim Schreiben Schwierigkeiten haben, daß die Abonnementkonzerte nicht mehr so voll sind wie einst, daß der Rundfunk heute nicht mehr, wie in den fünfziger Jahren, stundenlange Diskussionen zwischen Adorno und Gehlen senden dürfte und was an Einschränkung, Versimpelung und Rückgang mehr genannt werden mag, beschäftigt und bedrückt einen derart großen Kreis von Deutschen, die über langfristige Strategien nachsinnen, um hier Besserung zu schaffen, daß selbst in dieser Sorge noch anklingt, wie wichtig vielen Einflußreichen die Förderung von Bildung, Kunst und Literatur immer noch ist. Wir haben aber die Frage zu beantworten, »ob die Deutschen noch ein Kulturvolk seien?«, und diese Frage kann mit dem Blick auf Abonnementkonzerte, Ausstellungsbetrieb, Museumspädagogik, kritische Werkausgaben, Begabtenförderung und Altstadtrestaurierung, so bedeutsam und tiefwirkend jeder einzelne dieser Komplexe für das Leben unseres Volkes auch sein mag, nicht einfach beantwortet werden. Ob ein Volk ein Kulturvolk ist, hängt nur sehr bedingt mit dem zusammen, was Kulturpolitik genannt wird.

Wir müssen uns darüber klar sein, daß es Kulturvölker gibt, die keine Museen und schlechte, ja lächerliche Universitäten besitzen und einen hohen Anteil von Analphabeten, und Völker, die keine Kulturvölker sind und viel Geld und Kraft auf Kunst und Ausbildung wenden. Ob ein Volk ein Kulturvolk ist, entscheidet sich daran, wie viele kulturelle Fähigkeiten die Armen dieses Volkes besitzen: wie viele Kenntnisse, das Leben kultisch in Form zu bringen, bei denen vorhanden sind, die von höherer Erziehung und dem Zugang zu großer Kunst und verfeinerter Lebensführung ausgeschlossen sind. Solche Fähigkeiten sind zum Beispiel: einen Gast empfangen, ein Essen auf den Tisch stellen, ein Huhn tranchieren, die Messe dienen, wissen, in welcher Kleidung man eine Kirche betritt, mit Angehörigen anderer Klassen oder Nationen umzugehen, ein altes Lied singen zu können, eine Frau so anzusprechen, daß es ihr angenehm ist, auch wenn sie darauf nicht eingehen möchte, ein Fest zu feiern, einem Toten die Augen zuzudrücken. Ein Abzeichen von Kulturvölkern ist mit Sicherheit, wenn sehr viele Leute, die keine Dichter sind, Musik und Gedichte machen können. Man hat zu Recht davor gewarnt, die angeblich anonyme Dichterkraft der alten Volkspoesie zu überschätzen: Die meisten alten Volkslieder Deutschlands bestünden aus gesunkenem Kulturgut und Kunstpoesie vorangegangener Generationen. Schon wahr, aber ein um so besserer Indikator für das Bestehen eines Kulturvolkes: daß nämlich Hochkunst und Volkskunst miteinander die Plätze tauschen können und dabei womöglich sogar noch gewinnen. Wenn aus französischen Kunstmärchen durch die Hugenottenwanderung deutsche Volksmärchen werden, die von den Brüdern Grimm daraufhin in künstlerisch hochsprachliche Form gebracht werden, um wiederum quasi anonymes Volksgut zu werden – eine solche Wanderung, die sich noch in so kurz zurückliegenden Epochen abspielen konnte, ist bezeichnend für das literarische Leben eines Kulturvolkes. Das Wichtigste für die Erfüllung des Kriteriums Kulturvolk ist aber, daß all diese Fähigkeiten und Verhaltensweisen nicht individellem Charme und Geschmack oder glücklichen Erziehungsumständen zu verdanken sein dürfen, sondern selbstverständlicher Allgemeinbesitz sein müssen, mit der Muttermilch aufgesogen, möglichst vielen zu eigen. Kulturvölker sind Völker, die im Gesamten durch ihre Kultur geprägt sind. Man könnte sogar die Frage stellen: Wie groß darf die Zahl derjenigen Mitglieder eines Volkes werden, die an der Kultur dieses Volkes keinen Anteil haben, ohne diesem Volk im ganzen das Prädikat Kulturvolk absprechen zu müssen?

Es gilt ein mögliches Mißverständnis auszuräumen. Die Tatsache, daß die Deutschen im Sinne der genannten Kriterien in der Gefahr schweben könnten, bald kein Kulturvolk mehr zu sein, soll hier nicht beklagt werden. Die vorausgeschickten Überlegungen wehren sich nur dagegen, das Wort Kultur ganz einfach auf jeden erdenklichen Zustand, in den ein Volk auf seinem Weg durch die Geschichte gerät, anzuwenden. Viel spricht dafür, daß mit der industriellen Revolution oder dem technischen Zeitalter – oder wie immer man den seit Beginn des neunzehnten Jahrhunderts begonnenen Prozeß der grundlegenden Umwandlung der westlichen Länder nennen mag – ein Kapitel der menschlichen

Geschichte begonnen hat, das keinem der vorangegangenen gleicht. Vielleicht ist die riesige Menschheitsepoche, in der die Völker sich kulturell in dem beschriebenen Sinne organisierten, unwiderruflich zu Ende, weil die Lebens- und Arbeitsformen sich so verändern, daß diese Gemeinsamkeiten, diese Kollektivformen des Lebens, wie sie Voraussetzungen der Kultur gewesen sind, sich nicht mehr ergeben können. Das muß im übrigen nicht das Ende großer Kunst und Literatur sein, sie ruht dann eben nur nicht mehr auf jenem breiten Sockel ästhetischer Gemeinwahrnehmung, die der Hochkunst bisher als Fundament und Nährboden zugleich diente.

Und eine sich bereits jetzt abzeichnende kleine Schwierigkeit wird sich deutlicher bemerkbar machen: Hochkunst – Opern, Museen, Bibliotheken, Archive – sind teuer und können niemals wie Betriebe geführt werden, die sich durch ihre Gewinne selbst tragen. Die große Kunst und die große Bildung muß, das ist ein Gesetz, das sich durch alle Jahrhunderte bestätigt hat, mehrheitlich von denen bezahlt werden, die nichts davon haben. In Kulturvölkern war das akzeptiert, weil die Kunst als Ausformung des Kultischen, also des Lebensnotwendigen, begriffen wurde. Ob es gelingen wird, diejenigen, die nicht nur von der Kunst nichts haben, sondern die außerdem noch von deren kulturellen Voraussetzungen ausgeschlossen sind – das sind bald wir alle –, zum Bezahlen zu bewegen, das wird davon abhängen, ob es unter den Machthabern zukünftiger Gesellschaftsformen immer noch ein paar verrückte Kunstfreunde geben wird.

# Der Schriftsteller und die Fremdwörter

Wer ein Kind bekommen hat, möchte ihm einen schönen Namen geben. Man muß gar nicht davon überzeugt sein, daß der Name in einer prägenden Beziehung zu Schicksal und Charakter steht, um dennoch zu erwarten und zu hoffen, ein auffälliger, ausgesuchter Name werde die Zukunft dieses Kindes als eine ominöse Mitgift irgendwie günstig beeinflussen. In früheren Zeiten gab es für die Namensgebung keinen großen Spielraum; Großeltern und Paten hatten einen Anspruch darauf, ihre Namen an das neue Familienmitglied weiterzugeben. Heute sind der Phantasie weder Familienüberlieferungen noch religiöse oder nationale Schranken im Weg. Entlegene, ungewohnte Namen, exotische Namen aus versunkenen Epochen, aus Filmen und Romanen stammende Namen dürfen das geschichtslose kleine Lebewesen schmücken. Nun gehört es zu den eigentümlichsten psychologischen Gesetzen, daß der Ausdruck ureigenster Individualität stets besonders der Mode unterworfen ist. Wer bewußt eine Mode mitmachen möchte, folgt ihr nie so bedingungslos wie einer, der nur seinen höchstpersönlichen Geschmack zu verwirklichen meint und nicht wahrnimmt, daß er tut, was Hunderttausende tun. Als die spätere Lady Hamilton im Zuge ihres Aufstiegs den damals ziemlich gewöhnlichen Namen Emily gegen die romantische Emma vertauschte, hätte sich niemand vorstellen können, daß wenige Generationen später vom »Tante-Emma-Laden« gesprochen werden würde. Der erlesene individuelle Name spricht beredt vor allem von den kollektiven Wünschen der Zeit, in der er von liebenden Eltern ausgesucht worden ist. Die traditionsgebundene Namensgebung bezeichnete das kollektive Fundament, auf dem die Person stand. Die individuelle Namensgebung entlarvt, auf welchem Fundament die Person gern stehen möchte.

Nicht nur Kinder, auch Sachverhalte können Namen tragen. Als ich meinen ersten Roman schrieb, hielt ich es für selbstverständlich, ihn mit allen möglichen entlegenen, klangvollen Fremdwörtern aufzuputzen, die beim Sprechen so reizvoll wirkten und die ihre reiche Atmosphäre in den Textzusammenhang mitbringen sollten.

Ich erinnere mich, daß ich etwa in den Ausdruck »halkyonische Tage« so verliebt war, daß ich ihn unbedingt in meinem Buch unterbringen wollte, wie ein Filmproduzent, der seine Freundin in einen Film hineinzwängt. Zum Glück ist mir schnell klargeworden, daß die Prosa einer Erzählung kein Regal ist, in das man seine edelsten Fundstücke stellt, sondern ein Gewebe, das aus möglichst gleichmäßigen Fäden besteht. In den großen Ensembles einer Mozart-Oper ist für eine Diva keine rechte Verwendung; die Stimmen dürfen klein sein, wenn sie nur zueinander in Harmonie stehen. So dienen auch der Dichte des Prosagewebes eher Wörter, die sich mit ihren Nachbarn leicht verbinden, weil sie miteinander ästhetisch verwandt sind, als Wörter, die wie Solitäre funkeln. Der Sprachfluß der Prosa, ihre lautliche Bewegung stockt bei Wörtern, die vor allem sich selbst zur Geltung bringen und sich nicht wellenartig dem Ganzen einfügen. Solche Wörter waren in meinen Erzählungen meist die Fremdwörter, und ich begann also, bei jedem Fremdwort zu prüfen, ob es nicht ein deutsches Wort gab, das an seine Stelle treten konnte. Es war gar nicht leicht, bei diesem Spiel die Nerven zu behalten, denn die Sätze klangen manchmal biederer, wenn ihnen der interessante Akzent genommen war. Viel häufiger war es aber geradezu eine Lust, sich das deutsche Wort mit seiner Umgebung verbrüdern zu sehen; es war dann, als schließe sich der Blutkreislauf des Satzes.

Was aber ist ein Fremdwort? Diese einfache Frage ist für die deutsche Sprache nicht leicht zu beantworten. Wenn es jemals eine überfremdete, nach fremdem Sprachgeist vollständig umgestaltete, der eigenen Sprachfamilie entfremdete Sprache gegeben hat, dann das Deutsche. Im Laufe der Jahrhunderte hat man nicht nur die germanische Grammatik über den lateinischen Leisten gezogen, sondern bis ins einzelne neue Begriffe geschaffen, indem man lateinische Wörter in großer Zahl ins Deutsche übertrug. Wenn selbst ein Wort wie »Leidenschaft« künstlich nach dem Vorbild von »passio« geschaffen worden ist, dann ahnt man, wie vorbehaltlos sich die deutsche Sprache in früheren Jahrhunderten dem übermächtigen Zivilisationsvorbild des Lateins ausgeliefert hat. Kein fremdsprachlicher Ausdruck, kein griechisches, französisches, englisches Fremdwort kann so viel fremden und neuen Geist in eine Sprache bringen, wie diese gründliche Umformung es getan hat, die es möglich macht, unter Verwendung überaus deutsch klingender Wörter lateinische Sätze zu bauen.

Dieser bestimmende Einfluß des Lateinischen hat natürlich nicht verhindert, daß das Deutsche eine eigenständige, genau abgegrenzte Sprache geworden ist. Man spricht gern vom Leben der Sprache und ihrer unablässigen Fortentwicklung. Das ändert aber nichts daran, daß sich das moderne Deutsch, wie es sich in der Weimarer Klassik entfaltet hat, in seinen wesentlichen Zügen bisher gleichgeblieben ist. Der Begriff der »Weimarer Klassik« bewährt sich mehr denn je, jedenfalls wenn man unter dem Klassischen etwas versteht, das der Zukunft den Maßstab setzt. Das Verhältnis der Schriftsteller dieser Epoche zu den Fremdwörtern war erstaunlich frei, wenn man bedenkt, daß Deutschland damals von einer Flut französischer Fremdwörter überschwemmt war. In Wien kann man heute noch Leuten begegnen, die »agaciert«, »brouilliert« oder »fachiert« sind, weil jemand zum falschen Augenblick »endimanchiert« dahergekommen ist. Aber das ist eine lustige Lokalspezialität, das letzte Treibgut von Hunderten von Wörtern, die das Deutsche eine Zeitlang förmlich zugedeckt haben. Jede Epoche übernimmt Mode und Sprache von der jeweiligen Hegemonialmacht; es war ein bedenkliches Zeichen für die Macht der Sowjetunion, daß auch unter westlichen Kommunisten niemals russische Fremdwörter im Schwange waren. Der Kreis um Goethe jedenfalls mied das Fremdwort nicht, wenn es auf unersetzliche Weise eine bis dahin nicht faßbare Bedeutungsnuance ausdrückte. So klar diese Regel, so überraschend manchmal ihre Anwendung: »Comprehension« war ein Lieblingswort Goethes, das ihm unverzichtbar schien, obwohl doch »das Begreifen« als besonders glückliche Eindeutschung gelten darf. Die »Comprehension« hat sich denn auch nicht gehalten; wie ungezählte andere Fremdwörter, die eine einstmals neue Erfindung, neue Einrichtung, neue Wirklichkeit bezeichneten, ist sie verwelkt und vom lebendigen Sprachkörper abgefallen. Jean Paul fühlte sich von den grotesken und phantastischen Möglichkeiten modischer Fremdwörter angezogen; er hat den Reiz, eine erbärmliche Welt mit den Sprachungetümen der zeitgenössischen Universitäten, Juristen, Beamten, Theologen und Literaten wie mit Broschen zu bestecken, ohne Hemmung ausgekostet und ein großes Werk hinterlassen, das allerdings gerade durch diesen Fremdwortgebrauch heute vielen verschlossen ist; unter den Gebildeten ahnen nicht alle, was etwa ein »Pupillencommissarius« sein mag. Auch an Jean Pauls Meisterwerken wird sichtbar, wieviel vom Ballast und der Verblendung einer Zeit durch Fremdwörter unfreiwillig in einen Text hineingeschleppt werden kann.

Gefährlich können Fremdwörter der Prosa vor allem werden, wenn sie deren Anschaulichkeit beeinträchtigen. Neben den onomatopoetisch bunten und anregenden Fremdwörtern stehen die vielen blassen, die kein Bild beim Hören entstehen lassen. Oft weiß man, was das Fremdwort heißen soll, aber man kennt nicht seine Grundbedeutung und die Bestandteile seiner Zusammensetzung; dann kommt es zu den beliebten Bildungen »neurenovieren«, »aufoktroieren« und »vorprogrammieren«, denn man möchte sich das Fremdwort handlicher und vertrauter machen, mit zunächst drolligem Ergebnis, das aber die Vorstufe zu einer wirklichen Einverleibung des Wortes sein kann. In den meisten Fällen geht jedoch die sinnliche Erfahrbarkeit bei Gebrauch eines Fremdwortes verloren. Der Versuch Martin Heideggers, abstrakte philosophische Begriffe einzudeutschen, hatte auch zum Ziel, der unverbindlichen Abstraktion einer Fachterminologie ein wenig von der Anschaulichkeit zurückzugeben, die sie bei Plato einmal besessen hatte.

Was von dem gegenwärtig viel gebrauchten Pidgin-English-Geschäftsmann-Jargon jemals die deutsche Prosa bereichern könnte, ist noch nicht abzusehen. Bis jetzt haftet dem »Denglisch« etwas von der Betrügerstimmung an, die einstmals das Makkaroni-Latein der Winkeladvokaten und der Quacksalber umgab. Es ist weniger ein sprachlich-ästhetisches denn ein moralisches Problem. Wie jedem Jargon geht es auch dem »Denglisch« nicht darum, die Wirklichkeit, sondern die Zugehörigkeit des Sprechers zu bezeichnen: Er ist einer von denen, die wissen, wo es langgeht. Wer »Denglisch« spricht, spricht Rollenprosa; der Bereich und die Möglichkeiten der Rollenprosa in der Literatur sind aber begrenzt.

Für einen Schriftsteller muß die Vorstellung, daß der Staat sich mit Gesetzen verordnet, die Sprache der Amtsträger und Beamten von modischem Fremdwörterjargon rein zu halten, phantasieanregend wirken. Es geht hier weniger um die Erleichterung, bei Begegnungen mit der Bürokratie nichts mehr vom »Service-Center« und vom »operator« zu hören. Die Gegner jedes amtlichen Eingriffs in die Sprachentwicklung haben schon recht, wenn sie den Bürokraten die Zähmung des im letzten unbeherrschbaren Lebewesens Sprache nicht zutrauen. Darum kann es bei der Entwicklung einer strengen Regeln unterworfenen Amtssprache aber auch gar nicht gehen. Im Haus einer Sprache ist für viele Spezialsprachen Platz. In der Geschichte der deutschen Sprache hat man mit den Kanzleisprachen in den verschiedenen Jahrhunderten gute Erfahrungen gesammelt. Sie haben die Literatur bereichert, zuletzt das Beamtendeutsch der Donaumonarchie, das selbst Satirikern noch Bewunderung abgenötigt hat.

Zunächst müßte freilich klar sein, wer über eine solche gereinigte Staatssprache wachen soll. Am Ende die Bankrotteure der Rechtschreibreform? Die Zeit ist der Bildung von Autorität nicht günstig. Die Sprache ist keine Privatsache, aber es gibt keine öffentliche Instanz, die fähig wäre, sie zu ordnen. Dem Schriftsteller gewährt dieser Zustand Freiheiten, die er, wenn er klug ist, nicht in Anspruch nimmt.

# Die Schrecken des Sports

Es gibt zwei Gründe, warum ich schlecht beraten bin, über die Schrecken des Sports zu sprechen. Zum einen war ich in der Schule ein dermaßen schlechter Sportler, daß man mir allzuleicht das Ressentiment des Versagers nachsagen kann. Ich gehörte zum Häuflein der »Flaschen« und Drückeberger, die am Rande des Spielfelds herumlungerten und so taten, als sei ihnen schlecht oder als hätten sie sich die Zehen gequetscht. In meiner Jugend war die Schluckimpfung gegen Polio noch etwas Neues, man konnte ungestraft behaupten, der Arzt habe für die Wochen nach der Impfung vom Sport abgeraten. Für meine Sportlehrer muß ich ein medizinisches Wunder gewesen sein; unablässig wurde in meinem schmächtigen Leib gegen die Polio gekämpft. Es war noch deutlich vor der Zeit der Sportkleidung unserer Tage: Wir trugen weite schwarze Turnhosen und schmuddelige Gummiturnschuhe, die im »Turnbeutel« befördert wurden; die gesellschaftlich weniger instruierten Knaben, die noch nicht mitbekommen hatten, daß man kein Unterhemd trug, behielten es in der Halle an.

Es war aber keineswegs so, daß die »Flaschen« vom Rande des Spielfelds im Klassenverband auch sonst die Bedauernswerten und Kläglichen gewesen wären. Die alte humanistische Hackordnung war an meinem Gymnasium noch weitgehend intakt. Sport war etwas für die Doofen. »Mens sana in corpore sano« stand über einem der wenigen erhalten gebliebenen wilhelminischen Türbögen – das halbe Gymnasium war unter den Bomben dahingesunken – in erhabene Lettern gemeißelt, aber der zigarrenschmauchende und hosenträgerbewehrte Direktor wies jeden neuen Jahrgang auf den oft unterschlagenen Zusammenhang des Zitats hin: »Wir wollen hoffen«, habe der antike Dichter beim Anblick der sich übenden Jünglinge gerufen, »daß auch ein gesunder Geist in diesen gesunden Körpern sei« – eine rhetorische Beschwörung, die von ihrer Aussichtslosigkeit von vornherein höhnisch und bitter überzeugt war. »Deutsch und Latein zwei, Sport sechs« – das galt als edles Leistungsprofil, um es mit einem Ausdruck zu sagen, von dem damals niemand träumte; davon abzuweichen wäre geradezu verdächtig gewesen.

Mein überaus autoritärer, ja herrschsüchtiger Klassenlehrer, ein Mann, dem ich zahllose Anregungen verdanke, machte meiner traurigen Darbietung beim Sport kurz entschlossen ein Ende, indem er in meinen letzten drei Schuljahren mit seiner trotzig weitergepflegten Sütterlinschrift »Vom Sport befreit« in meine Zeugnisse schrieb. Das war keine Verabredung, sondern ein stillschweigendes Zusammenwirken. Ich denke immer noch dankbar zurück an das Taktgefühl dieses außerordentlichen Pädagogen.

Aber ein Podest, um meine moralische Empörung über den Sport davon herabtönen zu lassen, habe ich mir, ich ahne es, mit dieser Vergangenheit nicht errichtet. Ich bin auch weit davon entfernt, meine damalige Haltung zum Sport mit besonderem Stolz oder auch nur mit Sympathie zu betrachten. Das Altkluge, Anmaßende, an die Entwicklung eines Halbwüchsigen nicht Adaptierte, das Unharmonische, das in der Weigerung lag, sich mit den andern Buben auszutoben, springt mir jetzt deutlich ins Auge. Inzwischen rührt mich auch der Anblick eines enthusiastischen Sportlehrers, der sich emotional von seinen Zöglingen nicht gar zu weit entfernt hat und das Treiben auf dem Sportplatz ernst und wichtig nimmt, vielleicht weil ich im Lauf der Zeit feststellen durfte, daß Enthusiasmus und Wichtignehmen jugendlichen Geistern heilsamer und angemessener sind als blasiertes Distanziertsein. Und ich darf natürlich nicht vergessen, daß der jämmerliche und schlecht organisierte und stinkende und hilflose Schulsport meiner Jugendjahre nicht der Sport ist, der heute meine Feindschaft erregt. In Meyers Lexikon von 1893 findet sich ein Eintrag über einen Erzieher mit Namen Gutsmuths: »Er führte in der Erziehungsanstalt Schnepfenthal das tägliche Turnen ein.« Von Gutsmuths und Schnepfenthal war meine Turnhalle aus den sechziger Jahren des vorigen Jahrhunderts noch nicht so weit entfernt. Es war widerwärtig, was dort ablief, aber es war noch kein »Sport«.

Hier liegt der zweite Grund, weshalb ich mich in acht nehmen sollte, den Sport zu schmähen. Man schimpft ja auch nicht über das Wetter. Wenn es regnet, dann regnet es eben. Es liegt in niemandes Hand, das zu ändern. Es entspricht dem unabänderlichen Augenblickszustand der Welt. Gegen die Welt anzurennen, wie sie nun einmal ist, hat etwas Tobsüchtiges. Es schafft die Illusion, als könne man aus diesem Gemeinschaftskäfig irgendwie ausbrechen, als gehöre man nicht dazu, als sei man nicht über beide Ohren in dieselbe Tinte getaucht wie alle anderen auch und komme sogar so gut darin zurecht, als sei man im Grunde an das Leben in der Tinte von jeher glänzend angepaßt. Welcher Tinte? Dem Leben in und mit der ökonomischen Mentalität. Der unverwelkliche Ruhm des Karl Marx besteht darin, den Geist des zu seinen Lebzeiten anbrechenden und sich seitdem beständig weiterentwickelnden Zeitalters beschrieben und beim Namen genannt zu haben, einen Geist, der jeden Vollzug des Lebens, jeden Aspekt der Kunst, jedes ästhetische Ereignis ausschließlich oder doch hauptsächlich »mit der Ökonomie, durch die Ökonomie und in der Ökonomie« – um eine liturgische Formel zu travestieren – verstehen will. In dieser Hinsicht sind die besten Marxisten längst die allerliberalsten Kapitalisten geworden, und daß es so gekommen ist, bekümmert nur die Kassenwarte der alten roten Traditionsvereine. Die reine Ökonomie aber ist das Reich des Unanschaulichen, sie prägt keine Form, sie hat keine Gestalt, sie strebt die Unsichtbarkeit, die Austauschbarkeit, die Eigenschaftslosigkeit an.

Weil man aber die Völker noch nicht zu rein monetären Größen verdampfen kann, ergibt sich zunächst doch das politische Bedürfnis nach einer gesellschaftlichen Form der Machtausübung. Und diese Form leiht sich die aus der ökonomischen Mentalität lebende Gesellschaft vom Sport. Sport ist der ästhetische Ausdruck der industrialisierten Massengesellschaft, sei sie nun eher liberal oder eher links geprägt, mit mehr oder mit weniger Polizei ausgestattet. Hier erlebt die Masse die ihr eigene Form der Machtausübung, hier feiert sie das Hochamt, von hier aus definiert sie ihre Vorstellung von Schönheit und Lebensglück. Im Fußballstadion haben Staat und Gesellschaft ihren neuen Areopag, ihr neues Kapitol, ihr Chartres und Versailles erkannt. Der Triumph des Diktators nimmt im Fußballstadion das Aussehen einer sportlichen Siegerehrung an. Im Fußballstadion foltern die Putschisten und segnet der Papst. Die V.I.P.-Tribüne ist der Thron der demokratischen politischen Klasse. Aus Fußballstadien erheben sich die Strahlen der Flakscheinwerfer und die dichten Wolken rosaroter Luftballons in die Lüfte. Im Fußballstadion versammelt sich das Volk, in seiner Schüssel wird es zu einer einzigen zusammenhängenden Masse zusammengeschmolzen. Man erinnere sich an das berühmte Deckblatt von Hobbes' »Leviathan«: der titanische Gekrönte, dessen nackter Körper auf den ersten Blick mit einem Affenfell überzogen zu sein scheint, bis man erkennt, daß er sich aus Hunderten von kleinen Menschenköpfen zusammensetzt. Nur im Fußballstadion wird das Volk, der chimärische Souverän, anschaubar. Wie Fieberschauer laufen die notorischen »Wellen« über den schnaufenden Riesenleib im ovalen Betonkorsett. Nur im Sportstadion werden die Gesellschaftsphantasien eines Jean-Jacques Rousseau evident: Im Aufheulen der Massen wird der Umschlag von der Volonté des tous zur

Volonté generale zum Ereignis. Wer könnte es wagen, sich diesem Leviathan zu widersetzen, gar an seinem Erscheinungsbild herumzunörgeln. Das ist, als wollte man den Mond kritisieren.

Wer dennoch so töricht wäre, den Lauf der Geschichte anzubellen, würde sich wohl schon über das Wort Sport, dem die darin zusammengepreßte Ideologie bereits aus der herrischen Einsilbigkeit herausschaut, erregen müssen. Ein Fremdwort bezeichnenderweise, Zeugnis beflissener Nachahmung durch die Kontinentaleuropäer, die im neunzehnten Jahrhundert die Propagandaschlacht um die Zukunft gegen die angelsächsische Kultur so endgültig, wie die Geschichte es nur gestattet, verloren hatten. Sport war in angelsächsischem Verständnis immer die Aufforderung an den Gegner, sich gefälligst selber zu behindern und, dem Gebot der »Fairness« entsprechend, seine Niederlage ohne Wenn und Aber hinzunehmen. Unvergeßlich ist mir der Nachmittag, an dem ich mit einem Urengländer im Fernsehen ein Fußballspiel sah, das Deutschland gegen England gewann. Nein, eine Grabesmiene konnte man seinen Gesichtsausdruck nicht nennen, dazu lag zuviel schlecht verhohlene Gekränktheit in seinen Augen über der notorischen *stiff upper lip*. Schließlich hatte er sich wieder soweit im Griff, daß er in hoheitsvoller Objektivität äußern konnte: »The English were the better team.« Die rührenden Deutschen sind von solch flexiblem Umgang mit dem Sportsgeist freilich weit entfernt, bei uns wurde der Sport zu Moral- und Gottesdienstersatz, ein korrupter Schiedsrichter sitzt in der Hölle bei den kinderschändenden Priestern, und es sind nicht die sittlich so hoch stehenden Interessen der Wettbüros allein, die hier einen Aufstand von Anstand und Ehre fordern, es scheint der ganze Staat zu zittern, wenn ein Fünfundzwanzigjähriger die sonst zum Fundament der Gesellschaft gemachte Geldgier mit den Mitteln seines Jobs und den Chancen, die er ihm eröffnet, zu befriedigen sucht. Die im Stadion und vor Fernsehapparaten die Sportmysterien feiernde Gesellschaft weigert sich, in den zu ihrer Unterhaltung und Erbauung gezüchteten Spitzensportlern jene hochbezahlten Gladiatoren zu sehen, die sie seit langem sind, weil man wohl immer noch ahnt, daß professionell betriebener Sport ähnlich bedenklich ist wie professionell betriebener Geschlechtsverkehr oder professionell betriebenes Gedichteschreiben. In der angestrengten Ironie, die aus der unausrottbaren Angewohnheit spricht, den Sport »die wichtigste Nebensache der Welt« zu nennen, zeichnet sich eine Humorlosigkeit ab, die dem gesamten Sporttreiben eigen ist. Man muß dem todernsten Hin und Her auf einer großen Sportveranstaltung nur einmal eine Weile zugesehen haben, um jeder Vorstellung, Olympische Spiele könnte irgend etwas mit der holden Zweckfreiheit und Heiterkeit wirklichen Spiels verbinden, den Abschied zu geben. Sport hat vor allem mit Warten und leerer Zeit zu tun, mit Männern, die mit fuchtelnden Armen und Kindermützchen auf dem Kopf aufgeregt angerannt kommen, die etwas messen, etwas beraten, die düster dreinblicken, die in sich gekehrt am Rande sitzen, um alsbald jäh aufzuspringen und ausdrucksvoll den Kopf zu schütteln, in Mobiltelephone zu sprechen und ins Bild hinein- und aus dem Bild herausgelaufen zu kommen, während es immer und immer noch nicht losgeht. Zur Verkürzung der Warteewigkeiten finden dann Interviews mit den Wettkämpfern statt, die klingen, als habe man die von Darwin vermutete, aber nicht aufgefundene Zwischenstufe zwischen Primaten und Mensch endlich entdeckt: Die heimeligen Dialektanklänge täuschen jedoch, hier ringen keine schweren Bauernzungen um Artikulation, diese Sprachlosigkeit ist neubarbarisch, sie kommt aus jenen verstädterten Regionen, die niemals Stadt werden. Um so anachronistischer ist die Vorstellung, bei diesen gezähmten Hochleistungsbarbaren mit dem wahren wilden und gefährlichen Leben in Berührung zu geraten, von dem zum Beispiel Leute wie Brecht, die späterhin für die Völker gerade das Gegenteil im Visier ihrer Hoffnungen hatten, so kennerhaft schwärmten. Die von ehrgeizigen Müttern, Trainern, Karriereberatern und kommerziell agierenden Sportclubs bei jedem ihrer Schritte begleiteten, gefesselten und angetriebenen Sportsklaven sind viel zu solide in das umfassende Unterhaltungskonzept eingebaut, um den Dschungel, in dem unverfälscht das Gesetz des Stärkeren herrscht, auch nur vorspiegeln zu können. Die Massengesellschaft, der zu entkommen wir nicht einmal träumen dürfen, weil ihr Zusammenbruch von unvorstellbaren oder nur allzugut vorstellbaren Katastrophen begleitet wäre, hat dem Sport – gerade auch dem Hochleistungssport – jene Rolle zugewiesen, die im Zuchthaus dem Rundgang auf dem Hof zukommt. Trieb- und Aggressionsabfuhr sowie Kriegsersatz unter polizeilicher Kontrolle mögen gesellschaftlich wünschenswerte Funktionen sein, für alle, die sich hier unter Aufsicht erleichtert haben, müßte dennoch, wenn die Dressur nicht längst vollständig geglückt wäre, ein peinlicher Nachgeschmack zurückbleiben.

Während die Gesellschaft ernsthaft darüber nachzudenken beginnt, wie der wirtschaftliche Schaden allgemeiner Langlebigkeit zu begrenzen sei, ist die durch Sport geförderte Gesundheit zum Religion und Weltanschauung überbietenden Idol geworden. »Gesundheit ist das Wichtigste!« heißt die Banalität, die von jedermann mit vielsagendem Kopfnicken begleitet wird. Die differenzlose Masse pflegt den Kult der Individualgesundheit. Nie haben unsere Zeitgenossen ein so gutes Gewissen, nie erblüht ihre Selbstzufriedenheit so strahlend, wie wenn sie sportlich »etwas für die Gesundheit getan« haben. Der Jogger mit den Stöpseln seines Walkman im Ohr, der sich mit holzwurmartiger Selbstgenügsamkeit im Gewackel seiner Laufschritte fortbewegt, erlebt, von Filmmusik umrauscht, sich selbst als einsamen Helden eines unerhörten Dramas. In mit ledergepolsterten Folterinstrumenten ausgestatteten Gymnastikstudios wird in zeitlosem Versunkensein die Hantel des Sisyphos gestemmt. Mit unbefangenem Blick gesehen, gleichen diese Studios wahrlich einer antiken oder dantesken Hölle, in der die Verdammten schweigend und ächzend die ewige qualvolle Strafarbeit verrichten, die ihrem Laster auf Erden in höhnisch perverser Weise entspricht.

Es müssen aber gar nicht die beschriebenen Übungen sein, die das Gefühl von Gesundheit und damit Schuldfreiheit erzeugen, es genügt bereits, um mit dem Apostel Paulus zu reden, den »neuen Menschen« – den gesunden und sportlichen nämlich – »anzuziehen« – freilich auf eine Art, an die Paulus nicht gedacht hat und nicht denken konnte, weil er den schrecklichsten der Schrecken, die moderne Sportkleidung, nicht einmal mit seiner Prophetengabe zu erahnen imstande war. Das Unvorstellbare, daß Narziß sich einmal in die Häßlichkeit verlieben würde, das hat uns die heutige Sportkleidung geschenkt. Widrig Hautenges, den Leib wie ein Ganzkörperpräservativ Umspannendes, und formlos Schlabberndes markieren die beiden Generaltendenzen. Die Farben sind stets Nicht-Farben, entweder signalkreischend oder tot und erstickt: giftig pink oder betonblau. Sportkleidung wird am besten immer getragen. Sie vermittelt, ob im Büro oder beim Verzehren eines Würstchens an der Imbißbude, ob im Auto oder zu Hause vor dem Fernseher, für den ganzen Tag das Gefühl, mit der von ihr gewährten Bequemlichkeit gegenüber der gesamten Menschheit im Recht zu sein. Auch wenn alle Menschen fortwährend Sportkleidung trügen, könnte der einzelne es doch in der Überzeugung tun, mit ungesunden Konventionen gebrochen und einen ganz eigenen, von den Zwängen der Gesellschaft freien Weg beschritten zu haben. Turnschuhe im Gerichtssaal oder in der Halle eines Grandhotels drücken aus, daß sich ihre Träger nicht ganz und gar von den Fesseln der Pflichten binden lassen, sondern unter einem anderen, höheren Gesetz stehen, dem der eigenen Körperlichkeit, die ihnen eine beständige Empfindung stillen Wohlgefallens verspricht. Hier ist der Sport schon fast in eine Lebensform umgeschlagen. Und hier wird auch seine magische Bedeutung deutlich: in der uns bis auf die Poren bedrängenden Massengesellschaft Illusionen von Einsamkeit zu ermöglichen, ohne sich von der Masse abwenden zu müssen, ja, damit sogar ihren Beifall zu erlangen: als schwitzende, strampelnde Monade im fröhlichen Verein mit allen anderen Monaden, die das Band des Wohlgefühls fest, aber nicht drückend umschlingt.

Aber sollte denn jedes unschuldige Spiel, jede Art von körperlicher Übung, jedes Exerzitium, jeder virtuos ausgefochtene Kampf solchen aus dem Abseits der »Flaschen« übellaunig gemurmelten Verdikten unterliegen? Keineswegs. Die Erfinder des modernen Sports haben auch annehmbare Devisen zu diesem Thema beigesteuert, zum Beispiel: »Boys will be boys and play with toys.« Wichtig wäre nur zu fragen, welche Aufmerksamkeit und welchen Lohn diese Spiele fänden. Dazu zum Abschluß ein Stückchen aus einer Kalendergeschichte des großen Präzeptors der deutschen Sprache, Johann Peter Hebel.

»Aber während ehrliche Eltern und Kinder allerorten etwas Nützliches arbeiten und ihr Brot mit Ehren verdienen, und mit gutem Gewissen essen, zog zu seiner Zeit ein Tagdieb durch die Welt, der sich in der Kunst geübt hatte, in einer ziemlich großen Entfernung durch ein Nadelöhr kleine Linsen zu werfen. Das war eine brotlose Kunst. Doch lief es auch nicht ganz leer ab. Denn als der Linsenschütz unter anderm nach Rom kam, ließ er sich auch vor dem Papst sehen, der sonst ein großer Freund von seltsamen Künsten war, hoffte ein hübsches Stück Geld von ihm zu bekommen, und machte schon ein paar wunderliche Augen, als der Schatzmeister des Heiligen Vaters mit einem Säcklein auf ihn zuging, und bückte sich entsetzlich tief, als ihm der

Schatzmeister das ganze Säcklein anbot. Allein, was war darin? Ein halber Becher Linsen, die ihm der weise Papst zur Belohnung und Aufmunterung seines Fleißes übermachen ließ, damit er sich in seiner Kunst noch ferner üben und immer größere Fortschritte darin machen könnte.«

Freilich ließe sich fragen, ob der evangelische Superintendent Hebel den katholischen Heiligen Vater richtig verstanden hat. Ging es damals in Rom wirklich nur darum, den Linsenschütz von der Geschicklichkeits-Tagedieberei zur nützlichen Tätigkeit zu führen? Oder sollte der Papst in eine Zukunft gesehen haben, die millionenschwere Golf- und Tennisspieler als Vorbilder für Millionen setzen würde? Sollte das Linsengeschenk womöglich dafür werben, dem Spiel seine Brotlosigkeit als kostbarsten Besitz zu bewahren?

## Sanftes Durcheinander in Shanghai

### *Reisephotos aus einer neuen Stadt*

### I

Der Zirkus von Shanghai war uns etwas zu perfekt, als riesige Aluminiumkugel nach Olympia- und Weltausstellungsmaßen konzipiert. Wir wollten Akrobaten der alten chinesischen Tradition sehen und glaubten, daß solche Vorführungen immer auch etwas Jahrmarkthaftes haben müßten, durchaus staunenerregend, aber doch auch ein bißchen improvisiert im geflickten Kostüm. Davon war hier natürlich nichts zu erwarten. Glitzernde Maschinen wurden aus der Kuppel herabgelassen, in denen Übermenschen einen klaglosen Kampf ums Überleben austrugen, wahre Höllenlaufräder, in denen die Verdammten trabten, von den Flammen der Fackeln umlodert, die ihnen in den gefährlichsten Augenblicken zugeworfen wurden. Makellos schöne Mädchen hatten offenbar weder Gelenke noch Sehnen und Bänder, die sie in irgendeiner Bewegung gehindert hätten; sie verwandelten sich in Jugendstillampen-Nymphen, drehten die streng frisierten Köpfe wie die Schleiereulen, klappten ihre Federkörper zu wie Taschenmesser und ließen stets aufs neue vergessen, wo ihre Arme und Beine angewachsen waren, als seien sie Chimären mit Menschenköpfen und Langustenleibern, deren überlange Antennen in dem Luftblasenstrom eines Aquariums sanft tasten und schwanken. Aber dann, nach einer sich steigernden Folge immer weitergetriebener Körperkünstlichkeiten, kam plötzlich eine kleine Horde von Straßenjungen in die Arena gelaufen, wie sie als Schlepper von Diskotheken in den dunkleren Straßen in der

Nähe des Bund herumhingen, mit Stachelschwein-Haarbürsten, die ihren Köpfen eine zu den Kinderkörpern leicht unproportionierte Größe gaben, ein schwerer Riese mit kahlem Kopf schlenderte hinterher, ihr Meister und Eigentümer, zehn von ihnen konnten sich auf seine Fleisch-Schultern stellen, ohne daß er wankte. Quirlige Bürschchen, die keinen Augenblick stillhielten, das zappelte förmlich in ihnen. Sie waren zu leicht, um von der Schwerkraft an den Boden gezogen zu werden. Der Boden stieß sie ab, zwei Schritte, und sie waren in der Luft. Drei Reifen wurden übereinandergestellt, da flogen die kleinen Kerle durch sie hindurch, in beide Richtungen, über- und untereinander hinweg. Eine Wippe schleuderte sie hoch in die Luft, aber es waren immer mehrere, die in der Luft waren, wie Mücken in einem Glas flogen sie umeinander, ohne sich zu berühren, ein Chaos von umherfliegenden Leibern, nur der Riese fand sich darin zurecht, es war, als werfe er die Horde wie Konfetti in die Luft. Die Zuschauer folgten schon längst nicht mehr der Waghalsigkeit der einzelnen Sprünge, es schwirrte vor ihren Augen. Da war eine Büchse geöffnet worden, aus der war eine Menschenwolke aufgestiegen. Die gedämpften Zurufe der Springer verbanden sich zu einem raunenden Gespräch. Ein einziges feuriges Wörtlein des Meisters mußte eine geräuschlose Explosion bewirkt haben; die dadurch entstandene Turbulenz brachte in immer neuen Zuständen den Anblick harmonischer Unordnung hervor. In die militärisch abgezirkelte Disziplin dieses Zirkus war das Leben auf den Straßen Shanghais eingedrungen und dirigierte eine tänzerische Allegorie seiner selbst, »Das Spiel von der Kraft, der Schläue und der Anarchie« hätte sie heißen können.

## II

Der literarische Verlag hatte seine Büros im achtundzwanzigsten Stock. Jenseits der Fensterwand des Besprechungszimmers breitete sich die düstere dunstumhüllte Hochhauslandschaft der Stadtmitte aus; der Fluß war so grau, daß er sich von den Mauern kaum abhob, und so überraschte es stets aufs neue, wenn sich ein schwarzes Schiff zwischen den Türmen vorbeischob. Drei junge Frauen begrüßten den Gast aus Deutschland, die Verlagsleiterin war eben erst von der Universität gekommen, die eleganteste der drei, mit knittriger grauer Seidenbluse und sehr knappen Jeans. Ihre Augen erschienen für eine Chinesin übergroß, eine kühle Frage stand in ihrem Blick. Die Lektorin führte gewandt das Gespräch, sie besaß die Fähigkeit, den floskelhaften Informationsaustausch mit einem herzlichen Timbre zu unterlegen; der schwarzlockigen Dolmetscherin in Leggings und Chiffon-Hemdchen blieb wenig zu tun. »Die Frauen haben die Chancen von Shanghai am besten und schnellsten begriffen«, das hörten wir beständig. »Die Frauen sind hier die besten Geschäftsleute, alles liegt in den Händen der Frauen.« Die Männer seien in Theorien verstrickt, Zauderer, übervorsichtig und nicht zuverlässig; im neuen Shanghai sei ihnen das Gesetz des Handelns aus den zarten Händen geglitten. Dabei war ein zartgliedriges Lebewesen als die Verlagsleiterin schwer vorstellbar. Ihr Ernst erfüllte den Raum, jede der nur scheinbar munteren Bemerkungen der Lektorin und jede meiner Antworten wurde einer stummen Prüfung unterzogen. Zwischendrin meldete sich ihr kleines Telephon. Sie senkte die großen Augen und begann die Botschaft auf dem Display mit einem gesammelten abwesenden Staunen zu lesen; es war, als nähere sich unendlich langsam ein kostbarer exotischer Fisch der elektronischen Schrift, um sie sanft mit den weichen Lippen zu betupfen. Aber es wurde nun eine direkte Intervention nötig, das kleine Telephon kam an die winzige Ohrmuschel, die Augen sahen ein wenig stier vor sich hin, und die Lippen flüsterten. Jetzt regte sich auch das Telephon der Dolmetscherin, auch sie versank in eine offenbar komplizierte Unterhaltung, da schien Willen gegen Willen zu stehen, denn ihre Augenbrauen zogen sich zusammen. Und dann war auch der Augenblick gekommen, in dem die Lektorin sich entschuldigen mußte; auch ihre Stimme und ihr Ohr wurden jetzt von fern her verlangt. In dieser rauchumwehten Glasloge hoch über den schwärzlichen Zerklüftungen der Stadt lehnten die drei jungen Frauen in bequemen Sesseln und waren jede für sich tief in raunende Konferenzen versunken. Ihre Stimmen hoben und senkten sich, man merkte ihnen an, daß sie es gewohnt waren, wichtige Anliegen auch in Gegenwart nicht Betroffener zu verhandeln, sie behinderten einander nicht. Und doch formten ihre Stimmen ein vokalreiches Terzett, wie in Opern, in denen die Sängerinnen »beiseite« zu singen haben. Nur kurz tauchte die Lektorin noch einmal aus ihrem Gespräch auf. »Wir haben Grass und Schlink im Programm«, sagte sie, als freue sie sich über die Einsilbigkeit beider Namen, die sie in einer auf einsilbige Namen eingestellten Sprache vertraut wirken ließen. Dann gliederte sie sich wieder in das synchrone Sprechen der beiden anderen ein. Die Konzentration im Raum wuchs. Es war, als lenkten die drei Frauen von ihrem erhöhten Aussichtspunkt aus die Geschicke der unter ihnen ausgebreiteten Stadt.

## III

Im neuen Shanghai ist auch der buddhistische Tempel neu, jedenfalls kein historischer Ort, eine Wiederherstellung nach gründlicher Verwüstung in den Jahren der Kulturrevolution, aber er wirkt weniger wie eine für den Tourismus aufbereitete Sehenswürdigkeit; hier ist sogar eine gewisse

Nachlässigkeit zu Hause, und der dunkle Rauch eines nicht kostbaren Weihrauchs verbreitet einen beißenden Geruch. Eine lange Kette von Höfen und Hallen durchschreiten die Gläubigen, die in jeder Halle anderen Aspekten des Erleuchteten in überlebensgroßen goldbronzierten Gipsstatuen gegenübertreten, vor ihnen in die Knie sinken und mit den Stirnen den Boden berühren. Bei unserem Besuch herrschte ein rühriger Tempelbetrieb, aber nach den Mönchen mußten wir lange suchen. Wir fanden schließlich in einem Seitengebäude sieben geschorene Mönche in rotem und gelbem Gewand, das Gemurmel aus einer geöffneten Tür lockte uns an. Die Mönche saßen sich an einer Art langem, mit Goldornamenten prunkvoll geschmückten Schreibtisch wie in einer Art heiligem Büro gegenüber, einer, wohl der Klostervorsteher, saß seitlich auf einem erhöhten Stuhl für sich. Vor ihnen lagen gelbe Seidentaschen, darauf die länglich schmalen buddhistischen Gebetsbücher mit großen Buchstaben, am Buchrücken zusammengenäht. Einer schlug mit einem Hämmerchen den Takt auf einer ausgetrockneten Kalebasse, ein helles, hölzernes Tocktock, aber nach diesem Takt schien sich keiner richten zu müssen. Jeder las mit leiser Stimme den vor ihm liegenden Text, ohne darauf zu achten, wo die anderen waren. Ihr Beten bestand in einem gedämpften Durcheinandersprechen, aber dies Durcheinandersprechen knüpfte ein feines, festes Netz aus Stimmen, das sich alsbald zu einem Filz verdichtete, einer Stimm-Masse, die für das Tocktock auf der Kalebasse ein weiches Bett bildete. Die Mönche wendeten gelassen die Seiten um, natürlich ebenfalls nicht gleichzeitig, und der eine oder andere öffnete einen großen Fächer aus schwarzem oder gelblichem Papier, wie ein Karpfen seine Flossen spielen läßt; auch die Fächerbewegungen folgten ihrem eigenen Rhythmus, so schien es uns, hier sollte durchaus kein Gleichschritt aufkommen. Dies Büro war einer himmlischen Telephonzentrale vergleichbar, in der ein ebenmäßiges Stimmenschwirren herrscht, und tatsächlich ging es hier darum, die Verbindung herzustellen zwischen einem soeben Gestorbenen an seinem gegenwärtigen Aufenthaltsort und seiner Familie, die im Zimmer neben den Mönchen an ihrem heiligen Schreibtisch vor der Photographie des Toten versammelt war. Hin und wieder wurde der halbwüchsige Sohn des Toten zu den Mönchen geführt, wo er seine tiefen Verneigungen machte, ohne daß einer der vor sich hin Sprechenden den Kopf gehoben hätte. Die Gebetbücher waren nicht dünn; es wurde bald klar, daß sie vollständig vorgelesen würden, und zugleich stand für uns fest, daß diese gelassene Unordnung schöner als jede Ordnung war und daß die Welt besser sei, solange sie anhielte. Später verbrannten Frau, Brüder und Söhne noch mehrere Tüten mit Opfergeld in der Benzinflamme, die aus einer alten Blechtonne aufstieg, um den Toten im Jenseits nicht ohne Mittel zu lassen, aber man durfte sich vorstellen, daß dessen Seele – und nicht nur die seine – von der soeben verklungenen arhythmischen Murmelsymphonie bereits gesättigt war.

# Die Kunst des Bogenschießens und der Roman

## *Zu den »Commentarii« des Heimito von Doderer*

»Habseligkeiten« – dies Wort gehört zu den unübersetzbaren Spezialitäten der deutschen Sprache. Das Grimmsche Wörterbuch belehrt uns zwar, in der Habseligkeit das Äquivalent für Opulentia sehen zu sollen, aber für unsere Ohren klingt vor allem die Armseligkeit darin, Gelump und Geraffel von Leuten, die eben nichts als ein paar Habseligkeiten hinterlassen. Ich möchte einen bestimmten, mir bedeutsam erscheinenden Aspekt im Werk des Dichters und Schriftstellers Heimito von Doderer beschreiben und beginne nun seltsam genug mit den Habseligkeiten – es sind die seinen, die ich meine. Zweimal habe ich in Vitrinen ausgestellt gesehen, was er – von seinem schriftstellerischen Riesennachlaß abgesehen – auf Erden zurückgelassen hat: ein Sammelsurium von Gebrauchsgegenständen persönlichster Art. Rauchutensilien für den Kettenraucher nahmen darin einen besonderen Platz ein, blecherne Zigarettendosen, selbstgeschnitzte Tabakstopfer, häßliche Aschenbecher. Die Buntstifte, mit denen er – »poikilographisch«, wie er es nannte – unterschiedliche Textpassagen markierte, sonst aber alles mögliche von Freunden gebastelte und unbeholfen bemalte Zeug. Die Gefangenenlager, in denen Doderer nach dem Ersten und dem Zweiten Weltkrieg gesessen hat – in Rußland an der mandschurischen Grenze und später dann in Norwegen und Dänemark –, brachten solche Gegenstände hervor; es gab da immer geschickte Bastler, die aus Abfall aller Art etwas zusammenhämmern und kleben konnten.

Heimito von Doderer stammte aus einem wohlhabenden Haus, einer schwäbischen Baumeisterdynastie, die in den Jahrzehnten vor dem Ersten Weltkrieg an den Riesenbauvorhaben der sich explosiv modernisierenden Donaumonarchie beteiligt war: Damals wurden Eisenbahntrassen durch den ganzen Balkan und durchs Gebirge, die Kanalisierung großer Flüsse und der Neubau ganzer Großstädte in Angriff genommen. Der Erste Weltkrieg verschlang das Doderer-Vermögen, aber wie es häufig ist, wenn man von reichen Leuten sagt, sie »hätten alles verloren«, blieb für die Eltern und Geschwister genug übrig, um den gewohnten Lebensstil aufrechtzuerhalten – nur Heimito von Doderer ist das niemals mehr in seinem schließlich siebzigjährigen Leben gelungen. Er blieb Dachkammerbewohner mit kümmerlichen Provisorien – man hat geradezu den Verdacht, es sei zwischen den Geschwistern nicht alles ganz gleichmäßig abgerechnet worden, so sehr unterscheidet sich die Lebensstellung des Bohemien-Bruders von der komfortablen Existenz seiner nächsten Verwandten.

Der Krimskrams in den Vitrinen spricht eine beredte Sprache. Die prachtvollen Bibliotheken, Autographensammlungen, Tanagrafiguren auf dem Schreibtisch, Landhäuser, die das Publikum bei Thomas Mann und Gerhard Hauptmann, bei Stephan Zweig und Sigmund Freud gewohnt ist, sucht man bei Doderer vergebens – wegen der nackten Armut, die das Leben dieses Schriftstellers lange Jahre begleitete, einesteils – vielleicht aber auch aus einer geheimen Weigerung des sehr streng und hart Erzogenen, die Position des aufsässigen Sohnes jemals zu verlassen: Der wußte schon, wie die Erwachsenen lebten und was sie alles zum Leben für notwendig hielten, aber man selber schwebte in luftiger Dachkammer beständig improvisierend und bedürfnislos über dem ganzen schwerfälligen und schnaufenden Erwachsenen-Apparatus dahin. Angesichts der langen Zeit eines gedrückten, ja gedemütigten Lebens, angesichts der Hungerjahre, in denen die »Strudlhofstiege«, der erste große Roman, geschrieben wurde, mag eine solche Sicht leichtfertig und frivol erscheinen – ich denke hier auch an eine Photographie Doderers aus dem Jahre 1947, die den ausgezehrten Mann mit dem Ausdruck einer bitteren und angsterfüllten Gespanntheit zeigt –, aber man kann beim Anblick der in den staubigen Glaskästen des Bezirksmuseums Alsergrund in Wien dargebotenen Besitztümer, der Doderer-Reliquien nicht nur an das Kriegsgefangenenlager, sondern auch an den Inhalt von Bubenhosentaschen denken. Und das um so mehr, als zwischen diesen Taschenmessern und Blechbüchsen Indianerpfeile mit ausgefransten gerupften Federkielen lagen, neben Bögen, die mit eingetrockneten Farben kunstgewerblich »barbarisch« bemalt waren – das ganze Museum schlummert übrigens in tiefster Vergessenheit und soll angeblich demnächst geschlossen werden, dann wandern Doderers Pfeile und Bögen wohl in Pappkartons. Es ist der Anblick dieser Spielsachen an Befremdlichkeit, ja Peinlichkeit schwer zu überbieten, und deshalb soll auch sofort bemerkt werden, daß es gerade diese Ausrüstung zum Bogenschießen war – eine zweite wird in Landshut bei der Verwandtschaft der zweiten Frau von Doderer aufgehoben –, die mir den Zugang zu den späten Tagebüchern Doderers, den »Commentarii«, eröffnete und damit zum Verständnis der beiden großen Romane und der poetischen Haltung und Lebenspraxis, die ihnen zugrunde liegt.

Dekorationsgegenstände waren Bogen, Pfeile und Pfeiltaschen nicht, obwohl in den vielen wechselnden Dachkämmerchen, die Doderer in seinem Leben bewohnt hatte und die er euphemistisch »Atelier« zu nennen pflegte, wohl weil sie meist im obersten Stock des jeweiligen Mietshauses lagen, von den Besuchern immer wieder Pfeilarrangements an den schrägen Wänden beschrieben worden sind. Es wurde auch damit geschossen.

Was ich über Doderers Umgang mit Pfeil und Bogen

weiß, habe ich einem der giftigsten Werke der biographischen Literatur entnommen, Wolfgang Fleischers »Das verleugnete Leben«, aus dem ich nur ungern zitiere, es leider aber nicht vermeiden kann, weil es zu den vielen Unglücksfällen der Doderer-Rezeption gehört, daß ihm eine faire Biographie durch einen Zeitgenossen und Kenner seiner Lebensumstände versagt geblieben ist. Fleischer war als junger Mann der »Sekretär« des alten Doderer, der in seinem späten Ruhm mit den Postfluten allein nicht mehr zu Rande kam. Fleischer hat in den kurzen Jahren seiner Arbeit für den Dichter nur Gutes von ihm erfahren, hat aber zugleich offenbar eine solche Abneigung gegen seinen Dienstherrn entwickelt, daß schon von regelrechtem Haß gesprochen werden muß.

Fünfhundert Seiten über einen Mann lesen zu müssen, den der Autor verabscheut, ist ohnehin nicht angenehm, um so mehr wenn das Sujet ein genialer Schriftsteller ist, der in jeder Zeile seines Werks die ihm nachgesagte Verlogenheit und Niedertracht widerlegt. Heimito von Doderer saß in seinen Tagebüchern ungewöhnlich streng, ja gnadenlos über sich zu Gericht, man ist geneigt, von einer Anlage zum Flagellantismus bei ihm zu sprechen, vor der ein Biograph mit der gehörigen Distanz ihn hätte beschützen müssen – von einem »verleugneten Leben« in seinem Falle zu sprechen ist angesichts des Kenntnisstandes dieses einstigen Herrn Secretarius nicht weniger als eine Verleumdung. Und dennoch – das gehört eben zu den zahlreichen Unglücksfällen in Doderers Leben: Diese Biographie ist die einzige in ihrer Gründlichkeit; wer Detailliertes über Doderer wissen will, wird sich dieser literaturhistorischen Kuriosität bedienen müssen. Und so auch ich jetzt, wo es ums Bogenschießen geht – man verzeihe mir also die ausführliche Parenthese, die meinen Widerwillen, aus dieser unreinen Quelle zu schöpfen, erklären soll. In dem gleichfalls von Fleischer herausgegebenen Bildband finden sich auch Photographien des

Bogenschützen Doderer, aus den dreißiger Jahren: Er trägt Knickerbocker und schaut sehr grimmig drein, während er den Bogen spannt, da ist gar nichts Spielerisches oder Ironisches auf seinen Zügen, er ist ganz in sein ernstes Manneswerk versunken, und um die sportliche Ekstase geradezu in Riefenstahl-Nähe zu treiben, gibt es dann auch Bilder, die den Bogenschützen mit knapper Badehose im elterlichen Garten des nahe dem Semmering gelegenen Landhauses Riegelhof zeigen.

Es blieb bei der Betrachtung dieser Bilder nicht aus, an die von Eckermann beschriebene Szene in Goethes Garten zu denken, die Doderer gewiß bekannt gewesen ist. Eckermann übte sich gleichfalls im Bogenschießen und zeigte Goethe dann eines Tages seinen Bogen. »Nun lassen Sie mich einmal, sagte Goethe. Ich war glücklich, daß er auch schießen wollte. Goethe schob die Kerbe des Pfeiles in die Sehne, auch faßte er den Bogen richtig, doch dauerte es eine Weile, bis er damit zurecht kam. Nun zielte er nach oben und zog die Sehne. Er stand da wie der Apoll, mit unverwüstlicher innerer Jugend, doch alt an Körper. Der Pfeil erreichte nur eine sehr mäßige Höhe und senkte sich wieder zur Erde ... noch einmal! sagte Goethe ... Goethe gefiel mir bei diesem Schießen mit Pfeil und Bogen über die Maßen. Ich dachte an die Verse: Läßt mich das Alter im Stich? / Bin ich wieder ein Kind?«

Wie Apoll stand auch Doderer da, die Schießleistung mag gleichfalls der des Dichterfürsten geglichen haben, aber ein Kinderspiel ist das Bogenschießen für ihn wohl nicht gewesen, jedenfalls nicht im Sinne einer Entspannung im Spiel, sondern in jener Ernsthaftigkeit, mit der nur Kinder ihre geheimen Rituale vollziehen. Man könnte es ein geheimes Kinderritual nennen, wie er an seine Pfeile und Bogen gekommen ist: Eine sehr jugendliche Amazone hat sie ihm, mit gewichtigen Devisen verziert, regelrechten Ermahnungen für sein Schriftstellerleben, in einer für die Entwicklung seines großen Romans entscheidenden Stunde überreicht, wie dem Tamino in der »Zauberflöte« von den drei Knaben sein Wunderinstrument übergeben wird. Die knabenhaft schlanke Studentin Gaby Murad, die niemals Doderers Geliebte war, aber wahrscheinlich der beste Freund seines ganzen Lebens und auch für seine Wendung zur katholischen Kirche eine entscheidende Bedeutung hatte, schenkte ihm zu seinem achtunddreißigsten Geburtstag einen englischen Fünfundvierzig-Pfund-Bogen mit Pfeilen, für die sie selber einen bemalten ledernen Köcher hergestellt hatte. »HNSP – hic et nunc semper paratus – hier und jetzt immer bereit« – stand auf der Pfeiltasche. Was es mit diesem Bereitsein auf sich hatte, wird unsere Gedanken über die Dodererschc Epik noch begleiten. Vorläufig wollen wir uns von dem Bogenschützen Doderer mit der Vorstellung verabschieden, wie er mit Pfeil, Bogen und Köcher als Zivil-Indianer durch die Straßen von Döbling und Dachau zog, um zu den Gärten zu gelangen, in denen er das Schießen übte.

Seltsam wie dies Bogenschießen mag der Einfall empfunden werden, einen Versuch, Doderers epische Methode darzustellen, mit der Darstellung dieses Schützentreibens zu beginnen. Die Gestalt Heimito von Doderers gehört aber immer noch zu den großen Unbekannten – so nennt man im Literaturbetrieb die Schriftsteller, von denen viele schon einmal ein Gerücht gehört, wenige jedoch ein Buch gelesen haben. Der »große Unbekannte« ist der ewige Geheimtip, das Idol der kleinen eingeschworenen Gemeinde – solche Gemeinden können dann übrigens eine weitere Garantie dafür sein, daß der Ruhm sich nicht doch noch verbreitet, denn von außen betrachtet wirken Gemeinden nicht eben anziehend. Und ist es nicht eigentlich für den Autor auch ein wenig erniedrigend, wenn der ihm verweigerte Ruhm von seinen Anhängern unablässig mit selbstgefälligem Gejammer eingeklagt wird, als gebe es für irgendeinen Schriftsteller auf Erden ein Anrecht darauf, gelesen zu werden?

Es gibt freilich jene unsichtbare Res publica der wirklichen Leser, die sich der beständigen Mühe unterziehen, aus dem unvergleichlichen einzelnen Werk Maßstäbe zu gewinnen, um die einzelne künstlerische Individualität in das niemals abgeschlossene und in stetem Wandel begriffene Gebäude der Literatur einzupassen. Diese Arbeit ist ein kollektives Werk, geschieht ohne großen Lärm und ist für die Nicht-Lesenden, die sich vom Tagesbetrieb der literarischen Öffentlichkeit unterhalten lassen, gar nicht wahrnehmbar. So konnte es denn geschehen, daß im Beck Verlag, Doderers langjähriger Heimat bis heute, in den letzten Jahren zwei umfangreiche Literaturgeschichten der neueren Literatur erschienen sind, in denen der Name Doderer nur am Rande oder überhaupt nicht fällt, daß zugleich aber in dem sehr unvollkommenen Roman-Kanon jenes langjährigen Literaturpropagandisten, der in seinem Leben nie eine Zeile über Doderer veröffentlicht hat, nun dennoch die »Strudlhofstiege« aufgenommen worden ist – weil es, wie man bei solch geheimnisvollen Prozessen wohl am klügsten sagt, nun einfach nicht mehr zu vermeiden war.

Der rein quantitative Zeitverlauf spielt für die Bewertung solcher Vorgänge eine bedeutende Rolle. Vierzig Jahre ist Doderer nun tot, und seine Causa ist immer noch nicht abgeschlossen. Es gibt in dem bewußten Kanon Autoren, die diese vierzig Jahre nach dem Tod noch nicht hinter sich gebracht haben und die in keinen noch so dubiosen Kanon mehr geraten werden, wenn die ominösen vierzig Jahre denn einmal durchmessen sind.

Viele Gründe kann man ausfindig machen, um sich zu erklären, warum Doderer der große Erfolg zunächst versagt blieb, und unter Erfolg soll man hier nicht beachtliche Auflagen, gute Kritiken und Staatspreise verstehen, sondern den Vorstoß in den allgemein akklamierten Kreis der Repräsentanten der jeweiligen literarischen Epoche. Er ist im selben Jahr wie Ernst Jünger geboren, blieb aber in der für die Genese von literarischem Ruhm sehr bedeutsamen Zwischenkriegszeit völlig unbekannt; seine großen Romane veröffentlichte er nach seinem sechzigsten Geburtstag in einer kulturellen Szenerie, die einerseits von den Vorkriegsgrößen, andererseits von der Gruppe 47 bestimmt wurde – er war kein Vorkriegsschriftsteller und kein Nachkriegsschriftsteller –, zwischen Brecht und Thomas Mann war für ihn kein Stuhl frei. Politisch war er, was man ominös »belastet« nennt, wenngleich die Mitgliedschaft in der in Österreich illegalen Auslands-NSDAP, die er 1933 erwarb, von geradezu federleichter Irrealität war. Doderer hat keine Zeile geschrieben, die dem Nazitum verpflichtet gewesen wäre, hat sich nirgendwo politisch betätigt, keine Reden und Artikel mit Nazitendenz veröffentlicht, keinerlei Vorteile aus seiner Parteimitgliedschaft gezogen und ist 1939 von einem Priester, der eine Organisation zum Schutz verfolgter Juden aufgebaut hatte, in die katholische Kirche aufgenommen worden. Zur Verhinderung des Nobelpreises hat diese aus niemals wirklich geklärten Gründen angenommene Parteimitgliedschaft allerdings dann doch gereicht.

Nein, das Bogenschießen war es nicht, was die Rezeption dieses Schriftstellers so schwer gemacht hat, aber in den Komplex der Eigenschaften, die ihn fremdartig und kauzig erscheinen ließen, gehört es doch hinzu. Es ist Doderer gelungen, in den zwanziger Jahren, als die berühmten Autoren sich in Wien auf die Zehen traten, mit kaum einem dieser einflußreichen, redseligen und ruhmfördernden Kreise in Verbindung zu stehen. Doderer lebte in einem großen Freundeskreis, der in seinen Romanen wohlaufgehoben ist, aber er kannte, wie die Snobs sagen würden, »niemanden«. Der priesterliche Maler und Dichter Albert Kiehtreiber, der sich Paris von Gütersloh nannte und nach dem Zweiten Weltkrieg den »phantastischen Realismus« der Wiener Schule beeinflußte, wurde sein Guru. Er nötigte sich diesem Mann als Schüler geradezu auf und übersah mit selbstverleugnender Entschlossenheit, daß er seinem Meister äußerst unsympathisch war, Gütersloh sollte seinen sich selbst dazu deklariert habenden Schüler später mit offenem Haß verfolgen. Es fällt nun schon zum zweiten Mal das starke Wort Haß, und es fällt nicht unbedacht. Doderers Person scheint stets heftige Affekte ausgelöst zu haben, Aversionen vor allem, die von der großen Sympathie, die ihm von andern entgegengebracht wurde, nicht ausgeglichen werden konnten. Ein Feind kann mehr schaden, als zehn Freunde nützen. Dies Resümee zu Doderers Leben beleuchtet auch den Unterschied zu dem gleichfalls nicht unbedingt sympathischen, aber hochdiplomatischen Thomas Mann, dessen Werk stets von breiter Zustimmung getragen wurde.

Thomas Mann kann auch zum Verständnis der vielleicht größten Schwierigkeiten führen, die die Doderer-Romane zu überwinden hatten. Man vergegenwärtige sich nur die Stoffe der Mannschen Romane: eine Familiengeschichte nach der Dekadenz-Theorie; ein geistesgeschichtliches Szenario des Europa vor 1914 zwischen bürgerlichem Liberalismus und keimendem Totalitarismus, verkörpert in der unheilvollen Stagnation eines Sanatoriums für Schwerkranke; Genie und Wahnsinn als Theorie des deutschen Nationalsozialismus; Religionsgeschichte, Mythos und Entmythologisierung. Anhand dieser Romane hat das große Publikum historische Probleme kennengelernt und diskutiert, auch in der Literatur sehr fernen Milieus waren die Mannschen Stoffe deshalb präsent. Mann behandelte, wie es so schön heißt, »die drängenden Fragen der Zeit« – seiner Jugendzeit, die durch Nietzsche und Schopenhauer-Lektüre und die Philosophie der Wagner-Opern geprägt war, vor allem. Mit »Zauberberg« und »Doktor Faustus« sind Thomas Mann Bücher gelungen, deren Namen allein schon ganze historisch-ästhetische Epochen in kraftvoll zusammengeballter Form enthalten; der Leser dieser Werke glaubt die geschilderten Epochen wirklich in Besitz genommen und durchreist zu haben und bis hin zu ihrer historischen Bewertung und abschließenden Beurteilung gelangt zu sein.

Was hat der nach Aufklärung, Bildung und Belehrung begierige Leser hingegen zu erwarten, wenn er sich der Lektüre der beiden Riesenromane Doderers zuwendet, der bereits erwähnten, vom Suhrkamp Verlag kanonisierten »Strudlhofstiege« und den »Dämonen«, dem noch viel umfangreicheren Werk, dem eigentlichen Hauptwerk, das in allen anderen Werken des Autors entweder vorbereitet oder nachbereitet worden ist? Man könnte die beiden Romane übrigens als Einheit auffassen, weniger aber im Sinne eines Diptychons als einer Zusammengehörigkeit nach der Methode Balzacs und seiner »Comédie humaine«. In den beiden sehr unterschiedlichen Werken treten nämlich zum Teil dieselben Personen auf; das Schicksal der Mary K., einer der Protagonistinnen, obwohl man von Hauptfiguren eigentlich nicht sprechen mag, die am Ende der »Strudlhofstiege« einen schlimmen Unfall erleidet – die Straßenbahn fährt ihr ein Bein ab –, vollendet sich glücklich am Ende der »Dämonen«. Balzacartig ist die Entscheidung, dieselben Menschen am selben Ort, der Stadt Wien, in wechselnder Konstellation und in sich wandelnder ästhetischer Atmosphäre auftreten zu lassen. »Die Dämonen«, das in vieler Hinsicht radikalere, kompositorisch offenere Werk, das in der Abstraktion seiner inneren Zusammenhänge musikalischere Werk, soll hier im Vordergrund stehen, auch weil, wie sich später zeigen wird, die Art seines Entstehens im Tagebuch auf besonders ungewöhnliche Weise Spiegelung und Ergänzung erfährt.

Wovon also handeln »Die Dämonen«? Auf welche Weise wäre der Dämonenstoff zu charakterisieren, wenn man ihn den genannten Versuchen, das Mannsche Werk auf jeweils eine Formel zu bringen, gegenüberstellen wollte? Doderers Definition scheint hier zunächst ebenso provokativ wie in seinem Fall jedenfalls unzutreffend: »Es handele sich bei einem Werk um einen Roman, wenn man nicht sagen könne, was darin vorkomme«. Wer literaturhistorische Zusammenfassungen liest, weiß doch längst, daß es sich bei den »Dämonen« um den großen »österreichischen Staatsroman« handelt, in dem die innenpolitische Katastrophe der Zwischenkriegsjahre vor dem Anschluß an Deutschland, der Brand des Wiener Justizpalastes im Jahre 1927 beschrieben wird, das »Cannae der österreichischen Freiheit«, wie es im Roman sogar heißt, die Entfesselung des Bürgerkriegs, der später dann durch die Dollfuß-Diktatur nur unterdrückt wurde und im Aufgehen Österreichs im Hitlerstaat endete. Der Titel des Romans scheint der Betrachtung dieser höchst historischen Ereignisse eine besondere Färbung mitgeben zu wollen: Es gibt eben bereits einen politischen Roman, der das Vorspiel vor einem Bürgerkrieg und einer Diktatur zum Gegenstand hat, ein Werk von beträchtlicher prophetischer Schau: Dostojewskis »Dämonen« – die erst in neuster Zeit nicht mehr unter diesem Titel erscheinen, weil »Besy« eigentlich nicht die Dämonen, sondern die von ihnen besessenen Menschen bezeichnet. Doderer, der von Dostojewski nur als dem »Heiligen Fjodor Michailovic« zu sprechen pflegte, hat überdeutlich seinen Roman auf dies Vorgängerwerk geradezu hinkomponiert. Das zeigt sich in Anspielungen und Zitaten, die bis ins Detail der Geschichte gehen – wenn es denn eine Geschichte sein sollte. Sein Roman gibt sich wie bei Dostojewski teilweise auch als Chronik einer der handelnden Personen, des Sektionsrats a.D. Geyrenhoff, der auch in der Abkürzung »G-ff« erscheint, damit die Parallelität zu Dostojewskis Rittmeister a.D. Gaganoff nur ja recht deutlich wird. Wie in dem russischen Werk heißt bei Doderer der Kreis der Intellektuellen, in dem ein großer Teil des Romans spielt, »die Unsrigen«. Dem Brand der Schpigulinschen Fabrik entspricht der Brand des Justizpalastes; es gibt einen politischen Mord – die Ermordung des kleinen Krächzi – wie bei Dostojewski; es gibt ein Fest – die

Tischtennisparty bei den Siebenscheins –, das dem Fest bei dem deutschrussischen Gouverneur entspricht, und es gibt den in beiden Romanen eingeschobenen Beichtbericht über ein Verbrechen mit sexuellem und rituellem Hintergrund. Wer ein wenig sucht, findet gewiß noch mehr. Man könnte mit diesem Befund in Händen Doderers »Dämonen« geradezu als ein »Remake« des Dostojewski-Stoffs bezeichnen, wie man in Hollywood sagen würde, wenn man von einer Neuverfilmung eines alten Filmstoffes spricht.

Ist es so einfach? Die Antwort sei vorweggenommen – es ist nicht nur nicht so einfach, es verhält sich mit den deutlich vom Autor selbst herausgekehrten Ähnlichkeiten zu dem Dostojewski-Roman vielmehr so kompliziert, daß man von einem der vielleicht gar unlösbaren Rätsel dieses großen Buches sprechen muß. Die beschriebenen Ähnlichkeiten oder gar fingerdick unterstrichenen und dem Leser unter die Nase geriebenen Parallelitäten zwischen den beiden Werken mögen den Eindruck entstehen lassen, es handle sich auch um verwandte oder doch wenigstens ähnliche Geschichten, die hier erzählt werden – als lege der Autor mit den Dostojewski-Zitaten eine Spur, die dem Leser das Verständnis und die Interpretation seines Buches erleichtern könnte. Allein, davon kann überhaupt nicht die Rede sein.

Versuchen wir einmal darzustellen, was Doderer uns in seinen »Dämonen« erzählt, wohl wissend, daß für den leidenschaftlichen und erfahrenen Leser solche Inhaltsangaben grundsätzlich zum allerentbehrlichsten gehören. Um das quälende Exerzitium einer solchen Nacherzählung ein wenig zu erleichtern, wollen wir diesen Inhalt so wiedergeben, wie er uns in Erinnerung geblieben ist – nicht in der Weise also, wie er in Kindlers Literaturlexikon steht. Die Philologen, die solche Inhaltsangaben verfassen, sind große Sinnstifter, die sich gerade da, wo wenig Zusammenhang ist, zum Aufsuchen von dennoch irgendwie ahnbaren Zusammenhängen verpflichtet fühlen. Wir bekennen, die »Dämonen« Doderers mit den Augen der Liebe gelesen zu haben. Liebe macht bekanntlich oft blind, manchmal aber auch sehend, sogar hellsichtig. Woraus also setzt sich der gewaltige Kosmos der Dämonen zusammen?

Nehmen wir zunächst den Kreis der »Unsrigen«, nicht weil er wichtiger wäre als die übrigen Motive, aber weil wir ihn bereits erwähnt haben. Das sind jugendliche Intellektuelle, Männer und Frauen, irgendwie mit der Universität verbunden, sich irgendwie ausbildend, improvisiert »möbliert« zur Miete wohnend überwiegend, in allen Anziehungen und Abstoßungen befangen, die vielfältige Liebesgeschichten mit sich bringen. Politisch scheint der Kreis der Unsrigen abstinent bis uninteressiert. Dann gibt es einen Zirkel der »dicken Damen«, Konditoreibewohnerinnen und Tortengenießerinnen, erotisch teils erfolglos, teils erfolgreich in Intrigen und Phantasien verstrickt. Dann gibt es die Zeitungswelt, die Redaktion der »Allianzblätter«, die akribisch und glanzvoll beschrieben wird, ohne weiterhin eine besondere Rolle zu spielen. Es gibt einen jungen Arbeiter, der aus sich heraus beginnt, Latein zu lernen, Sekretär eines bibliophilen Prinzen wird und die bereits erwähnte einbeinige Jüdin erobert – die beiden sind die Lichtgestalten des Werks. Es gibt einen Prostituiertenmörder, der auf dieselbe Weise zu Tode kommt wie der von Orson Welles verkörperte Harry Lime in dem Film »Der Dritte Mann« – die Szene ist bis ins Detail dem Film nachgebildet. Es gibt einen jüngeren Industriellen, der ein Schloß erbt und in dessen Bibliothek einen sehr langen, gänzlich in den Roman aufgenommenen, im Lutherdeutsch verfaßten Bericht über die rituelle Vergewaltigung einer Frau Bürgermeisterin, die unter dem Vorwand, Hexe zu sein, gefangen ist, auffindet und sich bei der Lektüre über die eigenen sexuellen Vorlieben klar wird. Es gibt eine geheimnisvolle Träumerin und Clairvoyante, eine halbe Mystikerin, die ihr Traumbuch in einem der Romankapitel in Gänze unterbringen darf.

Ja – es gibt den Brand des Wiener Justizpalastes und eine große Schilderung der bewegten, in Aufruhr geratenen Menge, aber durch welche Fäden er mit allen anderen Motiven verknüpft ist oder verknüpft und vorbereitet sein soll, ist schwer zu sagen. Wirklich wichtig scheint dem Erzähler eine kleine Kriminalintrige zu sein, die sich durch das ganze Buch hindurchzieht: ein Bösewicht mit dem seltenen Titel Kammerrat hat ein Testament unterschlagen, das zwei Geschwister, die aber gar keine Geschwister sind, was niemand weiß, begünstigt – diese gesamte Geschichte wird so kunstvoll ausgesponnen, daß ihre Auflösung schließlich hastig nachgereicht werden muß – es wird mit Gewißheit wenige Leser und Liebhaber der »Dämonen« geben, die diese Erbschafts- und Testamentsmachinationen verstanden haben und wiedergeben könnten. Noch etwas? Vieles wäre zu nennen und zu rühmen, etwa die ausführliche Schilderung des Kaffeehauses Kaunitz – nur was dies Kaffeehaus Kaunitz in dem ganzen Gefüge eigentlich für eine Funktion hat, das ist so wenig ersichtlich, daß ich es vergessen habe.

Die »Dämonen« haben eine bezeichnende Eigenschaft: Wenn man eine schöne Stelle sucht, hilft es nicht, sich zu fragen, an welchem Punkt der Handlung sie gestanden haben könnte oder wo sie der Konstruktion nach wohl hingehörte. Stellen, die man am Schluß vermutet, findet man am Anfang wieder, was man in der Disposition zu finden glaubte, kommt dann irgendwo in der Mitte. Hin und wieder unternimmt der Autor den Versuch, alle diese Teile, die wir uns vergegenwärtigt haben, ohne imstande zu sein, sie zu sortieren und in einen logischen oder auch unlogischen Zusammenhang zu bringen, mit ans Groteske reichenden Unwahrscheinlichkeiten doch noch zusammenzubinden; dann fällt die Unverbundenheit der zahllosen Motive im Sinne einer konventionell komponierten Geschichte erst recht ins Auge.

Warum heißt das Buch »Die Dämonen«? Die Heimitisten, wie man die leidenschaftlichen Kenner des Doderer-

Werks nennt, haben darauf eine Antwort. Aus dem Buch ergibt sie sich nicht, es ist vielmehr beim besten Willen nicht möglich, den Titel »Die Dämonen« aus dem in diesem Werk Verhandelten mit noch so gewagten Verbiegungen abzuleiten – ganz anders als bei dem Dostojewski-Werk, in dem die Protagonisten tatsächlich von allen Mächten der Hölle geschüttelt erscheinen. Die Erklärung, die am ehesten überzeugt, könnte so aussehen: Als Doderer die Arbeit an den »Dämonen« begann, Anfang der dreißiger Jahre, gab er dem entstehenden Roman den Arbeitstitel »Dicke Damen« – die dicken Damen beschäftigten ohnehin seine erotische Phantasie und schwebten als Venus-von-Willendorf-förmige Luftballons und mütterliche Schutzgottheiten über dem für den Autor zu diesem Zeitpunkt und noch lange Jahre hindurch völlig undurchschaubaren literarischen Plan. Die »Dicken Damen« wurden im Tagebuch, das die Fortschritte und Krisen der Arbeit begleitete, mit DD abbreviiert – Abbreviationen spielen in diesen Tagebüchern eine große Rolle und erleichtern ihre Lektüre nicht gerade. Es ist nicht ersichtlich, seit wann genau DD nicht mehr »Dicke Damen«, sondern »Die Dämonen« heißt, aber man darf doch wohl annehmen, daß »Die Dämonen« als Titel hauptsächlich wegen des DD gewählt worden sind – sie sind ein Tarntitel, der den eigentlichen Titel, der dem Autor kostbar war, aber ihm als Romantitel doch wohl indiskutabel erschien, zugleich aufhebt und enthält, wie er ihn den Blicken der Nicht-Leser auch wieder entzieht.

Doderer war, wie wir wissen, der Sohn eines Architekten und hatte von seinem Vater dessen Reißbrett geerbt. Dies Reißbrett stand in seinem Arbeitszimmerchen neben dem winzigen Schreibtisch mit der kaum zwei Din-A4-Seiten großen Schreibtischplatte; an diesem Reißbuch entwarf er mit Buntstiften seine verwickelten Handlungsabläufe. Blätter, die einst auf dieses Reißbrett gespannt waren, sind erhalten geblieben. Mit den erwähnten Buntstiften und in winzig kleiner Schrift sind Notizen über die große Fläche ausgebreitet und mit Pfeilen, Schlangenlinien und Bögen zu einem verwirrenden Netz voller Querverweise und kühner Bezüge geknüpft. Wer auf die Reißbrettblätter Doderers blickt, muß glauben, es handele sich bei seinem Roman um ein raffiniertes Beziehungssystem wie etwa bei einem Werk Nabokovs. Doderer hat diesen Eindruck gefördert. Es entstand bei den Heimitisten eine regelrechte Legende vom Reißbrett. Drohend hatte der Vater über den Jugendjahren Heimito von Doderers geschwebt, in seinen Wutanfällen wurde er, wie der Autor es in seinem frühen Roman »Ein Mord, den jeder begeht« beschreibt, »ebenholzschwarz«. Vielleicht ging es dem Autor wirklich im geheimen darum, durch Benutzung des väterlichen Arbeitsinstruments dem dahingeschiedenen, aus dem Jenseits seinen Sohn beobachtenden Familientyrannen zu beweisen, daß die Auferbauung eines Romans eine genauso ernsthafte und wissenschaftliche Beschäftigung sei wie die Errichtung einer Eisenbahnbrücke.

Mit Doderers eigenen Worten, die seine Leser unter ihren Zitatenschatz aufgenommen haben, sind solche Vermutungen »im Grunde lauter Gemeinheiten«. Aber eines steht für diese Leser, wenn sie sich über die inhaltliche Konstruktion der »Dämonen« und auch der »Strudlhofstiege« erinnernde Rechenschaft ablegen, eben auch und nicht minder fest: Dies Treiben am Reißbrett, diese Pfeile und Schlangenlinien, sie führen ganz gewiß nicht in das Geheimnis dieser Bücher. Sie lenken vielmehr davon ab. Sagen wir es roh: Was an Konstruktion in diesen Büchern erkennbar ist, wirkt derart an den Haaren herbeigezogen, derart verstiegen, unglaubwürdig, daß an dem notorischen Reißbrett allenfalls ein verrückt gewordener Hilfsingenieur tätig geworden sein kann, dem es nur darauf ankam, die närrische Idee, alles mit allem irgendwie zu verknüpfen, möglichst pedantisch und ohne Rücksicht auf Wahrscheinlichkeit und innere Logik abzuwickeln. Man müßte freilich ein geistiger Bruder ebendieses

Ingenieurs sein, wenn man an dieser Konstruktion Anstoß nehmen wollte, und es gehört zu den Wundern in dem nicht nur an Pech, sondern auch an Wundern reichen Leben Doderers, daß solche Ingenieure der Literaturkritik, die es ja durchaus gibt, gegen ihn nicht in nennenswertem Maß aufgetreten sind.

Mir scheint sogar, als habe man die Konstruktionsmonstrositäten der Romane bisher noch gar nicht richtig bemerkt. Und das ist nicht erstaunlich. Wer sich in einen Doderer-Roman hineinbegibt, wie man aus dem Bahnhof kommend eine Stadt betritt, wird alsbald von Eindrücken so überschwemmt, daß er sich treiben läßt, ohne den Stadtplan zu konsultieren. Man könnte diese Bücher auch mit großen Festen vergleichen, auf denen man sich durch die Menge drängt, Leute trifft, wieder verliert und wiedertrifft, aber in neuer Konstellation, auf denen man sich für eine Weile allein oder zu zweit auf einer Terrasse befindet, die sich dann unversehens mit Menschen füllt, die das Feuerwerk sehen wollen, auf denen man durch alle möglichen Stimmungen gleitet, bis zum fahlen Morgen und zum ersten Vogelzwitschern, und die man halb betrunken, halb nachdenklich verläßt. Ein solches Fest vereint in seiner Dramaturgie, daß sehr viel passiert und daß zugleich überhaupt nichts passiert, daß das Ganze mehr ist als seine Teile, daß die Gäste des Festes von der herrschenden Stimmung durchdrungen und eingefärbt und unbestimmt deutlicher, größer, kompletter erscheinen – und in diesem Sinn ist ein großer epischer Roman ein Fest – vielleicht ohne Handlung, aber in einem Raum, der alles zusammenhält, einem Palast womöglich mit vielen Zimmern, in denen die Musik aus dem großen Saal oft nur noch schwach zu hören ist. Unaussprechliches, Unbeschreibliches waltet, was diese Wirkungen angeht. Das hindert nicht, daß Doderer nicht doch versucht hätte, sie zu definieren, oder eher, die Bedingungen zu sistieren, unter denen sie zustande kommen.

Vorbereitungen und Nachbereitungen umgeben die beiden großen Werke Doderers; diese Bemerkungen bezogen sich auf die Romane und Erzählungen, die »Strudlhofstiege« und den »Dämonen« vorangingen und folgten. Die eigentliche Vorbereitung aber fand in den Tagebüchern statt, die in drei große Komplexe aufgeteilt werden können: die »Tagebücher von 1920 bis 1939« sind noch am ehesten mit dem vergleichbar, was man von anderen Dichterdiarien her kennt: Aufzeichnung des täglich Erlebten und Gedachten, wenngleich hier schon die durch den Meister Gütersloh angeregte und verstärkte Neigung zu erkennen ist, die Beobachtung des Alltäglichen unter höchstpersönlich entwickelten Kategorien der Psychologie oder der, wie es bezeichnenderweise heißt, »Geistesmechanik« zu erfassen. Das alles in hochkomprimierter Form, die die Erinnerung an die notierten Ereignisse und ihre Umformung im Roman oft unlösbar zusammendrängt. Bezeichnend für dieses Tagebuch sind Kurzessays. Die Arbeit am Roman stellt sich als Selbstbeobachtung dar, die nach einem sich beständig weiterentwikkelnden System betrieben wird. Schon in diesen frühen Tagebüchern wird deutlich, daß es Doderer niemals in seinem Leben als Schriftsteller darum ging, im landläufigen oder eben in einem geistvoll verzwickten Sinn Geschichten zu erzählen. Der Gedanke an Geschichten, an Stoffe, an Spannung und Erzähltechnik taucht in diesen Tagebüchern, die einzig um die Arbeit des Schriftstellers kreisen, überhaupt nicht auf. Man setze die Tagebücher des Henry James dagegen, diese Sammlung von Erlebnissen und Menschen, aus denen sich eine Erzählung oder ein Roman entwickeln ließe, als Vorrat des professionellen Autors für die Zeiten der Einfallslosigkeit.

Über längere Strecken könnte der Leser bei der Lektüre der Doderer-Tagebücher gar nicht auf die Idee kommen, es handele sich hier um ein Schriftsteller-Tagebuch, es gehe hier um die Arbeit an einer umfangreichen Erzählung. Diese

Arbeit findet aber wie in einem anatomischen Theater des Barock an einem einzigen Körper statt, der in den Tagebuchseiten ausgebreitet liegt und bei lebendem Leibe bis in die letzte Faser auseinandergenommen wird, wobei man sich, um die Unheimlichkeit des Vorgangs zu steigern, einen Körper von der Art des Prometheus vorzustellen hat, dem die Leber, die der rachsüchtige Zeus-Adler ihm aus der Seite hackte, beständig nachwuchs – so sind auch die Doderer-Organe nach Zergliederung alsbald wieder zusammengewachsen und zu einer neuen Zergliederung bereit. Das dem einzelnen Unsichtbare, die eigene Persönlichkeit, wird gleichsam detektivisch aus dem sexuellen Verhalten, aus Euphorie und Verstimmung, aus Sympathie und Antipathie gegenüber anderen, aus den niemals beherrschbaren Konditionen von Abkunft und Kindheit und aus den unwillkürlichen Erinnerungen an alle möglichen Zustände der näheren und ferneren Vergangenheit neu zusammengesetzt.

Ab 1940 bis 1950 folgen dann die »Tangenten« genannten Tagebücher, die den Dostojewski-Untertitel »Tagebuch eines Schriftstellers« tragen. Es sind die am leichtesten lesbaren Tagebücher Doderers. Alles bis dahin Erlebte scheint eine Vorbereitung auf diese Jahre, in denen die eigentliche Produktion beginnt. Doderer wurde 1940 zum Militär einberufen und hat den Krieg auf Verwaltungs- und Ausbildungsposten in Frankreich, Rußland und Norwegen verbracht. Ein offenbar vergleichsweise müßiges Leben machte es möglich, an den »DD« weiterzuarbeiten; zugleich wuchs, gleichsam aus der Rippe der »Dicken Damen«, die »Strudlhofstiege« hervor. Das Manuskript schien in Norwegen verloren, während Doderer aus der Kriegsgefangenschaft entlassen nach Österreich zurückkehren durfte. Er hatte den endgültigen Verlust schon als eine ihm speziell zugedachte »Buße« akzeptiert, als das Konvolut, ein Jahr verspätet, doch noch bei ihm eintraf.

Hier sei in Parenthese eine Bemerkung zu Doderers moralischer Konstitution gemacht, die den Gegensatz zwischen der üblen Nachrede, der dieser Autor bis heute ausgesetzt ist, und der Realität recht deutlich macht: In den Hungerjahren zwischen 1945 und 1950, in denen Doderer wegen seiner höchstens virtuellen NSDAP-Mitgliedschaft mit Veröffentlichungsverbot belegt war, während sein »Meister« Gütersloh, der ein echter Nazi gewesen war, sich längst wieder als Präsident der Akademie in Amt und Würden befand, in der Zeit, in der das Manuskript verloren scheint, während der Kämpfe um das Buch, das womöglich gar nicht veröffentlicht werden würde, und in äußerster materieller Not findet sich im Forum internum des Tagebuchs kein einziges Wort des Haderns oder der Klage; dieser Großmeister der täglichen Gewissenserforschung lehnt es ab, für irgendwelche Mißhelligkeiten des Lebens andere Instanzen als sich selbst verantwortlich zu machen, und läge fremde Schuld noch so deutlich auf der Hand.

Ein besonderes Abzeichen der »Tangenten« sind die Selbstgespräche, die der Autor über die Personen seines Romans führt, von denen allein zwei schon Selbstportraits sind: der Schriftsteller Cajetan von Schlaggenberg, der »Dicke-Damen«-Systematiker, und René – Heimito-Renatus – von Stangeler – dazu muß man wissen, daß laut Grimmschem Wörterbuch ein »Doderer«, im Schwäbischen ein Stotterer, im alemannischen Dialekt ein »Stangeler« sein kann. Und gerade über Stangeler wird wie über einen Fremden räsoniert, freundlich-distanziert wie über einen toten Bekannten, über den man sich Jahre später Vermutungen mitteilt. Im ganzen äußert Doderer über das »Tangenten«-Tagebuch aber eine Kritik, aus der er für die folgenden Tagebücher dann eine strenge Konsequenz zieht:

13.5.45 »Ein Tagebuch wird um so geringere literarische Qualitäten haben, je mehr es sich in der Verlängerung oder sozusagen im Blickstrahle des bewußt ordnenden Denkens bewegt, oder: je weniger es epigrammatische Prosa darstellt, sondern deskriptiv dem Exoteron nachzukommen – besser: nachzuhasten – sich bemüht, sei's auch unter Anbringung von Marginalien zu jenen äußeren Tatsachen: Privat-Journalismus. Geschrieben wird da einmal aus einem nicht schreibensreifen Stadium, hierüber besteht kein Zweifel. Sonderlich, wenn man bedenkt, daß sogenannte Fakten bis zur deskriptiven Schreibensreife, bis zu ihrer Wiederkehr als frei steigende Erinnerung an irgendeiner überraschenden Kurve des Gedächtnisses, viel längerer Liegezeit bedürfen als Gedanken, wenn solchen zunächst die Einheit von Form und Inhalt fehlte, sie also noch keine Gedanken waren ... Dementsprechend müßte der Schriftsteller im deskriptiven Teil des Tagebuches sich mit weit Zurückliegendem befassen, je nachdem, wie es zum freien Steigen käme. Das tut er, nur nennt man's nicht mehr Tagebuch.«

Hier ist ein Terminus gefallen, der in Doderers Vorstellungswelt eine große Rolle spielt und der eine wichtige Verbindung zu den letzten Tagebüchern, den zwischen 1951 und 1966 geschriebenen »Commentarii«, herstellt, den Tagebüchern aus der Vollendungszeit der »Dämonen«, und der uns auch wieder den eingangs erwähnten Spielen mit Pfeil und Bogen näherbringen wird. Aus dem eine ganze Welt erschließenden Geschichtswerk der Brigitte Hamann, »Hitlers Wien«, ist die geistige Atmosphäre der Kaiserstadt vor dem Ersten Weltkrieg wieder ins allgemeine Bewußtsein gerückt worden. Man muß dies Wien eine große Suppenküche der Ideen nennen, mit vielen Töpfen, in denen geniale und halbgeniale Dilettanten ihre eigenständigen, durchweg selbsterdachten und ausgedachten Welterklärungen, monokausale selbstverständlich, zusammenbrauten. Nimmt man die Zahl der von Selbst-Denkern und phantasievollen Autodidakten erschaffenen Weltsysteme dieser Jahre zusammen, erscheint selbst ein Sigmund Freud nur als einer unter vielen und in ein Umfeld von vor nichts zurückschreckenden Theorienbegründern jedenfalls perfekt eingebettet.

Der Psychologiedozent Hermann Swoboda hielt eine Vorlesung an der Wiener Universität, die der junge Kriegsheimkehrer Doderer besuchte und die ihn bis zum Ende seines Lebens beeindruckte. Swoboda bildete einen kleinen häretischen Seitenzweig der Freud-Schule. Er sah die Seele objektiven, biologisch-physikalischen Gesetzen unterworfen, eine Idee, die er zur gleichen Zeit wie Freuds Freund Wilhelm Fließ entwickelt hatte. In seinem Werk »Die Perioden des menschlichen Organismus in ihrer biologischen und psychologischen Bedeutung« vertrat er die Überzeugung, alle seelischen und körperlichen Lebensvorgänge entwickelten sich in einem periodischen Rhythmus – von dreiundzwanzig Tagen bei Frauen und achtundzwanzig Tagen bei Männern; vor allem die Assoziationen, die bei Freud von der unbewußten Regie der Seele gelenkt wurden, gehorchten nach Swoboda solchen Rhythmen – Ereignisse traten den Menschen »freisteigend«, wie er es formulierte, also durchaus unabhängig von der augenblicklichen seelischen Situation, ins Bewußtsein, weil dreiundzwanzig oder achtundzwanzig Stunden oder auch ein Vielfaches davon seit ihrem ersten Eintreten oder der letzten Erinnerung an sie vergangen seien.

Was es mit dem naturwissenschaftlichen Wert dieser These auf sich hat, kann uns in unserem Zusammenhang gleichgültig sein; Swoboda jedenfalls war nur geringer Erfolg mit ihr beschieden, eine Berufung zum Ordinarius blieb ihm stets verwehrt. Aber der Begriff der »freisteigenden Erinnerungen« prägte sich seinem Schüler Heimito von Doderer tief ein. »Bedeutende Fördernis durch ein einziges geistreiches Wort« heißt eine kleine Goethe-Schrift; so wurde der Begriff der »freisteigenden Erinnerung« zum Schlüsselbegriff in Doderers Auffassung von der Rolle der Erinnerung für den Roman.

Wissenschaftliche Theorien mögen haltlos sein und von der eigentlichen Zunft verworfen werden – als Vorstellungsmuster eines Romanciers können sie immer noch Verwendung finden und fruchtbar sein, denn wenn die Kunst ganz grundsätzlich darin besteht, eine Art Ordnung in einen amorphen oder chaotischen Stoff zu bringen, kann ihr dabei jedes wie immer geartete Ordnungsmodell dienen. Und die Vorstellung einer »freisteigenden Erinnerung« muß den Romanschriftsteller, der es mit der Bearbeitung und Belebung seiner eigenen Vergangenheit zu tun hat, besonders entgegenkommen.

»Freisteigend« – dieses Wort ruft schon ein Aufsteigen von Bildern hervor, weniger im Kopf als wie im Theater, geradezu vor den Augen als objektives, äußerliches Gesicht, wie der tote Banquo mit blutenden Wunden vor Macbeth frei und durchaus unwillkommen aufsteigt. In der »freisteigenden Erinnerung« wird die Vergangenheit anschaubar als ein aus der Ereigniskette herausgelöstes, zutiefst rätselhaftes, deutliches und zugleich bedeutungserfülltes Bild. In der freisteigenden Erinnerung wird die Vergangenheit zu einem alle Gegenwarten der Zukunft durchwirkenden Faden, sie mischt sich in die Gegenwart hinein, sie kommt, um erneut einen theatralischen Vergleich zu gebrauchen, unversehens während der banalen Vollzüge des Gegenwartsalltags zu Gast wie das Marmordenkmal des Komturs im »Don Giovanni«. In ihrem Aufsteigen enthüllt die Vergangenheit ihr eigentliches Gesicht. Nicht die romantische Devise hat recht: »Was sich nie und nirgends hat begeben, / das allein veraltet nie«, sondern im Gegenteil: Nur das veraltet nicht, sondern erwacht erst zu eigentlichem Leben, was sich einst ereignet hat, was dann gründlich vergessen worden ist und was nun aus dem Grab dieser Vergessenheit aufsteigt: Das wird der ewig junge, über die Generationen hinweg frische Stoff des Romans.

Die Ähnlichkeit und sogar echte Verwandtschaft zur

Konzeption des Marcel Proust ist unübersehbar. Da Doderer das Proustsche Werk vor dem Ende des Zweiten Weltkriegs wohl nicht zur Kenntnis genommen haben kann – es gibt keinerlei Spuren, die davor auf Proust-Lektüre hindeuten –, bleibt ein weiteres Mal das Geheimnis zu bestaunen, daß im Rahmen einer Epoche, wenn eine bestimmte Idee gleichsam zur Reife gelangt ist, an verschiedenen Orten der Welt die verschiedensten Leute, die nicht miteinander in Verbindung stehen, auf dieselben Gedanken kommen. Anhand solcher Erscheinungen wird Geschichte plötzlich sichtbar.

Es war notwendig, sich den »freisteigenden Gedanken« zuzuwenden, bevor ausführlicher auf die »Commentarii«, die Tagebücher der letzten Lebensjahrzehnte, eingegangen werden kann. Diese Tagebücher unterscheiden sich stark von allen vorhergehenden, auch durch reichlichen Gebrauch von Privattermini à la »freisteigende Erinnerungen«. Anekdotisches wird jetzt überhaupt nicht mehr erzählt, »Tagesreste«, von denen man in der Traumdeutung Freuds spricht, sind ausgeschieden. Alleiniger Gegenstand ist die Arbeit am Roman, aber auf eine Weise, die weder in den vorhergehenden Tagebüchern noch in den Arbeitstagebüchern anderer Romanciers ihresgleichen hat. Bevor wir uns Kostproben dieser »Commentarii« zuwenden, wollen wir uns noch einige weitere Termini anschauen, die in ihnen regelmäßig auftauchen, schon die Worterklärungen, die Übersetzung dieser Begriffe »in Menschensprache«, wie Kant es für die Terminologie Hamanns notwendig fand, werden Wichtiges über den Charakter der Einträge preisgeben. Doderer selbst hat sich um die Definition seiner Termini immer wieder neu bemüht, er hämmert sie sich und trichtert sie sich regelrecht ein, in ständig neuen Ermahnungen führt er sich seine Begriffe vor und hält sie sich evident. Da uns aber darum zu tun ist, die Dodererschen Termini, oder besser, die Methode, die sie formulieren helfen sollen, dem gleichsam »profanen«

Bewußtsein eines größeren Leserpublikums näherzubringen, werden wir uns der Dodererschen Formulierungen nicht bedienen, sondern versuchen, sie uns mit eigenen Worten zu eigen zu machen.

Zentraler Begriff ist der »Schriftsteller«, dem der »Anti-Schriftsteller« gegenübergestellt ist. Man ahnt, daß es hier nicht um schriftstellerische Professionalität gehen kann, um eine Beherrschung schriftstellerischen Handwerks oder ähnliches. Für die Doderer-Romane spielt der Begriff der »Menschwerdung« ihrer Helden eine große Rolle, die »Schriftsteller-Werdung« ist da eigentlich nur Fortsetzung und Präzisierung dieser Menschwerdung. »Schriftsteller« und »Anti-Schriftsteller« sind anthropologische, darüberhinaus aber auch moralische Kategorien und der Maßstab seelischer Entwicklung. Im Dodererschen Sinne könnte man sich gar einen »Schriftsteller« vorstellen, der kein einziges Buch geschrieben hat, während die »Anti-Schriftsteller« sehr fruchtbar sind und unablässig produzieren. Der »Anti-Schriftsteller« ist die durch Herkunft, politische Überzeugung, ästhetisches Urteil, durch ihren Geschmack und ihre Grundsätze fest definierte, vom Panzer der eigenen Meinung luftdicht umschlossene Persönlichkeit, die sich in dieser unerschütterlichen Form, dieser Stempelform, der Realität aufzuprägen sucht. Der »Anti-Schriftsteller« weiß schon, was er sehen wird, bevor er zu beobachten begonnen hat; er hat Partei ergriffen, auch sprachlich womöglich, durch eine von seinem Ausdruckswillen gezeichnete Sprache. Das ist es: Der »Anti-Schriftsteller« weiß, wer er ist und was er will. Der »Schriftsteller« hingegen hat versucht und versucht es täglich aufs neue, den erwähnten Panzer – oft ist es auch nur ein Fischbeinkorsett oder gar ein Bruchband – abzulegen und den Schritt in die eigene Undefiniertheit und Formlosigkeit hinein zu wagen. Der Schriftsteller versucht, um es mit Ausdrücken der Doderer teuren thomistischen Philosophie zu sagen, die eigenen Eigenschaften von seinem Wesenskern zu trennen und als ablegbare Akzidenzien zu begreifen. Er versucht, von sich nicht mehr zu denken, was wir alle täglich von uns sagen: »So bin ich nun einmal ... das ist nicht meine Art ... ich bin ein Mensch, der ...« Daß es bei diesem Literaturverständnis kaum mehr darum gehen kann, »sich auszudrücken«, ergibt sich ohne weiteres aus dem Umstand, daß der solcher Art gebildete »Schriftsteller« gar nicht mehr wüßte, wer es denn sei, der sich da ausdrücken solle. Die Krönung findet der »Schriftsteller« schließlich im »Nicht-Schriftsteller«, bei dem sich alles absichtliche stilistische und gestaltende Wirken spurlos aufgelöst hat. Gómez Dávila mag von ähnlichem sprechen, wenn er sagt: »Eines Tages landen die Wörter bei dem geduldigen Schriftsteller wie Schwärme von Tauben.« Beim Nicht-Schriftsteller ist der Text durchscheinend und von tiefgründender Dunkelheit, wie das Wasser eines langsam fließenden sauberen Flusses. Die dargestellte Wirklichkeit hat durch ihr »zu Kristallschießen in der Grammatik« – auch eine Lieblingsvorstellung Doderers – beinahe nichts verloren – auch im kristallinen Zustand läßt sich ihr schimmerndes Fließen noch erahnen.

Was den »Schriftsteller« und den »Nicht-Schriftsteller« macht, ist die »Apperzeption«: ein Ausdruck aus der Kantischen Philosophie, bei Doderer aber ein Schlüsselbegriff für eine seelische Haltung, die von der ganzen Person des Schriftstellers Besitz ergriffen hat. »Apperzeption« ist das Bereitsein, die Signale und Prägungen der Dingwelt und die aufsteigenden Bilder der Erinnerung zu empfangen. Wofern man das Empfangen mit der Weiblichkeit assoziieren möchte, ist der apperzipierende Schriftsteller weiblich, nichts hervorbringend, was nicht durch ihn hindurchgegangen wäre. Raster und Muster, die sich zwischen Seele und Welt stellen könnten und die »Apperzeption« behindern oder die das Erlebte zu früh benennen, gliedern, kategorisieren wollen, hat der Meister-Apperzipierer bei sich abgeschraubt. In der »Apperzeption« muß die ungestaltete Botschaft der Welt gänzlich ungeformt einströmen. Diese Unordnung, dieses Chaos ist ein kostbares Stadium. Bei Doderer heißt es »Zerfall der Lage«. Hier wird der Unterschied zwischen dem politischen Denker und dem Schriftsteller Dodererscher Prägung besonders deutlich. Während für den politischen Denker der Imperativ des Carl Schmitt gilt: »Erkenne die Lage!«, so soll dem Schriftsteller die Lage stumm werden, ausdruckslos und vieldeutig zur gleichen Zeit. Im »Zerfall der Lage« zeigt sich erst die Majestät des Objektiven in seiner unbegreiflichen Andersartigkeit. Im apperzipierenden Anblick des »Zerfalls der Lage« kann der Schriftsteller schon auf Erden »Luft von anderen Planeten« spüren, wie es in dem George-Gedicht heißt, in ihr wird der fernste Planet die alltägliche Umwelt, die einer hat.

Über der »zerfallenden Lage« wölbt sich der »prägrammatische Raum«, mit dem wir es bei unserer Studie des Doderer-Deutsch bewenden lassen müssen, obwohl man diese Studie noch länger fortsetzen könnte. Im »prägrammatischen Raum« heißt es für den Schriftsteller so lange als möglich zu verweilen. Am besten verließe er ihn überhaupt nicht. Er würde sich dann zwar von seinem Publikum auf immer verabschieden, ein solches Publikum aber auch nicht mehr vermissen. In der Grammatik wird die köstlich stumme, köstlich reiche Wirklichkeit gleichsam frappiert, wie man das Eintauchen der aus dem Keller geholten Champagnerflasche in den Eiskübel nennt. Was umeinandertanzte und sich ineinanderwob, wird als Subjekt und Objekt auseinanderdividiert und grammatisch klassifizierend eingefroren.

Es erscheint für einen Schriftsteller überraschend, daß ihm die Sprache zwar ein Schlüssel ist, aber einer, der den Zugang zur Welt sowohl auf-, als auch zuschließen kann; das Zuschließen, ja das Verrammeln dieses Welttörchens durch Sprache kommt dem Doderer der »Commentarii« als die weitaus größte Bedrohung vor. Im »prägrammatischen

Raum« ist alles nur Duft und Stimmung: daher der Kult, den Doderer mit dem Geruch von Lack trieb. So wie für die antiken Juden der Weihrauchgeruch im Allerheiligsten des Tempels die Schekina die körperliche Anwesenheit des Gottesgeistes darstellte und erlebbar machte, stiften für Doderer Gerüche – nach Lack, nach Lavendel, nach dem Kampfer sommerlicher eingemotteter Wohnungen vorzugsweise – den wirklichkeitserfüllten Raum, das aufgeladene, satte, sich ballende Sein, dessen mit sprachlichen Mitteln habhaft zu werden der große Meisterstreich ist; er mag früh einmal gelingen, aber er wird üblicherweise ein ganzes Leben als Vorbereitung brauchen. Sechzig sollte der Romancier also schon werden, und sechzig war Doderer, als er die »Dämonen« schließlich abgeschlossen hatte.

Wir nähern uns dem Bogenschießen, aber wir sind noch nicht bei ihm angelangt, obwohl bei dieser andeutungsweisen Betrachtung der Doderer-Wörter vielleicht schon zu ahnen war, welche Bewandtnis es mit diesem Bogenschießen hatte. Schlagen wir nun aber nach so vielen Präliminarien endlich die Tagebücher auf, durchaus willkürlich und nicht nach schönen Stellen suchend, der besondere Charakter dieses umfangreichen Korpus von Aufzeichnungen wird sich schnell erschließen.

»21. August 1952. Jetzt weht mich jene Gegend an, wo Trix ihre Beschäftigung hat: die Treppe am Strom. Es ist ein fast zartes Empfinden. Die Reize der Landschaft sind hier bescheiden und bedrängt von den Industriebauten, und doch so rührend und zart wie die Grasflächen und ihre Halme da und dort zwischen den Fabriken. Das Blau des anderen Ufers, in welches man hinüber und hineinsieht, blickt gehöht und schöner her, solchermaßen gerahmt, als es die in spinatgrüner Erhabenheit frei wogende ›Natur‹ je vermag.

Die wahre Nüchternheit, um welche es mir jetzt fast ausschließlich geht, beginnt schon bei der Apperzeption der näheren Umgebung, deren Konturen sich dadurch schärfen.

Döbling, Scheibengasse, wo ich einst wohnte, und den Fall Gütersloh schrieb ... Es war neu für mich, nah am Grün, an den Hügeln und Gärten zu wohnen; es waren reizvolle Spaziergänge. Ich entdeckte. Damals schrieb ich noch für Zeitungen. Das liegt mir heute vollends fern ... An sich ist's sinnlos, zur Literatur noch etwas hinzuzutun, wie's die Wissens-Beamten hinzu tun, in der Medizin, der Rechtswissenschaft, und so weiter; eine geistige Aktion und Produktion ist für mich nur diskutabel und möglich als autobiographisches Heurisma.

24. August. Jetzt und hier: eine der zahllosen Lagen. Man kann nicht nur in die Tiefe des Augenblicks versinken: man kann ihn auch relativieren. Ich saß auch bei Wiesbaden auf dem von Trotteln bewohnten Fliegerhorst und schrieb in meinem Offiziers-Wohnraum.

Waldrand bei Ober-Sievering, ein Reh; wie verging das? Ich meine: die Jahre, das Leben: doch größtenteils mit Unsinn, kein Zweifel. Ich werde nie verstehen, daß ich umfängliche, komplizierte und gelungene Arbeiten habe hervorbringen können; der Scherben, der ich bin, macht das Gewächs unverständlich.

7. September. Überall ist heute unterer Himmel an der Erde hängen geblieben, das Grün in die Nebel-Watte eingehüllt. Wir müssen auch öde Strecken mit starkem Herzen durchschreiten; widernatürlich wär's, ja, in der Konsequenz geradezu grauenhaft, bestünde das Leben nur aus Gärten und zuckersüßen Lauben. Es gehört auch die Einsamkeit des Menschen zu seiner Würde: will er's gleich nicht – sie hält ihn doch beisammen. Später erwählt er sie dann, rückt zurück, gewinnt Abstand und kann jetzt erst die Schönheit einer Welt erkennen, die bisher im Großen und Ganzen nur das Wirtshaus seiner Räusche war.

17. September, Berlin. Blumen, bunt, das Gesicht meiner

Schwester, flache Schale der grünen Natur dahinter: der Wald. Das Schweigen um Leonhard. Das Geheimnis dieser Augenblicke hier, in meinem Hotelzimmer am ›Ku'damm‹ wie die Berliner sagen, ist kein anderes. Es sind Leonhard's schweigende Augenblicke im Wald.

1. Oktober. Man kann sein abgelaufenes Leben bis zu einem Grade durchsichtig machen, daß es fast wie eine klare Lymphe unter einem steht, mit keinem festen Objekt darin: vielmehr erscheint alles aufgelöst, diaphan…

8. Oktober. Das Provisorische im Leben eines Schriftstellers auf allen Gebieten entspricht seinem sprachlichen Verhalten, welches jede Festlegung einer Position vermeidet, vor deren Verificierung durch hinzugegebene und hinzutretende Grammatik. So auch macht er keine Ordnung, damit diese, hinzukommend, umso leichter sich Platz schaffen könne, so auch leuchtet er nicht dem Eros zu Zielen; dieser will freien Aus-Schuß für seinen Pfeil, wann's dem Gotte beliebt. Vor der Grammatik, wenn schon nicht stumm, doch unbestimmt (Grammatik als neue Quelle der Skepsis!); vor der Ordnung, wenn schon nicht chaotisch, so elastisch; vor dem Eintreffen der Liebe aber, wenn schon nicht impotent, so annoch neutral. Das Gegenteil von alledem könnte man nennen: »Die praematuren Kristalle«; und doch sind sie's nicht, sie knirschen nur im Getrieb' des Lebens, werden jedoch bald zu Brei, weil innen weich wie gefüllte Bonbons, vom Pseudologischen nämlich. Provisorisch in allem und jedem zu bleiben aber heißt, seine Leitfähigkeit bewahren: für die Grammatik, den Eros, die Ordnung.

28. Oktober. Mir scheint heute, als sei meine eigentliche und wesentliche Vergangenheit von mir nie berührt worden – ein einziger locus intactus! – und was ich weiß und bewüßte, nur das bedeutungslose leichte Geröll. Und doch ist dies Tiefere und Festere für mich da, es ist zu haben, ich kann es ergraben und gewinnen.

29. Oktober. Ich müßte eine neue Art von Tagebuch hier

durchfädeln – in lila! – welches gleichsam den Kiel dieser Aufzeichnungen zu bilden hätte und ihr Gegengewicht: darin könnte das Ungestalte doch auf gestaltweise Art wie Wolkenballen gegen einander rollen, sich mischen und sondern; das Letzte und Unterste, was wir haben, was wir sind – jetzt blitzte und blendete kurz die Gegend der Votivkirche zu Wien auf – der Bauch des Lebens, der Abgrund von Unwissenheit, darüber wir schweben: rein von aller Ordnung, ihr vollends fremd, daher die wahren Bezüge und Schnur-Züge weisend – und also die wirkliche und wirksame Ordnung offenbarend. Ein solches Journal zu führen hieße ein neues Leben beginnen. Ein solches Journal zu führen wäre schon ein neues Leben. Das wölkt wie duftender Rauch herauf und belebt und beginnt alles von neuem.

30. November. Sehen wir in unser Inneres, so ist's wie ein gestörter Teich durch die Steine des Wortdenkens, die da unaufhörlich hineinfliegen ... Man muß lange warten, lang durch den endlich beruhigten Spiegel gegen den Grund blikken, bis im geklärten Wasser sich endlich wieder was regt und heranschwimmt: silbernes Fischlein, ich grüße dich! – schon aber fesselt mein Aug' tiefere Bewegung, am Grunde: ja, es ist ein langsam kriechender Krebs; und wer weiß, wer weiß, was du da drunten noch alles wirst zu sehen bekommen ... Wir haben gestört. Nun rühren wir uns nicht mehr: ... Kälte und Nüchternheit steh' uns immer bei! Laß' uns das nüchterne Chaos sehen, und nicht von den Reflexen der zittrigen Oberfläche geblendet werden, wo unsere Worte und Wörter wie berauschte Korken tanzen ... Das alles ist ... ein Gestoßen-Werden von Reizen, Gesichtern, Bildern, das meiste heut' auf dunkel-rauchigem, abendlichem Grunde verwandt jenen Ursprungs-Seiten der ›Stiege‹ im ›Cahier rouge‹. Noch eine oberflächen-nahe Schicht, noch recht unruhig. Schulbänke treten durch. Unterrichtsbilder an der Wand ... Schon ist das Kinderzimmer da ... Die Kinder-Sexualität. Das warme, geräumige duftende Reich von Mama's

Boudoir, der Kamin ... Jeder hat so was und dergleichen: man muß es relativieren und doch wichtig nehmen: aber dies Haben ist eine Grundtatsache, sie bestimmt unsere Reaktionen. Ein erheblicher Teil des von uns geglaubten eigenen Lebens ist allerdings nur eingebildet.«

Den längeren Passagen lasse ich noch ein paar abgerissene, aber für das Ganze bezeichnende Sätze folgen:

»Ich muß mich auch selbst verlassen können. Ich muß ernstlich bei Kakabsa sein. Ich muß mich mit Kakabsa in Kakabsa einschließen ...« »Man muß manchmal passiv sein können bis zur Verblödung ...« »Man lasse sich herab wie einen Eimer, sei er nun voll oder leer; oft dicht unter der Oberfläche des Augenblicks ist, wie eine verweilende kleine Wärme, unser eigentliches Leben zu spüren ...« »Man kann gar nicht skeptisch und nüchtern genug sein vor dem Absprung in die Sprache ...« »Ein Werk vollenden ist fast mehr ein Fallenlassen als ein Ergreifen, ein Auswerfen von Ballast, damit man steige ...« »Wieder ist da die Paracelsus-Gasse in Wien, das Café Paracelsus und sein ganz eigentümlicher übler Geruch ...« »Ich sollte Stücke meines Inventars, Möbel und andere Dinge, gar nicht mehr unterscheiden können von den umherliegenden Bestandteilen eines Charakters ...«

Wir haben genug vernommen, um verstanden zu haben – sofern man solche geistigen Übungen einfach verstehen kann, indem man gewisse Begriffe aus ihrem Umfeld zur Kenntnis nimmt. Für alle Askese gilt, daß sie der versteht, der sich ihr unterzieht. Über tausend Seiten, über die beiden Bände der »Commentarii« erstrecken sich diese Übungen, dieses Sich-selbst-unablässig-Kontrollieren. Die-Fortschritte-Verzeichnen. Die-Ziele-immer-neu-Stecken. Üben heißt wiederholen, und so sind die Notate der »Commentarii« denn auch voller Wiederholungen, nur durch den Einzelfall des jeweiligen Tages modifiziert. Und diese Übungen sind der Humus, das lockere, durchlässige, nahrhafte Erdreich, in dem der Roman wurzelt.

Der englische Dramatiker Michael Frayn hat eine überaus geistvolle Komödie geschrieben, die auf dem Theater spielt. Im ersten Akt sieht man, wie das Bühnenbild einer Salonkomödie in ebendieser Salonkomödie geprobt wird. Im letzten Akt, während der Premiere des Stücks, sieht man die Rückseite dieser Kulisse, von der aus die Schauspieler auf- und in die hinein sie abtreten. So sind die »Commentarii« mit den »Dämonen« verbunden, durch eine dünne Kulissenwand in die eigentliche Bühne und das dunkle Bühnenhaus aufgeteilt, während die Gestalten und die Gegenstände – die bei Doderer keineswegs leblos sind – durch diese Zellwand hin und her oszillieren. Fast ist es schon so, als seien die Romane nur Extemporalia des erreichten Übungsstandes – nicht, was den Grad ihrer Vollendung angeht, aber was dem Gewicht der Tagebücher zukäme.

Wie aber soll man dieses Training, das den Schriftsteller Doderer zum »Nicht-Schriftsteller«, um bei seinen Begriffen zu bleiben, machen sollte, eigentlich benennen? Nun endlich sind wir bei Pfeil und Bogen angelangt, jenem Kinderspielzeug aus den Sommern auf dem Rieglhof in der Winnetou- und Homer-Nachfolge. Aber schon auf dem Bogen, den Gaby Murad ihm schenkte, die Licea aus den »Dämonen«, hatte jene Devise gestanden, jenes »hic et nunc paratus«, das zunächst an das »Allzeit bereit« der Pfadfinder erinnert – auf einem Bogen schon gar –, aber auch in eine ganz andere Richtung, weit weg von Pfadfindern und lateinischer Kultur, in den fernen Osten zeigen kann. Sicher nachgewiesen ist erst für die fünfziger Jahre, daß Doderer sich mit dem japanischen »Zen in der Kunst des Bogenschießens«, wie ein populäres Büchlein des Japanologen Eugen Herrigel heißt, beschäftigt hat. Da fiel die Literatur über Zen bei ihm aber auf einen überaus wohlvorbereiteten Boden. Er war, ohne es zu wissen, längst auf dem Weg zur Zen-Meisterschaft gewesen; noch mehr als im Falle der gedanklichen Verwandtschaft mit Marcel Proust ist hier ein intuitives Mitschwingen und Mitfühlen einer Zeitstimmung anzunehmen, in der ein erster Begriff von der Zen-Philosophie durch Daisetz Suzuki vor allem nach Europa und Nordamerika gebracht wurde. Doderer war ein Zen-Jünger qua Temperament und qua künstlerische Erfahrung, bevor er es dann auch nach den Regeln dieser unausschöpflichen Kunst wurde, wobei die eigentliche Bogenschießerei bei ihm wohl immer nur den Charakter einer Geste hatte.

Hier ist nicht der Ort für eine auch nur ahnungsweise angemessene Darstellung der Zen-Philosophie. Anders als die Scholastik des indischen Buddhismus und ihre große kosmologische Philosophie sucht der Zen eine Einstimmung auf den paradoxalen Charakter der Wirklichkeit zwischen Schein und Leere und der bunten Fülle des Seins. Zen ist vor allem eine Praxis: in härtester und geduldigster Übung zu einem rein intuitiven alogischen Verständnis der Welt zu gelangen, eine Einfühlung in die Natur der Welt durch Ich-Auslöschung zu erreichen, dahin zu gelangen, um es platonisch zu sagen, daß man die Musik der sich aneinander reibenden Himmelssphären vernimmt und zugleich an ihrer Erzeugung teilhat. Der Begriff stellt sich zwischen den Gegenstand und seine Erkenntnis wie ein Wandschirm; die angestrebte seelische Leere ermöglicht, sich ohne Begriffe der Sache zu nähern. Wilhelm Gundert, der seine berühmte Übersetzung der »Niederschrift von der smaragdenen Felswand«, dieser Grundlage des japanischen und chinesischen Zen, noch zu Doderers Lebzeiten herausbrachte, spricht von »der herben Strenge, mit der die Zen-Bewegung immer wach die eigene Rede zügelt, gerade vor den heiligsten und höchsten Wörtern auf der Hut und stets darauf bedacht, daß nur ja die Sache selbst das menschliche Gemüt von Worten und Begriffen leer und unverworren finde«.

»In der Hütte der leeren Stille zu Hause sein« – diese Zen-Maxime könnte sich wörtlich auch in den »Commentarii« befinden und findet sich in ähnlicher und variierender Formulierung vielfach dort. Für Zen ist die Leere nicht das Ziel, wie in gewissen Schulen des indischen Buddhismus; sie ist vielmehr das Vakuum, in das die Welt mit ihren unendlichen Phänomenen »einströmen« kann – dies »Einströmen-Lassen« gehört zu den Lieblingstermini Doderers. Im übrigen ist die undoktrinäre Zen-Philosophie gar nicht so unüberwindlich streng von unserm Kulturkreis geschieden: Wenn Johannes der Täufer sagt: »Er muß wachsen, ich aber muß abnehmen«, erweist er sich damit als originärer Zen-Meister avant la lettre, und auch Jesu Worte vom Korn, das sterben muß, um Frucht zu bringen, und von dem, der sein Leben liebt und es deshalb verlieren wird, wären von den chinesischen Meistern der Tang-Zeit mit allen zeremoniell gezügelten Zeichen der Zustimmung begrüßt worden.

Wer Herrigels »Zen in der Kunst des Bogenschießens« liest, ein kleines Werk, das Doderer mit Gewißheit gekannt hat, sieht die Übungen der »Commentarii« zwanglos und geradezu gleitend ihren Ort in der Mitte dieser spirituellen Technik finden. Das Schießen, ohne zu zielen, in dem Vertrauen, daß Pfeil und Ziel einander suchen, die absichtslose Gespanntheit, aus der heraus der Schuß vom Schützen abfällt wie eine reife Frucht, die Idee einer »Meisterschaft der kunstlosen Kunst«, das höchste Ideal des Meisters, der selber zur kunstlosen Kunst wird und damit zum »Nicht-Meister« – diese herausgepflückten Begriffe schmiegen sich ohne weiteres in die Dodererschen Privatterminologie ein und haben sie zum Teil sogar inspiriert, wie im Falle des uns schon bekannten »Nicht-Schriftstellers«, der die Doderer angemessene Ausformung der soeben erwähnten »Nicht-Meisterschaft« ist. Vor allem eins bestätigt sich in den »Commentarii«: Doderer hat verstanden, daß Zen eine Praxis ist und keine Theorie, nichts, das man irgendwie über Begriffe aufnehmen könnte, wenn man die Begriffe nicht durch eigene unverdrossene Übung mit Erfahrung gefüllt hat. Die »Commentarii« sind weniger Dichter-Tagebuch als den Tagebüchern religiöser Praktiker, Mystiker, Asketen vergleichbar, sie sind ein Dokument seelischer Übungskontrolle.

Deshalb wird jetzt auch verständlich, warum die Fülle der krassen erzählerischen Kunstfehler in den Romanen, die Zumutungen der Konstruktion selbst für den nicht geneigten Leser vergleichsweise wenig ins Gewicht fallen, oft auch gar nicht recht ins Bewußtsein treten. Man spürt, daß der Roman »sich selbst erzählt hat«, daß die Bogensehne, um es mit Herrigels Zen-Meister zu sagen, nicht bewußt losgelassen worden ist, sondern ohne Willensbeteiligung des Schützen seinen Daumen durchschnitten hat. In den großen Passagen der »Dämonen« ist tatsächlich einmal zu erleben, wieder mit den Worten des Zen-Meisters, »daß das Es zwischen Pfeil und Ziel tanzt« – etwa in der Szene, in der eine im Roman weiter nicht vorkommende Hausfrau ausführlich geschildert wird, wie sie einen beim Einkochen von Obst entstandenen Zimmerbrand löscht. Aber auch an Stellen, die nicht solche Gipfel des Erzählens erreichen, bleibt immer spürbar, daß der Autor den Stoff und seine Sprache durch sich hindurchlaufen läßt, daß er den Fehlschuß erträgt, wenn nur nicht geistige Willensverkrampfung seine Ursache war, und so erträgt auch der Leser diese Fehlschüsse, die keine Zeugnisse fehlerhafter Haltung sind.

Ein Bild Doderers wäre unvollständig, ohne seine Neigung zum Grotesken zu erwähnen, die sich im Zen überraschenderweise bestätigen durfte. In dem Roman »Die Merowinger«, der als Satyrspiel den »Dämonen« folgt, erreichen gewisse Gewaltexzesse, die bis dahin in den engen Bezirken kurzer Erzählungen mehr oder weniger weggeschlossen waren, einen Höhepunkt: Therapeutische Gewalt ist es, wohlgemerkt, die hier mit wollüstigem Vergnügen zelebriert wird. Der »Plautz«, der überraschende Schlag mit der flachen Hand auf die Glatze, der Bartriß und alle Arten rüder Tritte sollen Aufgeblasenheit, »Greisenwut«, Unverschämtheit und Eitelkeit irgendwelcher Protagonisten zum Platzen bringen. Unmöglich, hier nicht an die schmerzhaften Strafen zu denken, die Zen-Meister durch plötzliche heftige Hiebe mit dem Stock oder dem Yak-Wedel dem ich-befangenen, ehrgeizigen, altklugen Schüler angedeihen lassen, damit er durch den Schock aus dem eingefahrenen Lebensgleis herausspringe.

Doderer muß beim Zen der Gegensatz zwischen äußerster Verfeinerung und hartem Zuschlagen im Innersten entzückt haben. Man darf nicht vergessen, daß sich den angedeuteten Übungen der Willensverneigung ein Mann unterzog, der einer der originellsten Exzentriker seiner Zeit war und der vor aggressiver Intelligenz nur so barst – wäre es nicht so gewesen, hätten sich die bewußten Übungen freilich auch nicht gelohnt. Verständlich ist aber auch, daß eine Kunst, in deren Zentrum solche absichtslose Stille wohnt, in ihrer Einzigartigkeit so schnell nicht erkannt werden kann. Erst wenn die politischen, philosophischen und ästhetischen Diskussionen des neunzehnten Jahrhunderts, die die Literatur des zwanzigsten Jahrhunderts so nachhaltig geprägt haben, vergessen und in den Staub der Archive gesunken sind, wird ein Werk ganz sichtbar werden, das an ihnen keinen Anteil hat.

# Ein Winter in Shio Mghvime

## I

Das Kloster Shio Mghvime liegt in der Nähe der alten georgischen Königsstadt Mzcheta. Der heilige Einsiedler Shio, ein syrischer Mönch, hauste hier in einer Höhle und sammelte einen Kreis von Nachfolgern um sich, der nach seinem Tod beständig wuchs; im ersten nachchristlichen Jahrtausend haben in manchen Zeiten mehr als zweitausend Mönche in den Höhlen gelebt, die sie in die Steilhänge gruben. So darf Shio Mghvime, das heißt »Shios Höhle«, sich zu den frühesten Klöstern der Christenheit zählen. Und tatsächlich kommt die bergige Landschaft, in der das Kloster liegt, einer ägyptischen Thebais sehr nahe. Dies Gebirge besteht aus einem fest zusammengebackenen, steinhart gepreßten Geröll- und Sandgemisch, das sich Wasser und Wind zu beständiger Formung anbietet. In das Hochplateau hat der Fluß ein tiefes Tal gegraben. Steilwände begrenzen den Blick, zu ihren Füßen fällt das Gelände sanft hügelig ab, aber die Hügel sind von Schluchten durchschnitten, die hinunter zum urzeitlich schlangenhaft sich windenden Fluß führen. Das andere Ufer sieht weniger dramatisch aus, die Abstürze sind hier nicht so steil; in der Talsohle steht eine verlassene und verrostete Fabrik, in majestätisch leerer Mondlandschaft das Zeugnis eines gescheiterten Versuchs der Industrialisierung.

Vor den Steilwänden von Shio Mghvime leuchtete mir der Gedanke ein, alle monumentale Architektur sei im Grunde eine Nachahmung der Berge. Die konkave Riesenwand, die gleichsam über dem Kloster schwebte, glich einem monumentalen Sperriegel, hinter dem gewaltige Wassermassen hätten stehen können. Sie wirkte wie eine menschliche Schöpfung; in diese Wand Höhlen zu graben schien nur die Vervollständigung eines vorgefundenen Bauwerks zu sein. Hier verstand ich den Vers des Heinrich Seidel: »... o, wie ist der Mann zu loben, der solch fürchterliches Toben / schon im Voraus hat bedacht / und die Häuser hohl gemacht«, als seien Häuser ursprünglich Skulpturen ohne Innenleben gewesen.

Neben der mächtigen Muschel, in die das winzig wirkende Kloster sich schmiegte, richten sich hochragende felsige Festungsmauern mit runden Türmen und Bastionen. Die Erosion hatte Titanenburgen geschaffen, die von den Mönchen wie von Termiten durchlöchert worden waren. Die Felstürme blickten in eine weite, von Schneebergen begrenzte Ebene, die immer wieder Schauplatz großer Schlachten war. Meist hatten die Georgier verloren, dann wurden sie von Invasoren unterworfen, wie die Landschaft den Wettergewalten unterworfen war. Sie war von lehmig-staubigem Ockergrau, windflüchtende schwärzliche Pinien klammerten sich an Felsvorsprünge, ein Lieblingsmotiv chinesischer Rollbilder. Aber am Tag, nachdem der letzte Schnee getaut war, begannen sich die Hänge schon mit Zyklamenteppichen zu bedecken, über denen rostrote und hellgelbe Schmetterlinge flatterten, einer war so hellblau, daß er vor dem Himmel manchmal unsichtbar wurde.

## II

Weil ich keine Übersetzungen der langen Lesungen während der Nachtwachen besaß, habe ich eine Weile, beim Schein einer kleinen Kerzenflamme, im Kirchendunkel Dante gelesen. Meine Ausgabe war sehr klein und hatte einen schwarzen Lederrücken und Ledérecken. Sie sah wie ein Gebetbuch aus und erregte kein Mißtrauen. Ganz wohl war mir nicht in meinem Gewissen bei dieser Lektüre, die durch eine Reihe kreisrunder gelber Wachsflecken auf den Seiten dokumentiert ist. Nicht etwa weil Dante keine geistliche Literatur gewesen wäre – dafür mag er trotz der großen Freiheiten, die er sich nimmt, wohl durchgehen –, sondern weil er so ausgeprägt katholisch im lateinisch konfessionellen Sinne war – als »katholisch« im Sinn des Credo versteht sich die georgische Orthodoxie natürlich ebenfalls. Bei Dante, der doch vorgeblich eine ganze Welt beschrieb, gähnte an der Stelle, wo die griechisch-orthodoxe Christenheit hingehört hätte, ein großes Loch, dem er sich noch nicht einmal zu nähern traute. Konstantins und Justinians Größe wird zwar gepriesen, aber Konstantinopel, jenes Wunder einer Stadt, das die beiden Kaiser hervorgebracht und beherrscht haben, findet keine Erwähnung, obwohl Dante ein Zeitgenosse der Kreuzfahrer war und auch die fatale Periode des lateinischen Kaiserreiches in seine Lebenszeit hineinragt. Der Prophet Mohammed, der Kalif Ali und der Philosoph Ibn Rushd sind in Dantes Jenseits bekannt, aber kein Byzantiner. Die für die Entwicklung des Christentums so prägenden Gestalten der östlichen Kirchenväter, die Heiligen Basilius, Johannes Chrysosthomos, Gregor von Nyssa und Gregor von Nazianz fehlen genauso wie die für die Formulierung des Dogmas verantwortlichen Athanasios und Kyrill von Alexandrien. Nur Nikolaus von Myra und der Mönchsvater Antonius aus Ägypten kommen zu Fußnotenehren.

Und dabei ist Dante das Griechenland der Antike mit seinen Göttern, Halbgöttern und Heroen so gegenwärtig, als seien sie besonders ehrfürchtig zu betrachtende Florentiner – nein, eben nicht Florentiner, denn der Autor spricht kein Griechisch und weiß, daß er sich dafür zu schämen hat. Als er in der Hölle zwei Flammen ansprechen möchte, tritt Vergil dazwischen: »Sie könnten deine Rede wohl verachten, weil sie Griechen waren«, Odysseus und Diomedes nämlich.

Das ist der Verdacht, den Dantes auffälliges Schweigen über die griechischen Christen bei mir auslöst: Hinderten ihn vielleicht eine ihm peinlich bewußte Unwissenheit und ein allzu großer Respekt daran, mit den christlichen Nachfahren der großen Griechen der Antike so unbekümmert ins Gericht zu gehen wie mit den Abendländern? Dante, der unübertroffene Verflucher und Beschimpfer, sagt kein einziges böses Wort gegen die orthodoxen Schismatiker. Die Verderber der Christenheit sind bei ihm vor allem die Päpste, die sich nicht mit ihrem Priesteramt, ihrer Binde- und Lösegewalt zufriedengeben, sondern weltliche Fürsten geworden sind. Und nichts anderes warfen die Orthodoxen den Päpsten vor. Oder sollte die Pointe am Ende darin liegen, daß Dante die Orthodoxen aus der »Commedia« heraushielt, weil er ihre Papstkritik so vollständig übernahm?

Die Sprachbarriere machte es mir unmöglich, den Mönchen von Shio Mghvime eine umfassende und gründliche Antwort zu geben, wenn sie mich fragten, warum ich nicht orthodox würde. Was ich ihnen hätte sagen müssen, das hätten sie nicht verstanden: Ich könne nicht orthodox werden, weil ich es schon sei. Ich gebe zu, daß es vielleicht sträfliche Sorglosigkeit verrät, sich als Katholik so selbstverständlich der Orthodoxie zuzurechnen. Womöglich verbirgt sich darin sogar jene rücksichtslose Vereinnahmung aus schierer Herrschsucht, wie sie die Orthodoxen von den Katholiken in den tausend Jahren der Trennung leidvoll erfahren haben. Wenn Orthodoxe stolz und kämpferisch auf die Eigenart ihrer Theologie verweisen, die mit der katholischen Theologie unvereinbar sei, dann hören sie ungläubig zu, wenn ein Katholik darauf antwortet, es gebe nichts in der orthodoxen Doktrin, das ein strenggläubiger römischer Katholik sich nicht zu eigen machen dürfte.

Das betrifft sogar die Haltung zum Papsttum, dessen Ehrenprimat auch in der Orthodoxie unbestritten ist. Die dogmatisierte Unfehlbarkeit in Fragen des Glaubens und der

Sitten begründet ja keine päpstliche Souveränität, sondern steht unter der Bedingung, daß der Papst in Übereinstimmung mit der gesamten kirchlichen Tradition spricht. Sie unterwirft den Papst der Tradition. Der von den Päpsten beanspruchte juridische Primat mit dem Recht, die Kirche zentralistisch zu führen, ist demgegenüber keine Glaubensfrage, sondern Ergebnis der Kirchengeschichte des Westens und steht, wie der gegenwärtig regierende Papst schon als Kardinal angedeutet hat, bei einer gemeinsamen Zukunft mit der Ostkirche durchaus zur Disposition.

Es kann hier aber nicht darum gehen, und es ging mir auch in Shio Mghvime nicht darum, das Trennende und Verbindende zwischen katholischer und orthodoxer Kirche theologisch präzis und argumentativ gegeneinander abzuwägen und die Unterschiede kleinzureden. Es sei dahingestellt, ob der Papst, der im elften Jahrhundert in das niceo-konstantinopolitanische Glaubensbekenntnis die berühmt-berüchtigte Formel des »filioque« einfügte und damit den Heiligen Geist nicht nur, wie es im Johannesevangelium heißt, vom Vater, sondern auch vom Sohne seinen Ausgang nehmen ließ, ob dieser Papst bloß in grober Weise seine Befugnisse überschritten oder ob er damit eine Häresie begründet hat. Denn der Hinweis auf die zahlreichen Schriftstellen, die der Papst zugunsten seiner Entscheidung hätte anführen können, auf die orthodoxen Väter, die bereits im ersten Jahrtausend eine dem »filioque« verwandte Formel gebrauchten, und auf moderne katholisch-orthodoxe Theologenkommissionen, die in den unterschiedlichen Formeln kein trennendes Element mehr erkennen wollten, hätte die Mönche von Shio Mghvime nicht in ihrer Überzeugung erschüttert: daß die katholische Kirche die Einheit des Christentums bis heute beschädigt habe.

Damit war eine wichtige Voraussetzung für meine Teilnahme an den »Mysterien« oder den »Sakramenten«, wie sie im Westen genannt werden, verlorengegangen. Nur in der Einheit des Glaubens war das Ereignis des »Mysteriums« möglich. Die Heiligenbilder, die die Innenwände einer orthodoxen Kirche bedecken, umgrenzten den Raum, innerhalb dessen nur Eingeweihte, und das heißt Getaufte, anwesend sein durften, um Zeugen der liturgischen Begegnung mit dem Erlöser zu werden. Aber wie konnte ein Mensch behaupten, getauft zu sein, wenn er in einem Irrtum über die Natur des Heiligen Geistes befangen war und Priestern anhing, die diesen Irrtum in das Herz des Glaubens, das Glaubensbekenntnis der großen frühen Konzilien, gepflanzt hatten? Da half es wenig, daß inzwischen Papst Johannes Paul II. und Papst Benedikt XVI. gemeinsam mit dem Patriarchen von Konstantinopel das Glaubensbekenntnis, und zwar ohne das inkriminierte »filioque«, gesprochen hatten; das war in diese Berge nicht vorgedrungen. Es dauerte eine Weile, bis ich endlich verstand: In den Augen der Mönche von Shio Mghvime war ich gar nicht getauft.

Meiner Begriffsstutzigkeit wurde freilich aufgeholfen. Das erste nächtliche Stundengebet, das ich erlebte, war zu Ende gegangen; nun begann die eucharistische Liturgie. Die heiligen Türen der Ikonostase wurden geöffnet, der Priester trat in goldenem Mantel und mit langem, über den Rücken herabfallendem schwarzem Schleier an den Altar. Epistel und Evangelium wurden vorgetragen, das Glaubensbekenntnis gebetet, alles vielfach unterbrochen durch die langen Kyrie-eleison-Rufe. Die Seitentür tat sich auf, und der Priester kam mit den hocherhobenen verhüllten Opfergaben heraus, um sie durch den dunklen Kirchenraum zu tragen. Zugleich trat ein Novize auf mich zu, gelbgesichtig wegen eines Leberleidens, ausgezehrt, mit harten Augen – er war früher Sportlehrer in London –, und winkte mir, ihm zu folgen. Im Vorraum warf er sich vor mir auf den Boden und bat mich um Vergebung. »Als Ungetaufter ist es Ihnen verboten, an den heiligen Mysterien teilzunehmen. Lassen Sie sich taufen, dann dürfen Sie bleiben.«

Ich gebe zu, ich fühlte mich gekränkt. War ich nicht als vorbehaltloser Bewunderer der Orthodoxie hierhergekommen? Erklärte ich nicht jedermann, die westliche Kirche habe sich die Orthodoxie zum Vorbild zu nehmen, weil nur in ihr das authentische Christentum des ersten Jahrtausends, des Zeitalters der sieben ökumenischen Konzile, verwirklicht sei? Fühlte ich mich in meinem Katholizismus nicht längst selbst als Orthodoxer? Man sprach mir allen Ernstes die 1951 nach den Riten der Alten Kirche gespendete Taufe ab, während die katholische Kirche doch selbst die Taufe der Protestanten, von denen sie so viel trennt, ohne weiteres anerkennt und alle Sakramente der Orthodoxie als ebenso gültig betrachtet, als kämen sie aus den Händen eines katholischen Priesters. Hier stand ich nun vor einer Mauer.

Aber es dauerte nicht lange, bis ich mich mit diesem Ausgeschlossenwerden abfinden und es sogar als einen bedeutenden Gewinn erleben konnte. Ich machte mir klar, wie tief meine Empörung in einer Haltung wurzelte, die ich bei andern Zeitgenossen widerwärtig fand: in dem Anspruch, überall und zu jeder Zeit zugelassen zu sein, keine Grenzen gelten zu lassen, jedes Phänomen selbstverständlich und aus Bildungsinteresse unter die Lupe nehmen zu dürfen. In Shio Mghvime, am Ende der Welt, war ich nun endlich auf ein »Nein!«gestoßen, und noch dazu auf einem Feld, auf dem ich mich als besonders kompetent empfand. Und es lagen ja nicht bloß Ausschluß und Abwehr in diesem Gebot, die Liturgie vor dem Beginn der Mysterien zu verlassen. Auch dies Hinausgehen und draußen im Dunkel Alleinbleiben – ganz dunkel war es aber gar nicht, eine einsame Glühbirne schaukelte im Schneesturm und erzeugte Riesenschatten, in denen die Nacht sich vertiefte –, dieser Aufenthalt im Narthex, der Vorhalle, war als geistliche Übung zu verstehen, als liturgisches Handeln durch Abwesenheit. Mein Hinausgehen trug dazu bei, den heiligen Raum und seine Grenzen sichtbar zu machen. Die Grenzziehung zwischen dem Heiligen und dem Profanen war eine religiöse Urak-tion; wer die Liturgie verlassen mußte, erhielt einen Einblick in die Natur der Welt, in der beides voneinander geschieden ist, und durfte erkennen, wohin er selbst gehörte. War es nicht auch schön, daß auf den Ruf des Priesters »Ihr Ungetauften, entfernt euch! Die Türen! Achtet auf die Türen!« (nämlich daß sie geschlossen sind) nun endlich auch einmal einer den Raum verließ und der uralte Ruf nicht bloß ein Überbleibsel aus frühen Jahrhunderten der Erwachsenentaufe war, sondern konkrete Konsequenzen hatte? Wer Riten liebt, darf an ihnen nicht irre werden, wenn sie sich zu seinem Nachteil auswirken – und ob in meiner Entfernung ein Nachteil lag, dessen war ich mir, wie gesagt, bald gar nicht mehr so sicher.

Meine Lage in Shio Mghvime lernte ich aus Dantes »Commedia« zu begreifen. Vor mir, solange ich im stockdunklen Kirchenschiff ausharren durfte, lag die Ikonostase, hinter deren geschlossenen Türen der siebenarmige Leuchter auf dem Altar brannte, nur ein schwacher Lichtschein drang nach außen, wie in der Kindheitserinnerung an den Türspalt, durch den der Christbaum leuchtete. Die Priester, die sich hinter den Türen bewegten, waren nur als Schatten zu erahnen. Durch die schwarzen Schleier wurden ihre Umrisse bis zur Unheimlichkeit vergrößert. Sie umkreisten den Altar, so stellte ich mir vor. Dieser Raum hinter den Türen und Vorhängen war der Himmel.

Ich war mit meinem Kerzchen und mit den andern Mönchen in einem nächtlichen Purgatorium stehend, stehend, stehend, bis ich die Beine nicht mehr spürte; gewiß, bei Dante herrscht im Purgatorium ein frostig-frisches Morgenlicht, eine Frühlingsstimmung, aber gemütlich wird es gleichfalls nicht.

Und die Hölle? Auch die gab es, und zwar in Gestalt einer greulichen Latrine weit von der Kirche, wie Dante sie als Straflager der Schmeichler und Dirnen beschreibt. Während meines ganzen Aufenthalts in Shio Mghvime verlor ich nicht die Angst, in dies große, übel dampfende Loch hineinzufallen.

## III

Es war die Musik, der ich nachreiste, als ich nach Georgien fuhr und dort dann in das Kloster Shio Mghvime geriet. Bei einer früheren kurzen Reise in das eben erst den Fängen der Sowjetunion entschlüpfte Georgien hatte ich profanen Chorgesang der alten georgischen Tradition gehört und ihn ebensowenig vergessen können wie den von den kleinen Bauern gekelterten Wein, der bei den Festmählern aus Kuhhörnern getrunken wird. Diese Musik war neben der Sprache das einzige Gut, das den Georgiern in achthundert Jahren Fremdherrschaft nicht gestohlen wurde, weil man sie nicht in einen Kasten sperren und wegtragen kann. Kirchengesang lernte ich damals nicht kennen, aber man sagte mir, er sei dem profanen eng verwandt und beruhe auf denselben Harmonien. Und es waren diese Harmonien, oder besser, Disharmonien, die mich nicht losließen. Der Gesang war dreistimmig, und ich glaubte herauszuhören, daß es darin nicht eine führende Melodie mit Begleitung gab, sondern daß jede der drei Stimmen eine Hauptstimme war. Ich verstehe von Musik nicht viel und weiß auch nicht, wie alt die georgische ist. Sie gleicht jedenfalls keiner anderen liturgischen oder volkstümlichen Musik der orthodoxen Welt: Sie hat nichts zu tun mit der griechisch-pythagoräischen Tradition, nichts mit der russischen, der armenischen oder der koptischen Musik, nichts mit der türkischen oder persischen, und sie ist für mich von allen diesen Musiken die schönste. Ihr wichtigstes Merkmal ist eine Dissonanz, die nicht schmerzt und die nicht nach Auflösung drängt, eine Dissonanz von unerschöpflichem Reiz, den ich wie einen

Kitzel wieder und wieder spüren wollte. Ich konnte mir die Melodien nicht merken, denn Akkorde lassen sich nun einmal nicht nachsingen, sie entglitten meinem Gedächtnis und weckten den Wunsch, ihnen nachzujagen, bis ich die allzu kurze Befriedigung empfand, sie ein weiteres Mal zu vernehmen.

Wenn ich freilich hierhergereist war, um diese Musik in der Liturgie zu hören, dann war ich, wie ich mir schnell eingestehen mußte, in Shio Mghvime am falschen Ort. Das Kloster war uralt, seine Ursprünge verloren sich in christlicher Frühzeit, aber zugleich war es ganz neu. Nach der Folterung und Ermordung mehrerer Mönche und der Plünderung in den zwanziger Jahren war die Tradition für mehr als siebzig Jahre abgerissen. Erst vor zehn Jahren sind wieder Mönche eingezogen. Zunächst war Abt Michael allein. Regelmäßig reisen die Mönche noch heute zum Berg Athos, um sich in den Bräuchen eines orthodoxen Klosters unterweisen zu lassen. Der liturgische Gesang Georgiens ist schwer, und bis jetzt hatten sie ihn nicht erlernt. Sie beteten in einer Art Psalmodie, die von echtem Gesang noch weit entfernt war. Ihnen war aber klar, daß dieser Mangel schwerer wog als das Fehlen von Elektrizität und Wasser, mit dem sie sich einzurichten wußten.

Eine Sonntagsliturgie ohne Choral war freilich nicht vorstellbar. Gegen Ende der frühmorgendlichen Stundenliturgie trat ein Grüppchen junger Männer in die allmählich sich erhellende Kirche. Sie waren klein, kurzgeschoren und durchgefroren, aber glänzend gelaunt und schauten unternehmungslustig um sich, sie hatten etwas von Soldaten nach der Wachablösung. In einer dämmrigen Nische stellten sie sich im Kreis auf. Es war, als empfingen sie von ihrem Leutnant die letzten Befehle vor einem Kommandounternehmen. Hinter der geschlossenen Ikonostase hörte man gedämpft den Abt singen, und dann setzte der Gesang des frierenden Häufleins ein, machtvoll, prachtvoll, fanfarenartig, die

Akkorde schwebten wie ein geäderter Marmorblock in der Luft. Mir war, als machten die Sänger zwischen den einzelnen Stücken ihre Späße und neckten einander, doch sogleich erklang wieder die brausende, dissonante Fülle des Chorals. Der rote Faden, der die ganze lange Liturgie durchzog, war der unablässig wiederholte Kyrie-eleison-Ruf, er umrahmte die Hymnen und Psalmen.

Die dreistimmige Kompaktheit gab der Musik eine Körperlichkeit, die das Gerüst der Liturgie geradezu tastbar umkleidete. Als ich später den Gesang lobte, sagte man mir, die sechs mit dem Jeep aus der Stadt gekommenen Gesellen seien bloß eine Notlösung, ein Provisorium, oft kämen sie schon leicht betrunken an. Vielleicht wurden sie mit Wein bezahlt?

Wenn sie sangen, wurde mir das Verlassen der Liturgie nach dem Glaubensbekenntnis schwer. Im Refektorium konnte man durch ein kleines Fenster in die Kirche hinabblicken. So schlich ich mich dort hinein und öffnete es einen Spalt. Der Gesang klang hier oben wie ferner Donner, der das Summen einer Mückenwolke untermalt. Aber ich fühlte mich nicht wohl auf meinem Lauschposten, mir war wie einem Frevler zumute, der sich in den Kult von Eleusis geschlichen hat, und so schloß ich das Fenster mit dem größten Bedauern und ging in meine Zelle.

## IV

Wenn man sich nicht mit der Sprache verständigen kann, versucht man um so mehr, in den Mienen zu lesen. Im Speisesaal wurde ich schweigend an den Tisch der Gäste und Novizen geführt; neben mir saß ein alter Mann mit dem obligaten langen Bart in abgetragenen Kleidern, der leise vor sich hin murmelte, keine Gebete offenbar, denn der Koch legte, als er den Hirsetopf auf den Tisch stellte, streng den

Finger auf den Mund, der Alte schwieg verwirrt. Nach einem Monat wandte er sich mir zum ersten Mal zu und sagte ein einziges Wort: »Schweinsteiger«, bevor er wieder in sein Selbstgespräch versank. Zu meiner Rechten saß der Bauarbeiter, der für einen Anbau an die Küche den Mörtel von alten Backsteinen abschlug. Die Mönche hatten eine eigene lange Tafel mit Plastiktischdecke gegenüber dem Gästetisch. Ich blickte auf sie wie auf eine Bühne und sah wochenlang in dieselben Gesichter. Mit ihren Bärten, ihren langen, zu Pferdeschwänzen gebundenen oder geknoteten Haaren, ihren schäbigen und fleckigen Talaren waren sie eine struppige Schar. Die klassische Mönchskappe aus schwarzem Samt, wie bei Bischöfen der Holbein-Zeit, trug ein einziger Mönch, die andern hatten ihre schwarzen Woll- oder Ledermützen bis zur Nasenwurzel über den Kopf gezogen, auch zwei Pudelmützen mit Bommeln gab es. Wie sie da in ihre Zwiebeln bissen oder sich Konfitüre in den Tee rührten, erschienen sie mir wie verwilderte Waldmenschen. Vielleicht war Schneewittchen bei den sieben Zwergen in ein orthodoxes Kloster geraten? Allmählich aber traten die einzelnen Gesichter für mich deutlicher hervor.

Die Gemeinschaft setzte sich aus alten und jungen Männern zusammen, nur der Abt oder Hegumen, wie es auf Griechisch heißt, lag dazwischen; er mochte um die fünfzig sein. So jung das Kloster war, es hatten sich schon jene beiden Gruppen herausgebildet, die für die byzantinische Tradition bezeichnend sind. Nach einem Leben »in der Welt« mit Frau und Kindern, als Geschäftsmann oder Gelehrter, entschließt sich mancher, die letzten Lebensjahre im Kloster zu verbringen, um sich auf den Tod vorzubereiten; das hatten einst sogar Kaiser getan, wenn auch vielleicht nicht immer ganz freiwillig. Wenn westliche Byzantinisten in solchen Fällen herablassend von »Rentnermönchen« sprechen, verrät das nur das Eingetauchtsein in ein Nützlichkeitsdenken bis hin zur Geschaftlhuberei und zeigt eindringlicher als jeder theologische oder historisch begründete Streit den tiefen, vielleicht unüberbrückbaren Graben zwischen der lateinischen und der griechischen Kirche.

Im übrigen war über das frühere Leben der alten Mönche nur wenig zu hören. Sie betrachteten den Eintritt ins Kloster als bürgerlichen Tod, dem die Wiedergeburt als Mönch folgte – der Mensch, der ein jeder von ihnen gewesen war, den gab es nicht mehr. Nur über einen etwa siebzigjährigen Mann, dessen schlohweißer Zopf noch kurz war, erfuhr ich, er habe vor kurzem seinen dreißigjährigen Sohn verloren; seine Frau sei daraufhin Nonne und er hier in Shio Mghvime Mönch geworden.

Die Orthodoxie kennt einen verheirateten Weltklerus; Bischof darf allerdings nur ein Mönch werden. So sind die Klöster Pflanzstätten für die künftige Kirchenführung. Wer die wahrhaft königliche Stellung eines Bischofs erlangen soll, muß lange Mönchs- oder Einsiedlerjahre hinter sich gebracht haben, so will es die Tradition. Daß heute viele Bischöfe Georgiens unmittelbar aus einem Zivilberuf als Arzt oder Ingenieur in ihr hohes Amt gelangen, erklärt sich nur aus der Notlage einer durch den Bolschewismus beinahe ausgelöschten Hierarchie. Die jungen Mönche müssen jedenfalls damit rechnen, vielleicht doch nicht ihr ganzes Leben im Kloster zu bleiben, sondern es nach Jahrzehnten, in denen sie sich in ihrem Mönchstum vervollkommnet haben, wieder zu verlassen, um Bischof zu werden. War diese Aussicht gut oder schlecht für ihr geistliches Leben? Ich hütete mich, darüber zu spekulieren. Verbot sich im Anblick ihrer ernsten Lebensführung nicht das leichtfertige Psychologisieren eines Außenstehenden?

Die Benediktinerregel kennt einen Rangunterschied zwischen Priestermönchen und Laienbrüdern. Das war hier anders. Priester gab es nur wenige unter den Mönchen. Auch von den jungen wollten die meisten keine Priester werden. »Vater« war ein jeder Mönch – »Mama« auf georgisch –, in diesem Wort offenbarte sich für mich die ganze Fremdartigkeit des Georgischen gegenüber den indogermanischen Sprachen. Ich hatte in Shio Mghvime zwanzig sehr alte und sehr junge Väter.

Auch während unserer mühsamen Unterhaltungen – bei einigen waren ein paar Wörter Deutsch, Englisch oder Französisch hängengeblieben – tasteten sie sich an der Gebetsschnur immer einen Knoten weiter voran, damit das »Monologion«, das ununterbrochene mantraartige Gebet, nicht abriß. Dies »Monologion« war ihre Hauptübung und vielleicht noch wichtiger als die Liturgien. Es sollte wie ein unterirdischer Strom jede Tätigkeit begleiten, bis es eines Tages sogar im Schlaf weiterlief und den Schläfer morgens weckte. Das Ziel war ein allmähliches Absinken des Individuellen, aber vorerst blieb viel Individuelles übrig, das ich betrachten konnte.

Da war Mama Luka, der älteste, aber gewiß kein »Rentnermönch«; er gehörte zu jenen Mönchen, die den Patriarchen von Georgien überzeugt hatten, aus dem Weltkirchenrat in Genf auszutreten und auf Unterstützung aus dem liberalistischen Westen künftig zu verzichten. Krummgebeugt, mager wie eine Wurzel. Sein Blick war düster und verschlossen, den Kopf hielt er meist gesenkt. Ich habe ihn nie lächeln sehen. Stahlgraues Haar umflog sein Gesicht, der Bart war dünn. Die Stimme klang rauh wie ein verrosteter Wasserhahn. Seinen Bewegungen schien ein Mühe und Disziplin erfordernder Willensakt vorauszugehen; das verlieh seinem Gang wie seinen Gesten eine eigentümlich gebrechliche Gespreiztheit, etwas zwergenhaft Tänzerisches, die graziöse Starre selbstbeherrschter alter Damen.

Mama Evagri war jung und vor ein paar Jahren noch Angestellter einer deutschen Bank gewesen. Er war sanft, aber seine Freundlichkeit wirkte etwas zerstreut. Die große Nase war stets leicht gerötet wie von einem Schnupfen, die großen feuchten Augen blickten neugierig und kindlich, als wollten sie sagen: Wenn du mit mir sprechen willst, mußt du den Anfang machen. Doch alsbald senkte sich ein unsichtbarer Rolladen vor die schwarzglänzenden Augen, der Blick erlosch und wurde unzugänglich. Zu seinem träumerischen Ausdruck wollten die schrundigen dicken Hände mit den gewölbten großen Fingernägeln nicht recht passen.

Mama Lazar mit seinen schmalen Augen im kupferfarbenen Gesicht sah aus wie ein eben vom Pferd gestiegener Tatare, er hatte O-Beine und schwankte leicht. Ich habe ihn immer arbeiten sehen, wenn die andren stumm auf und ab gingen. Ein grimmiger, zugleich herzensguter Krieger, ein lächelnder Knecht. Denken hieß für ihn Zupacken, so meinte ich zu verstehen. Während der Messe stand er mit einem hohen Kerzenleuchter neben dem Priester, leicht gebeugt, als halte er ein Pferd vor einem Wirtshaus, in dem sein Herr vor Stunden verschwunden ist und aus dem er vielleicht erst am nächsten Tag herauskommt.

Mama Sabah war jung, sah aber aus wie eine uralte, zeitlose Ikone. Er war der Mönch mit der besagten Samtmütze, sehr mager, groß, gebeugt, die Haut perlweiß, die Augen übergroß und wie aus schwarzem Glas, die Nase rasiermesserscharf. Jedes Wort an ihn sank in einen tiefen Brunnen, die Antwort kam nach einer bangen Pause wie ein fernes Echo aus dem Schacht. Er schien mir in ernste, skrupulöse Gedanken vertieft – »Wir müßten eigentlich alles anders machen, wir müßten eigentlich anders sein.« – Wenn jemand etwas Dummes sagte, senkte er den Kopf in tiefer Scham. Er erkannte im Unvollkommenen das Sündhafte.

Mama Dosité mit seinen weichen rötlichen Locken und dem harten, steif abstehenden Bocksbart à la König Drosselbart verbarg hinter engelhaft milden Zügen einen kämpferischen und kompromißlosen Geist. Erst meinte man ihn trösten zu müssen, so schmerzlich blickte er, aber sein Leid verband sich mit Stolz und jugendlichem Moralismus. Liebevoll erklärte er mir, alle katholischen Heiligen nach der

Kirchentrennung seien Hysteriker und Betrüger gewesen: »Keiner der größten Heiligen und Asketen, keiner der erhabensten Mystiker der Orthodoxie hat je die fünf Wunden Christi empfangen – und in Italien kommen ein Franz und viele verrückte Frauen und rühmen sich der Stigmata!«

Der Novize Giorgi mit dem gesunden runden Bauerngesicht und dem dicken dunkelbraunen Haar unter der selten abgenommenen Mütze – er sah aus wie ein Hirt von Bethlehem auf einem neapolitanischen Barockbild – erstaunte mich durch seine Ausdauer und Festigkeit. Vom langen Stehen bei den nächtlichen Liturgien habe ich schon gesprochen. Doch niemand verwandelte dies Stehen so ausdrucksvoll in Aktion wie dieser Zwanzigjährige. Er stand leicht gebeugt wie ein Angeklagter vor dem Richter. Die Stunde des Gerichts war gekommen, jetzt zählten nur noch völlige Aufrichtigkeit und Ergebenheit und nicht nachlassende Aufmerksamkeit, denn alles, was nun gesagt würde, betraf einen selbst und würde von höchster Bedeutung sein. Es war sicher, daß man an die Reihe kam, nichts konnte das verhindern, auch wenn es lange dauerte. Der Prozeß hatte begonnen. Kein Zweifel, der junge Giorgi hatte das Zeug zum geistlichen Lehrer.

Der Hegumen Michael war der einzige beleibte Mönch; wenn man seine Hand küßte, war es, als berührten die Lippen ein weiches Kissen. Er sah wenig geistlich aus. Ich verglich ihn, wenn er selbstbewußt und grimmig auf seinen kurzen Beinen durch das Kloster ging, mit dem Chef einer Grenzgarnison in unwegsamem Land. Ein Mann von Befehl und Gehorsam. Das linke Auge war starr und von einem weißen Film überzogen, sonst war zwischen Mützenrand und Bart von dem Gesicht nicht viel zu sehen. Er konnte drohend schweigen, wie in stummes Hadern versunken, und er konnte lange und sehr leise Tischreden halten, die auf mich gleichfalls bedrohlich wirkten. Aber die Mönche liebten und verehrten ihn; was an der Klosterruine wieder benutzbar war, hatte er geschaffen. Und der Nachwuchs strömte herbei, viele wurden weggeschickt. Eine Gründergestalt, sprunghaft, diktatorisch, energisch. An jedem 13. Juli, dem Tag der Taufe des ersten christlichen Königs von Georgien im vierten Jahrhundert, stand der Hegumen unten im Fluß und spendete vielen Menschen die Taufe durch Untertauchen; kräftig genug, einen widerstrebenden Sünder unter Wasser zu drücken, war er gewiß. Dort werde er auch mich taufen, sagte er würdevoll. Und dann müßte ich mir nur noch einen Bart wachsen lassen, um ganz zu ihnen zu gehören.

## V

Was stand auf dem Tisch? Ein kleinporiges, helles Kastenbrot, in dicke Scheiben geschnitten. Als Besteck nur Löffel, denn es waren vor allem Suppen zu erwarten: Linsensuppe, Bohnensuppe, Gemüsesuppe. Dazu rohe Zwiebeln, in die man wie in einen Apfel biß, Salzgurken und Kartoffeln, manchmal gebraten. Eine Sauce aus wilden grünen Pflaumen oder Mirabellen mit Essig, viel Knoblauch und Peperoncini war beinahe immer dabei, davon tat man auf die trockene Hirse. Manchmal gab es Butter, öfter einen scharfen, salzigen Ziegenkäse, der wie eine Tafel Schokolade gegessen wurde. Quittenmus und Kirschkonfitüre. An Sonntagen gebratene Makrelenstücke. Mit Estragon und Fenchel eingelegte Tomaten. Einmal, aber nur einmal in sieben Wochen, gab es ein Pilzrisotto. Ein gefährlich hellrot leuchtender Salat aus ganzen Knoblauchzehen, eingemachten grünen Tomaten, Peperoncini und Rotkraut. Alle Speisen kamen so oft auf den Tisch, bis die Schüssel leer war. Als Dessert gab es hin und wieder für jeden ein Bonbon aus der Moskauer Fabrik »Rotfront«, zu trinken Wasser und Tee. Die Teebeutel kamen aus Dubai, obwohl Georgien einst den

Tee für die gesamte Sowjetunion produzierte. Es gab zwei Mahlzeiten am Tag: um elf Uhr vormittags das Frühstück, um fünf Uhr nachmittags das Abendessen, aber keinen Unterschied in den Gerichten. Zu Beginn stellten sich alle an den Wänden auf und sprachen ein kurzes Gebet, der Abt oder der älteste Mönch segnete die Speisen. Ein Mönch las während des Essens vor, leise und sehr schnell. Selbst wenn es deutsch gewesen wäre, der Inhalt wäre mir verborgen geblieben. Es war so kalt, daß Atemwölkchen vor seinem Mund standen. Ich aß in einem fellgefütterten Mantel.

Ich freute mich auf das Essen. Natürlich fragte ich mich: Wie wäre es, ein Leben lang die gleichen Speisen einzunehmen? Übers Jahr gäbe es gewiß Abwechslungen, wie eben auch die Liturgie dem Lauf der Natur entspricht – oder umgekehrt? Irgendwann würden die Hühner mit dem Eierlegen beginnen, Salatherzen würden sprießen, Pilze und Beeren wachsen und dann wieder rar werden, wie auf die Fasten Karfreitag, Ostern, Pfingsten und der Advent folgen. In sechs Wochen lernte ich dies Essen bewundern. Der Koch arbeitete in einer klebrigen kleinen Küche, in der ein auf mich indisch wirkender Geruch aus Abfalltonne, Essig und Gewürzen hing. Er war lässig und improvisierte; um so verblüffender, daß meist pünktlich gegessen werden konnte. Ein funktionierendes Benediktinerkloster hat etwas von einem großen Uhrwerk, einer sich in erhabener Gleichförmigkeit bewegenden Maschine. Die Benediktiner kennen in ihrer Regel eine Vorschrift, wonach Kochtöpfe und Besen mit derselben Sorgfalt und Ehrfurcht zu behandeln seien wie die heiligen Gefäße der Liturgie. Hätte man das in Shio Mghvime verstanden? Was man die Lebensnotdurft nennen könnte, wurde hier mit Gleichgültigkeit oder sogar einer gewissen Verachtung betrachtet; der Wille des Westens, gerade den Alltag wichtig zu nehmen und das Profane dem Sakralen gleichberechtigt gegenüberzustellen, stieß hier auf Mißtrauen oder Desinteresse.

## VI

Die Theologie der Ikone, des »gottesträchtigen« Bildes, des anonymen und nach strengen Regeln von Malerpriestern geschaffenen Idols, hat eine Tradition geschaffen, die vom Wesen der Orthodoxie untrennbar scheint, tatsächlich aber schweren Prüfungen ausgesetzt war. Der Ikonoklasmus des achten und neunten Jahrhunderts, der Georgien übrigens verschonte, vernichtete fast den gesamten frühchristlichen Bilderschatz der byzantinischen Machtsphäre. Nach dem Sieg der Bilderverehrer wurde in Abkehr vom spätantiken Naturalismus der uns vertraute Ikonenstil geschaffen, der die Räumlichkeit verbot, eine Typisierung erzwang und die großen biblischen Szenen geradezu wie mit Hieroglyphen geschrieben erscheinen ließ, die weniger betrachtet als gelesen werden wollen. So wurde denn auch das westliche »Biblia-pauperum«-Konzept, wie Gregor der Große es formulierte, entschieden abgelehnt: für den Zugang zu Ikonen war eine gründliche theologische Bildung vorausgesetzt.

Die zweite große Krise wurde von der westlichen Welt kaum wahrgenommen, weil man sich für die den Barbaren in die Hände gefallene orientalische Christenheit nicht mehr interessierte. Die gewaltsame Verwestlichung des russischen Reichs unter Peter dem Großen blieb nicht ohne Folgen für die religiöse Kunst. Der Imperator gebot über eine Kirche, die er ihres Patriarchen beraubt hatte, und erklärte die Ikonen für rückständig – als sei er ein westlicher Kunsthistoriker, der die »Befreiung« Cimabues und Giottos aus dem Ikonenschema als »Fortschritt« feiert, ohne die Bedrohung, die daraus für das religiöse Bild erwachsen ist, auch nur zu erwägen. Im Barock und im neunzehnten Jahrhundert entstanden in Rußland und bei den Griechen liturgische Bilder, die den Namen Ikonen nicht verdienen. Armselige und unbeholfene Nachahmungen italienischer Kunst traten vielfach an die Stelle der überlieferten Malerei. So kennt auch die nach außen hin wie Granit erscheinende orthodoxe Kirche den mühevollen Weg der Wiedergewinnung ihrer Tradition.

Die Abteikirche von Shio Mghvime ist von der zweiten, der petrinischen Krise geprägt worden. Das uralte, von Persern und Türken, zuletzt leider auch von russischen Glaubensbrüdern – von den Sowjets ganz zu schweigen – ausgeraubte und niedergebrannte Kloster besitzt heute kein einziges malerisches Zeugnis seiner großen Vergangenheit. Die düstere, ungefüge mittelalterliche Kirchenhalle ist von oben bis unten mit billiger Karussellmalerei bedeckt. Biblische Szenen im Mormonenstil umgeben eine Madonna, die mit ihren feuchten Glubschaugen wie eine Karikatur wirkt. Nur die Schäden einer siebzigjährigen Verwahrlosung unter dem Bolschewismus machen solche Entgleisungen erträglicher. Doch der Raum ist zu mächtig und roh in seiner geschundenen Altertümlichkeit, als daß die erst hundert Jahre alten Pinseleien seine Wirkung ernsthaft beeinträchtigen könnten – ein uralter finsterer König in ausgebleichten bunten Lumpen.

Vor der Liturgie wurden einige abgetretene Industrie-Perserteppiche ausgerollt, um die Eiseskälte des buckligen Betonestrichs zu mildern. Es gab keine Bänke und keine Stühle, die die Monumentalität der Halle beeinträchtigt hätten. Man konnte während der Liturgie in ihr umherwandeln wie in den Gewölben einer ausgegrabenen antiken Therme. Eingedrungenes Regenwasser hatte der Malerei die dümmliche Farbpracht genommen und sie zu einem Teil des Mauerwerks gemacht. Zwei hoch gelegene schmale Fenster schlugen weiche Lichtschneisen in das Dämmern – zeichnet sich große Architektur nicht häufig durch eine geringe Zahl von Fenstern aus? Wenn der rundliche kleine Abt mit seiner hohen goldenen Krone, das Rauchfaß in Händen, in eine dieser Lichtschneisen trat und sie mit einer Weihrauchsäule anfüllte, sah er aus wie ein von Rembrandt gemalter Saul.

Aber solche Augenblicke poetischer Pracht konnten nicht darüber hinwegtäuschen, daß Shio Mghvime von jeder realen Prachtentfaltung, wie die Orthodoxie sie liebt, weit entfernt war. Wie ausgeplündert das Kloster war, bewiesen die Ornate aus lappigen Stoffen, die kümmerlichen Leuchter und Altargefäße, vor allem aber das Fehlen handgemalter Ikonen – die heiligen Bilder, die man küßte und beräucherte, waren fast durchweg Photographien oder Öldrucke, manche auf gewellte Pappe geklebt, andere wie aus einem Kunstkalender herausgetrennt.

Sind solche Ikonenphotos in der Kirche überhaupt zulässig? Was hätte ein Pawel Florenski, der große Theologe der Ikonen im letzten Jahrhundert, wohl dazu gesagt? Wenn die Herstellung einer Ikone ganz an die Person eines dabei betenden, sich der Tradition unterwerfenden Malers gebunden war, wenn schon das Reiben der Farben als liturgischer Akt galt, wie konnte sich eine mechanische Reproduktion in dies Konzept einfügen? Gewiß, Ikonen sollten sich gleichen wie ein Ei dem anderen, doch der Verzicht auf individuelle Ausdrucksmittel mußte einem persönlichen Glaubensakt entspringen.

Niemand in Shio Mghvime hätte daran gedacht, dieses Prinzip zu bestreiten. Die Photos waren Ausdruck einer historischen Katastrophe: Im Heimatland Stalins sollte die Religion noch gründlicher ausgetilgt werden als in anderen Sowjetrepubliken. Schon die Zaren hatten die mittelalterlichen Fresken der Kirchenräume übertünchen und alles Wertvolle nach Rußland bringen lassen, um die Eigenständigkeit der seit tausend Jahren autokephalen georgischen Kirche zu brechen, aber die Bolschewisten waren noch viel weiter gegangen. Um so bewegender war es, zu sehen, wie sich die georgische Kirche in der Zeit ihrer Verfolgung eine geistige Unabhängigkeit von der Fülle ihres kulturellen Reichtums erobert hatte. Der Versuch, sie zu unterdrücken, hatte die Lebenskraft der Religiosität nicht gebrochen – es muß einen altgedienten Bolschewisten zutiefst verstören, die vielen neuen oder wiederhergestellten, von jungen Leuten überfüllten Kirchen des Landes zu sehen. Im übrigen ist die Armut von Shio Mghvime nicht unbedingt typisch für Georgiens Kirchen, die durch neuen Glanz verblüffen können; er stammt meist aus den Hungerjahren 1996 und 1997, als Putins Rußland die Energielieferungen blockierte.

Dafür erlebte ich, wie die Verehrung der Photos ersetzte, was ihnen an Würde fehlen mochte. In der Zelle, in der ich schlief, hingen über dreißig gerahmte und ungerahmte Drucke auf fleckigem Papier oder auf rostendem Blech: die Panhagia, der Heilige Georg, der Heilige Shio, auf dessen ausgestreckter Hand Weihrauch auf einem glühenden Kohlestück verbrennt, und der Erlöser selbst, dazu Kitschpostkarten nach Art westlicher Herz-Jesu-Darstellungen. Jeden Morgen wischte der Novize Giorgi als erstes die Bilder mit einem weichen Lappen ab, wie ein Juwelier seine Vitrinen poliert. Er sorgte sich sonst wenig um die Sauberkeit des Zimmers und achtete nicht auf den Schnee oder Schlamm, den er von draußen mit hereinbrachte. Die Luft hier oben war staubfrei, und so bestand dies gewissenhafte Wischen in meinen Augen weniger in einem Wegnehmen als vielmehr in einem Hinzufügen, einem Behauchen oder Überziehen der Bilder mit feinem, unsichtbarem Lack. Es war, als erwärmten sich die armen Bilder, als würden sie durch das Reiben mit dem weichen Lappen elektrisch aufgeladen. Wenn Giorgi sein Werk prüfend betrachtete, sah er wohl etwas, das ich nicht sah: einen realen Effekt dieser liebevollen Pflege. Danach stellte er sich in der mir wohlbekannten gesammelten Haltung vor seinen Bildern auf, bevor er sich vor ihnen niederwarf.

## VII

Die Annäherung an Shio Mghvime folgte für mich einer geistlichen Regie. Auf der schlechten Schotterstraße rumpelte der Jeep an Abgründen und kahlen Höhenzügen vorbei. Die Straße wurde enger, die Bergwände schoben sich näher heran. Vor dem rostigen Tor mußte man auf abschüssiger Straße aussteigen. Dahinter ging es zu Fuß weiter. Eine kleine, dem Heiligen Johannes dem Täufer geweihte Kirche klebte halb verfallen am Hang über der Höhle des Gründervaters, des Heiligen Shio. Noch weiter oben lag die große, beinahe fensterlose Backsteinscheune der Abteikirche, die seit unvordenklichen Zeiten immer wieder zerstört und immer wieder zusammengeflickt worden war. Ihr gegenüber die lange Baracke mit den Mönchszellen, daneben das schäbige, alterslose Refektorium. Dahinter türmte sich die Steilwand. Man mußte den Kopf in den Nacken legen, um den Spitzenrand zu sehen, den die Bäume hoch oben über der Schlucht vor dem Himmelsblau formten.

Die Steilwand machte das Hochtal zur Sackgasse. Man hatte sich vom Fluß, von den Städten, der rostigen Fabrik dort unten abgewandt und stand nun am Ziel des Wegs. Er führte zwar aus der Welt heraus, aber nicht in eine andere Welt hinein. Vor dieser Mauer hieß es nun ausharren.

Den Tag über würde man dösen und sich mit nützlichen Kleinigkeiten beschäftigen, die aber das eigentliche Werk, das zu Füßen der unüberwindlichen Steilwand gefordert war, kaum verbargen: das Warten. Nachts stand es dann im Mittelpunkt, kein Hühnerfüttern oder Kartoffelschälen lenkte mehr davon ab. In den langen Gottesdiensten in der stockdunklen Kirche, in denen eine leise Stimme in gleichmäßigem Tonfall endlose Texte las, wurde das Warten in seiner Bedingungslosigkeit anschaubar. Die Texte waren den Mönchen längst bekannt, und die Geschwindigkeit, mit der sie vorgetragen wurden, gestattete keine Meditation über ihren Inhalt. Für mich glich dies nächtliche Lesen in der tiefen Stille den langen Zahlenfolgen der Geheimdienste, die man früher auf Kurzwelle empfangen konnte, und so war ich durch philosophischen oder theologischen Lehrstoff womöglich noch weniger vom Warten abgelenkt als die Mönche.

Manche von ihnen hielten bleistiftdünne gelbe Kerzen in der Hand, die das Dunkel um sie herum noch undurchdringlicher machten, weil sie blendeten.

Aber es waren diese nicht erleuchtenden Kerzen, die mir den Sinn der Nachtgottesdienste eröffneten. Dies Warten am Ende der heiligen Sackgasse – war das nicht die konsequenteste Verwirklichung der Botschaft des neuen Testaments? Die klugen Jungfrauen mit ihren gefüllten Öllampen, die auf die Ankunft des Bräutigams warteten, die Knechte, die der nachts zurückkehrende Herr wach vorfinden mußte – waren das nicht mehr als alle Samariter und Almosengeber zusammen die eigentlichen Vorbilder, die der Gottmensch seinen Jüngern vor Augen stellte?

In der neueren Theologie und Bibelexegese wurde darüber gestritten, ob die junge christliche Gemeinde die Wiederkunft des in den Himmel aufgefahrenen Christus als unmittelbar bevorstehend ansah oder ob sie als zeitlich unbestimmbar galt. Im dunklen Saal unter der Steilwand von Shio Mghvime erfuhr dieser Schulstreit eine überraschende Auflösung. Die »Naherwartung«, wie man den Glauben nannte, der zweite Advent falle noch in die Lebenszeit der Jünger, wurde hier von einer Prophetie zu einer Lebensform: Wer in den Bann Jesu geraten war, der mußte nun in der Erwartung leben, der konnte gar nicht anders, als dem Wiederkommenden entgegenzugehen. Und das hieß, der Familie, den Zukunftssorgen, dem Geschäftserfolg, der Politik den Rücken zu kehren, kein Teil und kein Förderer der Kultur mehr zu sein, weil sie gerichtet werden würde. In diesem stundenlangen Stehen vor den geschlossenen Türen der Ikonostase erkannte ich das Innehalten eines Pilgerzugs: Man war aufgebrochen, hatte die Heimat verlassen, nun gab es ein Hindernis, doch umzukehren war unmöglich, man würde hier so lange warten, bis es verschwand oder bis man umfiel. Deswegen war diesem Zustand die Eintönigkeit des Lesens und Betens auch angemessen.

Westliches, benediktinisches Chorgebet erscheint in seiner sinnreichen Abwechslung als staunenswertes Kunstwerk, aber diese Vollendung strebt dann freilich auch einem Ende entgegen, nach dem man sich wieder pragmatisch dem Alltag zuwendet. In Shio Mghvime war es, als dürfe nur physische Erschöpfung den nächtlichen Gebeten ein Ende bereiten. Und so sah ich, wenn ich mich längst auf dem Holzbrett ausgestreckt hatte, meinen Mitbewohner Giorgi noch lange vor der Ikonenwand stehen, die der winzige Lichtpunkt des Öllämpchens beschien, die Arme erhoben, in Abständen sich bis zum Boden verneigend. Wenn ich um neun oder halb zehn morgens erwachte, lag er angekleidet auf seinem Lager, die Füße in schweren Stiefeln auf dem Boden, bereit, sofort aufzuspringen.

## Saakaschwili bittet um Vergebung

Die Kreuzkuppelkirchen aus dem Goldenen Zeitalter Georgiens, als König David der Erbauer und seine Nachfolgerin Königin Tamara regierten und Rustaveli sein Riesenepos »Der Mann im Pantherfell« schrieb, sind ebenso schön wie die kostbarsten romanischen Kirchen des Westens, aber oft von mäßiger Ausdehnung, nur unter der Kreuzkuppel hebt sich der Raum in immer wieder überraschende Höhe. Die neue Dreifaltigkeitskathedrale in Tiflis folgt dem Vorbild der alten Kreuzkuppelkirchen, ist aber mindestens zehnmal so groß wie die größte von ihnen und leuchtet mit goldenen Türmen als Stadtkrone über der Hauptstadt. Ab 1995 hat man an dem gigantischen Sandsteingebirge gearbeitet; in den Jahren, als Rußland dem befreiten Georgien den Strom abschnitt und das schwarze Elend über den verfallenen Straßen von Tiflis lag, wuchs die Kathedrale zu Ausmaßen an, die alle Traditionen des Landes sprengen. In der allgemeinen Niedergeschlagenheit gab es für die Kirche Georgiens, eine der ältesten Kirchen der Welt, allerdings Grund zur Freude. Sie feierte ihre Wiedergeburt aus einer beinahe zweihundertjährigen Unterdrückung durch Rußland, die sie zum Schluß, so mußte es Außenstehenden jedenfalls scheinen, nahe an den Rand der Vernichtung geführt hatte. Seitdem Georgien vor Türken und Persern unter die Flügel des brüderlich orthodoxen Moskau geflohen war, hatten die Russen alles getan, um das religiöse und kulturelle Eigenleben des Landes auszulöschen. Der georgische Patriarch wurde abgesetzt, die georgische Kirche wurde dem russischen Religionsministerium unterstellt, die georgische Liturgiesprache wurde verboten, die kostbaren Ikonen wurden weggeschleppt, die Kirchenschätze eingeschmolzen, die frühmittelalterlichen Fresken der Kirchen mit dilettantischem Pseudobarock überpinselt. Der georgische Priesterzögling Stalin zeigte seinem Heimatland dann, daß es Gründe geben könne, sich nach der zaristischen Repression zurückzusehnen. »Aber Stalin hatte auch gute Seiten«, sagte der würdige Archimandrit, der mich in Tiflis begleitete. »Er hat es den Russen mal so richtig gegeben.«

Ein Archimandrit ist ein hoher orthodoxer Prälat, und mein Begleiter trug diesen Titel erst seit kurzem; er war Professor an der Universität gewesen und erst vor wenigen Jahren zum Priester geweiht worden. Um 1985 habe es in ganz Georgien nur noch um die zwölf Priester gegeben; heute seien sie allein schon in der Kwaswati-Kirche im Stadtzentrum von Tiflis zwölf Priester. Überall ließen sich Männer mit Zivilberufen zu Priestern weihen, es sei wie in den frühen Zeiten des Christentums, wo die Bischöfe häufig auch keine Theologen waren, wenn sie ihr Amt antraten. Es war nicht leicht, den Erklärungen des Archimandriten zu lauschen, denn er wurde auf seinem Weg durch die bevölkerten Straßen beständig unterbrochen. Mit seinem Bart und Talar war er als Priester erkennbar, und von allen Seiten kamen junge Mädchen in engen Jeans, Jungen mit Punkfrisur, Frauen mit Einkaufstaschen, Studenten und sogar uniformierte Verkehrspolizistinnen auf ihn zu, um sein Brustkreuz und seine Hand zu küssen und um seinen Segen zu bitten. Je näher wir der Kathedrale kamen, desto dichter wurde die Menge. Es war der zehnte März 2008, der Anfang der Fastenzeit und der Tag des öffentlichen Sündenbekenntnisses und der Versöhnung. An diesem Tag versammelte der Patriarch von Georgien, Elias II., seinen Klerus und Ströme von Laien in der neuen Kathedrale.

»Elias II. ist ein großer Mann«, sagte der Archimandrit. Das hatte ich oft gehört, von Leuten aller Milieus, auch von solchen, die sich Atheisten nannten. Er sei die einzige wirkliche Autorität des Landes. Niemand könne über die politischen Verhältnisse des neuen Georgien sprechen, der sich nicht mit der Rolle des Patriarchen befasse. Eine frappierende Zahl neuer Klöster habe er nach siebzig Jahren atheistischer Erziehung aus dem Boden gestampft, er habe einen neuen Klerus geschaffen und den Religionsunterricht organisiert. In allem Unglück und allem Mißwuchs sei der Patriarch für Georgien das große Hoffnungszeichen. Und dabei kein Machtmensch, sondern ein Künstler, der die wichtigsten Ikonen der neuen Kathedrale selbst gemalt und der die große liturgische Musik Georgiens um allgemein geliebte Kompositionen bereichert habe. Ein Petrolingenieur, der fern von der Kirche aufgewachsen war, fand die Formel, die mich neugierig auf den Patriarchen machte: Das Geheimnis seiner Unwiderstehlichkeit sei eine seltene Verbindung aus Sanftheit und Autorität.

Im turmhohen lichterfüllten Innenraum der Kathedrale war es, als befinde man sich auf dem Boden eines gewaltigen Schachts, der eine leuchtende Oberwelt mit unserer Unterwelt verbinde. Der Bau war unabsehbar, er nahm die nicht abreißenden Menschenströme in sich auf und ließ sie klein werden. Überall waren Priester und Mönche zu sehen, in bunten Ornaten, nicht wie bei den Katholiken auf eine einzige liturgische Farbe beschränkt. Die Gläubigen dagegen waren schwarz gekleidet, die Männer mit schwarzen Lederjacken und Jeans, die Frauen in einer überwältigenden Mehrheit sehr elegant nach neuester Mode, keine einzige in Hosen, es wäre unmöglich, in einer westlichen Domkirche eine solche Fülle von urbanen Schönheiten zu finden.

Alles drängte sich um die Priester, um ihnen die Hände zu küssen und den Segen zu empfangen; es war, als solle die priesterliche Segenskraft an diesem wichtigen Tag restlos ausgenutzt werden in Segenshäufungen, die sich wie ein langer Mantel um die Schultern der Gesegneten legte. Über dem Raunen und Murmeln der Menge lag Musik, die Chöre auf den Emporen, aber mit den Kathedralen des Westens teilte die neue Gottesburg in Tiflis die schlechte Akustik; die Chöre zerflatterten in den Lüften wie Schwärme ratloser Stare.

Der Patriarch zog ein. Eine breite Gasse war ihm von Wächtern und Zeremoniaren freigehalten, ganze Rudel von Bischöfen und Äbten in seidenen Chormänteln umgaben ihn. Elias II. war der kleinste unter ihnen; es war, als habe die Krone auf seinem Kopf vor allem die Aufgabe, ihn im Gedränge nicht völlig untergehen zu lassen. Er war sehr blaß, sein Bart war weiß und seine Augen waren groß und grau. Er hatte ein Ikonengesicht, wie es in Georgien bei Männern und Frauen nicht selten zu finden ist: die großen blanken Augen, die gerade stumpfe Nase, das gerundete Ebenmaß, die helle Haut sind die Merkmale schöner, vornehmer Masken von eigentümlich lebhafter Verschlossenheit. Der Mantel des alten Mannes war gewiß schwer. Er stützte sich mit seiner durchsichtigen Hand auf einen Stab mit silbernem Knauf.

Von einem Seiteneingang war eine zweite Gasse freigehalten, sie war streng bewacht, nicht nur von liturgischen Wächtern, sondern auch von breitschultrigen jungen Männern in grauen Anzügen, die unablässig in ihre Mobiltelephone sprachen. Die Gasse führte auf ein Podest mit einem goldenen Barocksessel zu.

Es könne sein, daß der Staatspräsident komme, hieß es in meiner Umgebung. Wissen könne man das nie. Saakaschwili sei sprunghaft und launisch, es komme auch oft etwas dazwischen. Es sei vielleicht auch gut für ihn, sich alles bis zum letzten Augenblick offenzuhalten – so verliere er nicht die Möglichkeit zu verblüffen. Aber es sei bei der letzten Wahl nicht alles richtig zugegangen, da müsse er sich beim Patriarchen zeigen – niemand, der sich gegen den Patriarchen stelle, habe in Georgien auf Dauer eine politische Chance.

Der Patriarch trat vor die goldfunkelnde Ikonostase und segnete die Menge, die sich tief verneigte, mit einem kleinen Kreuz; dann schlossen sich die Türflügel der Bilderwand hinter ihm. In das Singen der Priester und der Chöre hinein entstand am Seiteneingang Unruhe. Die Männer mit den Mobiltelephonen sahen gespannt um sich. Mit großem Gefolge und in Begleitung seiner Frau, die ebenso hochgewachsen war wie er, betrat Präsident Saakaschwili die Kathedrale; mir war, als dränge er herein, den Kopf leicht vorgestreckt, unruhig um sich sehend, etwas zu schnell gehend, es war ein Hereinstürmen geradezu. Vor dem goldenen Sessel stellte er sich auf, leicht breitbeinig, die Arme frei am Körper herunterhängen lassend. Würde er sich auf seinen Thron setzen? Nein, er blieb stehen. Er jedenfalls war nicht der König. Der Patriarch hatte dem georgischen Volk soeben eindringlich erklärt, für das Land sei die Wiederherstellung der Monarchie auf Dauer das beste. Fürst Bagrationi, der georgische Thronprätendent, war im Winter mit sechzig in Spanien gestorben und in die alte georgische Krönungskirche in Mzcheta überführt worden; er hatte Söhne.

Saakaschwilis Gegenwart war fordernd, aber wie von einem großen Kind, das bei seinen Erziehern um Anerkennung wirbt. »Ich bin gekommen, nun lobe mich auch«, so meinte ich es auf dem jugendlichen Gesicht des Präsidenten zu lesen, gleichfalls einem Ikonen-Gesicht von hübscher Unpersönlichkeit. Der Patriarch zeigte sich im Tor des Allerheiligsten. Es war soweit. Der Präsident durfte sich ihm nähern und stieg so schnell die Stufen hinauf, daß sein Kniefall vor dem Patriarchen aussah, als sei er über die oberste Stufe gestürzt. In der Kathedrale schwoll das Murmeln an: So rauscht ein ferner Wasserfall.

Saakaschwili hatte sich von seinen Knien erhoben und wandte sich jetzt an die Gemeinde. Er begann zu sprechen. Er sprach ausdrucksvoll und mit gedämpfter Leidenschaft, seine Augen hatten Feuer, seine große Gestalt war weithin sichtbar und hob sich aus der Schar der Priester in ihren bunt-seidenen Talaren heraus. Aber niemand hörte ihm zu.

Das allgemeine Gespräch wurde eher noch lauter; es war nichts Bösartiges in diesem Plaudern, so schien mir, nur Gleichgültigkeit gegenüber einem Mann, der auf allgemeine Aufmerksamkeit keinen Anspruch erheben darf. Die Woge der Stimmen hob sich sanft, die Rednerstimme des Präsidenten ging in ihr unter. Er ließ sich nichts anmerken. Er bat nicht um Gehör und er ließ nicht um Ruhe bitten, und da war nah und fern niemand in der Menge, der sich über den Lärm entrüstet und verlangt hätte, daß man ihn zuhören lasse. Die unbeachtete Rede war lang; in vollendeter Demut vor der Gemeinde wurde sie zu Ende gehalten, zum Schluß kam eine Ergebenheitsadresse an den Patriarchen, der dem großen Jungen mit unendlicher Milde im unbewegten Gesicht zugesehen hatte.

Dann begann der Patriarch selbst zu sprechen. Er saß und war jetzt noch viel kleiner. Seine Stimme war weich und besaß nicht mehr viel Kraft, aber die brauchte er auch nicht, denn die zehntausend waren mit einem Schlag verstummt. Auf den Mienen der Menschen, die sich eben noch so angeregt miteinander beschäftigt hatten, lag jetzt stille Hingabe und Ehrfurcht. Das Ende der Rede war von einem Augenblick tiefen allgemeinen Schweigens gefolgt. Dann ging Saakaschwili wieder auf die Knie und sprach sein Sündenbekenntnis. Mit einem Handkuß erbat er vom Patriarchen die Vergebung; ich nehme an, er hat sie erhalten. In dem Sturmschritt, in dem er gekommen war, verließ er die Kathedrale.

Und nun war es, als wollten alle Menschen in der Halle auf einmal über den Patriarchen herfallen, um sich von ihm berühren zu lassen und ihn zu berühren. Ein Ring von Boxern im Meßgewand hatte sich um den Greis gebildet. Ein Titan mit einem Messingeimer voll Weihwasser spritzte mit einer Art Anstreicherpinsel über die Köpfe der Herandrängenden, als wolle er sie regelrecht einweichen, und alle Hände flogen in die Höhe, um wenigstens ein Tröpfchen des sakramentalen Wassers aufzufangen. Ein Tumult entstand um den Patriarchen, die Menge verschmolz und hob und senkte sich wie ein einziges großes Lebewesen. Georgien ist die Heimat des Dionysos, in dessen Kult die Verehrung und Liebe leicht die Form des Zerreißens annahm.

# *IV.*
# *Abschied von der Persönlichkeit*

# Rede auf Robert Gernhardt

Robert Gernhardt und die Politik – wie komme ich nur darauf, meine Gedanken zu seiner Kunst mit einem Blick auf dieses Verhältnis zu beginnen? Gab es einen Gegenstand, der seiner Arbeit ferner lag? Und dabei entstammte er doch einer Generation, der es geradezu verboten war, politisch nicht Partei zu beziehen, die eigene Existenz nicht zuerst politisch zu definieren und die Kunst aus dem Kampf der Mächte und Ideologien herauszuhalten. Es war die Zeit, in der das schöne Wort »Elfenbeinturm« zu einem Schimpfwort für verantwortungslos verspielte Künstler wurde, denen man das Hausen in solch preziöser Architektur vorwarf – seltsam ist der Bedeutungswandel von einem Ruhmestitel der Muttergottes aus der Lauretanischen Litanei zur Brandmarkung blutlos gestriger Literaten.

Weiter weg vom Elfenbeinturm als Robert Gernhardt konnte man freilich nicht wohnen. Der Kreis, in dem er sich bewegte, hatte mit der »Hochkunst«, mit avantgardistischem Dichtertum, mit lyrischem Philosophieren und Kunstpriesterlichkeit nichts im Sinne; diese hochproduktiven Zeichner und Schreiber hatten sich, so scheint es im nachhinein, die gesamte große Frage nach der Kunst aus dem Kopf geschlagen. Sie dachten nicht daran, sich an den Diskussionen um eine neuartige Poetik zu beteiligen. Sie weigerten sich sogar, sie ernst zu nehmen. Politisch war dieser Kreis in der Linken angesiedelt, aber es fiel auf, daß der emanzipatorische Kampf der Zeitschrift »Pardon« doch mit etwas weniger ideologischer Konsequenz geführt wurde, als es den akademischen Sitten dieser Jahre entsprach. Und an den avancierten Kunsttheorien, wie sie in den fortschrittlichen Milieus gepflegt wurden, hatte der Kreis um Robert

Gernhardt eben überhaupt keinen Anteil. Seit der Weimarer Klassik war jede neue Strömung der Kunst von theoretischem Papier begleitet worden. Der viellesende Gernhardt fand, daß das Verhältnis solchen gelehrten Papiers zu den eigentlichen schöpferischen Hervorbringungen in eine immer bedenklichere Proportion geraten sei. Er zog für sich aus dieser Diagnose einen überraschenden Schluß: sich zunächst die Frage, ob das, was er hervorbrachte, Kunst sei, strikt zu verbieten, sondern sich statt dessen dem eigenen Genius und solch prosaischen Musen wie der Brauchbarkeit, der Verwendbarkeit, der Verständlichkeit, der Nachvollziehbarkeit anzuvertrauen und die Sorge, das auf solche Weise Entstandene in poetologische Schubkästen einzuordnen, anderen, am besten gar einer anderen Zeit zu überlassen. Mußte nicht erst einmal ein Gedicht, oder besser, viele, hunderte Gedichte dasein und ihre Lebenskraft durch die bloße Existenz beweisen, bevor es sinnvoll war, sich auf literaturhistorische oder politisch-ästhetische Weise darüber klar zu werden, worum es sich bei diesen Phänomenen eigentlich handelte? Die Kunst hatte aus den Kunstwerken hervorzukommen, nicht umgekehrt. Und um Kunstwerke zu schaffen, war es am klügsten, eine Weile zu vergessen, daß es so etwas wie Kunst gebe, daß sie in der eigenen Reichweite liege, daß sie etwas Erstrebenswertes sei. Es sprach ein geheimes Vertrauen auf eine Selbsterzeugung der Kunst aus dieser Haltung, vergleichbar der aristotelischen Lehre von der Entstehung des Insektenlebens aus dem Dreck, ein Vertrauen darauf, zunächst die Masse zu erzeugen, Feuer zu machen, die Intelligenz und die Spielfreude zu disziplinieren und das Handwerk zu vervollkommnen, um dann vielleicht, hoffentlich – aber ohne sich zu gestatten, groß daran zu denken – zu erleben, daß in diese angehäufte Masse das Leben hineinfuhr, daß es in ihr sich zu bewegen und zu krabbeln beginne.

Von Anfang an fielen die Gernhardt-Gedichte deshalb aus

dem Umfeld des politischen Engagements, in dem sie veröffentlicht wurden, heraus, ohne daß schon deutlich wurde, daß ihre Weigerung, eine eindeutige politische Stoßrichtung einzunehmen, aus einem radikal-künstlerischen Programm stammte, man könnte gar sagen, einem poetischen Selbstversuch. Jede Scheu gegenüber dem Kabarettistischen, der frechen Reimerei, der im Gedicht explodierenden und es vernichtenden Pointe wurde abgeworfen. Aber die Verse, die auf diese Weise entstanden, atmeten schon am frühesten Anfang eine eigentümlich kühle Heiterkeit, die sie von anderer für ein satirisches Magazin brauchbarer Gedichtproduktion unterschied, man könnte von einer geradezu abstrakt gestimmten Heiterkeit sprechen, die das Knallkomische mit der distanzierten Nüchternheit des Sprachmeisters unterlegte. Es herrschte auch in den frühesten Gedichten bereits eine für Gernhardts Dichtkunst bezeichnende Reinheit und Reinlichkeit, die mit der Empfindlichkeit des in der Tonmalerei bewanderten Malers gegenüber beißenden, unreinen oder gar schmutzigen Tönen korrespondierte. Die formale Perfektion, die die Verse eng ineinander verschränkte, gab dem einzelnen Gedicht etwas von der trigonometrischen Strenge blitzender metallischer Kugeln. Und wenn man bei Kugeln an die Drechselbank denkt, dann ist auch das Bild des Elfenbeinturms nicht fern, man stelle sich etwa die kunstvoll gedrechselten elfenbeinernen Prunkgefäße aus den fürstlichen Wunderkammern des Barock vor.

Von heute aus betrachtet, mit dem Bewußtsein einer längst zum nationalen Allgemeingut gewordenen Gernhardtschen Poesie, ist es kaum mehr begreiflich, wie politisch und wie kunstpolitisch diese ungerührt heiteren Gedichte einmal waren, denen alle Spuren von Schweiß und Pulverdampf fehlen und die dennoch Zeugnis eines Kampfes sind. Man erinnere sich an die Nachkriegszeit mit dem bis in die Kunstdebatten hineinreichenden kalten Krieg zwischen den Vereinigten Staaten und der Sowjetunion. Heute ist bekannt, daß massive politische Kräfte hinter den Propagatoren der neuen Kunst in Westdeutschland standen. Es galt die Devise: figurative Malerei ist die Kunst der Diktatoren; der freie Westen hat seinen ästhetisch verbindlichen Ausdruck im amerikanischen abstrakten Expressionismus zu finden. Dieser Doktrin entsprach für die Poesie ein paradoxaler Zwang zur Zwanglosigkeit; alle überlieferten Formen der Lyrik wurden unter den Verdacht geradezu oberförsterhafter Rückständigkeit gestellt, obwohl die rechte und die linke Stifterfigur der Nachkriegslyrik, Benn und Brecht, beide noch ausdauernd und erfolgreich gereimt hatten. Robert Gernhardt war Maler geworden, nicht um Farbfelder in feinsinnige oder wilde Konkurrenz treten zu lassen, sondern, wie er es in seinem bisher noch nicht genügend ernst genommenen Buch über die Malerei, die eigene und die seiner Zeitgenossen, geschrieben hat, »um Löwen zu malen«. Und er war Dichter, um eine Dichtung zu schreiben, die nicht eine um Irrationalismen bereicherte impressionistische Prosa war. Gernhardt war, wie man weiß, sehr weit entfernt von magischem Denken, aber er wünschte sich Gedichte von der beschwörenden Festigkeit von Zaubersprüchen. Gedichte mußten die Fähigkeit besitzen, sich tief ins Gedächtnis einzugraben. Sie mußten Zeilen haben, die so treffend und quälend im Ohr blieben wie ein teuflisch perfekter Werbespruch, den man auch, wenn dem Hirn längst alles Wichtige entglitten ist, nicht mehr loswerden kann. So konnte er Schiller bewundern, der das Denken ganzer Generationen in das Muster seiner poetischen Formeln gezwungen hatte.

»Schöpft des Dichters reine Hand, Wasser wird sich ballen« – um einen anderen der Gernhardtschen Hausgötter zu zitieren: Um solch aus der luftigen Sprache Geballtes, Materialisiertes, zu einer festen kleinen Wortskulptur Gewordenes ging es ihm beim Schreiben von Versen. Zu seinen schönsten Triumphen zählte es deshalb, daß in einer Zeit, die ihrer Pflicht, die Kinder zum Auswendiglernen von

Gedichten zu zwingen, nicht nachkommen zu dürfen glaubt, zahllose Menschen einen oder mehrere Gernhardt-Verse zitieren können, während die Verse selbst hochgescheiter gleichzeitiger Kombattanten, noch während sie ein unbestimmtes Gefühl von Achtung auslösen, in das eine Ohr hinein- und aus dem anderen herausgeschlüpft sind. Aber diese gehärtete, diese kunstvoll verschränkte, artistisch verblüffende und die Herzen erobernde Form war in dem lyrischen Genre, das als Hochkunst gehandelt wird, dem Genre, in dem die großen Lebensfragen verhandelt werden, strikt verboten. Nur im Gewand humoristischer Gebrauchskunst, kabarettistischer Kleinkunst, im Gewand von Satire und Sprachscherz durfte die Form, die nach Gernhardt das Gedicht macht, fortleben. Der Bildhauer Hrdlicka hat mir gesagt: »Ich wollte Figuren machen, und wenn man, um Figuren zu machen, Kommunist sein mußte, dann war ich halt Kommunist.« Geht es zu weit, zu vermuten, daß Gernhardt humoristischer Dichter zuerst deshalb geworden ist, weil er auf andere Weise seinem ästhetischen Bekenntnis zur Form nicht hätte entsprechen dürfen?

Genährt werden könnte dieser Verdacht durch die Erinnerung an Robert Gernhardts Temperament. Die gern geäußerte Vermutung, hinter jedem Humoristen stecke ein Melancholiker, ist zwar beinahe kitschverdächtig und träfe auf Gernhardt wohl auch nicht zu; man kann sich diesen bis zur bereits erwähnten Nüchternheit kontrollierten Menschen beim Bad in der schwarzen Galle des Lebensüberdrusses nur schwer vorstellen. Aber da sind die vielen Gedichte über den Tod, die Gedichte aus seiner Leidenszeit, in denen er sich selbst jede Schonung und jeden Selbstbetrug verweigert, und wer sie gelesen hat und von dort aus durch die vielen Jahre seines Schreibens zurückgeht, der wird feststellen, daß der Gedanke an den Tod auch in Zeiten, in denen die komischen Gedichte weit überwiegen, bei ihm immer anwesend war. Immer hat er sein großes poetisches Spiel vor dem Hintergrund gesehen, daß es eines Tages unversehens und brutal beendet werden würde. Da war kein Philosophieren über den Tod, da gab es keine Religion und keine Anti-Religion, keine Metaphysik, keinen Heroismus und kein Lamento und keine Abendsonnen-Stimmungen, sondern nur ein Erschrecken, das sich aus dem ihm angeborenen Gefühl für Diskretion in das Kleid der Form hüllte. Man kennt dieses Erschrecken, dieses ungläubige Staunen, diese Empörung bei Kindern, die ganz in die Zeitlosigkeit des Spiels versunken sind und die darin schroff unterbrochen werden, weil sie ins Bett müssen. Ist Gernhardts vielen Gedichten über den Tod, den grotesken und den wahrhaft todernsten, nicht etwas von dieser kindlichen Empörung anzumerken, daß die vollendete Beherrschung der Spielregeln, die virtuose Seligkeit des Formenspiels, das auf Endlosigkeit hin angelegt ist und das mit Endlosigkeit belohnt werden müßte, wenn dieses Spiel einen Sinn haben sollte, diesen Lohn nicht erhalten würde, sondern, darum geprellt, einfach nur roh abgebrochen werden mußte? Was sollte dieses Spiel wert sein, wenn es nicht Ewigkeit schenkte?

Seine Antwort auf diese untergründige Empörung war eine staunenswerte Produktivität, als wolle er sich gegenüber dem Tod ins Recht setzen. Der Tod sollte ihn als höchst Lebendigen, und das hieß, als unablässig Arbeitenden antreffen, nicht als bereits Absterbenden, der in seinen Tod eingewilligt hat, er wollte dem Tod nicht ersparen, Unrecht zu tun – an ihm jedenfalls sollte es nicht liegen, wenn er schließlich doch gefällt würde. Ein anderer Dichter aus Frankfurt hat einmal die Vorstellung geäußert, seine unablässige Tätigkeit habe ihm ein Recht gesichert, auch nach seinem leiblichen Tod tätig bleiben zu dürfen, aber auch wenn Robert Gernhardt wohl nicht eine solche Hoffnung hegte, so wäre ihm dieser Anspruch doch nicht fremd gewesen. Es ist richtig, an der Überfülle der Gernhardtschen Produktion den Reichtum seines Talents zu bewundern, aber zugleich war in diesem »Nulla dies sine linea« und »Nulla dies sine carmine« auch ein zäher und trotziger Kampf verborgen, dessen Ernst das ganze Werk dunkel hinterlegt, auch da, wo es sich nicht ausdrücklich mit dem Ende des Lebens beschäftigt.

So sehen wir den heiteren und den ernsten Gernhardt eng verbunden, wie er selbst es auch getan hätte, wenn auch aus anderem Grund.

Wie es bei einem Künstler der großen Form naheliegt, war er in vorgerückten Jahren doch noch zu einem theoretischen Nachdenken über das Gedichteschreiben gelangt. Was ihn verstimmte, war ein Mangel an Abstraktion in der zeitgenössischen literarischen Kritik. Der Einteilung der Lyrik in eine, die gesteigerte Seriosität beanspruchte und die mit den großen Fragen des Lebens befaßt war, und in eine mit der bedenklichen Kennzeichnung »Leichte Muse« versehenen heiteren und komischen Kunst, die nur herablassendes Amüsement verdiente, widersprach er entschieden. Seine Antwort darauf war von geistreicher Radikalität: Er lehnte einen Unterschied zwischen »ernster« und »komischer« Kunst ab, weil es ihn nicht gebe. Jede Art von Unterwerfung des Gedankens oder eines wie immer beschaffenen Stoffes unter das Gesetz einer Form bringe notwendig Unernst hervor. Form sei Spiel, Spiel sei Distanz vom Stoff, Distanz vom Gefühl. Der von der Form bewältigte Stoff sei, so hoch und hehr es sich mit ihm auch verhalten möge, immer zugleich ein von der Form überwältigter Stoff, uneigentlich geworden, aus den Lebensnotwendigkeiten herausgerückt in die Sphäre einer Freude, die am Gelingen eines selbstgeschaffenen Regelwerks ihr sternklares Genügen finde. »Ernst ist das Leben, heiter ist die Kunst« – es gehört zu den Überraschungen, die Gernhardt seinen Lesern bereitete, daß er in dieser Devise mit einem Dichter, der besonders wenig mit jeder Form komischer Kunst zu tun hatte, übereinstimmen wollte.

Es war diese grundsätzliche Heiterkeit, diese vom Stoff

abgelöste und von ihm unabhängige Heiterkeit, die ihn zu einem gewichtigen Teil des deutschen literarischen Erbes in einen unversöhnlichen Gegensatz brachte: zum Expressionismus. Diese durch die Jahrhunderte reichende deutsche Dichterschule, die in immer neuen-alten Gewändern aufgetreten ist und auftritt, war sein eigentlicher Feind, seine wahre poetische Unmöglichkeit.

Wenn Dichter über das Dichten reflektieren, dann schneidern sie sich mit gutem Recht ein Gewand, das vor allem zunächst dem eigenen Leib passen soll.

Und so nimmt es denn nicht wunder, daß die Doktrin vom allein durch die Form souverän über dem erdenschwer ernsten oder erdenschwer komischen Stoff schwebenden, in den kühlen Azur aufsteigenden Gedicht ganz besonders augenfällig und auf unwiderstehliche Weise überzeugend wird bei einer bestimmten Gattung der Gernhardt-Gedichte, die zum Schönsten gehört, was er gemacht hat, und die tatsächlich zwischen dem Heiter-Komischen und dem Träumend-Verzauberten ungreifbar und unfixierbar zu Hause ist. Ich meine eine kleine, aber gewichtige und in ihrer Eigenart ganz Robert Gernhardt gehörende Abteilung seines Werks, und einen Namen für sie zu finden ist gar nicht so leicht. Shakespeares Spätwerk, jene Stücke, die weder Komödien noch Tragödien sind, »Der Sturm« und »Wintermärchen«, werden unter dem Sammeltitel »Romanzen« geführt, und in diesem Sinn nenne ich die Gernhardt-Gedichte, die ich im Sinn habe, »Romanzen«. Ihr Grundton ist heiter, aber nicht komisch, sie zielen auf keine Pointe, sie enthalten keine Scherze, aber sie sind angefüllt mit einer anderen Luft als unserer üblichen Atemluft, einem Geist des Entrücktseins, einer sanften Trance. Wie gewisse Kompositionen Robert Schumanns schwimmen sie zwischen Dur und Moll, sie besitzen die Vieldeutigkeit, die inhaltslose Sehnsuchtsgesättigtheit der Musik. Wenn man sich vorstellt, daß es oft ein rätselhaft beunruhigender kleiner Sprachfetzen war, der dem

Dichter nicht aus den Gedanken ging, bis er ihn in einem Gedicht aufhob, dann könnte man sagen, daß diese »Romanzen« nah an ihrem Ausgangspunkt geblieben sind, daß sie noch ganz nah an dem unentschlüsselbaren Ursprungsbild, nah an der das Gedicht auslösenden Inspiration ausharren. Sie sind lebenswarmes poetisches Urmaterial, das ist eine überall in reichen Mengen unter der hauchdünnen Alltagshaut verborgene Substanz, die aber nur selten ans Licht gefördert wird. Um wenigstens ein Beispiel dieser raren Gattung zu nennen, sei hier »Zurück aus dem Odenwald« zitiert: »Dieses viele Grün, dieses hohe Blau / und in der Ferne Worms / – Warum sagen Sie das? / Da war so viel Grün, und das Blau war so hoch / und in der Ferne Worms / – Wem sagen Sie das? / Dem, dem das Grün etwas sagt und das Blau / und in der Ferne Worms / – Das sagen Sie mir? / Jawohl, falls Ihnen das Grün etwas sagt / und in der Ferne Worms / – Nun haben Sie aber das Blau vergessen! / Ach – sagen Grün und Blau Ihnen was / und in der Ferne Worms? / Nicht daß ich wüßte. Können die denn reden?« Manche Leute lachen hier.

Aber der letzte Satz ist gar keine Pointe, sondern ein Rückverweis auf den Anfang. Ja, der Beweis ist erbracht: Grün und Blau können etwas sagen. In den beiden, nach den konkreten Ansprüchen des Farbenmischens in der Malerei, völlig unzureichenden, geradezu abstrakten Begriffen ist im poetischen Raum dieses Gedichtes eine ganze weite Landschaft wie auf einem chinesischen Rollbild aufbewahrt. Mit einem Nichts an Wörtern hat Gernhardt ein großes Panorama vor unsern innern Augen entstehen lassen, den Blick von den Hügeln der Bergstraße mit ihren Wein- und Apfelhängen über die zersiedelte oberrheinische Tiefebene zum Fluß und zu den Türmen des Wormser Doms. Der Dichter als Mineraloge: Er schlägt mit seinem Hämmerchen auf nichtssagend graue Steine, die zerspringen und in ihrem Innern eine funkelnde Druse enthalten. In diesen Regionen des Dichtens ist die Form als strenge Zuchtmeisterin ganz zurückgetreten und beinahe unauffällig geworden. Herrin ist sie eben nur für den lyrisierenden Dilettanten; für Robert Gernhardt war sie eine gehorsame und ergebene Dienerin.

## Wer einen Roman schreibt – sollte der wissen, was ein Roman ist?

Ich war dreißig Jahre alt, hatte soeben meine juristischen Studien mehr schlecht als recht abgeschlossen und noch keine der kleinen Erzählungen, eher Stilexperimente aus meiner Referendarzeit, veröffentlicht, als mich die Lektorin eines Verlages fragte, ob ich nicht auch einen Roman schreiben könne. Ich hatte bisher noch keinen Gedanken an einen eigenen Roman gewandt und zögerte dennoch keinen Augenblick, ja zu sagen, wie ich mehr oder weniger zu allen Zumutungen oder Versuchungen in meinem Leben ja gesagt habe. Ich hatte trotz meiner Neigung zur Literatur Jura studiert, weil ich einen ausgeprägten Widerwillen gegen jede Art von literarischer Theorie verspürte, eigentlich ohne sie näher zu kennen als alles, was so an einen herangespült wird. Es war meine grundsätzliche Überzeugung, mehr ein Gegenstand der Philosophie sein zu sollen als selbst zu philosophieren. So begann ich denn also recht bedenkenlos drauflloszuerzählen, mit großer Handschrift, wie d'Annunzio Berge von Papier verbrauchend, bis ich nach einem Jahr etwa ins Stocken geriet; die Planlosigkeit rächte sich, alles war möglich, und diese Unbeschränktheit erzeugte unüberwindliche Blockaden. Damals lernte ich eine Wienerin kennen, die mit Nachnamen Förster-Streffleur hieß; ich schrieb ihr einen Brief und betrachtete ihren Namen auf dem Umschlag eine Weile unverwandt, bis ich plötzlich feststellte, daß der zweite Teil dieses Namens sehr großzügig gesehen ein Anagramm des ersten Teils war, nur das L war überzählig. So kam ich zur Lösung meines Problems: ich würde den zweiten Teil meines Romans einfach mit denselben Figuren wie im ersten, nur in anderer Anordnung erzählen, unter

Hinzufügung von einem oder zwei neuen Elementen. Ich kann nicht behaupten, daß dieser Roman mit dem Titel »Das Bett« mir aus den Händen gerissen worden wäre, aber ich blicke immer noch freundlich auf ihn.

Der zweite Roman wurde durch eine Goethe-Maxime inspiriert: »Wir sind naturforschend Pantheisten, episch Polytheisten, moralisch Monotheisten.« Ich nahm mir den Tschechovschen »Kirschgarten«-Stoff und stellte mir vor, seine Protagonisten seien bürgerlich modern kostümierte griechische Götter. Götter haben die Eigenschaft, in ihren Ressorts kompromißlos feindselig gegeneinander gerichtet zu sein, zugleich aber allesamt recht zu haben und in ihren Kämpfen und Göttermählern ewig zu leben. Die Verkleidung meiner Götter ist mir aber offenbar etwas zu gut gelungen; die wenigen Leser von »Ruppertshain« glaubten, es sei ein Roman über Immobilienspekulation, und fanden, daß ich mit diesem ernsten Thema zu leichtfertig umginge. Danach begann ich den Roman »Westend«, drohte nach munterem Anfang bald schon, in ihm zu versinken, und stellte nach drei oder vier Jahren fest, daß es nun wohl an der Zeit sei, mich zu entscheiden, ob ich wirklich Schriftsteller werden wolle.

Das Bild selig theorielosen Produzierens, das ich hier entworfen habe, entbehrt nicht einer gewissen Unwahrhaftigkeit, denn es ist selbstverständlich nicht einen Augenblick so gewesen, als sei ein voraussetzungsloses Erzählen mir oder einem meiner Zeitgenossen auch nur im Traum möglich gewesen. So begeisternd auf den jungen Autor die Vorstellung auch wirken mag, er schreibe jetzt den ersten Roman – nicht den eigenen ersten wohlgemerkt, sondern den ersten überhaupt –, sie wird sich nur in den flüchtigen Augenblicken der Berauschtheit durchhalten lassen. Das Reich der Romane ist übervölkert; es wird von einem Riesengeschlecht toter Schriftsteller bewohnt, die im Fortschreiten der Zeit, je länger sie tot sind, immer noch weiter wachsen, wie der Prophet Samuel, der in seinem Sarkophag zu Samarkand beständig größer wird und inzwischen schon über sechzehn Meter mißt. Aber auch die neueren kleineren Autoren haben eindringliche Stimmen, die in verführerischen Dissonanzen klingen. Da hatte die Warnung meines Vaters viel für sich, es sei ein sinnloses Unterfangen, dem Romankosmos unbedingt noch eigene Bücher hinzufügen zu wollen, wenn meine Lebenszeit doch nicht ausreichen werde, dem bereits Geleisteten auch nur annähernd gerecht zu werden. Aber schon bei oberflächlicher Würdigung nur einiger der großen Romane mußte mir klar sein, daß es Gesetze des Erzählens gab, die sich in den Jahrhunderten herausgebildet hatten und daß es sogar einen großen, manchmal unhörbaren, aber immer gegenwärtigen Rhythmus gab, nach dem die europäischen Erzähler hüpften, tanzten oder würdig voranschritten, je nach ihrem Temperament, aber in all ihrer Verschiedenheit eben doch einer grundsätzlichen gemeinschaftlichen Ordnung verpflichtet. Diese gemeinschaftliche Bewegung in der Tradition und ihre allmähliche Verwandlung, oder besser Entfaltung, so wie sich ein großer Organismus in seinem Altern und Reifen entwickelt, nehmen die Leser als unterirdische Strömung unter dem an der Oberfläche verlaufenden Handlungshergang wahr. Was ein Roman ist, darauf gibt es unzählige Antworten, aber die Leser wissen es besser auch ohne Definition; so ungreifbar, so proteushaft wie die Romanlegende tut, ist der Roman gar nicht. Seine kühnsten Formsprengungen und Form- und Gattungsüberwindungen sind von Anbeginn in ihm angelegt. Als Horaz an der »Ilias« rühmte, daß Homer eben nicht pedantisch ab ovo erzähle, daß er die Erzählung des zehnjährigen Kriegs auf ein paar Wochen kurz vor dessen Ende zusammenballe – ohne sich im übrigen das spektakuläre Ende als besonderes Erzählschmankerl aufzusparen, sondern indem dies Ende einfach unter den Tisch fällt –, da war dies Werk schon sechs- oder achthundert Jahre alt – die gegenwärtige Forschung neigt wohl eher zur Spätdatierung – aber wenn dies Mittel der Zeitorganisation heute angewandt wird, dann kann es immer noch so frisch wirken, als sei es eine hochoriginelle Erfindung, die alle überrascht. Also nichts da von Unschuld und Naivität des theorienunkundigen Roman-Neophyten: Wer Romane liest – und das habe ich, bevor ich welche zu schreiben begann, wie ich bekenne, in reichem Maße getan –, in den ist genug Modellhaftes, Erzähltechnisches, Typologisches eingesickert, auch wenn er sich darüber noch keine Rechenschaft abgelegt hat. Und die Pseudo-Unschuld des theorienunkundigen Autors als novellistische Demivierge birgt auch Gefahren. Dalí's Wort, wer die Tradition nicht kenne, könne nur Plagiate hervorbringen, spricht die Neigung des Originalgenies an, für neuartig zu halten, was lange schon und meisterhaft bewältigt worden ist.

Auch ich habe aber schließlich und nachdem ich die mir wichtigsten Bücher schon geschrieben hatte, einen Romantheoretiker gefunden, den ich dankbar als *meinen* Romantheoretiker annehmen konnte, der beim Namen nannte, was ich nur geahnt hatte, und den ich mit der Liebe gelesen habe, die nur ein Buch in uns wecken kann, das uns in unseren Anschauungen bestätigt – dieser Satz gilt natürlich nicht für Wissenschaftler, die sich bekanntlich gern und vorbehaltlos in ihren vorgefaßten Überzeugungen erschüttern und revidieren lassen. Erich Auerbachs Werk »Mimesis« ist nun über sechzig Jahre alt, aber mein Bedauern ist unendlich, nicht zu Füßen dieses großen Lehrers, dessen Lebenszeit sich mit der meinen um wenige Jahre überschneidet, gesessen haben zu können. Er hat die Gründungssätze des nachantiken, des europäischen und damit auch des modernen Romans benannt; jeder kennt sie, sie stehen im zweiten Kapitel des Lukasevangeliums:

»Es begab sich aber zu jener Zeit, daß ein Gebot von dem Kaiser Augustus ausging, daß alle Welt geschätzet würde, ein jeglicher in seiner Stadt; da machte sich auch auf Joseph aus Galilea, aus der Stadt Nazareth nach der Stadt Davids, die da heißet Bethlehem, in dem jüdischen Land, daß er sich schätzen ließe mit Maria, seinem angetrauten Weibe, die war schwanger.« Mit diesen Zeilen eröffnet sich die Möglichkeit eines neuen Blickes auf die Welt: Die ganz große Sphäre, die Weltpolitik, der vergöttlichte Gründer des römischen Kaisertums, dessen Wirkungen bis in die Gegenwart reichen, wird darin zusammengespannt mit einer armen Handwerkerfamilie aus einer vernachlässigten Kolonie des Römerreiches, und so etwas ist bis dahin undenkbar gewesen. Von nun an können Werke entstehen, die die alten Gattungsbegriffe der Antike aufheben. Bis zu diesem historischen Moment waren in der Literatur das Erhabene und das Alltägliche, die Sphären der Heroen und die der kleinen Leute, die großen Zeremonien und die formlose Banalität streng voneinander geschieden. Aber nun verschmolzen Sermo sublimis und Sermo humilis zu einer Prosa, die die Sprache des europäischen Romans werden sollte. Auerbach hat sein Werk während des Kriegs in Istanbul geschrieben; der Istanbuler Universität müssen die Deutschen ewig dankbar sein, daß sie den Flüchtling aus Deutschland auf einen Lehrstuhl berief, aber eine dieser Arbeit genügende Bibliothek gab es am Bosporus jedenfalls damals noch nicht. So hat Auerbach denn die »Mimesis«, wie er schreibt, weitgehend ohne Bücher geschrieben – er bemerkt aber auch, daß sein Buch anders wahrscheinlich nie geschrieben worden wäre. Liegt in dieser Entstehungsweise auch der Grund, warum ich es mit solcher Freude gelesen habe?

Wenn ich also nun beginne, einige Gedanken über den Roman auszusprechen, geschieht dies gleichsam im Gespräch mit Erich Auerbach, durch ihn angeregt, ihn gelegentlich weiterspinnend und mit Eigenem vermischend. Die Frage, was diese Überlegungen für *meine* Romane bedeuten könnten, stelle ich mir nicht, aber da ich vermute, in Denken und Tun nicht mehr als üblich gespalten zu sein, wird ein gewisser Zusammenhang von beidem sich wohl nicht leugnen lassen.

## *Ist der Realismus etwas Wirkliches?*

Es war ein pensionierter Verfassungsrichter, der mich mit seinen mißvergnügten Bedenken gegen die literarische Form des Romans in leichte Verlegenheit brachte: »Ich verstehe nicht, weshalb man Romane liest«, sagte er, »da heißt es dann: Der Baron stand auf den Zinnen seiner Burg und blickte über die Felder, die in der Abendsonne lagen – wenn er das in Wahrheit doch gar nicht getan hat, ja, wenn es diesen Baron doch überhaupt nicht gab.«

Man sieht, welchen Typus Roman der Richter im Auge hatte, aber er hätte seine Bedenken auch äußern können, wenn sein Roman mit den Worten begonnen hätte: »Der Junkie Kevin öffnete den Eisschrank und blickte auf eine angebohrte, verschimmelte Velveta-Ecke.« Wann das Interesse der Menschheit an fiktionalen Erzählungen erwacht ist und welche Gründe es dafür gegeben haben mag, wann aus Mythen, die keinesfalls Fiktionen sein wollten, wann aus Epen, die sich als Geschichtswerke begriffen, Mythologien wurden, deren sich die künstlerische individuelle Phantasie bemächtigte, wann Märchen, die historische Ereignisse aufbewahrten, sich in Unterhaltungsstoff verwandelten, der zur literarischen Disposition der Erzähler stand – das soll hier nicht weiter erörtert werden, und zwar nicht, weil die Vielzahl der dazu inzwischen angehäuften Erklärungen etwa geringgeschätzt würde, sondern weil es für den Schreiber von Romanen, der sich hier äußert, einfach unfruchtbar ist, sich die Welt ohne Romane vorzustellen, sowenig wie ein Pianist von dem Gedanken profitieren kann, die Erfindung des Pianoforte sei im Grunde eine Absurdität, wenn er dabei ist, eine Haydn-Sonate einzustudieren. Es gibt ihn halt, den Roman, er erzählt, was sich niemals oder nicht in dieser Form ereignet hat, oder schlimmer: Er exzediert in heilloser Verknüpfung und Verdrehung und Durcheinanderwerfung von Erfundenem und Tatsächlichem, in moralisch bedenklichster Weise – das Durcheinanderwerfen ist bekanntlich das Metier des Diabolos. Und das wahrhaft Unbegreifliche, meinen würdigen Richter Verstimmende liegt doch in der selbstverständlichen Übung, den größten Teil der in den letzten Jahrhunderten geschriebenen Romane ganz selbstverständlich einem Realismus zuzuordnen – was mag das wohl für ein Verhältnis zur Realität sein, das eine solche Verbindung des Unvereinbaren dann doch irgendwie erlaubt?

Es scheint da ein etwas fragwürdiges Spiel mit sehr feinen Kategorien zu geben: Da treten eine »Wahrheit« und eine »Wirklichkeit« gegeneinander an und versuchen zu beweisen, daß man ihren Ansprüchen auch genügen könne, wenn das im Roman Dargestellte nicht mit den Dokumentationsmethoden der Kriminalpolizei zu sistieren sein sollte, wenn es sich gar vor den Schranken des Gerichtes und unter Eid ausgesagt als die schiere Lüge erwiese. Ich greife zum Anekdotischen, um zu illustrieren, wie der Begriff des Realismus im Roman vielleicht am besten verstanden werden könnte. Ein inzwischen verstorbener Pianist erzählte mir von den Verhältnissen im Hause Rubinstein, die er kannte, weil er dort solange zu Gast gewesen war, bis Madame Rubinstein ihn auf die Straße gesetzt hatte. Er bewahrte der Dame deshalb kein gutes Andenken. »Sie war eine fürchterliche Frau«, sagte er, »stellen Sie sich vor: Sie hatte auf dem Klo einen Goya hängen.« Ein Zuhörer protestierte: »Aber bitte – sie hatte doch keinen Goya auf dem Klo hängen!« Der Pianist revidierte sich etwas gereizt: »Natürlich hatte sie keinen Goya auf dem Klo hängen – aber so war sie!«

Der Verfassungsrichter ist mit solchen Mätzchen nicht zu trösten, aber ich muß ihn seinem Gram überlassen, denn auch der kreative Umgang mit der Wahrheit im Roman – um eine berüchtigte Formel zu gebrauchen kann auf verschiedene Weise betrieben werden. Zwei Schulen sind es, die mich beschäftigt haben: der Naturalismus und der eigentliche Realismus.

Das Bestreben, die Welt mit den Mitteln der Erfindung so zu zeigen, wie sie ist, scheint dem Naturalismus und dem Realismus gemeinsam, aber der Naturalismus hat hier offenbar zunächst einen Vorsprung. Er sammelt in seinen unerschrockenen Recherchen alle Phänomene der Wirklichkeit, er blendet kein Wahrnehmungsorgan aus und verweigert sich, den Ekel, die Scham, den Takt, die Rücksicht als Einschränkungen seiner Ausleuchtungen zu akzeptieren. Er befürchtet, daß solche Einschränkungen von dem Interesse geleitet sein könnten, die geschilderten Verhältnisse irgendwie zu beschönigen, und daß solche Beschönigungsabsichten ein Zeugnis unwürdiger Ängste oder gar des handfesten Betrugs seien. Und diese Befürchtung trifft ja auch allzuoft ins Schwarze. Allzuoft werden unter dem Anschein realistischer Schilderung Verhältnisse idealisiert, harmonisiert, geschminkt und veredelt, und das nicht nur in der Absicht, eine angenehme Unterhaltung herzustellen, sondern, mit durchaus politischen Nebengedanken, die Wirklichkeitsverfälschung in den Dienst einer Propaganda zu stellen. Aber ist das Objektiv des Naturalismus in seiner angestrebten eisigen, seiner gnadenlosen Apperzeption denn wirklich so unbeteiligt, so unparteiisch gegenüber den Phänomenen, die es registriert? Könnte es nicht sein, daß der schonungslose Blick auf die Häßlichkeiten, das Abstoßende, das Übelriechende und Verfaulte in Wahrheit Symptom einer Gequältheit ist? Verbirgt sich hinter der Kälte des Naturalismus nicht vielleicht eine große Bitterkeit, eine tiefe Enttäuschung darüber, »daß nicht alle Blütenträume reiften«? Wird das Grausame und Abscheuerregende am Ende gar nicht deshalb vom Naturalismus ausgebreitet, weil es eben da ist, sondern weil es, ginge es mit rechten Dingen zu, gerade *nicht* da sein sollte? Wenn er auf die Eingeweide des Menschen zu sprechen kommt, ist da nicht eine geheime Verletztheit spürbar, daß wir innerlich nicht aus einem Röhrensystem aus Straßburger Fayence bestehen? Bis heute bewahren die Hervorbringungen des Naturalismus ihre innere Verbindung zur barocken Vanitas-Mentalität, wenn auch zersprungene Lauten und elfenbeinpolierte Totenköpfe sich dekorativer ausnehmen als das Erbrochene neben der halbleeren O-Saft-Tüte, aber das sind Fragen des Zeitgeschmacks. So würde ich es für mich definieren: Der Naturalismus will, seinem tiefsten Antrieb entsprechend, darstellen, was nicht dasein sollte, was aber empörenderweise dennoch da ist, um die Leser in einem gerechten Aufstand gegen das daseiende Böse – der Verdacht bleibt: alles Daseiende ist böse – zu ermutigen. In seiner Darstellung der faktischen Verhältnisse ist er nicht zu übertreffen, aber der Gefühls-und Gedankenhintergrund, aus dem heraus er schreibt, schiebt sich während der Lektüre immer weiter nach vorn, bis sich in seinen Blut- und Urinlachen jenes verwundete Herz des Autors spiegelt, der sich für eine schönere Welt geboren glaubte.

Alles zu sagen – das ist freilich auch das Ziel des nicht- oder gar antinaturalistischen Realismus. Ein Ausweichen vor den tristen und schlimmen Aspekten der Welt will auch er sich nicht gestatten, obwohl er nicht davon überzeugt ist, daß gerade diese schlimmen Aspekte vor allem wahrheitsträchtig seien. Die Beschränkungen, die er sich auferlegt, entstammen aber nicht dem verhohlenen Wunsch, irgend etwas ausweichen zu wollen. Im Gegenteil, aber dieses Alles-Sagen des Realismus bedient sich oft genug auch eines beredten Schweigens, ja, das Schweigen ist so sehr ein für den Realismus bezeichnendes Mittel, daß seine Liebhaber einen Autor häufig nicht nur dafür rühmen, was und wie er spricht, sondern auch dafür, was alles er nicht gesagt hat. Da ist zunächst seine Art zu sehen bemerkenswert, nicht mit dem Mikroskop auf die Details gerichtet, sondern wie das menschliche Auge sieht, das die zahllosen Einzelheiten eines Bildes verschmilzt und blitzschnell zu einer Komposition zusammenfaßt, in der Licht, Stimmung, Duft und Geräusch sich mit den Bildern unlöslich vermählen. Realistisches Erzählen versucht die Weise unseres Erlebens nachzuahmen, die nicht analysiert, sondern die das vereinzelt Wahrgenommene und unwillkürlich Ausgewählte mit der Gesamtstimmung auflädt – in der Erinnerung wird diese Gesamtstimmung einer bestimmten vergangenen Situation durch die Evozierung dieses einen Details, das sie wie eine Büchse aufbewahrte, wieder frei – sie ist wortlos, aber an ein Wort gebunden, sie überschreitet dies Wort, hätte sich ohne das Wort aber verflüchtigt. Man denke nur an die Häuser in Dostojewski-Romanen, die der Leser durchwandert zu haben glaubt, obwohl er beim Nachlesen zu seinem Verwundern feststellen muß, daß sie eigentlich kaum beschrieben worden sind.

Der Realismus kennt weiterhin ein Schweigen aus Scham. Während der Naturalismus den Leser auf Verhältnisse stoßen möchte, die ihm bis dahin fremd waren oder die er sich verborgen hat, rechnet der realistische Autor mit einem Leser, der viel oder gar alles weiß. Seine Scham ist nicht eine Scheu, das der Umwelt Verborgene auszusprechen, sondern das allen Gemeinsame und von allen gleichermaßen Erfahrene noch einmal auszustellen. »Sapienti sat – dem Wissenden genügt die Andeutung« – das ist eine Devise der realistischen Literatur. Sie wendet sich an diese Wissenden, aber nicht im Sinne raunender Mitteilung an wenige Auserwählte, sondern in der Vermutung, daß es ein Wissen gibt, das allen, die Herr ihrer Sinne sind und eine Weile gelebt haben, zugänglich ist. Hier zeigt sich der zutiefst soziale Zug realistischer Literatur, der die Lebenserfahrung der Leser einbezieht, auf sie angewiesen sein will und sie für die Vollendung des Werks sogar benötigt.

Wenn es hierbei eine Haltung des Erzählers, wenn es sein Pakt mit dem Leser war, was Grenzen des Erzählens zur Folge hatte, gibt es andererseits aber auch Hergänge, die sich dem realistischen Erzählen verweigern. Die Komposition aus Sprache und Materie, die sich im Roman untrennbar verweben, mag noch so robust sein, es gibt dennoch Stoffe, die sie zum Zerreißen bringt. Gefährlich sind der Romanprosa zum Beispiel Anekdoten, deren Pointen als kleine Explosion geradezu ein Loch im Sprachgewebe entstehen lassen. Was der Naturalismus als scharfes Gewürz mühelos integriert, kann im realistischen Roman als unverdaubarer Brocken zu einem peinlichen Makel werden. Ich habe dieses Problem einmal mit einer von mir bewunderten Schriftstellerin, einer Meisterrealistin besprochen, die eine kleine Geschichte gehört hatte, von der sie vor allem beunruhigte, daß sie sich nicht zutraute, sie in einem Roman unterzubringen. Ein Arzt hatte ihr von einem Liebesfiasko auf der nächtlichen Station berichtet, ausgelöst durch die Worte der Krankenschwester mitten in der leidenschaftlichsten Umarmung: »Kollegin kommt gleich!« Die Vulgarität dieser Bemerkung sei von einer Giftigkeit, die auf die Sprache, in die sie eingebettet werde, ausstrahle und sie zum Zerfall brächte, um dann in der Erinnerung des Lesers allein zurückzubleiben – nein, sie war überzeugt, keine Kunst könnte eine solche Bemerkung ins Lot bringen und dem übrigen Sprachmaterial fugenlos verbinden. Diese Frau hatte keine Angst vor grausamen und erschreckenden Stoffen; um so eindrucksvoller war mir ihre Ratlosigkeit gegenüber einer blitzmädelhaften Frotzelei; sie fühlte sich außerstande, so etwas in ihrer schmucklos-kühlen Prosa zu servieren.

Auch das Grauenhafte setzt der realistischen erzählenden Prosa eine Grenze, die oft schwer genug hinzunehmen ist und dennoch ein ernstes Hindernis bleibt. Das zwanzigste Jahrhundert ist das schwärzeste Jahrhundert in der Geschichte der Menschheit – dreist ist es, von diesem Standpunkt aus, dem unseren, anderen Jahrhunderten Vorhaltungen wegen ihrer fehlenden Humanität zu machen – und so sollte man meinen, natürlicher Stoff des realistischen Romans seien die Schrecken dieser Epoche, was sie aber in viel geringerem Maße gewesen sind, als es die Fülle und Bedeutung der Ereignisse vermuten ließen. War das nur ein Ausweichen der Romanciers vor dem Unangenehmen? Oder gibt es Vorgänge, die es verbieten, sie in fiktionaler Einkleidung und kunstvoller Dramaturgie zu schildern? Wieso sollte die Technik des Romans, die aus Wirklichkeitsstückchen ein neues, gleichfalls Wirklichkeit für sich beanspruchendes Bild zusammensetzt, nicht bei jeder Art Wirklichkeit gleichermaßen anwendbar sein? Ich möchte versuchen, anhand eines Beispiels die Antwort auf diese Frage zu finden. In den letzten Kriegstagen wurden in einem Lager bei Hamburg dort gefangengehaltene Waisenkinder ermordet. Bei dem Prozeß gegen die Mörder wurde der Hergang dieser Taten untersucht; einer der Angeklagten schilderte die Schwierigkeiten, die sich bei der Ausführung des Mordbefehls ergaben. Die Kinder sollten erhängt werden, aber das war nicht so einfach: »Sie waren zu leicht«, sagte der Angeklagte. Man stelle sich vor, ein Romanschreiber nähme sich dieses Stoffes an. Es müßte dann, so scheint es mir zwingend, für den Leser zweifelsfrei klar sein, daß dieser Satz »Sie waren zu leicht« wirklich gesprochen worden ist und daß er nicht das Ergebnis schauriger Einfühlung seitens eines Autors war – ist er aber wirklich ausgesprochen worden, muß er dann nicht das Kunstgebäude des ihn bewahrenden oder besser: benutzenden Romans zum Einsturz bringen? Wird mit diesem »Sie waren zu leicht« nicht vielmehr jener humane Grundkonsensus angegriffen, der das Fundament menschlichen Zusammenlebens, damit aber auch das aller Künste und des Romanschreibens im besonderen darstellt? Auch wer die unbedingte Freiheit der Kunst fordert und durch deren kleinste Beschränkung empört wird, müßte bei diesem Zitat doch erkennen, daß eine solche unbeschränkte Freiheit sich nur in dem Rahmen eben dieses Konsensus entfalten kann – auch wenn es inzwischen eine kräftige Tendenz gibt, mit dem Entsetzen nicht nur Spott, sondern auch Sport zu treiben: Welcher Roman schlägt den letzten Horrorrekord? Welcher Leser hat so starke Nerven, auch diesen Triumph noch zu konsumieren?

Auch für den realistischen Roman gilt das Gesetz, daß Gewinne auf der einen Seite mit Verlusten auf der anderen Seite einhergehen. So hat der Roman bei den immensen Gewinnen auf der Seite der Realitätsschilderung denn auch Gebiete aufgeben müssen, die zur Wirklichkeit des Menschen gehören, mit den Mitteln des realistischen Romans aber nicht mehr erfaßt werden können. Zu den schönsten Gedanken Erich Auerbachs gehört die Verbindung, die er zwischen dem nachantiken, dem christlichen Roman und dem Sokrates des platonischen »Symposion« stiftet. Er erinnert an den Ausklang des Gelages in den Morgenstunden, als schon die Hähne krähten und Sokrates inmitten der betrunken Schlafenden noch ein Gespräch mit dem Tragödiendichter Agathon und dem Komödiendichter Aristophanes führte. Da »habe er sie genötigt zuzugeben, ein und derselbe Mann müsse es verstehen, eine Komödie und eine Tragödie zu schreiben, ein Tragödiendichter nach den Regeln der Kunst sei auch ein Komödiendichter«. Auerbach sieht in dieser Forderung einen Vorgriff auf die christliche Zukunft, die im Roman ein neuartiges Genre hervorbringt: keine Tragödie und keine Komödie, sondern aus beiden untrennbar verflochten, die Chronik komischen Unglücks und dunkel grundierten Glücks, scheiternder Helden, peinlicher Pechvögel, kümmerlicher Untergänge, fragwürdiger Siege, zwiespältiger Charaktere, unheilschwangerer Albernheit. Wenn man genau bestimmen will, was Platon hier vorhergesehen hat, dann ist es freilich zunächst weniger eine neue Art von Werken, sondern ein Bewußtsein des Künstlers, in dem sich die tragischen und die komischen Elemente gleichzeitig behaupten. Nach der christlichen Zeitenwende aber sind es eben nun nicht mehr nur Tragödien und Komödien, die er in bunter Abfolge hintereinander aufs Papier wirft, sondern auch dies neuartige Gemisch aus beiden. Der Zugriff auf den prometheischen, den tragischen Kampf des Menschen mit den Göttern und auch die halbtierisch destruktiv-anarchische Lachlust des alten Satyrspiels ist auf dem Weg zu dieser neuen Kunst allerdings verlorengegangen. Der Roman wandelt nicht auf den Höhen der Heroen und nicht in den Höllen teuflischer Verworfenheit, er bewegt sich in hellen und dunkleren Grauzonen. Das panegyrische Gedicht hat bis in die Moderne hinein seinen Platz behauptet, ein panegyrischer Roman ist unvorstellbar. Die Heiligen und die Verworfenen sind dem Roman gleichermaßen fremd, sein Filmmaterial braucht eine gleichmäßige gute Ausleuchtung, kann aber weder scharfes Sonnenlicht noch die tiefe Finsternis dokumentieren. Eine schöne islamische Legende erzählt von dem grausamen Kalifen, der sich nach seinem Tod zitternd dem Himmelstor naht, vom Erzengel Gabriel zu seiner Überraschung aber ohne weiteres eingelassen wird. »Erinnerst du dich nicht?« fragt der Erzengel, »an jenem Freitag, als du auf dem Weg zur Moschee warst, lag an deinem Weg ein sterbender Hund in der prallen Sonne. Du hast ihn mit dem Pantoffel in den Schatten geschoben.« Dieser Erzengel verkörpert die ästhetische Moral des Romanschreibers, sie erfüllt mit Hoffnung, aber ist vielleicht doch nicht das letzte Wort.

So bezwingend ist aber die Wahrnehmungsweise des realistischen Romans für die Mentalität seiner Leser, daß sich die Überzeugung verbreitete, was er nicht darstellen könne, das gebe es auch nicht. Das ist eine der Verführungen des Realismus: daß man ihn mit der Wirklichkeit verwechselt.

## *Den Symbolen ist nicht zu entkommen*

Wer viele der schönsten und kunstvollsten Romane mit kaltem und unbeeindrucktem Blick betrachtet, könnte zu dem Ergebnis kommen, daß sie Produkte des Aberglaubens und des Beziehungswahnes seien. Wer als Paranoiker vom Beziehungswahn geplagt ist, für den stellt sich die ganze chaotische Welt als überaus geordnet dar: Sie dreht sich mit allen ihren Figuren und Ereignissen um den wahnsinnigen Betrachter. Alle Leute haben nur ihn im Blick; jedes Wort wird nur in bezug auf ihn gesprochen; die Vögel zwitschern sich Botschaften über ihn zu, die Quellen murmeln plätschernd nur über das, was ihn angeht; die Wolken ziehen gegen ihn allein auf; alles, was sich regt und bewegt, ist eine ihm bestimmte Botschaft.

Aber auch der seelisch gesunde Abergläubische – und wer wollte von sich behaupten, immer und grundsätzlich von jedem Aufblitzen von Aberglauben frei zu sein? – entwikkelt eine Aufmerksamkeit für das, was ihm als gutes oder schlechtes Vorzeichen gelten könnte. Er erlebt sein Leben über sich selbst hinaustretend; die Atmosphäre ist von seinem höchstpersönlichen Schicksal erfüllt; Katzen, die seinen Weg kreuzen, und aufgespannte Regenschirme lassen ihn erschaudern, ein Hut, der auf dem Bett liegt, erfüllt ihn mit Todesahnung – jedenfalls wenn er Italiener ist –, ein geschenktes Messer kündigt das Ende einer Freundschaft an. Ein Netz von bedeutungsvollen Erscheinungen legt sich über die Vorgänge des Alltags und macht sie selbst damit bedeutend – so wie Goethe dies Wort verwendet: auf etwas deutend, etwas Unheimlich-Zukünftiges, dem wie in einer Prozession ein Hofstaat unterer Chargen, ein Getümmel von kichernden, flüsternden und tückisch schweigenden Akolythen vorauszieht. Wer sich nur ein wenig in der Beobachtung übt, dem wachsen die beziehungsreichen Ereignisse von selbst zu: Jeder kennt die weit entfernt geglaubte Person, die eintritt, wenn von ihr gesprochen wurde, die rätselhafte Verdoppelung von Ereignissen, das wiederholte Hören eines seltenen Wortes innerhalb eines kurzen Zeitraums, Erlebnisse, die die Stimmung eines Tages dichter werden lassen, zum Grübeln verführen: Wir scheinen dann in einem Gewebe zu existieren, das sich um uns zuzieht, die Luft, die wir atmen, wird schwerer. Als ich meinen Roman »Eine lange Nacht« schrieb, war ich in einem französischen Benediktinerkloster zu Gast; eines Tages bekam ich Fieber und legte mich ins Bett, und dort las ich in einer der anregendsten Stoffsammlungen der französischen Literatur, den »Historiettes« des Tallemant des Reaux, über den Dichter Malesherbes, der während einer Erkrankung von einem Doktor Thevenin behandelt wurde. In diesem Augenblick klopfte es; ein Mönch trat ein und sagte: »Ich bin Doktor Thevenin, der Arzt des Klosters.« Er kannte die »Historiettes« nicht, die ich ihm in meiner Verblüfftheit zeigte – sie sind strenggenommen auch keine Klosterlektüre –, und er ließ mich gerade deshalb in einer Stimmung zurück, als sei mir wer weiß was Unerhörtes zugestoßen; daß hier offenbar auf etwas gedeutet wurde, das ganz und gar undeutlich und undeutbar blieb, trug zu meinem Glückserlebnis aber nur noch bei. Tableau! Hat man sie da nicht, die Denkungsart und Empfindungsart und vor allem die davon inspirierte Erzähltechnik der Romanschreiber? Sie tun, als seien sie Kriminalbeamte, die mit Lupe und Pinzette nach winzigen Indizien fahnden, nach der materiellen Wolke aus hundert Staubkörnern, die durch die Tat aufgewirbelt wurden und sie als satte Sfumatura umgeben. Aber in Wahrheit ahmen sie die Schicksalsgötter nach, die jedes Leben in eine Vielzahl von Zeichen und Symbolen hüllen und es in dieser Umkleidung weit über sich hinauswachsen lassen – wenn die Vorzeichen und Parallelerscheinungen das einzelne Menschenleben wie die Saturnsatelliten umkreisen, dann muß es sich bei diesem Menschen wohl doch um einen Planeten, jedenfalls um etwas von Belang gehandelt haben, das wert war, erzählt zu werden. Auch der schwärzeste Roman, der von der tiefsten Hoffnungslosigkeit erfüllt ist, verzichtet nicht auf diese Erzeugung einer bedeutungsvollen Ordnung, er stellt seine Figuren in ein Beziehungsnetz, und bestehe es nur aus Wörtern, das ihnen ein über sie selbst hinausweisendes Format gibt. Falken steigen in die Lüfte, Hohlwege erweisen sich als Sackgassen, Leitmotive stiften ein wohlig bedrohliches Wiedererkennen. Aber ist es nicht bemerkenswert, daß dem Leser durch solche Mittel das Gefühl eines eindringlichen Realismus verschafft wird?

Das durch vorausweisende und im nachhinein bestätigende Zeichen geschmückte Leben wird als Wirklichkeit empfunden. Die Schriftsteller, die eine echte Kontingenz, eine echte Sinn-Auskunftsverweigerung wagen, ich denke etwa an Daniil Charms oder Ror Wolf, erregen Gelächter – Sinnlosigkeit ist komisch, ein bezauberndes Spiel wie das Zerplatzen von Seifenblasen – aber eben unreal, tröstlicherweise, denn wäre sie real, müßte sie Schreckensstarre auslösen.

Erich Auerbach hat diese Eigenart des nachantiken Erzählens auf den christlichen Umgang mit dem Alten und dem Neuen Testament zurückgeführt. Die christliche Lektüre des Alten Testaments sah in den Ereignissen der jüdischen Überlieferung nur eine Vorbedeutung, Präfigurationen, Ankündigungen dessen, was sich beim Auftreten des Gottessohnes verwirklichen und erfüllen würde. Ein Beispiel: Die römische Kirche läßt am Osterfest einige Zeilen aus den Visionen des Propheten Ezechiel singen, in dem einzigartigen Vermögen des gregorianischen Chorals, aus Prosa Gedichte zu machen: »Vidi aquam / egredientem de templo / a latere dextro, alleluja. / Et omnes, ad quos pervenit aqua ista / salvi facti sunt et dicent: / alleluja.« – »Ich sah Wasser aus dem Tempel dringen, auf seiner rechten Seite, alleluja. Und alle, zu denen dieses Wasser kam, wurden heil und sangen: Alleluja.« Man sieht ein monumentales Panorama bei diesen Worten vor sich, es ist auch heute noch zu erleben: die weiße Kalksteinmauer des Tempels von Jerusalem über dem Kidron-Tal, das Gräberfeld auf der anderen Seite des Tales mit den Grabsteinen wie eine versteinerte Schafherde, eine mondhaft steinerne Welt, in der das plötzliche Entspringen einer Quelle in der Quaderwand die einzige Bewegung darstellt. Und diese Szenerie setzten die Kirchenväter nun in Verbindung mit dem Tod Jesu am Kreuz, wie es im Johannesevangelium beschrieben wird: die Durchstoßung der Brust des qualvoll Verendeten, das Herauslaufen von Plasma, das sich auf der Haut mit Blut und Todesschweiß mischt. Der gefolterte Körper ist der Tempel, das Plasma ist die Quelle, die Quelle ist die Vorahnung des Taufwassers, die Gräber im Kidron-Tal deuten auf die künftige Riesenschar der Getauften. Man halte sich die beiden Bilder in der Vorstellung einmal gegeneinander: die menschenleeren Steingebirge und den geschundenen Menschenleib – und daß sie geradezu austauschbar sein wollen, dasselbe sein wollen, daß sie gleichsam übereinandergelegt werden sollen. Den theologischen Aspekt dieses Verfahrens müssen wir hier nicht weiter vertiefen, aber wie dramatisch muß es sich auf die menschliche Phantasie auswirken, wenn Gegenstände der sinnlichen Anschauung, die unterschiedlicher nicht gedacht werden können, unversehens den Platz tauschen können, wenn Fleisch zu Stein und Stein zu Fleisch werden kann und alles beides zugleich auch ein Drittes, Unsichtbares zu sein beanspruchte. Die Mauern der sinnlichen Erfahrung werden durchlässig, jede Erscheinung wird vorläufig, die Bezüge der Gegenstände verfilzen sich. Eine solcherart angestachelte Phantasie, die sich von jeder Erscheinung aus ins Grenzenlose assoziieren kann, erblickt dann mühelos in der Gestalt eines jüdischen Anzeigenakquisiteurs aus Dublin den homerischen Odysseus und in dem bourgeoisen Häuschen der Tante Leonie in einer langweiligen französischen

Provinzstadt das Paradies, aus dem die ersten Menschen vertrieben worden sind. Beatrice, Dulzinea von Toboso und Gretchen werden aus Florenz, den schmutzigen Bauerndörfern der Mancha und den muffig-bösartigen deutschen Kleinstädtchen zu Hypostasen des platonischen Eros, der zur Gottesanschauung oder zur Ideenschau führt. Der Sprache, ihrem schieren Klang öffnen sich ungemessene Räume, der flüchtige Wortklang flattert schmetterlingsgleich von Ding zu Ding, bis er sich vor lauter Bedeutungsfülle schließlich sogar jeder Bedeutung entledigen kann und die Zauberspruchregionen der reinen Abstraktion erreicht.

Keine Bereicherung ohne Verlust. Derselbe Auerbach, der eines der Grundgesetze der nachantiken europäischen Literatur in diesem Aufeinanderbeziehen und Durch-einander-Deuten der Welten des Alten und des Neuen Testaments erkannte, stellt auch fest, daß die Bilder in diesen Wechselbeziehungen eine Schwächung hinnehmen müssen. Ein Ding, das neben seinem So-Sein zugleich auch auf ein anderes deutet oder es gar sein kann, vermag den Schock der nackten stummen Wirklichkeit nicht mehr auszulösen. Der gequälte Leib, der eigentlich aber zugleich auch ein steinerner Tempel ist, verliert die Kraßheit, wird ferner gerückt, ist jedenfalls nicht mehr der mit allen Sinnen registrierte Schlag in den Magen – aber auch die titanische Schwere der Tempelmauer in ihrer schroffen Abwehr, ihrer zermalmenden Bedrohlichkeit wird luftiger, geradezu von innen her zerfressen, wenn ihre physische Übermacht eigentlich für einen Menschenkörper im Zustand seiner höchsten Schwäche steht.

Dieser Gedanke oder vielmehr diese Beobachtung erklärte mir überraschend, worin das unvergeßlich starke Erlebnis meiner ersten Lektüre des »Satyricon« lag, jenes dem Petronius Arbiter zugeschriebenen Romanfragments, des Urbilds aller Schelmenromane. Ich weiß es wie heute: Mir war während des Lesens, als hätte ich bisher durch eine beschlagene Fensterscheibe geblickt, die nun mit wenigen schnellen Handbewegungen klargewischt wurde. An der Geschichte, die Petronius da erzählte, kann es nicht gelegen haben. Statt von Schelmen würde ich lieber von Strolchen sprechen, wenn von den Protagonisten und den Randfiguren dieses Buches die Rede ist; das sind entlaufene Sklaven, Gladiatoren, Strichjungen, Betrüger, menschliche Spreu. In einer Magna Graecia, die in ihrem Schmutz und ihrer Verwilderung mit einer zu Voodoo-Kulten heruntergekommenen Religion wie ein europäisches Haiti erscheint, bestehen sie ihre sämtlich unrühmlichen Abenteuer. Aber hier war sie zu finden: jene Verzauberung durch eine Wirklichkeit, die nichts als sich selbst bedeutete, Produkt einer grundlosen Freude, die den Lebensunrat des »Satyricon« grundierte. Enkolpios und Eumolpos repräsentieren innerhalb eines richtungslosen Chaos nur sich selbst, ihre Reise ist keine Lebensreise, sie wird sie nicht besser und nicht klüger machen; der Leser erfährt den unerhörten Luxus der Natur, inmitten von Gestank und Verwesung so viel Witz, kindliche Tränen, unschuldige Verdorbenheit, Glücksexplosionen, die Desaster hinterlassen, und Desaster, die sich vom allgemeinen Misthaufen der Welt nicht wesentlich abheben, unablässig entstehen zu lassen und wieder zu verwerfen; trostlos darf man diese Welt wohl nennen, aber im strengen Wortsinne: trostfrei, weil trostunabhängig, weil in der Heftigkeit des Lebensvollzugs eines Trostes nicht bedürftig.

Es ist klar, daß ein solches Zeugnis vorchristlicher Mentalität, das in Klosterbibliotheken aufbewahrt auch den christlichen Autoren stets als geheimes Gegenbild ihrer Kunst gegenwärtig war, weiterhin Einfluß ausüben mußte. Ganz falsch wäre es ja, sich den Wechsel der Mentalitäten als chemisch reine, scharf geschiedene Ablösung von kulturellen Zuständen vorzustellen. C. F. Meyers vielzitierter Vers aus »Huttens letzte Tage« »Wir Christen haben ein gewisses Licht / doch auch ein Heidensprüchlein schadet nicht« beschreibt sehr schön die Zweistimmigkeit der europäischen Kultur. Vielleicht ist es erst sehr spät ausgesprochen worden, aber empfunden hat man die Sehnsucht wohl doch schon früh, in der Literatur aus den kunstvollen Beziehungsnetzen, diesen Wirklichkeitsfallen, auszubrechen und zu der jähen, überwältigenden botschaftslosen Wirklichkeitserfahrung zurückkehren zu dürfen und sie mit den neuen Mitteln des Erzählens weiterzuentwickeln. Als kollektive Leistung war das freilich nicht mehr möglich, für die Völker gibt es keinen Weg zurück zu noch so erfreulich gedachten Zuständen, aber dem einzelnen ist es hin und wieder gelungen, und dann ist der Effekt riesengroß. Um nur ein Beispiel näher zu betrachten, das den Wirklichkeitsschock mit der höchsten Kunstfertigkeit verbindet und damit unserem allgemeinen unwillkürlichen Symbolismus nicht nur nicht ausweicht, sondern ihn gleichzeitig mit seiner Überwindung auf das vollendetste bedient: Heimito von Doderers großer Roman »Die Dämonen« ist zeitgeschichtlich um den Brand des Wiener Justizpalastes im Jahr 1927 angesiedelt; dieser Brand figuriert darin als Vorahnung der kommenden großen feurigen Katastrophen, er ist realer Brand und symbolischer Brand in einem, nichts ungewöhnliches mithin in der europäischen Literatur. Aber diesem Brand geht ein kleines Feuer voraus in Doderers Roman, ein Küchenbrand, der in einer kurzen, eigentlich abgeschlossenen Erzählung in die Handlung eingeschoben ist: Die Protagonistin dieses Küchenbrandes, eine Marmelade einkochende Hausfrau, hat auf den vielen hundert vorhergehenden Seiten noch nicht die kleinste Rolle gespielt. Diese eingeschobene Passage ist aber wie ein Schacht, der in die Oberfläche des Romans gegraben ist; man erreicht durch ihn eine tiefer gelegene Schicht und steigt vorbei an allen Etagen der neuzeitlichen Bewußtwerdung hinab auf den Boden der reinen Erscheinung. So wie plötzlich die Feuerwand vor der mit ihrem Marmeladenkocher beschäftigten Hausfrau steht, so berührt der Leser in dieser

Passage, unvorbereitet, könnte man sagen, wenn man den ganzen reichen Roman nicht als große Vorbereitung auf diesen Augenblick verstehen will, jene Grenze, die das Reich der Illusion von der noch nicht durch Benennung gezähmten Wirklichkeit für uns oft unüberwindbar scheidet.

Diese Wirklichkeit ist von einem stummen Leben erfüllt, das man dämonisch genannt hat, um die Erschütterung, die mit ihrer Berührung verbunden ist, zu bezeichnen. Einzigartig ist die Leichtigkeit, mit der Doderer von diesem Gang zu den Müttern wieder in die gewohnte, die vielfältig benannte Sphäre der Symbole und Bezüge zurückkehrt, das blitzhafte visionshafte Erlebnis fügt sich in den Gang der Erzählung ein, gibt ihr aber den originären Schrecken der Zimmerbranderfahrung mit. Im schulbildenden Sinne wiederholbar ist solch eine Wiedereroberung gleichsam unmittelbaren Erzählens wohl nicht; sie muß in den persönlichen Erfahrungen des Autors begründet sein, wie denn Doderers eigentliche Arbeit darin bestanden hat, alle seine Sinne für solche Erfahrungen zu schärfen.

## *Der Roman und die Philosophie*

Auch Schriftsteller nehmen mitunter an den philosophischen Diskussionen ihrer Zeit teil und machen sich oft eine bestimmte philosophische Weltsicht zu eigen, und es kann dann nicht verwundern, daß diese Weltsicht sich schließlich in ihren Romanen wiederfindet, manche Romane gar entstanden sind, um die Welt und was sich in ihr bewegt durch die Brille einer bestimmten Philosophie betrachten zu können, um diese Philosophie gleichsam zu illustrieren oder sich am praktischen Beispiel bewähren zu lassen. Der kommunistische Roman, der geschichtsphilosophische Roman, der katholische Roman sind auf diese Weise entstanden, und bevor man diese Erscheinungen verurteilt, sollte man bedenken, daß es auch der ausgeglühtesten Objektivität nicht gegeben ist, sich von den geistigen Einflüssen der eigenen Zeit vollständig freizuhalten. Autoren sind Menschen und Menschen entstammen Milieus, sie werden nicht im Niemandsland geboren. Provozieren kann der weltanschauliche Roman ohnehin nur sehr kurz, solange eben die politischen Streitfragen, in denen er Partei ergreift, auf der Tagesordnung stehen. Wenn dieser Streit entschieden ist, wenn die Erregung der Öffentlichkeit sich anderen Gegenständen zugewandt hat, wenn die Akten über der einst offenen Frage geschlossen wurden, wenn also der Konflikt nur noch in der Erinnerung der alten Leute und eben auf den Seiten eines Romans fortlebt, dann haben solche Bücher die Chance, zu einem zweiten und dann vielleicht sogar längeren Leben aufzuerstehen. Ein Literaturwissenschaftler sagte mir einmal, nach dem Untergang der heidnischen Religion der Antike sei Aphrodite in einer Gedichtzeile nichts mehr als eine antiquarische Reminiszenz, ein Wort ohne Wirklichkeit – ich antwortete ihm, daß sich der Wert eines solchen Gedichtes für mich darin erweise, ob es möglich sei, zumindest während seiner Dauer an Aphrodite wirklich zu glauben. Und so bekenne ich denn nicht ohne Verblüfftheit, während der Lektüre von Zolas »Germinal« tatsächlich zwei oder drei Tag lang Kommunist gewesen zu sein. Natürlich wird es für die Lebensfähigkeit des philosophisch-politisch-religiös grundierten Romans von entscheidender Bedeutung sein, wie eng sich der Autor in das Korsett seiner Meinung geschnürt hat, wie gewissenhaft er alles, was ihr entgegenstehen könnte, ausgejätet hat, ob er allzu eisern darüber wachte, daß ihn kein Übermut und keine überraschende Laune vom Pfad der Tugend weglockten – sosehr in der Romankunst die Disziplin des Autors gefordert ist, für den weltanschaulich inspirierten Roman wird es eine gewisse Disziplinlosigkeit sein, die ihn über die Zeiten hinwegrettet.

Die Anwesenheit von Philosophie muß aber nicht nur gefährlich sein für den Roman, sie kann ihn auch bedeutend befördern. Die größten Werke enthalten reichliche Spuren der philosophischen Lektüren ihrer Autoren und verdanken ihnen oft entscheidende Anregungen. Nicht jeder Schriftsteller wird allerdings Goethes kühne Eleganz besitzen, der eines der ernstesten Theologeme des von ihm verehrten Spinoza auf die Lippen des leichtesten aller leichten Mädchen legte, Philines »Und wenn ich dich liebhabe, was geht's dich an«. Und nicht immer bekennt sich der Autor zu seinem philosophischen Vorbild so nachdrücklich wie der Tolstoi von »Krieg und Frieden« mit seiner an die Geschichtsphilosophie der »Soirées de Saint-Petersbourg« des Joseph de Maistre angelehnten Roman-Dramaturgie. Bergsons Einfluß auf Marcel Proust ist bekannt, weniger offensichtlich dürfte dem lesenden Publikum die enge Anlehnung des Dodererschen Riesenwerks an die psychologischen Theorien des Wiener Privatdozenten Swoboda sein, der schon damals von seiner Zunft als phantasievoller Obskurantist angesehen wurde. Swobodas Thesen von den »frei steigenden Erinnerungen«, die sich in bei Männern und Frauen differierenden Zyklen ereigneten, sind aber ein gutes Beispiel dafür, daß es wahrscheinlich keine wissenschaftliche oder philosophische Hypothese gibt, die so abwegig oder gar närrisch ist, daß sie sich nicht in einem Roman wunderbar bewähren könnte. Es ist, als werde im Roman frisches Blut durch das trockenste Ideengeflecht gepumpt – es dehnt sich, es wird biegsam, es pulsiert –, es ist wie mit der Aphrodite in dem Sappho-Gedicht: Der verstiegenste Gedanke kann im Roman Wahrheit erlangen. Ich formuliere diese Einsichten aus erzieherischen Gründen; es geht um meine eigene Erziehung, denn mein Widerwille gegen philosophische Gedankenfracht im Roman sitzt tief. Der mir liebste Satz in der auf Schopenhauers Philosophie errichteten Wagnerschen Dichtung »Der Ring des Nibelungen« lautet: »Der Welt melden Weise nichts mehr.« Das heißt wahrlich nicht, daß die Weisen ihr nie etwas gemeldet hätten, aber in unserer historischen Weltstunde, die für Wagner schon in der Mitte des neunzehnten Jahrhunderts begann, in dieser seit zwei Jahrhunderten sich ereignenden unablässigen und sich unablässig beschleunigenden Umwälzung, vor der die davorliegenden Jahrtausende wie in einem einzigen Dornröschenschlaf voller bunter Träume verlaufen zu sein scheinen, fühle ich vor allem das Schweigen jener Weisen. Die gewaltigen denkerischen Anstrengungen, unseren Zustand und seine Entwicklungsmöglichkeiten zu erkennen, sind längst nicht mehr von Hoffnungen getragen, sondern offenbaren eine unter Wortkaskaden begrabene, von Furcht getönte Ratlosigkeit. Ein in der Geschichte des Romans neues Kapitel ist aufgeschlagen. Jakob Burckhardt hat auf das Problem der nachrevolutionären Geschichtsschreibung hingewiesen, die die Wellen der historischen Bewegung zu beschreiben versuche, aber erkennen müsse: »Wir selbst sind die Welle.« In dieser Konstellation wachsen dem Roman neue Aufgaben und eine neue Berechtigung zu, wenn sein Autor sich zu dem Nicht-Wissen, dem Nicht-Erkennen, dem Nichts-Ahnen wirklich durchringen kann. Wenn wir selbst die Welle sind, dann heißt es mit ganzer Kraft Welle sein wollen. Das Neue, das die »Weisen der Welt nicht mehr melden können« – wir selbst sind es, obwohl wir doch ganz und gar aus dem Alten zusammengesetzt erscheinen – aber vielleicht ist das Neue ja doch eine bisher nicht ausprobierte Zusammensetzung alter, aus allen Teilen der Menschheitsgeschichte stammender Mosaiksteine? Im Roman, der nicht mehr beansprucht zu wissen, welches Gesetz die Welt beherrscht, der absichtslos erzählt, »sans interet«, wie es ein großer Mystiker des siebzehnten Jahrhunderts ausgedrückt hätte, wird das Neue, dies flüchtige, von niemandem gesehene und doch beständig anwesende Wild, unversehens verweilen und sich betrachten lassen, ohne sich den Zeitgenossen schon zu offenbaren. Dies ist die Zeit von Büchern, die weniger geschrieben als geträumt werden, Bücher, die von ihren Autoren nicht vollständig verstanden werden sollten.

Solche Bücher hervorzubringen, ist der europäische, nachantik-christliche Roman besonders gut befähigt.

Erich Auerbach sieht ihn weniger als Übermittler und Transporteur der Philosophie denn als Frucht einer Philosophie, die eine bestimmte Art der Wirklichkeitsbetrachtung hervorgebracht hat, eine Betrachtungsweise, die sich dem gleichfalls christlich motivierten Symbolismus widersetzt und die in dieser Hinsicht den grundsätzlich paradoxalen Charakter des Christentums bestätigt. Der christliche Aristotelismus sieht die Verbindung von Geist und Materie ja nicht, als werde die Idee in die Materie eingetopft, wohne irgendwie in ihr, sei also von ihr immer noch zu scheiden. Mit der Vorstellung der Inkarnation, diesem christlichen Schlüsselbegriff, ist es verbunden, daß der sich inkarnierende Geist durch die Materie, in der er sich verkörpert, neue, sein Wesen bereichernde Eigenschaften erhält. Wahrheit ist Gestalt und nicht Doktrin – das ist die Antwort auf die Frage des Pilatus, und sie wurde deshalb auch nicht ausgesprochen, sondern hätte dem römischen Prokurator vor Augen stehen müssen, wenn er Augen, zu sehen, besessen hätte.

Von dieser Szene scheint ein Strahl auch auf den Roman und befähigt ihn, jene Bezauberung seiner Leser zu bewirken, die nur von dem meditativen Erleben der Wirklichkeit ausgelöst werden kann – gerade dann, wenn er sich jeder Reflexion enthält und sich auf das deutungslose Hererzählen von allerlei Vorgängen beschränkt.

## *Im Postskriptum kommt das Wichtigste*

Diesen wenigen, andeutungshaften Ausführungen über das Romanschreiben haftet etwas Unwirkliches an, weil über das Wichtigste noch gar kein Wort verloren worden ist und ich mich auch nicht wirklich in der Lage sehe, über dies Wichtigste Auskunft zu geben.

Über den Roman zu sprechen, ohne über seine Sprache gesprochen zu haben – das heißt, daß gar nichts von Bedeutung über den Roman gesagt worden ist. Alle Überlegungen über den Realismus und den Naturalismus, über die dem Roman zugänglichen Stoffe, über seine Philosophie, über seine Vergangenheit und seine Zukunft sind leeres Stroh, solange noch nicht deutlich geworden ist, daß es sich dabei nur um Akzidentien der Sprache handelt. Ganz gleichgültig, was uns, wenn wir einen Roman zum ersten Mal aufschlagen, erzählt werden soll – nach wenigen Seiten wissen wir schon, ob wir einen lebenskräftig zappelnden oder einen toten stinkenden Fisch vor uns haben. Nichts ist leichter zugänglich als die Sprache, so scheint es, sie umgibt uns wie die Luft und trägt jeden unserer flüchtigsten und unwillkürlichsten Gedanken, und deshalb ist es für den werdenden Schriftsteller, sowie er nur einmal aus dem ersten ichbesoffenen Schwung herausgeraten ist, ein schier verzweiflungsvolles Unterfangen, die Sprache des Romans zu fassen zu bekommen. Ein Ausflug in die Poesie mag das verdeutlichen: Vielen der Gedichte des »West-östlichen Diwan« liegen Hafis-Übersetzungen des Orientalisten Hammer-Purgstall zugrunde, und es verblüfft stets aufs neue, zu sehen, wie mit winzigen Bearbeitungen, dem Austausch eines Wortes oder einer leichten Rhythmusänderung aus brauchbarer ehrenwerter Gelehrtenarbeit unverwechselbare Goethe-Gedichte geworden sind. Das ist bei der erzählenden Prosa auch gar nicht anders, wie die vielen Beispiele großartigen Erzählens unter Verwendung von Aktenstücken und Zeitungsartikeln bei Büchner, Kleist und Hebel bezeugen – die epische erzählende Prosa taucht jählings auf und verschwindet wieder und hat oft ihr Gesetz nicht preisgegeben. Kein Wunder, daß es einen bestimmten Schriftstellertypus gibt, der dies unbeherrschbare Phänomen mit Gewalt oder jedenfalls doch Kraft bezwingen will, der ein Sprachrodeo abhält, sich auf Sprache wie auf einem wild umherspringenden Pferd festkrallt und sie zucken und schäumen läßt. Dabei kommen manchmal staunenswerte Leistungen zustande, wenngleich sich hinter solchen Vorführungen zwischen Raserei und Dressur oft genug diesselbe Verzweiflung abzeichnet, die einen Flaubert auf der Jagd nach dem Stil beinahe verrückt werden ließ: Ob »Triumph des Willens« oder ein skrupulöses Abhorchen des Sprachleibes, um seine zartesten Regungen zu erhaschen, die Unsicherheit, ob die zweite Natur der Sprache, die neben ihrer Alltagsgestalt wohnt, sich mit ihr deckt, sich von ihr wegschiebt, sich kraß von ihr abwendet, sich von ihr bis ins Unverständliche scheidet, sie überhöht und unterbietet – ob diese zweite Natur, ihre Roman-Natur, sich gezeigt hat oder ob sie ferngeblieben ist, für manchen Schriftsteller wird sich das in einem langen Arbeitsleben niemals geklärt haben. Und das ist das Gesetz: Wenn die Sprache nicht da ist, ist gar nichts da – sie ist das Medium, das alles, was es befördert, entweder zunichte macht oder ihm ins Leben hilft. Jorge Borges, ein Arbiter elegantiarum des Schreibens, hat in einer gleichsam nebenbei gemachten Bemerkung – fast ist es nur eine Parenthese – zwei große Gruppen von Schriftstellern unterschieden: Er nennt den Stil der einen, der ersten Gruppe, die sich vor allem dem Genus ihrer ererbten vorgefundenen Sprache unterwerfen, die deren Gesetze ergründen und sich in deren Maß darin bewegen will, die »generischen« Autoren, und er sagt der zweiten Gruppe nach, »sie wolle innerhalb des großen Ganzen der Sprache ihren eigenen kleinen eitlen Dialekt« schaffen – man sieht, wo Borges' Vorlieben liegen, er spricht sogar von einer »moralischen Überlegenheit« seiner »generischen« Autoren. Man könnte kritisch gegen Borges einwenden, daß es vielleicht gewagt ist, bei allen Autoren von einer echten Wahl zwischen den beiden Stilfamilien auszugehen. Es mag ja vereinzelt den manieristischen Stilisten geben, der seine Prosa wie einst die »Spiegel«-Redaktion einer konsequenten stilistischen Manier unterzieht, aber je länger einer schreibt, desto enger verschmelzen die Stilmittel seiner Prosa mit der Art seines Denkens und Empfindens. Auch ein Borges würde dem Autor nicht verbieten wollen, in der Sprache die höchstmögliche Eigentümlichkeit anzustreben, wenn er dabei nur nicht vergißt, daß unsere höchste Eigentümlichkeit uns selbst immer unbekannt bleibt, wie es ja schon die Befangenheit, ja das Mißbehagen verraten, das uns beim Vernehmen der eigenen Stimme befällt. Und so darf der Autor denn sicher sein, seine unverwechselbare Sprache gefunden zu haben, wenn ihm selbst daran keine Stileigentümlichkeiten mehr auffallen. Die Sprache, die ihrem Schreiber von wasserklarer Charakterlosigkeit zu sein scheint, das ist die seine. Und mit ihr ist er für das Wagnis eines Romans hinreichend gerüstet.

## Horaz und das Bündnis mit dem Nachruhm

»... mir, der ich nur ein wandernder Rhapsode / genügt ein Freund, ein Becher Wein im Schatten / und ein berühmter Name nach dem Tode«, schrieb August von Platen. Ruhm ist schön, aber schöner ist der Nachruhm, er ist genaugenommen das einzige, was für den Künstler zählt. Die meisten Künstler wären, diese Behauptung sei gewagt, wenn die berühmte Fee sie vor diese Wahl stellte, bereit, auf den gegenwärtigen Ruhm, der letztlich niemals groß genug sein kann, zugunsten des Nachruhms zu verzichten. Aber von diesem Nachruhm bekommt der Künstler doch gar nichts mehr mit? Welches vernünftige Interesse kann es am Nachruhm denn geben, wenn man vom Geldsegen für Witwen, Kinder und Kindeskinder einmal absieht, der einem patriarchalischen Haushälter als Vorstellung wohl gefallen mag? Für Materialisten, die nicht an eine unsterbliche Seele glauben, muß der Nachruhm Schall und Rauch sein, für Anhänger der Wiedergeburtslehre aber nicht minder, ein womöglich sogar lästiges Anhängsel aus der zu überwindenden früheren Existenz, und wer hofft oder fürchtet, in den Himmel oder die Hölle zu kommen, der kann sich von stabilen Absatzzahlen seiner Opera auf Erden eigentlich auch nicht beeindrucken lassen. Es scheint indessen, daß die Schriftsteller ähnlichen metaphysischen Vorstellungen anhängen wie die antiken Juden, die ihre erhoffte Unsterblichkeit gleichfalls nicht an die eigene Person, sondern an die ungebrochene Fortdauer des Stammes gebunden sehen wollten und sich vielleicht sagten, daß ihre Individualität im Tod zwar untergehe, von ihrer Person aber in zukünftigen Generationen genügend fortlebe, um den frustrierenden Todesgedanken in Schach zu halten. Daß die Künstler zu ihren Werken ein Verhältnis wie zu leiblichen Kindern entwickeln können, ist bekannt – und die Hoffnung, in Werken weiterzuleben, ist womöglich doch noch realistischer als in Kindern.

Nun liegt der Nachruhm in der Zukunft, und es ist seit jeher nur wenigen gelungen, den Vorhang der Zukunft zu heben und in den blendendhellen Raum dahinter zu blinzeln. Prophetien pflegen sich meist erst lange nach dem Tod des Propheten zu bewahrheiten. Und kaum eine Frage scheint so schwierig für die Zukunft zu beantworten wie die nach dem Schicksal eines Werks, dessen Autor gestorben ist. Was den Zeitgenossen groß und gelungen und aufregend neuartig erscheint, kann den nächsten Generationen mittelmäßig, fehlkonstruiert und verbraucht vorkommen. Kein Mensch vermag abzuschätzen, was mit einem Werk geschieht, wenn die Fruchtblase der Zeitgenossenschaft, in deren Liquor es warm und beschützt geschaukelt hat, vom Zeitgeist ernährt und mit allem, was ihm fehlte zum eigenständigen Leben, unaufgefordert und selbstverständlich versorgt, allmählich zerreißt und das Werk seine zweite und eigentliche Geburt erlebt: nicht nur die Abnabelung vom Autor, sondern auch von all den Menschen, die mit dem Autor gleich empfanden, deren Herzen wie seines schlugen, die mit seinen Augen und Brillen die Welt in einer Farbe sahen, die zwei Generationen später verblaßt.

Ob ein Buch gut oder schlecht sei, spielt die größte Rolle bei seinem unmittelbaren Erscheinen. Vielleicht ist diese Frage tatsächlich nie so gut zu beantworten wie in diesem allerersten Augenblick. In einem kurzen Moment der Objektivität zeigt sich das Werk nackt und pur, jedenfalls solange der Autor unbekannt ist und sich noch keine feuilletonistisch aufgeladene Wolke um seinen Namen gebildet hat. Gut und Schlecht sind bekanntlich keine ganz unwichtigen Kategorien, aber natürlich nicht die einzigen, und auch keineswegs die wichtigsten. Die allerwichtigste Kategorie, die über das Weiter- und Nachleben eines Werks entscheidet, ist von der

Frage seiner Gelungenheit oder Mißlungenheit weitgehend unabhängig. Zugleich ist sie diejenige Kategorie, die den Zeitgenossen unsichtbar ist. Wie manche Untermalungen von Ölgemälden in Jahrhunderten immer stärker hervortreten, braucht auch der Rang eines Werks, der von seinen Schwächen und Vollkommenheiten wie gesagt nicht zwangsläufig bestimmt wird, viel Zeit, manchmal mehrere Generationen, um den Lesern erkennbar zu werden. Wenn er aber erst einmal offenbar geworden ist, tritt er gemeinhin selbst dann nicht mehr ins Dunkel zurück, wenn der Zeitgeschmack einer späteren Epoche mit dem Werk einmal nichts anfangen kann, wie es etwa Shakespeare in Voltaires Jahrhundert erging. Der Rang hat nichts damit zu tun, ob ein Werk gelesen wird – die Werke des unumstritten höchsten Ranges werden beinahe überhaupt nicht gelesen, ihre Wirkung verbreitet sich als Gerücht, sie sickern unbemerkt und unablässig in den Mutterboden der Kultur ein und werden zu gleichsam anonymen Substanzen wie Wasser und Luft. Die Bibel und Homer, Dantes »Göttliche Komödie«, der »Don Quijote«, Shakespeares Tragödien, Goethes »Faust«, Tolstoi und Proust, das sind Meisterwerke, die den Begriff des Meisterwerks zugleich auch wieder aufheben, wenn man darunter den Höhepunkt des Handwerklichen versteht, denn keinem dieser Werke könnte der Vorwurf schwerster Kunstfehler, der Inkonsequenzen, von Unwahrscheinlichkeiten, Brüchen und Widersprüchlichkeiten erspart bleiben. Das Phänomen des Ranges kennt das fehlerhafte Werk ersten Ranges und das makellose Werk dritten Ranges. Im Rang treffen höchster Ausdruck der je eigenen Zeit mit epochen- und geschichtsunabhängiger Überzeitlichkeit zusammen. Rang ist die Fähigkeit eines Werks, ein überhistorisches Faktum zu werden. Es ist grundsätzlich unmöglich, daß *diese* Eigenschaft der jeweiligen Gegenwart sichtbar wird. »Ich habe den beiden größten Komponisten meines Zeitalters gedient«, schrieb der hochintelligente, literarisch und musikalisch hochbegabte Lorenzo da Ponte, »Mozart und Martini«. Der Mann, der mit seinen Libretti Mozart zu dessen größten Erfolgen verhalf, sah keinen Rangunterschied zwischen diesem Meister und dem Abbate Martini, von dem uns immerhin die bezaubernde Melodie »Plaisir d'amour« im Ohr geblieben ist, aber sonst nicht eben viel. Wenn solche Verkennung einem da Ponte widerfuhr, ist niemand dagegen gefeit.

Wenn die Werke ersten Ranges sich also gerade dadurch auszeichnen, daß sie in der Nachwelt auch bei den Ignoranten und Illettrés weiterleben, kann die literarische Kennerschaft den Werken zweiten und dritten Ranges, aber auch den schlechthin mißlungenen Büchern, den Geschmacklosigkeiten und Monstrositäten zu einem jedenfalls recht nett verlängerten Nachleben verhelfen. Literarische Kennerschaft könnte man definieren als die Fähigkeit, in der Gegenwart die guten, in der Vergangenheit die schlechten Bücher zu goutieren. Was beim zeitgenössischen Werk nur einfach häßlich war, verlogen, klischeebeladen und vulgär, dem wächst als Antiquität ein gelegentlich kostbarer Reiz zu. Während im gelungenen Werk, wofern es die Nachwelt erreicht, die Zeitgenossenschaft schwindet und die individuelle Stimme eines die Fesseln der eigenen Geschichtlichkeit abstreifenden Individuums immer deutlicher hervortritt, verliert das schlechte Werk mit seinem Altern die persönlichen Züge und wird zum Zeitzeugnis, zur ununterscheidbaren Stimme im Chor einer Epoche. Abgefeimte Connaisseurs beugen sich andächtig über Romane, die für Köchinnen geschrieben waren, und saugen einen Honig aus ihnen, den ihnen die Meisterwerke schuldig bleiben. Kenner und Sammler lieben das Panoptikum; die Wunderkammer, das Raritätenkabinett, das Kriminalmuseum, den zweiköpfigen Embryo in der Spiritusflasche. Eine Bedingung solcher Kennerschaft ist allerdings die in den Kulturen der Weltgeschichte keineswegs selbstverständliche Empfindung für Geschichte und Geschichtlichkeit. Der kennerhafte Genuß des drittrangigen Werks der Vergangenheit setzt ein grundsätzliches Interesse an der Vergangenheit voraus, vor allem an ihrer Anders- und sogar Fremdartigkeit. Dieses Interesse hat erst das neunzehnte Jahrhundert der lesenden Menschheit erschlossen.

Eine sichere Unterstützung des Nachruhms ist von jeher die politische Macht gewesen. Wenn man die Werke, die unangefochtenen Ruhm errungen haben, Revue passieren läßt, stellt man fest, daß sie zu einem großen Teil geschrieben wurden, während sich die Länder oder Staaten, denen die Autoren entstammten, auf dem Weg zum Höhepunkt ihrer politischen Macht befanden. Paradebeispiel ist die Blüte der athenischen Tragödiendichtung nach dem athenischen Triumph über die Perser, während die gesamte hellenistische Literatur, die entstand, als sich der Schatten Roms über die griechische Welt legte, untergegangen ist. Shakespeare und Cervantes sind die Schriftsteller aufsteigender Weltreiche, die Weimarer Klassik fällt mit dem preußischen Sieg über Napoleon und dem wiedererstarkten Deutschland zusammen, die großen Russen schreiben nach dem Eintritt Rußlands in die Weltpolitik, »Ulysses« fällt in die Zeit der Befreiung Irlands von der englischen Kolonialherrschaft, und der Weltruhm von Franz Kafka und Thomas Mann entsteht, während Hitler nach der Macht in Europa griff. An dem letzten Beispiel wird deutlich, daß es sich bei dem Zusammengehen von politischem und künstlerischem Ruhm keineswegs um harmonische Beziehungen handeln muß, der Dichter kann auch von der geräuschvollen Feindschaft gegen den Mächtigen profitieren. Üblicher war bisher freilich das Erfolgsmodell des Lobpreises der Macht durch die Dichter, vor allem durch jene des ersten Ranges. »Sprich nicht schlecht über die Gesellschaft, mein Kind«, mahnt Wildes Lady Bracknell ihre Tochter, »das tun nur Leute, die nicht eingeladen werden.« Bei den Meistern der Literatur scheint dieser Rat bekannt gewesen zu sein. Vergil pries den Augustus, Dante die deutschen Kaiser, Shakespeare hob seine jungfräuliche Königin in den Himmel und Goethe seinen kleinen, aber großzügigen Herzog. Tolstoi setzte Zar Alexander ein Denkmal, und es waren durchaus nicht nur die käuflichen Schmierer, die Stalin oder Roosevelt verherrlichten, sondern zum Teil sehr kluge, genial begabte Künstler. Es ist wahrscheinlich ein großer Irrtum, in einer solchen Beziehung zur Macht überhaupt nur niedrige Motive, Kriecherei, Furchtsamkeit, Servilität und all die anderen unerfreulichen Eigenschaften zu vermuten, die dem bürgerlichen Leser panegyrischer Texte heute so zwingend erscheinen. So absurd es aussehen mag: Der einsame, nur seiner Phantasie verpflichtete Künstler, der fern von der Gesellschaft das feine Netz seiner Verse spinnt, diese luftigsten, körperlosesten Hervorbringungen der Kunst, fühlt sich häufig genug als Täter oder erträumt sich, ein Täter zu sein. Die Macht ist ihm eine Verkörperung von Produktivität und Leben. Die Macht, in der Wirklichkeit wirkliche Spuren zu hinterlassen, Wirklichkeit wie Ton zu formen, erscheint ihm als Teilhabe am göttlichen Schöpferwerk, der Kunst urverwandt. Die realen Mächtigen mögen über die Anmaßung solcher unerbetenen Kollegenschaft, solcher umarmenden Ambition oft genug gelächelt haben, aber die Rechnung ist für die Künstler aufgegangen, denen es gelungen ist, sich für die Nachgeborenen geradezu an die Stelle der Mächtigen von damals zu setzen. Als seien sie Könige gewesen, benennt man die Zeitalter, die sie nicht regiert, sondern nur besungen haben, nach den Künstlern, und die Mächtigen dürfen sich freuen, wenn sie im Blick des späteren Publikums noch wie Statisten erscheinen, die unter der Leitung eines großen Regisseurs auf der Bühne gestanden haben. Das Kunstwerk als Repräsentant untergegangener Macht hat alles, was einst an ihr war, absorbiert und konserviert – man könnte sagen, das Kunstwerk ist die einzige Form, in der sich vor tausend Jahren untergegangene Macht bis in die Gegenwart hinein frisch halten läßt.

Daß für das Weiterblühen des Nachruhms die Geschichte Hilfsdienste zu leisten hat, die dann allerdings keine noch so glühende Ruhmgier zu beeinflussen vermag, ist schon angedeutet worden. Schon die Frage der Erst- oder der Drittklassigkeit seines Werks hat nicht allein in den Händen und im Vermögen des Autors gelegen. Den Platz, den sein Werk wie ein Quader im Gebäude der Weltliteratur einnehmen wird, kann er sich niemals selbst zuweisen, und anders als in einer Steinmauer handelt es sich auch nicht um einen endgültigen Platz, sondern um einen Ort, der sich im Weiterwachsen des Gebäudes beständig ändert, und das gilt sogar für die Werke ersten Ranges. Es ist geradezu schwindelerregend, was die Geschichte alles leisten und herbeischaffen muß, um ein Werk zweitausend Jahre hindurch in Erinnerung zu halten. Das Werk mag die axiomatische Qualität der Erstrangigkeit besitzen, es mag in einer erfolgreichen glücklichen Epoche seines Landes entstanden sein und jenen Geist der Zustimmung zur Welt, wie sie nun einmal ist, beweisen, der die Jahrhundert- und Jahrtausenderfolge zu begleiten pflegt, so hat es doch immer noch einen Parcours vor sich, der an Hindernissen, Epochen- und Kulturbrüchen, Mentalitäts- und Geschmacksveränderungen größten Ausmaßes reich ist.

Exemplarisch mag hier Gestalt und Werk des Horaz sein. Bekannt ist seine in den »Carmina« geäußerte Zuversicht, daß er »nicht ganz sterben werde«. »Ich habe mir ein Denkmal errichtet, das beständiger als Erz ist«, fährt er fort, »mein Ruhm wird in der Nachwelt wachsen, solange der Pontifex mit der schweigenden Jungfrau zum Kapitol zieht.«

Auch heute noch, nachdem diese Prophezeiung in einem geradezu wortwörtlichen Maße, wie noch zu zeigen sein wird, eingetroffen ist, verblüfft die Sicherheit dieses Dichters, die von dem her gesehen, was er selbst von seiner Zeit wußte, nichts anderes als Maßlosigkeit oder Frechheit sein konnte. Wie sah das Werk aus, das er selbst für »beständiger als Erz« hielt? Wenn ein Vergil, sein Freund und Zeitgenosse, den jungen römischen Kaiserstaat mit einer moralischen Sendung ausstattete und ihn als die Erfüllung aller tausendjährigen überlieferten Mythen feierte, hätte man einen solchen historischen Zukunftsanspruch nur konsequent gefunden, aber Horaz war von »staatstragender«, geschichtsbewußter, machtbezogener Zukunftsschau weit entfernt. Er sah sich selbst als Künstler einer Spätzeit an und betrachtete seine Gegenwart mit illusionslosem Blick. Er wußte, daß der Staat des Augustus, den er als einzigartig feierte, auf einer gierigen und verantwortungslosen Plutokratie aufgebaut war, die mit altrömischer, patrizischer Moral nichts mehr im Sinne hatte. Philosophie und Religion waren ihm Hekuba; sein Begriff von der Vernunft bestand in Techniken, das Leben zu verlängern, den Schmerz zu vermeiden, den Durst zu stillen und den Geschlechtstrieb zu befriedigen. Sein poetisches Verhältnis zur Liebe schwankte zwischen äußerster Nüchternheit, dem Lob der problemlosen Triebabfuhr unter Zuhilfenahme von willenlosen Sklavinnen und Sklaven, der »Entschleimung«, von der später auch Mark Aurel sprach, und sentimentalen Brunftseufzern. Die Kunst verachtete er, er verkündete ein »Art brut«-Ideal, lobte sich selbst aber für sein langes handwerkliches Feilen. Als Sohn eines Freigelassenen war er in den mondänen Zirkel des Maecenas gelangt, nur um sich dort unablässig und auf peinlichste Weise seiner niederen Abkunft zu rühmen oder zu bezichtigen; die Sklavenerfahrung des Vaters hinderte ihn aber keineswegs daran, zu Sklaven herzlos und grausam zu sein. Zum einfachen Leben hatte er die schwärmerische und inkonsequente Haltung des neuzeitlichen Großstadtintellektuellen. Unter Brutus hatte er für die Republik gekämpft, immerhin als hoher Offizier. »All that serv'd Brutus, I will entertain them«, sagt Augustus bei Shakespeare, und so trat Horaz nach Brutus'

Niederlage mühelos in die Dienste des neuen Princeps. Als wirkliches Verdienst rechnete er sich an, die Rhythmen der äolischen Dichtung, des bösartigen Archilochos aus dem siebten vorchristlichen Jahrhundert, und der Sappho nach Rom gebracht zu haben. Wie gelangte er zu der Überzeugung, daß ein solcher Rückgriff eines Poeta doctus nicht nur die gebildeten Zeitgenossen interessieren könnte, sondern auch ungezählte zukünftige Generationen? Woher nahm er die Gewißheit, daß ein theoretischer Flachsinn, wie er in Europa erst im achtzehnten Jahrhundert wieder Chancen hatte, ewigkeitsfähig sei? Glaubte er wirklich, daß der römische Pontifex maximus bis in alle Zukunft die schweigende Jungfrau, die Vestalin, auf das Kapitol führen würde, nachdem sein eigenes Urteil über die Substanz des römischen Staats derart vernichtend ausfiel?

Auch der bereits erwähnte Vergil hat in seiner Dichtung, der berühmten vierten Ekloge, eine Prophezeiung ausgesprochen, die die Nachwelt beschäftigte, allerdings nicht eine auf die eigene Person bezogene, wie es dem ganz anders als Horaz gearteten Mann auch nicht entsprochen hätte. Hier ging es um die Jungfrau, die jenen Sohn gebären werde, der ein neues goldenes Zeitalter heraufzuführen bestimmt sei. Kaiser Konstantin bezog dieses Gedicht in seiner historisch folgenreichen Karfreitagsansprache auf Christus, dem historischen Befund zuwider, der ein Geburtstagsgedicht auf den Sohn des Konsuls Asinius Pollio in der Ekloge sieht. Für den Sohn des Konsuls wäre die Prophezeiung freilich ein wenig zu groß geraten – es bleibt ein hymnischer Rest, der mit den historischen Fakten nicht wirklich geklärt wird. In Beziehung auf die vierte Ekloge hat T. S. Eliot festgestellt, wenn das Wort »inspiriert« irgendeinen Sinn haben solle, dann den, daß der Dichter nicht gewußt habe, was er sagte. Die Geschichte wollte es aber, daß eben der Christus, von dem Vergil nach Überzeugung Konstantins und des Mittelalters ohne es zu wissen gesprochen hatte, die Ursache dafür werden sollte, daß auch die Horazsche Weissagung von der eigenen Unsterblichkeit sich erfüllte.

Für den ästhetischen Bestand des horazischen Lebenswerks war es von entscheidender Bedeutung, wenn es ihm gelänge, aus der Spätzeit, als die er seine Epoche ansah, eine Frühzeit zu machen. Für ihn schien diese Aufgabe gelöst, indem er als Dichter den Formen vorklassischer Dichtung, die mehr als sechshundert Jahre zurücklagen, zu neuem Leben in einer neuen Sprache verhalf. Es war ihm unmöglich zu erkennen, daß seine Spätzeit noch vor seinem Tod tatsächlich zu einer Frühzeit geworden war. Als Horaz im Jahre 3 vor Christus starb, war Jesus von Nazareth – nach heutiger Anschauung – vier Jahre alt.

Ganz anders als Vergil, dem eine Empfindungsart eigen war, die man »protochristlich« nennen könnte, hatte Horaz an der Frühzeit, die nun, für die meisten Römer noch jahrhundertelang kaum spürbar, begonnen hatte, keinerlei anderen Anteil, als daß er eben in ihr lebte. Auf welche Weise diese Frühzeit sich mit dem Untergang des römischen Kaiserreiches verschränken würde, konnte er noch viel weniger ahnen – das Christentum mußte für einen gebildeten, alle Faktoren der damaligen politischen und geistigen Situation bedenkenden Untertan des Augustus das schlechthin unvorhersehbare Ereignis sein. Noch aberwitziger wäre aber die Vorstellung gewesen, daß diese orientalische Religion nach dem Untergang des Reiches Ursache werden könne, daß Philosophie und Recht und eben auch Dichtung dieses Reiches in ganz andere Verhältnisse zu ganz anderen Völkern und Reichen getragen würden. Horaz gehört zu den am besten tradierten antiken Autoren, aber keine der vorzüglichen Abschriften seines Werks reicht weiter zurück als bis ins neunte nachchristliche Jahrhundert. Sein in Verse gegossener Großstadttratsch, seine Frivolitäten, seine Zynismen, seine Sentimentalitäten, all diese glänzend formulierten, wie Gemmen in den Leib der Sprache geschnittenen Nichtigkeiten waren liebevoll und demütig von Mönchen abgeschrieben worden, denen diese Inhalte, gelinde gesagt, fernlagen. Sie befaßten sich mit Horaz, nicht nur, weil die römischen Geschmacksrichter ihn als den größten Sprachmeister benannten, sondern vor allem weil er »zu jener Zeit« gelebt hatte, »da ein Gebot von dem Kaiser Augusto ausging, daß alle Welt geschätzet würde« – das nach ihrer Überzeugung providentielle Zusammentreffen von Christi Geburt mit der Gründung des römischen Kaisertums hatte eine neue Bedeutung erhalten, seit die fränkischen Könige sich anschickten, dies Kaisertum in einer Renovatio imperii wiederaufleben zu lassen. Der Weg, den das Werk des Horaz in den folgenden Jahrhunderten nahm, ist bekannt: Kein Montaigne und kein Diderot, kein Goethesches Gartenhaus an der Ilm und kein Oscar Wilde wären denkbar ohne den rundlichen Genießer aus den Albanerbergen, das »Säulein aus der Herde Epikurs«.

Unmöglich war es auch den phantasievollsten Köpfen des augusteischen Zeitalters – Horaz gehörte nicht dazu –, eine solche Entwicklung vorauszusehen, und doch bleibt das erstaunliche Faktum, daß Horaz sie vorausgesehen hat und daß er sogar die Bedingung, unter der sein Nachruhm andauern werde, völlig zutreffend benannt hat: »... solange der Pontifex mit der schweigenden Jungfrau zum Kapitol zieht« – man muß sehr kleinlich sein, um sich daran zu stören, daß der christliche Pontifex mit dem heidnischen nicht viel zu tun hat und daß die in Prozession durch Rom geführte Madonnenikone »Salus populi romani« aus Santa Maria Maggiore zwar gleichfalls eine »virgo tacita« genannt werden kann, aber keine Vestalin ist, wie Horaz sie im Sinne hat. Die Dauer des Horazischen Nachruhms mit der Dauer der durch das lateinische Christentum gegründeten Kultur zu verbinden scheint zweitausend Jahre nach der Horazischen Prophezeiung jedenfalls als äußerst realistisch.

Dennoch bleibt es sein Geheimnis, was ihm das Gefühl

eingab, in einem historischen Augenblick zu leben, der für die Zukunft bedeutsam sein würde – wo seine Intelligenz ihn doch vor allem jene Eigenschaften seiner Zeit sehen ließ, die zum Untergang bestimmt waren. Was ihm die Gewißheit eines sicheren Nachruhms gab, könnte vielleicht mit Begriffen aus der Photographie beschrieben werden: daß gerade jetzt gleichsam die Blende der Geschichte geöffnet sei; was während dieses Augenblicks geschah, mußte aufs Bild gelangen, ob es nun erhaben oder lächerlich sei. Wer in einem solchen Augenblick geistesgegenwärtig genug ist, etwas hervorzubringen, der braucht sich um den Nachruhm keine Sorgen zu machen.

# Der Künstler, die Unperson

*Für Robert Spaemann*

## *Der Bote der Götter*

Wenn zu Beginn dieser kleinen Betrachtungen der größte von allen Dichtern, Homer, als Pate einer unpersönlichen oder überpersönlichen Kunst aufgerufen werden soll, dann nicht, um auf den notorischen Streit anzuspielen, ob der in sieben griechischen Städten zugleich Geborene überhaupt als historische Person gelebt habe. Man weiß, daß manche Gelehrte »Ilias« und »Odyssee« für ein Gemeinschaftswerk mehrerer Autoren halten, andere sprechen vom Autor der »Odyssee« als einem vom Autor der »Ilias« unterschiedenen »Deuterohomer«. Aber wie passen zu solcher, in grauer Vorzeit verschwimmender Identität Techniken des Erzählens, die unseren Vorstellungen von archaischer Simplizität, von einer Ästhetik feierlicher Aneinanderreihung so deutlich widersprechen? Ist es nicht, als seien Homers archaische Formeln nur dazu da, um kunstvoll von der ausgefuchst virtuosen Konstruktion der Erzählung abzulenken? Der Verdacht, in Gestalt von »Ilias« und »Odyssee« nicht einem frühen, einem ersten Werk zu begegnen, sondern den reifen Früchten einer großen Tradition, drängt sich schon dem von philologischen Kenntnissen unbelasteten Leser auf, was immer der gegenwärtige Stand der wissenschaftlichen Forschung zum Homer sein mag.

So ließe sich das grundsätzliche Nachdenken über die Frage, wie sich die Person des Dichters in seinen Werken Ausdruck verschafft, wieviel von ihr in das Werk gerät, wie stark ihre Verleugnung dem Werk dient oder schadet, sehr gut mit der Frage nach dem Individuum Homer verbinden, aber hier soll genügen, was die Stimme des Dichters selbst zu diesem Verhältnis aussagt. Und sie selbst scheint den größten Wert darauf zu legen, im Hörer den Eindruck zu erzeugen, daß es nicht die Person des Dichters sei, die sich im Werk vernehmen läßt. Sie scheint die in den Gesängen offenkundige, durch eine Künstlerpersönlichkeit geprägte Leistung, die unübersehbar von einem überlegenen Geschmack gestaltete Dramaturgie der Erzählung geradezu für ein Pudendum zu halten, das möglichst nicht allzu aufmerksam wahrgenommen werden sollte. Dieser Dichter will nur Gefäß für die Botschaft der Musen sein, ein Herr Niemand wie sein verschlagener Held, dessen Taten keinen haftbar zu machenden Urheber haben und der sich im Gegensatz zu diesem Helden sogar versagt, später mit der eigenen Leistung zu prahlen.

In unserer Zeit wirkt das wie Künstlerkoketterie. Aber ist es nicht überschlau, die Möglichkeit einfach auszuschließen, daß es vielleicht doch wirkliche Frömmigkeit war, die Homer veranlaßte, sein Werk ausschließlich als Geschenk der Musen darzustellen, an dem seine Kunstfertigkeit nur einen untergeordneten Anteil habe? Warum sollte man nicht einmal versuchen, ihm zu glauben, daß er nicht nur einer rhetorischen Konvention gehorchte, wenn er sagte, der Dichter werde von himmlischen oder dämonischen Kräften, auf jeden Fall aber von außen, nicht aus sich selbst und aus dem eigenen Vermögen heraus zu seinen Leistungen befähigt? Warum sollten dieser Überzeugung nicht überaus konkrete Erfahrungen entsprochen haben?

Das Wort »Inspiration« besitze keinerlei Bedeutung, so bemerkt T. S. Eliot in einem Aufsatz über Vergil und das Problem des prophetischen Charakters der berühmten vierten Ekloge, wenn es nicht einschließe, daß der Dichter in seinem Werk weit mehr aussage, als er beabsichtigte und sogar als er selbst zu verstehen in der Lage sei. Ein modernes Publikum, das längst gelernt hat, Träume nicht als von außen dem Schläfer zugedachte Botschaften, sondern ausschließlich als die vom Unbewußten inszenierten Filmfetzen des eigenen Privatkinos anzusehen, würde wohl lächeln, wenn ein zeitgenössischer Schriftsteller sich wie Homer auf außer seiner Person liegende Kräfte berufen wollte, die ihm sein Werk vollenden halfen, und die Schriftsteller werden sich deshalb wohl hüten, dergleichen zu Papier zu bringen. Nicht alles kann zu jeder Zeit mitgeteilt werden. Aber im Geheimsten wird auch heute mancher Autor sagen: »Ich weiß, was ich weiß.« Die wohlbekannte Künstlereitelkeit in ihrer Maßlosigkeit besitzt ein weniger bekanntes Pendant: die Zerknirschungen des Künstlers, seine nagende Selbstkritik. Was er zu leisten imstande und nicht imstande ist, das meint er zu wissen. Und deshalb kennt er den seltenen, manchmal schon ohne Hoffnung ersehnten Augenblick, in dem etwas Fertiggewordenes vor ihm liegt, dessen Vollendung, wie er mit Gewißheit sagen kann, sich nicht seinen eigenen Kräften verdankt.

Ein solches Erlebnis mag nicht allen Arten von Künstlern begegnen; man kann sich bedeutende Künstler vorstellen, die es niemals kennenlernen. Thomas Manns Romane etwa stellen sich als ein vollständig seiner Mittel bewußtes, restlos in der Persönlichkeit seines Autors aufgehendes Werk dar – Mozarts Musik hingegen kennt Momente, die weder mit seiner eigenen noch mit einer anderen menschlichen Persönlichkeit in Deckung zu bringen sind. Dies Beispiel erklärt nichts, läßt aber ahnen, wo die Regionen des grundsätzlich Nichtmitteilbaren beginnen.

Die Konsequenz, die Homer aus seiner Überzeugung zog, nur Sprachrohr der Musen zu sein, zeigt, wie ernst es ihm damit war. Es geht um das Schicksal eines Dichters und Sängers seiner eigenen Erzählung. Die schlimmen Freier in der »Odyssee« haben eben nicht einfach nur gepraßt und getrunken, als anspruchsvolle Aristokraten haben sie sich beim

Mahl auch von einem Künstler unterhalten lassen. Odysseus, der Rächer, sieht diesen Sänger als Mitschuldigen. Er hat den Freiern bei ihrem Frevel die Zeit nicht lang werden lassen, und er hat mit seinen Auftritten die Inbesitznahme des Königspalastes auf triumphierende Weise deutlich gemacht – man denke nur an die Konzertreisen deutscher Musiker ins während des Zweiten Weltkriegs okkupierte Ausland. Nun will Odysseus ihn zusammen mit den Freiern töten. Aber Athene verbietet ihm das: Der Sänger ist ein Bote der Götter, sein Gesang ist unwillkürlich und muß erschallen, wann immer die Götter ihm diesen Gesang eingeben. Der Sänger ist nicht nur unschuldig, er ist schuldunfähig, der Verantwortung enthoben, er gleicht einem Kind, das etwas nachplappert, oder einem Geisteskranken, der sich seinem Wahn überläßt. War es diese Überzeugung, die der Gestalt des Künstlers in so vielen kunstliebenden Jahrhunderten immer auch ein wenig Verachtung einbrachte?

### *Die Akademie – die Schönheit der Unpersönlichkeit*

Es wird Zeit, daß die französische Akademie, die Ecole des Beaux-Arts des achtzehnten und neunzehnten Jahrhunderts, wieder ins Zentrum unserer Betrachtung rückt. Lange genug war sie Objekt des Gespötts und der Mißbilligung. Die Künstler und Kunstschriftsteller der Kunstrevolution des frühen zwanzigsten Jahrhunderts etablierten erfolgreich das Bild einer ihrem Wesen nach zutiefst kunstfeindlichen Institution, die Originalität und Individualität der Künstler unterdrückte. Und verhielt es sich etwa zu den Zeiten ihrer höchsten Fruchtbarkeit und ihres legendären Glanzes nicht tatsächlich so? Es lohnt sich, den Prozeß zu rekapitulieren, den ein junger Künstler zu durchlaufen hatte, wenn er sich um den legendären Prix de Rome bewarb.

Zunächst hatte er Jahre zeichnerischen Drills im Saal der

Gipsabgüsse hinter sich. Die Ecole des Beaux-Arts besaß eine große, schier unerschöpfliche Sammlung solcher Abgüsse zu Studienzwecken; Ingres selbst hatte entscheidenden Anteil an ihrem Aufbau. Es ist gewiß kein Zufall, daß diese Sammlung im Jahr 1968 zertrümmert wurde, und es sei gern zugestanden, daß es jungen Leuten einen Heidenspaß machen muß, Hunderte von Gipsstatuen vom Sockel zu stürzen. In ihrer Vorbildfunktion hatten sie ohnehin lange ausgedient.

Man stelle es sich noch einmal vor: Der junge Künstler wurde von vornherein mit einem unbedingt feststehenden, fraglos zu akzeptierenden Schönheitsideal konfrontiert, das er ohne weiteres zu übernehmen hatte, dem Ideal einer vorwiegend hellenistischen Antike, das als zeitunabhängig, ja ewigkeitlich definiert wurde. Wenn er die Torsion einer Hüfte oder die Haltung einer Hand aus allen erdenklichen Perspektiven gleichsam im Schlaf mit genau festgelegten zeichnerischen Mitteln, mit präzis trainierten Schraffuren und Strichführungen zu reproduzieren gelernt hatte, fand er sich im Aktsaal vor lebendigen Modellen wieder, deren Körper freilich nicht so perfekt waren wie die Statuen. Hier war die Aufgabe, anatomische Akkuratesse mit einem Wiederfinden jener idealen Schönheit zu verbinden, zu der das innere Auge des jungen Malers erzogen worden war. Dazu kam die Schule des Inkarnats, die Doktrin von der Erfassung der menschlichen Haut, einem Herzensanliegen der Akademie, wenn man den Gedanken gestattet, eine derart frostige Institution habe ein Herz besessen. Im Inkarnat gelangte die Akademie zu einer Meisterschaft, die alle vorangegangenen Jahrhunderte überflügelte. Duft und Schimmer der Haut, ihre Kühle, ihr pfirsichhafter Schmelz und ihre Durchblutetheit wurden mit Methoden gefeiert, die aus dem Studium der gesamten abendländischen Malerei seit van Eyck gewonnen worden waren.

Wer sich nach jahrelanger Vorbereitung zum Rompreis

bewarb, erhielt ein Sujet aus der antiken Geschichte oder Mythologie, dessen Implikationen und dessen geistesgeschichtliche Bedeutung ihm selbst wenig sagen mochten. Er hatte danach einen Bildentwurf anzufertigen, dessen Größe genau bestimmt war. Die Genehmigung dieser Ölskizze war eine große Hürde, denn für jedes Thema gab es genau zu beachtende Konventionen der Darstellung, die Haltungen des Körpers waren wie ein zweites Alphabet und lesbar wie eine Schrift. Diesen Bildentwurf mußte der Kandidat, eingeschlossen in einen Verschlag, innerhalb zweier Wochen in letzter Vollendung ausgeführt haben, ohne im kleinsten Detail davon abzuweichen.

Das Akademiesystem eine Zwangsjacke zu nennen wäre wohl geschmeichelt. Weit entfernt war sie von heutigen Kunstschulen, die, wie es heißt, »Kreativität« und »Selbstfindung« fördern wollen. Wahrscheinlich hätten die Professoren der Ecole des Beaux-Arts hier gar nicht widersprochen. Was sollte denn das für eine Persönlichkeit sein, deren Entwicklung den Verzicht auf die Erfahrung der Jahrhunderte erfordert hätte?

Man vermutet vielleicht, nach der Schilderung all dieser Schrecken der Ent-Persönlichung solle nun auf die Malgenies verwiesen werden, die aus ebendieser Akademie hervorgegangen sind, die Künstler extrem ausgeprägter Temperamente wie David und Ingres. Unbestreitbar ist, daß die Akademie die starke eigenwillige Person niemals unterdrükken konnte, sondern in Unterwerfung unter oder Aufstand gegen sie gleichermaßen die äußerste Individualität zu aktivieren vermochte. Wie sehr das gnadenlose Regime der Akademie die Zeitgenossen beeindruckte, ist selbst noch dem Prestige abzulesen, das die Kunstrevolutionäre sich so erfolgreich zulegten: Sie hatten gegen einen Riesen Goliath gekämpft. Aber es sind nicht die aus der Akademie hervorgegangenen Genies, die zu deren Gunsten ins Feld geführt werden müßten. Ein paar Genies gibt es immer; Genies können durch ihre Zeit begünstigt werden, aber sie helfen sich selbst. Es sind die Nicht-Genies, die Maler der zweiten und dritten Kategorie, die als die Gewinner und die edlen und nahrhaften Früchte der Akademie gepriesen werden müssen.

Wer sich die Bilder der Rom-Preis-Gewinner, der ersten, zweiten und dritten Preise der Jahre 1790 bis 1850 ansieht, diese Landschaften im Stil Poussins, Claude Lorrains und Gaspard Dughets, diese nicht selbst geschauten, diese zitierenden, repetierten, einem nicht selbst etablierten Ideal entsprechenden »römischen« Landschaften mit ihrer genau abgestimmten Tonigkeit, ihrer durchgearbeiteten Intensität, ihrer musikalischen Harmonie, der wird bei Malern, die keiner mehr kennt, nicht ein einziges schwaches Bild entdecken können, wenn er die Bilder mit den Augen jener Kennerschaft betrachtet, für die sie gemalt worden sind. Es ist gar nicht leicht, an ihnen die Merkmale festzumachen, die beweisen, daß sie nicht dem siebzehnten Jahrhundert entstammen, vielleicht eine zarte Kühle von Porzellan und Lack, die der sinnlichen Erdhaftigkeit Poussins fremd wäre. Es fehlt jede Spur des Persönlichen in ihnen. Anonymität auf höchstem Niveau hervorgebracht zu haben war der Ruhm der Akademie. An solchen Bildern bildete sich der Geschmack eines großen Publikums, das wußte, wie ein handwerklich gut gemaltes Bild auszusehen hatte. Und wozu sollen Bilder dieser Art gut sein? Um sie sich ins Zimmer zu hängen, mit ihnen alt zu werden, sie gelegentlich unverwandt zu betrachten und dabei zu murmeln: »Ist doch eigentlich gar nicht so schlecht gemacht!«

## *Das Ziel der Kunst ist Schönheit*

Schönheit als Ziel der Kunst ist heute in allen ihren Disziplinen, in Literatur, Malerei, in Musik und Tanz heftig umstritten. Nur auf einem Gebiet darf sich die Schönheitssehnsucht ungeniert austoben: bei den Gebrauchsgegenständen. Bei den Objekten der industriellen Massenproduktion hat das Argument der Schönheit noch einen kommerziellen Wert. Wer sich davor hüten würde, für ein zeitgenössisches Kunstwerk die Kategorie der Schönheit auch nur in Betracht zu ziehen, rühmt bereitwillig die Schönheit einer Orangenpresse oder eines Radioweckers.

Wann begann die Herstellung von Gebrauchsgegenständen nach Entwürfen quasi wissenschaftlich ausgebildeter Quasikünstler, die das Wort *Design* in die Höhe von Michelangelos *Disegno* gehoben haben? Am Anfang stand jedenfalls die Massenproduktion durch die neuen Fabriken des neunzehnten Jahrhunderts. Es waren meist hochherzige Sozialisten, wirkliche Menschenfreunde wie William Morris, die sich fragten, ob die Zerstörung des Handwerkertums durch die Maschine zwangsläufig einen ästhetischen Verlust bedeute. Der Maschine, die seelenlos ein Stück Metall walze und stanze, sei es doch gleichgültig, ob sie am Ende etwas Häßliches oder etwas Schönes ausspuckte. Wenn in der Vergangenheit Tafelgerät von Cellini, Wandteppiche von Boucher, Teetassen von Kändler oder Schreibtische von Roentgen nur einem kleinen Kreis um die Fürstenhöfe herum zugänglich waren, dann würden in Zukunft sogar die Armen in ihrem Hausrat Sachen besitzen, die von großen Künstlern entworfen wurden. Die Schönheit würde sich ausbreiten, bis es überhaupt gar nichts Häßliches mehr gebe, ein Ästhetentraum der Moderne, der mit den marxistischen politischen Träumen korrespondierte.

Was dabei vergessen wurde, war die überraschende Tatsache, daß es einen solchen Zustand auf Erden vor der Erfindung der Maschine schon einmal gegeben hatte. Aber es war weniger die Maschine an sich, die diesen Zustand beendete, als gerade die verführerische Möglichkeit, von der Maschine Kunst oder nach künstlerischen Maßstäben entworfene Gegenstände und also Schönheit herstellen zu lassen.

Es sei nicht geleugnet, daß das gelegentlich sogar gelang, wenn auch ein Gang durch unsere Design-Museen mit ihren künstlerischen Fernsehsesseln, Blumenvasen und Kaffeelöffeln, die wie florentinische Kleinbronzen in Vitrinen mit ausgetüftelter Beleuchtung inszeniert werden, überaus erheiternd sein kann. Es ist inzwischen ein Gemeinplatz, daß die künstlerische Idee des »Funktionalismus« dem romantischen Traum eines fortschrittlichen Puritanismus und zugleich einer Berauschung an der Maschinenkälte entsprang und mit wirklicher Funktionalität niemals etwas zu tun hatte. Der »Funktionalismus« als Stil brachte den Stuhl, auf dem man nicht sitzen kann – die sogenannten »ergonomischen Stühle« sind die schlimmsten –, die tropfende Teekanne, den aus der Hand gleitenden Wasserhahn hervor. Wenn dann auf der anderen Seite der Bilanz wenigstens ein bedeutender Zugewinn an Schönheit zu verzeichnen gewesen wäre. Meist sind es sehr kurzlebige Modelinien, die die Schönheit eher beschwören oder einen Schönheitsgestus nachahmen oder durch die Berufung auf ihre Herkunft aus Künstlerhand einfach behaupten wollen; meist hat der Designergegenstand nur etwas »Schönheitliches«, das den Sucher nach wirklicher Schönheit besonders verdrießt und sogar abstößt.

Das ist das Geheimnis der Schönheit von Gebrauchsgegenständen: Sie will nicht erjagt und nicht herbeigezwungen sein, sie will kommen, wenn niemand sie ruft und niemand sie erwartet. Was uns an der vorindustriellen Welt erstaunt, als der vom Künstler entworfene Gebrauchsgegenstand den Luxus von wenigen darstellte, das ist die allgemeine Verbreitung der Schönheit, ja, die wahrscheinlich sogar vollständige Abwesenheit von Häßlichkeit in den Häusern der Armen. Bei keinem Gegenstand, den man in einem solchen Haus fand, hatte der Hersteller Schönheit beabsichtigt. Funktionstüchtigkeit war der einzige Maßstab. Wer den Gegenstand herstellte, kannte dessen Funktionen genau, nicht nur aus eigener Erfahrung und Gebrauch, sondern aus der Erfahrung vieler weit zurückreichender Generationen, und er verfertigte sein Stück, damit es vielen zukünftigen Generationen diene. Er sah vor sich, wie die Hände der Ungeborenen das Holz, das Eisen, den Stein abgriffen, abrieben, glänzend machten. Der Gegenstand wurde eben nicht von einer einzelnen Person geschaffen, man hätte seinen Hersteller gar nicht benennen können. Wenn er zerbrach, wurde er repariert. Die Reparatur fügte ihm ein neues Element hinzu; die Schönheit des kunstvoll Reparierten entdeckt zu haben ist der Subtilität der japanischen Kultur vorbehalten gewesen. Wenn bei H. C. Andersen die Kochtöpfe und Bratpfannen zu sprechen begannen, dann konnte man sagen: Sie lebten, weil kein Mensch sich rühmen durfte, sie entworfen zu haben.

Sichtbar wurde die Schönheit der handwerklich hergestellten Gebrauchsgegenstände erst, als sie die Gelegenheit erhielten, sich vor dem Hintergrund serieller, entworfener Häßlichkeit abzuheben. Adalbert Stifters Freiherr von Risach schon trägt alte Bauernwerkzeuge in seinem nachsommerlichen Rosenhaus zusammen, der Antiquitätenladen ist nicht mehr fern. Mirò verehrte eine alte hölzerne Heugabel wie einen afrikanischen Fetisch, dem sie tatsächlich auch glich, und Duchamp erklärte einen – wohl schon frühindustriellen, wahrscheinlich aber doch noch von einem Schmied zusammengeschweißten – Flaschentrockner zur Skulptur. Es war mit der Schönheit der von anonymer Hand und ohne Kunstwillen und Entwerferstolz, ohne einen anderen Ehrgeiz, als die Sache gebrauchsfähig und haltbar zu machen, hergestellten Gegenstände wie mit Venus aus der Vergilischen »Äneis«: Erst als sie sich umwandte und davonging, sah man, daß sie eine Göttin war.

## *Das Genie des Übersetzers*

Zu den Kunstformen, die eine möglichst vollkommene Selbstverleugnung verlangen, gehört das Übersetzen. Hier gilt das Gebot der Unterordnung unter einen Dienst am Originaltext so bedingungslos, daß manche dem Übersetzen den Kunstcharakter wohl gar absprechen würden. Es gehört zu den Versuchungen eines guten Übersetzers, die Grenze zwischen Übersetzung und Interpretation zu überschreiten und es womöglich besser machen zu wollen als der Autor. Gelegenheit dazu gibt es genug: Auch große Schriftsteller schreiben oft nicht ausnahmslos gut, drücken sich unklar oder unfreiwillig zweideutig aus, gestatten sich Flüchtigkeiten, unschöne Wortwiederholungen und schroffe Übergänge. Oft könnte man solche Makel mühelos korrigieren. Die Versuchung dazu ist um so größer, als der Leser, der die Übersetzung nicht unablässig mit dem Original vergleicht, geneigt ist, stilistische Schwächen der Übersetzung anzulasten. Es wird vom getreuen Übersetzer also ein echtes Sacrificium verlangt, nicht nur unsichtbar soll er sein, er soll darüber hinaus auch noch unbegabt erscheinen.

Gerade die Deutschen, lange Zeit ein Übersetzervolk, kennen aber auch die Übersetzung, die als eigenes Sprachkunstwerk verehrt wird. Oft sind das Übersetzungen, in denen der geniale Übersetzer die eigene Stimme recht laut hat erschallen lassen. Martin Luthers Kraftdeutsch nimmt wenig Rücksicht auf die eigentümliche Farblosigkeit der Bibeltexte, die in ihrer Knappheit und Nüchternheit auf rhetorischen Schmelz und auf viele sich nach den Maßstäben der Romanschriftstellerei anbietende Wirkungsmöglichkeiten verzichten. In der Luther-Bibel ist die starkfarbige, aufbrausende Dichter- und Rhetorikerpersönlichkeit ihres Autors in jedem Satz präsent. Hier hat ein großer Sprachkünstler es wirklich besser zu machen versucht – von seinen theologisch begründeten Eingriffen einmal ganz abgesehen. Luther entspricht dem Typus des Propheten, der eine übernatürliche Offenbarung empfangen hat und sie nun mit seinem eigenen Temperament und dem eigenen Sprachstil seinen Zeitgenossen weitergibt, während ihm die Stimme aus dem Jenseits noch in den Ohren braust.

Aber auch der demütigste Übersetzer ist dazu verurteilt, seine Übersetzung mit der eigenen Persönlichkeit einzufärben, allein schon durch seine Zeitgenossenschaft, der er um so weniger entkommen kann, als sie ihm in ihren entscheidenden Eigenschaften unsichtbar bleibt. Erst die Nachwelt hört dann den Biedermeierton in den großartigen Schlegel-Tieckschen Shakespeare-Übersetzungen, und deshalb bleibt der Wunsch nach einer Neuübersetzung grundsätzlich gerechtfertigt, auch wenn er trotz vielfacher Versuche bisher nicht in einer Weise in Erfüllung gehen will, die sich mit Schlegel-Tieck messen dürfte.

Selten aber gelingt ein Sprachkunstwerk als eine Übersetzung, deren makellose Gestalt sich derart eng an das Original schmiegt, daß es unmöglich scheint, das berühmte Blatt Papier dazwischenzuschieben. Daß es Goethe war, dem dies Wunder an Unterordnung gelang, legt den Schluß nahe, es müsse eben erst einmal eine Persönlichkeit vorhanden sein, wenn deren Verleugnung einen Ertrag bringen soll. Die Rede ist von Goethes Übersetzung von Diderots »Neveu de Rameau«, deren bemerkenswerte Geschichte er selbst rapportiert.

Diderot belieferte die Zarin Katharina mit Manuskripten, die zu ihrer alleinigen Lektüre bestimmt waren, und erhielt dafür ein sehr hohes Honorar. So blieb der »Neveu de Rameau« zu den Lebzeiten des Autors den Zeitgenossen vollständig unbekannt. Als der Weimarer Erbprinz mit der russischen Großfürstin Maria Paulowna verheiratet wurde, gestattete man Goethe, in dieses segregierte Manuskript Einblick zu nehmen. Er fertigte eine Übersetzung an und gab es dem russischen Offizier, der die Großfürstin nach Weimar begleitet hatte, wieder zurück. Als Goethes Übersetzung erschien, war das literarische Frankreich empört. Ein Werk Diderots zuerst im Deutschen zu lesen war eine solche Kränkung, daß ein französischer Übersetzer den Goethe- Text ins Französische zurückübersetzte und seine Arbeit als Original Diderots drucken ließ. Goethe erfuhr davon zu seinem großen Amüsement; er wußte ja, daß man in Frankreich das Original nicht kennen konnte. Dann fand sich aber eine Abschrift des Diderot-Originals bei dessen Tochter, der Marquise de Vandeul. Bei seiner Veröffentlichung wurde dieser Text von den Rückübersetzern der Goethe-Übersetzung heftig als unecht attackiert. Und es war jetzt Goethes deutsche Übersetzung, anhand deren die Authentizität der Abschrift bewiesen und die Rückübersetzung entlarvt werden konnte.

Es kann dennoch nicht überraschen: Wenn der heutige Leser Goethes Diderot-Übersetzung liest, was liest er da? Natürlich einen Goethe-Text. »Natürlich« – das sagt sich so leicht. Wie der ureigene Duft und Klang in solcher, den handwerklichen Kopisten noch überbietenden Einfühlung unbeeinträchtigt bewahrt werden kann, das ist zu hören und zu sehen, aber kaum mit Begriffen festzunageln. Und wie soll man dieses Phänomen bewerten? Das Persönliche ein Geschenk, das dem demütigen Arbeiter hinzugegeben wird? Oder der Fluch, der dem nach Selbstverleugnung strebenden Asketen anhaftet bis zum Ende der Welt?

## *Was ist Kunst? Wer ist Künstler?*

Angesichts der vielen Definitionen, was Kunst sei, scheint die haltbarste das Axiom: Kunst ist, was ein Künstler macht – der aber hinzuzufügen wäre: Ein Künstler ist, wer Kunst macht. Wer der Phänomene Kunst und Künstler begrifflich habhaft werden will, mag von diesen Definitionen enttäuscht sein, aber zu einer Künstlerpsychologie taugen sie dennoch.

Im ersten Satz ist es die Persönlichkeit des Künstlers, die über den Kunstcharakter seiner Hervorbringung entscheidet. Wer aber ist Künstler? Die Umwelt weiß es vielleicht nicht – der Künstler, von dem dieser Satz spricht, weiß es von sich aber ganz genau. Er ist Künstler schon, bevor er die erste Zeile geschrieben und den ersten Pinselstrich getan hat. In sich sieht er eine Welt, die herausdrängt, und diese Welt ist ein Kriegsschauplatz, zu dessen Zeugenschaft die Zeitgenossen und die Nachgeborenen berufen sind. Er kennt den eigenen Rang. Er weiß, daß einen wie ihn die Erde nie zuvor getragen hat. Sein Schmerz ist das Rätsel des Weltalls. Mit ihm wird die Kunst neu geboren; was er ausdrücken will, bedarf einer neuen Sprache, neuer Akkorde, neuer Bilder. Wenn dieser Künstlertypus gelegentlich neben seiner eigenen Produktion neue ästhetische und moralische Gesetze verkündet, wenn er, was gut und schlecht und gut und böse sei, neu zu definieren unternimmt, lenkt er von seinem wahren Antrieb nur ab, dem Hochkochen seiner Seelenmagma, die sich in Lavaströmen über die Berghänge ergießen und alles, was nicht der Künstler selbst ist, unter sich begraben will. Wie es im Dasein Gottes keine bedeutungslosen Augenblicke gibt, weil jeder der göttlichen Zustände unablässig Wirklichkeiten gebiert, ist auch der vulkanische Künstler in jedem Augenblick produktiv. Er ginge nicht zu weit, wenn er jeden seiner Fingerabdrücke signierte, sind sie nicht authentische Zeugnisse seiner titanischen Person? Soviel Spott das Treiben dieses Künstlertypus bei den Zeitgenossen oft auch hervorruft, es darf nicht darüber hinwegtäuschen, daß einige der größten Meister diesem hier sehr grell entworfenen Bild entsprochen haben. Die wohlfeile Häme über ihre dauernde Selbstfeier hat sich im nachhinein dann als peinlich philiströs erwiesen.

Wenn es aber, wie in dem zweiten Satz, die Kunst ist, die

den Menschen, dem sie ihre Existenz verdankt, erst zum Künstler macht, dann ist von einem vollständig anderen Künstlertum die Rede. Sein wichtigstes Merkmal ist, daß der ihm entsprechende Künstler niemals den Zweifel besiegen kann, überhaupt Künstler zu sein. Seine Welt ist reich an Kunst, aber es ist Kunst von anderen, meist von Toten. Seine Hoffnung besteht weniger darin, etwas Andersartiges oder gar Besseres als die Vorgänger zu machen, sondern ihnen respektvoll zu folgen und sie vielleicht eines Tages zu erreichen. Wenn er in sich hineinschaut, entdeckt er dort eine große Leere. Da ist gar nichts, was etwa herausdrängte. Alle Menschen haben, so kommt ihm vor, ein bedeutenderes Schicksal und eine reicher komponierte Seele als er selbst. Was in ihm steckt, ist nicht berichtenswert. Wenn er eine Geschichte erzählt, weiß er oder ahnt er, daß diese Geschichte schon tausend Mal erzählt worden ist, weil die Anzahl möglicher Geschichten, geht man es systematisch an, überschaubar bleibt. Wenn er liest: »le style, c'est l'homme même«, wird er ratlos, weil sich ihm das Geheimnis des Stils damit endgültig entzieht: Er weiß ja nicht, wer er ist – worin also sollte sein Stil bestehen? Seine Muttersprache liegt in unabsehbarer Fülle vor ihm. Wie sollte er das Bedürfnis nach einer neuen, einer urpersönlichen Sprache entwickeln, wenn es ihm bereits als Herkulesarbeit vorkommt, die vorgefundene Sprache halbwegs zu beherrschen? Nichts empfindet er deshalb als so wenig künstlerisch, so wenig schöpferisch wie die Arbeit an seinen Erzählungen. Da liegt nun diese oftmals erzählte Geschichte vor ihm; gewiß, er hat sie nicht wie einen Polizeibericht oder ein Kind im »und dann und dann und dann«-Stil geschrieben, aber seine Kunstgriffe sind dem lesenden Publikum aus vielen anderen Büchern bekannt: Die Art des Spannungsaufbaus, die Einfügung der Ritardandi, das Spiel mit Rückblicken, das Ruhenlassen eines Erzählstranges, um einen anderen aufzugreifen, all dies kommt ihm so alt vor wie die Welt, und das ist es auch. Er feilt an seinen Sätzen, gewiß, aber nach den biedersten Prinzipien: Stimmt die Zeitenfolge? Stimmt dies Bild? Stimmt dieser Genitiv, jene »um zu«-Konstruktion? Könnte man dieses Fremdwort durch ein deutsches ersetzen, ohne daß es prätentiös wirkt? Ist die Zahl der substantivischen Konstruktionen klein gehalten? Sind die abstrakten Begriffe nach Möglichkeit durch ein bildhaftes Wort ersetzt worden? Sind die Sätze nicht zu lang und nicht zu kurz? Kann man diesen und jenen Sachverhalt nicht ein wenig knapper fassen? Erforderliche Arbeiten, sicherlich – aber was hat das alles mit Kunst zu tun? Diese Frage stellt sich immer beunruhigender, je länger die Arbeit währt, und sie währt lange, denn es ist schwer oder gar unmöglich, einen längeren Text einigermaßen fehlerfrei hinzubekommen.

Da denkt er an die tibetanischen und afrikanischen Schamanen, die aus Haarlocken und Hühnerfedern, Schweineknochen und Kokosnüssen einen Zauberkreis auslegen und dabei eine Fülle von Regeln akribisch beachten, damit der Geist, den sie rufen, in diesen Kreis eintreten kann. Um seinetwillen ist das Regelwerk angewendet worden, aber der Geist ist, wie der Schamane allzu genau weiß, davon nicht abhängig. Er tritt in den einen Kreis und läßt einen anderen unbetreten. Der Kreis, in den er nicht eintritt, bleibt ein totes Sammelsurium. Der Kreis, in den er eintritt, wird alsbald vergessen, weil es nur noch der Geist ist, der alle Aufmerksamkeit auf sich zieht. Dann ist die Kunst da, und der schamanisch-pedantische Anordner des Zauberkreises mag sich in aller Bescheidenheit Künstler nennen, wenngleich ihm dabei immer ein wenig unbehaglich zumute sein wird.

## *Der Priester als Unperson*

Es kann nicht ausbleiben, im Gespräch über unpersönliche Formen der Kunst auch auf die überlieferten Liturgien der römischen und der griechischen Kirche zu kommen. Diese Liturgien sind das große Gründungskunstwerk der Europäer; moderne Theologen hören so etwas gar nicht gern, aber mit denen soll in diesem Zusammenhang *auch nicht* gesprochen werden. Es wird um die römische und griechische Liturgie hier nur als ästhetisches Ereignis gehen, wobei es gewiß nicht überflüssig ist, daran zu erinnern, wie der Begriff Ästhetik verstanden werden will: mit Hilfe der Sinne Objektivität in ihrem bedeutungsträchtigen Glanz, anders gesagt. Wahrheit, zu erfahren, und zwar mit dem Anspruch, daß diese Erfahrungsweise die der Wahrheit angemessenste, die verbindlichste, die wesentlichste sei. Die Liturgie befaßt sich mit der Sichtbarmachung der Wahrheit schlechthin, nämlich Gottes, und zwar des inkarnierten, Materie gewordenen Gottes. Sie ist Thëurgie und muß es sein, weil sie von ihrem Stifter zu diesem Akt anamnetischer Vergegenwärtigung aufgefordert ist. Ein unmöglicher, zum Scheitern verurteilter Auftrag wäre das, wenn man versuchte, ihn menschlicher Schöpferkraft anzuvertrauen und ihn gleichsam jedes Mal neu zu erfinden. Damit der Thëurge unter der Last solcher Unmöglichkeit nicht zusammenbricht oder, schlimmer noch, sie als Versuchung mißversteht, auf seine individuellen Fähigkeiten zu setzen, ist es erforderlich, ihn als Person auszulöschen. Der Thëurge muß sich mit der Gewißheit beruhigen dürfen, daß er, der zur rituellen Vergegenwärtigung Gottes unbedingt Erforderliche, seine Person nicht in die Waagschale zu werfen hat, weil diese Person überhaupt nicht gefragt ist. Sowie er sich der Führung des Ritus unterwirft, ist er als Person der furchterregenden Verantwortung für den liturgischen Akt enthoben. Die Priesterkleidung, die er Stück um Stück unter Gebeten anlegt, indem er sie vom Altar aufnimmt, auf dem sie ausgebreitet liegt, entfernt ihn immer mehr von seiner zivilen Individualität. Kommt sein Ich in den rituellen Gebeten überhaupt zur Sprache, dann nur in der Passivität der Reuebekundung und der Hoffnung auf Vergebung. Zu der eigentlichen, der größten Hoffnung, daß nämlich das Werk gelingen werde, berechtigt ihn nur das Höchstmaß seiner Selbstauslöschung.

Ein zum Kunstmystiker ernannter Installationskünstler hat davon gesprochen, jeder Mensch sei Künstler. So durchsichtig bei diesem Wort die Absicht war, Verwirrung zu stiften – in der Liturgie trifft es zu. Jeder vermag tatsächlich in der Liturgie zu einem Künstler zu werden, dem das höchste Werk gelingt, so bescheiden seine Gaben, so erdenschwer sein Geist, so undurchdringlich sein Hirn auch seien. Was ihn dazu befähigt, sind nicht irgendwelche eigenen Leistungen, wenngleich die Fähigkeit, sich freiwillig und bewußt zu unterwerfen, für unsere Zeit wohl die unheimlichste, die gefährlichste, die unverständlichste aller geistigen Gaben darstellen dürfte. Eine Leistung ist sie deshalb aber noch nicht. Eher eine anthropologische Qualifikation, die eigentlich jedem Menschen erreichbar gemacht werden sollte, um ihm den Weg zu eröffnen, im Ritus die Grenzen der Person zu sprengen und zu übersteigen und dabei dies Wachstum noch nicht einmal als eigenes zu erleben. »Er muß wachsen, ich aber muß abnehmen«, sagte der Mann, den Jesus von Nazareth den »größten vom Weibe Geborenen« nannte.

# Mein Marsyas

Ich war dabei, als dem Marsyas die Haut abgezogen wurde. Das war allerdings nicht in Phrygien, wie alle Quellen übereinstimmend berichten – sie stimmen, wie man sehen wird, sonst nur in wenigem überein –, sondern in einer anderen alten Landschaft, auch mit schönem antiken Ypsilon im Namen, in Lykien, also gleichfalls im einst griechischen Kleinasien, dem eigentlichen Reich der Metamorphosen. Fern von den Hotelanlagen und den Beton-Straßendörfern der türkischen Mittelmeerküste finden sich hier immer noch heroische Landschaften, menschenleer, mit uralten Bäumen, rauschenden Quellen, den Horizont begrenzenden Schneegipfeln und Ruinen der Griechen und Römer, die wie auf Gemälden von Poussin oder Claude Lorrain in der Ewigkeitsstimmung nach dem Untergang großer Reiche verharren.

Marsyas war kein Halbmensch, kein Bocksmensch, als er mir entgegentrat, er war ganz rein ein Ziegenbock, aber ein Ausnahmetier, ein Bock von majestätischer Körperpracht, voll Zotteln und Locken auf dem muskulösen Körper, mit breiter Brust, verblüffend kleinen, zart-eleganten Hufen, die dieser Kraft ein Tänzeln erlaubten, mit massivem Gehörn und gelben, etwas hervortretenden Augen, die seinem Ausdruck etwas Spöttisch-Übermütiges gaben. Das Dorf, an dessen Rand ich auf ihn traf, lag auf dem Boden einer untergegangenen griechischen Stadt; schöne Grabbauten mit gemeißelten Kassettendecken waren hier zu Hühnerställen geworden, in den Feldsteinmauern fand sich immer wieder ein glatter Stein mit ein paar griechischen Buchstaben, am Ende eines Ackers lag ein stattliches Gewölbe aus makellos behauenen Quadern, die sich in ungezählten Erdbeben noch nicht um eine Handbreit verschoben hatten.

Es war früh am Morgen, der Himmel war grau, die hohen Bäume waren von Schlingpflanzen durchwachsen, das gab ihnen das Aussehen von Theaterdekorationen – ja, dieser Acker mit seinen Ruinen und den bühnenmäßig hintereinandergestaffelten Bäumen war eine bukolische Idylle, die durch das graue Licht in den Zustand der Erwartung versetzt zu sein schien. Marsyas, der Ziegenbock, trug einen Hanfstrick um den Hals, der vorn aus dem dichten Fall herausging; er war an einen Baum angebunden, aber der Strick war lang und erlaubte ihm, auf ein schönes Marmorpiedestal, das vielleicht einmal eine Statue getragen hatte und nun von großblättrigem grünem Akanthuslaub umwachsen war, hinaufzuklettern und dort unbewegt zu stehen, während eine kleine Gruppe von Menschen in seiner Nähe lagerte; die Frauen mit Kopftüchern in Klappsesseln lehnend, gedämpft plaudernd, die Männer rauchten und warfen dem Bock gelegentlich einen prüfenden Blick zu. Einer war mit einer Schaufel am Werk: Es entstand ein sauber ausgestochener kleiner Schacht in der schwarzen Erde.

Dann näherte sich auf dem unebenen Feldweg ein Motorrad. Ein junger Mann in schwarzer Lederjacke war angekommen. Der Bock wurde losgebunden und diesem jungen Mann zugeführt. Er folgte gehorsam, unter seinen zierlichen Hufen knirschten Steinchen. Wußte er, was ihn erwartete? Er sah viele Augen auf sich gerichtet. Er war nicht allein, was ihm geschah, würde unter den Augen von Zeugen geschehen. War es überhaupt denkbar, daß es in der weiten Welt und besonders in diesem lieblichen ländlichen Winkel zwischen den alten Steinen niemanden geben sollte, der seine Hand für den herrlichen Bock, den unumstrittenen Herrn von hundert Ziegen, erhoben hätte? Vertrauen und Ergebung sprachen aus den Bewegungen des Bocks. Wenn er sich dem Willen dieser Menschen fügte – besaßen sie dann das Recht, ihm etwas anzutun?

Der junge Mann in der Lederjacke führte den Bock jetzt

zweimal schnell in einem engen Kreis, auch hierbei gehorchte der Bock, aber das verwirrte ihn, er hatte seine Körperkraft, die den jungen Mann leicht hätte umwerfen können, nicht mehr in der Gewalt – und da lag er auch schon, der junge Mann hatte ihn umgeworfen wie einen Sessel, und sofort kniete er auf ihm und hielt den Kopf mit den Hörnerschnecken auf den Boden gedrückt. Die spöttischen gelben Augen sahen jetzt genau in den kleinen Erdschacht, und deshalb entging ihnen wohl das junge Mädchen mit dem Tablett, auf dem ein großes Messer lag: Das reichte sie dem Knienden, und er nahm es wie eine in einer Liturgie verliehene Insignie. Da war eine gewisse Feierlichkeit, aber dann geschah alles blitzschnell. Der junge Mann flüsterte dem Bock, dessen Beine sich schwach in der Luft bewegten, etwas Eindringliches ins Ohr, und dann stach er zu, mit geübtem Schnitt öffnete er die Halsschlagader des Bocks und ließ das Blut in schwarzrotem Schwall in das Erdloch fließen.

Keiner sprach ein Wort, aber die in den Klappsesseln lehnenden Frauen erhoben sich halb, um die letzten Regungen des Bockskörpers zu verfolgen. Nun wurden die Hinterbeine des toten Tieres zusammengebunden und der schwere Körper an einer Astgabel aufgehängt. Es ging ans Fellabziehen, mit wenigen geschickten Schnitten an den Kniegelenken und den Innenseiten der Schenkel wurde die Haut eingekerbt, und die schmalen braunen Hände des Lederjakkenmannes griffen in die Locken und rissen mit scharfem Ruck daran, bis sie sich löste und mit einem leise saugenden Geräusch heruntergezogen werden konnte.

Und aus dem üppigen Tierfell stieg der Mensch hervor, der hängende Bock offenbarte seinen mager-muskulösen Faunskörper in ungeschützter Nacktheit, einer schreckenerregenden Entblößung preisgegeben.

Dies ist mein Marsyas-Bild, und da kann es mich nicht stören, daß es keine heidnischen Hellenen waren, die sich hier um die Schindung versammelt hatten, sondern muslimische Türken, die ihr großes Opferfest begingen, jene Wiederholung des Opfers des Abraham. Aber sie taten es inmitten griechischer Steine, nicht weit von dem Ort entfernt, an dem die Göttin Leto einst die das Gastrecht verletzenden lykischen Bauern in Frösche verwandelt hatte – nachdem die Lykier und die Griechen längst aus dieser Gegend vertrieben worden sind, quakten diese Frösche immer noch in allen Teichen und Tümpeln der Umgebung, und Ovid, der ihre verwandelnde Bestrafung geschildert hat, läßt dieser Episode die Verse über das grausame Schicksal des Marsyas unmittelbar folgen. Er erwähnt nur mit wenigen Worten den Grund der Schindung, aber um so bewegender beschreibt er das Bild des blutigen Vorgangs, beinahe genau so, wie ich ihn gesehen habe: »Ihm wurde die Haut von den Gliedern gerissen, er war nur noch eine einzige Wunde. Von überall tropft Blut, die entblößten Sehnen liegen offen, und die zitternden Adern pulsieren ohne Haut. Man hätte die zuckenden Eingeweide und die leuchtenden Fasern der Brust zählen können.«

Und zu der Beschreibung dieses Bildes treten die plastischen und gemalten Werke, die diesen unheimlichen, diesen eigentlich unerträglichen Stoff bearbeitet haben. Mein Marsyas hing allerdings nicht in gleicher Weise wie die Marsyas-Gestalten der Antike an seinem Baum, und es war auch keine Pinie, der Baum der Göttin Kybele, an der er gestorben ist, sondern ein Laubbaum, eine Platane. Ein antiker Marsyas ist stets an den Armen aufgehängt, auch am Sarkophag »Alberici« im Frankfurter Liebieghaus ist deutlich die Verkrampfung der Muskulatur zu sehen. Die einzige Bewegung, die der Hängende noch ausführen kann, ist das Anspannen des Bizeps, der aussichtslose Versuch, dem Schindemesser, das schon am Unterschenkel angesetzt ist, zu entkommen.

Mein Marsyas hing vielmehr an den Füßen aufgehängt wie der des späten Tizian, dem ein kniender Apollon die

Haut so akribisch ritzt, als führe er nicht ein Messer, sondern einen Pinsel, und als sei sein Hautabziehen eigentlich ein Akt der Malerei. Aber die stumme, ernste Zeugenschar, die in den Klappsesseln lehnenden Frauen in ihren langen Röcken, die Männer, die bei Beginn der Opferhandlung ihre Zigaretten weggeworfen hatten und dem Abziehen der Lokkenfülle kennerhaft folgten, diese einverständliche Öffentlichkeit, die der Zerstörung eines wohlgestalten Lebewesens als etwas Notwendigem zusah, die waren so ähnlich auch auf dem Sarkophag »Alberici« und auf vielen verwandten Arbeiten zu finden.

Auf dem Sarkophag sind es Göttinnen, die von ihren Thronen aus der Schindung zusehen, es sind die schönheitsdurstigen Musen, und es sind die antagonistischen Gottheiten Apollon und Dionysos, die es sich nicht nehmen lassen, der Folter-Schlachtung eines friedlichen Naturwesens beizuwohnen. Das fürchterliche Ende des Satyrs ist ein Schauspiel für alle dämonischen Kräfte des Kosmos, deren Gelassenheit oder sogar Heiterkeit – das ist ja die unverlierbare Eigenschaft der Götter, bei diesem Anblick, auf den sie nicht verzichten möchten, nicht einmal eine gelinde Kräuselung erlebt. Und weshalb wird der Bocksmensch Marsyas dem Erstickungstod in seiner grausigsten Form ausgeliefert?

Weil er die Flöte geblasen hat, weil er sie, genaugenommen, sogar vorzüglich geblasen hat, möglicherweise nur nicht gut genug. Diese Flöte, der Aulos, ist wohl eher eine Art Oboe gewesen, vielmehr zwei Oboen, die zugleich mit großem Druck gespielt werden mußten, die Wangen bliesen sich dabei auf, die berufsmäßigen Aulos-Bläser trugen sogar eine Binde um den Kopf, um die Muskulatur zu entlasten. Nicht die sanften, silbrigen Nachtigallentöne brachte der Aulos hervor – kein »Horch, nun klagt die Flöte wieder« oder »Still, des Todes Schlummerflöten klingen« –, sondern schneidend schrille Akkorde, Klänge, die dafür sorgen, daß sich die Haare der Zuhörer sträuben. Es liegt der Erfindung des Aulos ja der Versuch zugrunde, das Schreien einer Frau nachzuahmen, und zwar keiner irdischen Frau: Der Todesschrei der Gorgo sollte eingefangen und wiederholbar gemacht werden, nach anderer Überlieferung das aus unbefriedigter Liebessehnsucht und Trauer gemischte Schreien der um ihren Geliebten Attis klagenden Großen Mutter Kybele.

Man kann den Klang des antiken Aulos rekonstruieren, aber was seine Wirkung auf die Hörer in antiken Zeiten angeht, so stelle ich mir vor, daß die kleinen Schalmeien-Orchester heutiger nordafrikanischer Exorzisten etwas Verwandtes hervorbringen. Geisteskranke oder von bösen Geistern besessene Frauen werden von solchen Beschwörern in Ägypten und Marokko gleichsam unter eine Schalmeien-Klangglocke gestellt, unter einen wüst aufpeitschenden Klangterror, unter dem sie tanzen bis zum Zusammenbrechen.

Die Fruchtbarkeitsriten der Kybele und die orgiastischen Dionysos-Feste waren vom Klang des Aulos erfüllt, nicht um Dämonen zu vertreiben, sondern um die Erscheinung der Gottheit herbeizuzwingen – durch eine Musik, die über die sichtbare Welt hinausführte und das Unsichtbare Ereignis werden ließ, wie der Klang der Doppelflöte in seiner schmerzhaften Dissonanz aus unsichtbaren Tönen geradezu körperlich spürbare Schläge macht. Der Musikwissenschaftler Martin Vogel hat in einer von geistreicher Vorstellungskraft angeregten Beweisführung vorgeschlagen, die Häutung des Marsyas als den Erfindungsmythos des Dudelsacks zu deuten: Die Dudelsäcke der Abruzzenhirten, die auch heute noch in Rom und Neapel zu Weihnachten an den Straßenecken ihre alten Stücke spielen, sind ja tatsächlich aus der Haut eines einzigen Ziegenböckleins gemacht, die Pfeifen sind an den Vorderläufen angebracht. So wäre der Aulos-Spieler Marsyas wie zu seinen Lebzeiten, als er mit dem eigenen Atem die Töne erzeugte, durch die Häutung mit dem ganzen Körper zu Musik geworden.

Und je mehr ich mich mit dem Schicksal des gemarterten Satyrs beschäftigte, desto deutlicher wurde mir, wie diese Doppelflöte, die unverbunden schwierig genug zu spielen ist, die im Dudelsack aber ihre technische Vollendung erlebte, mit ihrer hellen, schrillen Pfeife, der die Melodie übertragen ist, und ihrer dunklen, den bisweilen quälenden, den gleichsam gnadenlosen Orgelpunkt hervorbringenden zweiten Pfeife, wie diese Doppelflöte also die Widersprüchlichkeit der Überlieferungen und Deutungen verkörpert, die das Ende des Marsyas erfahren hat. Zu jedem überlieferten Motiv gibt es da eine Gegenstimme: Der geschundene Marsyas ist ein Paradebeispiel für die schillernde Gestalt des Mythos und für die Unmöglichkeit einer eindeutigen mythologischen Doktrin.

In den Jahrhunderten der griechischen und römischen Antike wird der Gehäutete immer neu gesehen, und jeder Erzähler glaubt, dem Urgrund der Marsyas-Gestalt nähergekommen zu sein. Aber immer sind die Deutungen in das Muster der beiden Pfeifen des Dudelsacks eingespannt, die detailfreudig anekdotisch-melodiöse, die uns erklärt und unser Bedürfnis nach einer verständlichen Geschichte befriedigt, und die bohrende monotone, die alle Erklärungen verweigert, aber sich tief in unser Bewußtsein einsenkt.

Das Liebieghaus bewahrt die herrliche Marmorversion der Athene des Myron, die ich lange Zeit als unbewegt und in Gedanken versunken verstand, bis ich sie in einer Ausstellung zusammen mit der gestrafften, hochgespannten Marsyas-Gestalt aus den Vatikanischen Museen gesehen habe und mir nun deutlich wurde, daß sie eine in Bewegung Begriffene ist, eine sich zum Gehen Wendende, die soeben die Doppelflöte, ihre Erfindung, angewidert zu Boden geworfen hat und die dem Satyr, der sie aufheben will, mit dem Speer in der Hand und einem Fluch auf den Lippen das Aufheben verbieten will.

Schon die Aneignung der Flöte war ein Akt der Anmaßung des Waldmenschen Marsyas, in dem sich die unerhörte Hybris vorbereitete, Apollon, den Gott der himmlischen Harmonien, zum musikalischen Wettstreit aufzufordern, der mit der grausamen, aber gerechten Bestrafung endete. Nein, sagt die dunkle Flöte, das sind späte, von Künstlern konstruierte Rationalisierungen – Marsyas selbst, der Diener der Kybele, hinter dem sich womöglich sogar der Geliebte der Großen Mutter, der geheimnisvolle Attis, verbirgt, hat die Flöte ersonnen und sie ihrem Gottesdienst geweiht.

Dann wird Marsyas als das Tier beschrieben, sein Wettstreit mit Apollon als ein Kampf zwischen Häßlichkeit und Schönheit, Unbildung und Wissen, zwischen Barbar und Gott – und dann wieder erscheint Marsyas als der große Künstler, dessen Werk die ganze Antike hindurch weiterlebte und immer wieder aufgeführt wurde, als Meister seines Instruments, der von Apollon nur mit einem peinlichen Trick geschlagen werden konnte. Da ist der Satyr Opfer der häßlichsten Eigenschaft der olympischen Götter, des Neides, der es nicht erträgt, vortreffliche Eigenschaften unterhalb des Götterhimmels blühen zu sehen. Marsyas wird zum Monument der Geduld, der einzigen Kraft, die die Menschen dem zerstörerischen Rasen der Götter entgegensetzen können.

Dann wird mit Empörung von der Hybris gesprochen, die das Menschenmaß vergißt und die den Kosmos stört, eine Störung, die nur durch die Peinigung des Aufständischen überwunden werden kann – nur quälen können die Götter, nicht töten, sie sind nicht allmächtig, über das Lebensende entscheidet das unpersönliche Geschick, dem auch die Götter unterworfen sind, ihre Grausamkeit ist die Folge der Grenzen ihrer Macht. Und auf der anderen Seite wird aus dem Blut und den Tränen des Marsyas, die in die Erde rinnen, so, wie auch ich es bei der Opferung des Bockes gesehen habe, ein segenbringender Fluß, der den Bewohnern von Kelainai fruchtbare Felder und Schutz vor den Feinden bescherte. Und solche Verwandlung in einen Fluß galt als Gnade und glückliches Schicksal, im Unterschied zu den Verwandlungen in ein Tier oder einen Stein, keinesfalls als Strafe jedenfalls.

Von einem mitleidlosen, zum Mitleid unfähigen Apollon und von höhnischen Musen hören wir – und dann gibt es wieder Vasenbilder eines Marsyas mit Schindemesser in der Hand, ein Marsyas, der sich vorbereitet, dem Apollon die Haut abzuziehen. Und es gibt den Bericht über einen reuevollen Apollon, der sich seines Strafexzesses schämt und die Saiten seiner Kithara zerreißt.

War denn dieses uns mit Grauen und Abscheu erfüllende Hautabziehen im mythischen Verstande überhaupt eine Strafe? Für die antiken Skythen – und ein Skythe ist es, dem Apollon die Schindung des Marsyas überträgt – war die Häutung eines Menschen ein Zeichen seiner Auferstehung, die Haut war der Mensch selbst, und so sieht es auch der Ovidische Marsyas, wenn er während seiner Qualen schreit: »Wehe, du ziehst mich von mir selber ab!« Wer wollte leugnen, daß diese dünne Oberfläche des Menschenkörpers, die seine Volkszugehörigkeit, seine erotische Anziehungskraft und die Erscheinung seines Charakters bestimmt, auf das Unlösbarste mit der Menschenseele amalgamiert ist? War die Schindung des Marsyas am Ende – diese uns geradezu absurde Lösung scheint gar nicht ausgeschlossen – eine Befreiung des Satyrs aus den Fesseln seiner niedrigen Existenz?

Dante scheint das für möglich gehalten zu haben. Im Paradiso betet der Wanderer durch die jenseitigen Welten zu Apollon: »Entra nel petto mio, e spira tue, / si come quando Marsia traesti / della vagina della membra sue.« – »In meinem Busen kehre ein und hauche / wie damals du getan, als du gezogen / den Marsyas aus seiner Glieder Scheide.« Daß die Erdenschwere wie eine Haut von ihm abgezogen werde, betet der Visionär – aber diese Übersetzung ist nicht unwidersprochen geblieben, auch hier will sich keine Eindeutigkeit einstellen, die Doppelflöte hört nicht auf, das Gesetz des Marsyas-Mythos zu sein: Nein, die Häutung sei nicht als Läuterungsprozeß zu verstehen, Dante bitte den Apollon vielmehr darum, mit derselben Begeisterung erfüllt zu werden wie der Gott, als er den Satyr schinden ließ. Nun darf man sich aussuchen, für welche Lösung man sich entscheidet, wenn nicht beide zusammen klingen sollen, in der notorischen Dissonanz des Dudelsacks.

Um das Dudelsack-Quäken und -Brummen aber auf die Spitze der Verwirrung zu treiben, seien auch die Stimmen derer noch erwähnt, die mit gewichtigen Argumenten behaupten, der Wettstreit zwischen Apollon und Marsyas habe niemals stattgefunden. Die Schindung des Marsyas gehöre viel älteren Regionen an als der des jugendlichen Olymps, einer Welt, in der Apollon unbekannt war. Wer den Wettstreit zwischen Apollon und Marsyas als eine Allegorisierung des Vordringens der Griechen in Kleinasien begreife, bewege sich nur an der Oberfläche – darunter erst liege der religiöse Kern der Marsyas-Tragödie.

John Frazer entwirft in seinem »Golden Bough« das Theologem des »Gehängten Gottes«. Er spricht von Kulten, in denen der mythische Tod und die Auferstehung einer Gottheit durch Menschenopfer gefeiert wurden, häufig seien es sogar die Priester dieser Gottheiten gewesen, die deren irdische Gestalt verkörperten und rituell an einem heiligen Baum erhängt worden seien, später habe man Bilder der Gottheit an diese Bäume gehängt, wenn der Jahrestag des Festes gekommen war. Die griechische Marsyas-Erzählung sei ein Zeugnis dieser alten Kulte, in ihrer Grausamkeit dennoch verharmlost, denn in ihnen sei es eben nicht um die Bestrafung eines Unwürdigen, sondern um ein Opfer gegangen, in dem der Gott selbst die Opfergabe war.

Marsyas wäre also ein Gott inkognito gewesen, seine Haut eine Maske, die, heruntergerissen, seine göttliche Unpersönlichkeit offenbarte. Die Assoziationen zu dieser Darstellung stellen sich von selbst ein: Hinter der mythischen Gestalt des Gottes, der an einem Baum hängend als sein eigenes Opfer stirbt, zeichnet sich die Silhouette eines unvergleichlich bedeutungsvolleren, wahrhaft weltgeschichtlichen Ereignisses ab, das in der kleinasiatischen Hirtenreligion präfiguriert erscheint: der am Kreuzesholz hängende Gottessohn, der mit dem Opfer seines Blutes Gott und Welt versöhnt.

Man drückt auf den Sack des Wissens wie auf einen Dudelsack, und heraus quäkt es zweistimmig: ein schuldiger und ein unschuldiger Marsyas, ein politischer und ein philosophischer Marsyas, ein tierischer und ein göttlicher, ein geächteter Marsyas und ein fromm und dankbar verehrter. Unsere Vorstellungskraft versagt, wenn wir uns alle Betrachtungsweisen auf einmal und gleichermaßen gültig vor Augen stellen wollen. Da hilft nur, zum Anfang, zum Bild zurückzukehren, das sie alle auf einmal enthält. Denn der Mythos ist mehr und anderes als eine Geschichte, die in verschiedenen Versionen überliefert ist. Der Mythos steht vor den Geschichten in ihrer deutenden Fülle, die allesamt nur Versuche sind, sich ein beunruhigendes, sich tief dem Bewußtsein eingeprägt habendes Traumbild zu erklären, uns passend zu machen, es unserer Welterklärung einzugliedern.

Aber je rastloser und erschöpfender der Mythos gedeutet ist, desto weniger ist er begriffen. Er ist die Wahrheit, die nicht verstanden werden kann, sondern die angeschaut werden muß. Und so versetze ich mich nach dem Durchblättern der gelehrten Bücher, die von Marsyas sprechen, wieder zurück in das türkische Dorf auf einst griechischem Boden: die bukolische Landschaft, die alten Mauern und mit Inschriften versehenen Steine am Rand der Ackerfurchen, der graue morgendliche Himmel, der menschengroße Bock, der am Baum hängt, der gewissenhafte, mit dem Messer beinahe streichelnd schneidende Schinder, die aufmerksamen Zeugen, das tropfende Blut. »Ihn beweinten die Waldgötter, die ländlichen Faune, und seine Satyrbrüder und Olympus, für den er auch jetzt noch Liebe empfand, und die Nymphen und alle, die in jenen Bergen wolletragende Herden oder Hornvieh weiden«, so heißt es bei Ovid, und dieses verhohlene Weinen der Naturwesen ist das Geräusch, das ich im Angesicht der unvergeßlichen Szene hätte hören müssen, diese Klage der vergewaltigten Natur, die wir, wenn wir nur ein wenig heidnischer wären und nicht einfach nur metaphysische Ignoranten, auch bei anderer Gelegenheit vernehmen können sollten. Und schließlich die Vorstellung eines Schmerzes, der so unerträglich ist, daß er den Leidenden verwandelt, ein Schmerz, der die Existenz in eine andere Form umschlagen läßt. »Daher hat Phrygiens klarster Fluß, der zwischen steilen Ufern zum brandenden Meer strömt, den Namen Marsyas«, so endet Ovid.

Man unternehme nur einmal ein kleines ovidisch-metamorphotisches Gedankenexperiment. Beim Anblick des draußen am Liebieghaus vorüberströmenden Mains stelle man sich vor, der schöne, kraftvolle, lebendig schimmernde Wasserkörper dieses Flusses sei Denkmal und Ergebnis einer ungeheuerlichen Schmerzensüberwindung. Man sehe ihn an, als sei in seiner friedvollen Wasserfülle die Erinnerung an eine unerträgliche Qual verborgen. Dürfte man dann nicht behaupten, das Marsyas-Schicksal nicht nur im Relief des Sarkophags betrachtet zu haben, sondern ihm wirklich nähergekommen zu sein?

Im kleinen hat der Sarkophag »Alberici« diese Metamorphose übrigens selbst nachvollzogen. Als er noch in Kent im Park von Hever Castle auf dem Triton's Lawn stand, diente er als Brunnenbecken. Aus den kleinen Geschlechtsteilen von Apollon und Dionysos rieselten dünne Wasserstrahlen. So fand die Tragödie des Satyrs Marsyas, wie billig, zu ihrem Satyrspiel.

# »Das Portrait des Sergeanten« von Ernest Meissonier

Ein Kasernenhof wird zum Maleratelier, und zwar im doppelten Sinn: weil ein Zeichner darauf erscheint, der auf diesem Hof einen Soldaten portraitiert, und weil das Bild von jenem eigentümlich objektiven, jenem weichen und zugleich frostigen Licht erfüllt ist, das man Atelierlicht nennt: das Nordlicht, das aus den großen Fenstern mit den vielen kleinen Scheiben auf die Staffeleien der akademischen Maler des neunzehnten Jahrhunderts herabfiel. Dies Licht erzeugt Überdeutlichkeit; der einzelne von ihm beschienene Gegenstand steht dem Maler darin herausgerückt aus den Alltagsbezügen, herausgerückt aus Unschärfe und Verschattetheit so nackt wie eine antike Statue vor Augen. Das Atelierlicht erzeugt in seinen Habitués einen gleichsam trockenen Rausch des Sehens. Dies Licht, bei dem die Sonne ausgesperrt bleibt, ist Pate einer Malerei, die sich an der unerschöpflichen Vielgestaltigkeit des Realen ergötzt, einer Malerei, die daran glaubt, daß keine Phantasie eines künstlerischen Individuums Wirkungen ersinnen kann, wie sie das richtige Licht offenbart.

Es ist kein Zufall, daß Ernest Meissonier (1815–1891) sein »Portrait des Sergeanten« von 1874 in dieses Atelierlicht hineingestellt hat, denn er gehörte zu den vorläufig letzten Malern, die von den Vorzügen des Ateliers wußten, und ist unter diesen einer der brillantesten. Sechs Soldaten der französischen Armee gegen Ende des Ancien régime hat er vor einer für das siebzehnte Jahrhundert charakteristischen Backstein- und Sandsteinarchitektur mit ihren elegant proportionierten Fenstern und Türen versammelt. Die Szene ist in einem genau bestimmbaren Moment der Revolutionsgeschichte angesiedelt. In die legendäre Schlacht von Valmy waren noch die Truppen des Königs von Frankreich gezogen. Nachdem sie am 20. September 1791 der Kanonade der vereinigten deutschen Streitmacht standgehalten hatten, war Ludwig XVI. am 21. September endgültig abgesetzt worden. Deshalb tragen die Soldaten noch die weiße Uniform des Königs, aber sie haben sich schon die republikanische Kokarde an den Helm gesteckt. Der Drillich ihrer Montur ist schmuddelig und lappig, und es ist nicht nur der schlampig aufgetragene weiße Puder ihrer Zöpfe, der die Männer alt und erschöpft aussehen läßt. Das sind noch die Soldaten einer Söldnerarmee, die in den letzten Jahrzehnten des achtzehnten Jahrhunderts in Deutschland und in Nordamerika während des Siebenjährigen Kriegs viele Demütigungen und Niederlagen hatte einstecken müssen. In Valmy nicht überrannt worden zu sein, das ist für sie ein unerwarteter Triumph. Gut möglich, daß Meissonier mit diesem Bild von Soldaten in der Uniform des Königs, die einen Sieg für die Republik erkämpft haben, auf seine Zeitgenossen, auf Soldaten in der Uniform Napoleons III. anspielen wollte, die 1871 gleichfalls die Republik gegen Preußen und Kommune verteidigten. Der Unteroffizier, der gezeichnet wird, hat sich, den Rücken halb zum Betrachter gewandt, männlich herausfordernd in Positur gestellt, das linke Bein in bequemer »Rührt euch«-Haltung leicht gebeugt, als wolle er dem Betrachter möglich machen, jeden einzelnen Knopf auf seinen faltigen, mit Kreide geweißten Gamaschen zu zählen. Seine Hand ruht auf dem minutiös gemalten Säbelgriff, die andere ist in die Hüfte gestemmt; unter dem weißen Puder wächst ein kräftiger schwarzer Backenbart, die große Nase ist scharf geschnitten, die Augen haben den erstarrten Ausdruck eines Menschen angenommen, der zum ersten Mal Modell steht und in Bangigkeit, Eitelkeit und Langeweile nicht recht weiß, wie ihm geschieht.

Vier Soldaten schauen dem Zeichner als Kiebitze über die

Schulter, wie das Publikum, das einen Jahrmarktsschnellzeichner umringt; einem fünften ist alles gleich geworden während der langen Dienstzeit, er lehnt mit ausgestreckten Beinen an der Mauer und raucht sein weißes Tonpfeifchen. Aber in der Mitte sitzt, den Zeichenblock auf dem Schoß, mit übereinandergeschlagenen, weißbestrumpften Beinen, der Zeichner, der mit gespannter, intelligenter Miene sein Modell fixiert und durch die Kiebitze nicht zu irritieren ist. Ein professioneller Künstler ohne Zweifel, wenn auch vielleicht kein besonders erfolgreicher. Die Wäsche, die aus seinem über der Brust geknöpften braunen Überrock heraussieht, scheint nicht übermäßig frisch zu sein, das Gesicht verrät Anzeichen der Verfrorenheit. Der Hund zu seinen Füßen, der gleichfalls den Sergeanten anstarrt, ist eine Promenadenmischung, der eifrige Begleiter seines umgetriebenen Herrn.

Genreszenen nennt man solche Bilder, die es zuerst bei den Holländern gab; kleine Kabinettstücke aus der Alltagswelt, in denen eine auf die Spitze getriebene Handwerklichkeit sich von den großen Themen aus Religion und Mythologie befreite und die Intensität der Beobachtung in den Mittelpunkt der Arbeit stellte. Was Meissoniers Bild von solchen holländischen Genreszenen unterscheidet, ist zunächst das Kostüm: Er schildert eine Szene, die 1879 noch keine hundert Jahre zurücklag, eine historische Szene, aber nicht in unerreichbarer Ferne – der 1815 geborene Maler hat als junger Mann mit Sicherheit viele Menschen erlebt, die aus dem achtzehnten Jahrhundert stammten, er kannte ihren Stil, ihre Art zu reden und sich zu kleiden, und es gab in seiner Umgebung viele Interieurs und Straßenzüge, die sich trotz der unerhörten Umwälzungen das Aussehen des achtzehnten Jahrhunderts bewahrt hatten. »Das Portrait des Sergeanten« ist kein Ritterstück, sondern illustriert ein Stück Zeitgeschichte, nämlich die frühe Phase der großen Revolution, deren Betrachtung die Franzosen im Jahr der Entstehung des Bildes immer weiter in Bann hielt – drei Jahre nach der Niederschlagung der Kommune wurde schließlich ernsthaft über einen weiteren Versuch nachgedacht, die bourbonische Monarchie zu restaurieren.

Zu Meissoniers Vorgehensweise gehörte eine akribische Rekonstruktion der geplanten Szenen. Wir können sicher sein, daß ihm Originaluniformen aus dem späten achtzehnten Jahrhundert vorgelegen haben, daß er den Ort der Szene studiert und die Modelle so genau ausgesucht hat, wie einer der großen Filmregisseure, wie ein Stanley Kubrick oder Fellini oder Merchant and Ivory die Gesichter ihrer Filmerzählungen zusammengestellt haben. Man kann noch weiter gehen: Maler wie Meissonier mit ihren wissenschaftlich recherchierten Milieurekonstruktionen sind die Vorbilder des Films geworden und haben deshalb heute ein zwar unbedanktes, aber um so wirkungsvolleres Nachleben in den ästhetischen Hervorbringungen der Gegenwart. Es ist mit den Rekonstruktionen ohnehin eine besondere Sache. Sie überzeugen durch die scheinbar geschlossene Fremdartigkeit des wiederhergestellten Milieus, aber sie vermögen nur zu faszinieren, wenn sie darin eine Brücke zur Gegenwart einbauen. Sie gestatten sich jene Inkonsequenz in der ästhetisch-historischen Lückenlosigkeit, die im Betrachter das erlösende Gefühl des »Tout comme chez nous!« erzeugt.

Liegt es nicht eigentlich nahe, angesichts eines derart perfekt recherchierten Bildes zu fragen, wer wohl der Zeichner sei, den Meissonier im Sinne hatte, als er den Herrn mit den weißen Strümpfen und der angegrauten Halsbinde unter die Soldaten setzte? Unwillkürlich läßt man die Maler um 1789 Revue passieren. Es war die Zeit von Greuze mit seinen hinreißend gemalten, verlockend geschändeten Jungfrauen in Rosa und Hellblau, umgeben von dem schönsten Grau der Welt und mit einem Pfirsichteint; es war die Zeit Chardins mit seinen strengen Küchenstilleben in einer nur von ihm erreichten pastosen Materialität; Jacques Louis David schuf einen neuartigen heroischen Klassizismus, der vom achtzehnten Jahrhundert das blühende Inkarnat übernahm – keiner dieser Meister hätte einen Sergeanten in seiner einem kollernden Truthahn gleichenden proletarischen Männlichkeit gemalt. Zarteste Luxuskunst und ein strenger neuartiger Idealismus standen in diesen Jahren gegeneinander; mit dem realen Volk auf der Straße beschäftigte sich die Kunst dieser Zeit nicht. Es gibt um 1789 keine Käthe Kollwitz und keinen George Grosz, es gab auch noch kein Interesse für Courbetsche »Steinklopfer« oder Milletsche angelusbetende Bauern. Der letzte Realist vor 1789 ist – vielleicht überraschenderweise – Watteau gewesen, dessen Schauspielerinnen, Tänzer, Bettler und Savoyarden wirklich der Natur abgeschaut sind.

Wer also könnte der Zeichner sein? Vielleicht ist er gar kein Zeichner, sondern ein Schreiber? Vielleicht ist das ein Journalist? Berühmt sind die »Tableaux de Paris« von Sebastien Mercier, das war ein mit der Revolution sympathisierender Schriftsteller, der Großstadtfeuilletons veröffentlichte und es unternahm, die ganze Stadt Paris, dieses unablässig verschlingende und verdauende Monstrum, in allen Falten ihres endlosen Gedärms zu durchwandern und auszuforschen. Sehr gut könnte man sich Mercier auf einem Kasernenhof vorstellen, die verbrauchten, desillusionierten alten Soldaten aushorchend und sich ihre Lebenswege notierend. Da war Mercier einer der Vorläufer von Schriftstellern, die zu Meissoniers Zeitgenossen gehörten, von Eugene Sue, von den Frères Goncourt und von Emile Zola und den Malern und Zeichnern, die mit ihnen das Interesse an den Armen und deren neuem politischen Gewicht teilten. Und dann nehme man einmal die Kreidegrafitti auf der Mauer unter die Lupe: Ganz deutlich ist da der Name Oppenheim zu lesen – der Name jenes Sammlers, der »Das Portrait des Sergeanten« bei Meissonier in Auftrag gegeben hat. Es ist ein seltsames Spiel, das Meissonier mit äußerstem Aufwand betrieb: Szenen auf das gewissenhafteste nachzubauen, die es so nie hätte geben können.

Gern wird darauf hingewiesen, daß »Das Portrait des Sergeanten« im selben Jahr gemalt wurde, in dem die Impressionisten ihre erste gemeinsame Ausstellung veranstalteten. Lange Zeit war es unmöglich, den ironischen Unterton in diesem Hinweis zu überhören: Seht, wie rückständig dieser hochbezahlte, einst hochberühmte Meissonier doch war. Die Vorstellung einer Evolution der Kunst, ganz unschuldig nach dem damals aktuellen Darwinschen Evolutionsmodell entwickelt, ließ Meissonier als sinnlos luxurierende, zum Absterben verurteilte Nischenblüte erscheinen.

Nun steht außer Frage, daß die Malerei Meissoniers im zwanzigsten Jahrhundert, zumindest was den Hauptstrom der Entwicklung angeht, zunächst keine Nachfolger fand. Aber ist es nicht eigentlich inkonsequent, auf der einen Seite die Autonomie und Originalität des Kunstwerks zu fordern und ihm auf der anderen Seite einen Wert nur zuerkennen zu wollen, wenn es sich in eine sauber abzuleitende Entwicklungskette einordnen läßt? Muß nicht jedes Werk von Rang, zumindest in der Vorstellung des Künstlers, beanspruchen dürfen, ein letztes Werk zu sein?

Und davon abgesehen – wie verhält es sich denn mit der Zeitgemäßheit von Meissoniers impressionistischen Konkurrenten? Gewiß, die Impressionisten brachten etwas Neues, aber dies Neue war nicht vom Himmel gefallen. Renoir etwa, der als junger Mann Porzellantassen mit Louis-Seize-Motiven bemalt hatte, stützte sich in seinen Akten und der hellen, ganz vom Weiß beherrschten Palette auf das von David geächtete Werk eines Francois Boucher; Manet empfing seine entscheidenden Anregungen von dem damals wiederentdeckten Velazquez. Waren das etwa keine Rückgriffe auf die Vergangenheit?

Für Meissonier ist das Vorbild der Holländer gerade beim »Portrait des Sergeanten« geradezu mit Händen zu greifen, die Farbigkeit seines Werks scheint unmittelbar Pieter de Hooch entlehnt. Und doch liegt eine Atmosphäre über dem Bild, die es von den Holländern scheidet. Der harte Detaillismus, die Kälte, die Lebensechtheit bei gleichzeitiger Totenstarre, sie sind die Abzeichen der zu diesem Moment bereits zu großer Form gelangten Photographie. Meissonier hat die Überwirklichkeit der stereoskopischen Kästen eingefangen, und er hat sich nicht gescheut, nachdem er seine Materialstudien zu wahren Exzessen geraten ließ, den Vordergrund, die Pflastersteine des Hofes, in jener wattigen Unschärfe zu präsentieren, zu der die Linse des Photoapparats die Bildteile, die außerhalb des Fokus liegen, verschwimmen läßt. Die Ästhetik der Photographie ist der Anreger eines Bildes, das die Grenzen der Photographie vorführt und leistet, was eine Photographie nie leisten kann: Die körnig haptische Dichte der Ölfarbe überführt die papierene Schattenkunst in das Reich physischer Sinnlichkeit. Den Kampf mit der Photographie aufgenommen zu haben, anstatt sich mit der Aktualisierung barocker Fa-presto-Manier zu beschäftigen – das sollte 1874 so gänzlich unzeitgemäß gewesen sein?

Salvador Dalí war die einzige gewichtige Stimme, die sich im zwanzigsten Jahrhundert zugunsten Meissoniers vernehmen ließ – wie es dem Katalanen entsprach, verband er dies Plädoyer mit einer Provokation, die es dem Publikum leichtmachte, die Sache als Scherz abzutun: Seine Lieblingsmaler seien Vermeer, Raffael und Meissonier. Aber auch wer nicht zu Superlativen neigt, wird bei genauerer Betrachtung Meissonier einen sehr hohen Rang nicht absprechen können. Man muß den durch ein Jahrhundert der Buntmalerei abgestumpften Blick neu schärfen, um das wahre Wunder an Tonmalerei zu würdigen, das »Das Portrait des Sergeanten« darstellt. Die intensive Farbigkeit des Bildes ist allein mit den beiden Farbtönen erreicht worden, die auf der Kasernenhofmauer die sienaroten Backsteine und die ockerfarbenen Sandsteine bezeichnen. Aus diesen beiden Farben, in Verbindung mit Schwarz und Weiß, sind alle Farben des Bildes gemischt – mit Ausnahme wohl der schwach blauen Rockaufschläge der Uniformen. Aus diesen Erden eine derart kristalline Skulptur geformt zu haben, dies Kunststück machte Meissonier auch von den akademischen Zeitgenossen kaum einer nach.

Denkt man an die frühen kleinformatigen Bilder Dalís, dann erscheint sein Enthusiasmus für die handwerkliche *virtù* des Älteren gar nicht mehr so provokativ, sondern schon eher plausibel. Und wem die Sujets Meissoniers immer noch zu brav, zu bieder vorkommen, der möge es mit dem alten Atelierbrauch versuchen, die Bilder auf den Kopf zu stellen und sie verkehrt herum zu betrachten. Für das »Portrait des Sergeanten« ergeben sich da erstaunliche Einsichten. Plötzlich wird viel deutlicher, daß der in der Waagerechten gehaltene Säbel des Sergeanten eine Linie bildet, die sich im Hosenbund des linken Mannes mit dem Krug fortsetzt und das Bild in zwei Teile zerlegt: Und unter dieser Linie entsteht eine überaus befremdliche Versammlung von Beinen. Es ist, als sei das ganze Bild nur gemalt um dieser Verflechtung und Verschränkung weißer Beine willen. Da die Gamaschen übers Knie reichen, lassen sie die Beine erscheinen, als hätten sie keine Knie; die weißen Gamaschenbeine sehen auf einmal überhaupt nicht mehr wie Beine aus, sondern wie seltsame Tiere, Kreuzungen aus Schwan und Giraffe vielleicht. Dieser Beinsalat macht das Bild unvergeßlich, und er verleiht dem Bild, was man, bei aller Bewunderung, zunächst vermißt haben mag: jene Poesie des Inkommensurablen, die zur *virtù* des Künstlers ebenso gehört wie die vollendete Beherrschung des Handwerks.

# Das Karussell der Götter

## *Ein Kaffeehausgespräch über Mozarts »Die Hochzeit des Figaro«*

*Der Soziosoph:* »Figaro« ist die Revolutionsoper schlechthin – ich weiß, das ist ein Gemeinplatz, aber es hat keinen Sinn, an solchen Gemeinplätzen zu rütteln: Die Wahrheit ist ein Gemeinplatz. Revolutionsoper allerdings nicht in dem platten Sinn, daß sie zur Revolution aufriefe, keine Oper mit barbusiger Marianne und flatternder Trikolore, auch keine, die ein empörendes Unrecht schilderte, das zum Himmel schrie. Das alles wäre zwar genuin opernhaft, aber im »Figaro«, der vielleicht vollendetsten Oper, ist etwas viel Selteneres verwirklicht worden: eine exakte Soziologie der Französischen Revolution.

Eine Revolution findet bekanntlich nicht statt, um die Verhältnisse zu ändern, sondern ist Folge der Tatsache, daß die Verhältnisse sich bereits geändert haben. Wie sieht es denn aus mit dem Feudalismus im »Figaro«? Wie mit Standesrecht und Standesdünkel, mit Despotie und Leibeigenschaft, mit adligem und bürgerlichem Blut, mit der alten geheiligten Hierarchie? Eine kleine Hofhaltung kann man ihn durchaus nennen, den Haushalt des Grafen Almaviva, aufs Komödienformat reduziert repräsentiert er den Königshof. Die Königin Marie Antoinette hat das offenbar genauso gesehen, als sie, gegen das ausdrückliche Verbot ihres königlichen Gemahls, im ersten Stück der »Figaro«-Trilogie die Rolle der Gräfin Rosina spielte und sich in dieser Mißachtung ihres Mannes perfekt figaromäßig verhielt.

Im Hause Almaviva ist man freilich erheblich fortschrittlicher als am französischen Königshof gewesen. Der Graf hat das Prinzip der Ebenbürtigkeit bei seiner Heirat souverän hintangestellt, die Gräfin ist eine Bürgerliche, sicher wohlhabend, das Mündel des Notars Bartolo, eines Vertreters der reichen städtischen Bourgeoisie, der die Einheirat seines Mündels in die gräfliche Familie keinesfalls als wünschenswert und vorteilhaft empfunden hat. Der Graf ist ein Intellektueller à la mode: Er kokettiert mit dem uralten, bei keltischen und normannischen Häuptlingen in grauer Vorzeit angeblich geübten »ius primae noctis«, dem Recht des Feudalherrn auf die erste Nacht mit einer jungverheirateten Leibeigenen, das seit vielen Jahrhunderten schon nicht mehr ausgeübt worden ist – jedenfalls nicht als explizites Recht; daß Vorgesetzte ihnen untergebene Frauen bedrängen, soll auch unserer Gegenwart nicht völlig fremd sein. Der Graf aber hat antifeudale Broschüren gelesen, er hat die Enzyklopädie von Diderot abonniert und die großen Bände in seiner Bibliothek nicht nur aufgestellt, sondern hier und da auch aufgeschlagen. Das weibliche Hauspersonal vernaschen ist schön, der schon gänzlich grau verschimmelte frühmittelalterliche Feudalismus ist abscheulich. Die Revolution soll schließlich die zarten und ursprünglichen Bande zwischen den Menschen wiederherstellen, so hat der Graf die aufklärerischen Autoren verstanden.

Sein Diener Figaro ist mit solchen Überlegungen nicht befaßt. Im altertümlich-feudalen Sinn ist Figaro auch kein Diener mehr. Zwischen ihm und dem Grafen gibt es keine hergebrachte Vasallentreue. Figaro ist nicht auf dem Gut geboren, er ist Großstädter und hat lange als Kleinunternehmer, als selbständiger Friseur gearbeitet. Als Kuppler und Gelegenheitsmacher ist er in die Dienste des Grafen geraten, man könnte ihn einen gräflichen Agenten nennen. Und gewiß wird er nicht in den Diensten des Grafen sterben. Die alten rührenden Geschichten von der lebenslangen Bindung der treuen Dienerschaft an ihre ebenso loyale Herrschaft – mit Figaros Arbeitsauffassung haben sie gar nichts zu tun.

Susanna ist vielleicht ein wenig abhängiger als Figaro vom gräflichen Haus, aber das hat sie nicht daran gehindert, ein nettes Vermögen anzusparen. Auch sie plant den Absprung aus ihrem Dienstverhältnis – wenn sie und Figaro genug Kapital angehäuft haben. Wodurch wohl? Gewiß nicht von ihrem Lohn, da werden wohl »Provisionen aus Vermögensverwaltungstätigkeit«, um es vornehm auszudrücken, dazukommen müssen, denn ein Mann, der sein Hauswesen so wenig im Griff hat wie der Graf, mag auch im Finanziellen im dunkeln tappen. Ich wette, das kühle und geschäftstüchtige Paar steht auf dem Sprung, dem Grafen sein wahrscheinlich belastetes Gut abzukaufen. Um Figaro zu unterwerfen, hat der Graf nur noch ein einziges Mittel: er muß sich an den bürgerlich-kleinbürgerlichen Rechtsstreit zwischen seinem Diener und Marcellina hängen. Die Haushälterin des Notars Bartolo, die mit ihrem Dienstherrn in Onkelehe lebt, scheint einen schmuddeligen kleinen Geldverleih zu betreiben, von ihrem Onkel-Ehemann dabei juristisch beraten.

Nicht deutlicher kann die Ohnmacht des Grafen herausgekehrt werden als durch sein Engagement für diesen fatalen Prozeß zwischen der heiratswütigen Wucherin und seinem Kammerdiener und Kastellan. Wollte man die Verhältnisse im Grafenschloß politisch charakterisieren, so müßte man resümieren, daß dem Grafen jeder Einfluß aus den Händen gewunden ist. Er ist von allen Seiten bürgerlich umzingelt und in bürgerlicher Hand: familiär und als herrschaftliche Autorität. Im Grunde ist der Graf in seiner Welt nur noch geduldet. Seine Funktion als Lehnsherr und Haupt seiner Familie und seiner Vasallen ist erloschen. Noch werden diese Entwicklungen nicht beim Namen genannt. An dem Tag aber, da der Zauber der gesellschaftlichen Stagnation durch ein offenes analytisches Wort gebrochen wird, ist die Revolution da. Der Graf wird dann überflüssig sein. Man wird ihm nicht einmal den Kopf abschlagen müssen.

Wenn sein Schloß durch dampfende bürgerliche Aktivität erst in eine Fabrik umgewandelt worden ist, mag er als Cidevant im Kaffeehaus sitzen und darüber nachsinnen, wann es wohl geschehen sein mag, daß er aus der Zeit gefallen ist.

*Der Mythophile:* Man erkläre mir, wieso eine solche soziologische Momentaufnahme aus einer bestimmten kurzen Phase vor der Revolution uns heute noch interessieren sollte, mehr noch, faszinieren und hinreißen, selbst wenn man berücksichtigt, daß unsere eigenen sozialen Zustände in den Figaro-Verhältnissen wurzeln. Das Soziologische vermag keine Begeisterung zu wecken. Urbilder, Archetypen sind es, die den Sprung über die Jahrhunderte hinweg in eine ewige Gegenwart möglich machen. In solch ewiger Gegenwart aber spielt der »Figaro«. Die Feudalismus- und die Freiheitsfrage bringen uns das Stück nicht näher, sie sind vielmehr der Staub, der darauf liegt und vielleicht schon bei der Uraufführung darauf gelegen hat, weil er die unbändige Freude und Lebenslust, die jedes Wort und jede Note des »Figaro« atmet, zu verdecken sucht.

Und tatsächlich ist die Sitten- und Gesellschaftskomödie beim »Figaro« nur der hauchdünne Schleier über der alten Commedia dell'arte, der Typenkomödie mit ihren tiefen Wurzeln in der heidnischen Antike. Figaro ist ein Arlecchino, Susanna eine Zerbinetta, der Notar Bartolo ist der Dottore und der Graf so lüstern wie Pantalone und so herrisch wie der Capitano. Das Konstruktionsprinzip des »Figaro« ist der Commedia dell'arte unverbrüchlich verpflichtet. Wo der unberechenbare Arlecchino als Diener engagiert wird, fegt ein Wirbelwind durch das Haus, der nichts an seinem Platz läßt. Arlecchino ist nicht nur bei Goldoni, sondern immer und in jedem Anstellungsverhältnis ein »Diener zweier Herren« – des jeweiligen Dienstherrn nämlich und seiner selbst. Das eigene Interesse erst läßt seine Motorik heißlaufen.

Aber diese Motorik ist nicht auf Entwicklung, sondern auf einen Kreislauf aus. Die vorhandenen Figuren müssen sämtliche Plätze miteinander tauschen, aber sie bleiben immer im Spiel, und am Ende des Stücks wird eine Harmonie von so fragiler Stabilität erreicht, daß ein Hauch sie umstürzen kann, und der Stoff für das nächste Stück ist da. Was die Commedia dell'arte auszeichnet, ist Stagnation bei rasendem Tempo. Psychologie und Realismus sind ihr eine Nahrung, die sie gefräßig und wie nebenbei verschlingt, aber ihr Wesen erschöpft sich nicht in Psychologie und Realismus. Ihre Wirklichkeit ist eine höhere, eine eigentlich himmlische. Kennen Sie Raffaels Deckenbilder in der römischen Villa Farnesina? Da ist die Gemeinschaft der olympischen Götter beim Hochzeitsmahl von Amor und Psyche vereint, nachdem zunächst ein strenges Verhör des unartigen Liebespaares durch den Göttervater vorangegangen ist. Herrliche Götter tummeln sich da, eine Körperpracht ohnegleichen, aber in den Mienen liegt ein ironisches Lächeln, und die Götter, die nicht lächeln, sind einfach ein wenig komisch, man meint im stumpf-männlichen Herakles geradezu einen muskulösen Gartenzwerg erkennen zu sollen.

Der Göttervater muß sich zwingen, streng und schreckenerregend zu wirken, Venus strahlt in der ganzen Verantwortungslosigkeit der von ihr ausgelösten Triebfeuerwerke, Merkur besitzt die Unverbindlichkeit, hier und zugleich ganz anderswo zu sein, Hephaistos, der hinkende Gott der Schmiede, ist von tölpelhafter Grobheit. Da wird unversehens zum Greifen deutlich, daß die Typen der Commedia dell'arte hinter ihren Ledermasken und Pappnasen tatsächlich die olympischen Götter sind, in denen sich die Temperamente und Lebenskräfte der Menschen so einprägsam abbilden. Arlecchino ist Merkur, der göttliche Bote, der Verbindungen stiftet und als Händler und Vermittler alles mit allem in Beziehung bringt. Zerbinetta, die Zofe, ist Nike, die Dienerin der Götter, die den erotischen Appetit ihrer Herren reizt. Der polternde Capitano ist Mars, der Kriegsgott, der übel wollende Pantalone ist der stets zu Recht eifersüchtige Hephaistos, im Dauerehestreit von Jupiter und Juno finden sich die reichen Alten der Commedia wieder.

Und so ist auch der »Figaro« ein olympischer Götterhimmel in einer weiteren Verkleidung, die zunächst allerdings die letzte bleiben sollte. Es ist nichts Neues: Seit der Französischen Revolution halten die Götter sich vor den Augen der Menschen verborgen. Aber wo sie sind, da strahlt es warm und belebend hervor, wie aus dem »Figaro« zum Beispiel. Mit dem Wirbel, den die Götter in ihrem Überschuß an Kraft veranstalten, treiben sie den Lauf des Erdenlebens voran, ohne an ihm teilzunehmen.

Die unablässig neuen Konstellationen, in die sie sich begeben, bringen keine Entwicklung und keinen Fortschritt hervor, nur ein beglückendes Herzklopfen und das Erlebnis, lebendig zu sein. Man glaube nicht, daß »Figaro« mit dem Schlußchor ein Ende gefunden hätte. Nicht nur beim Autor des Stoffes, bei Beaumarchais läuft die Geschichte in einem nächsten Stück weiter, denn die Figuren haben sich nicht verändert. Warum sollten Götter, die zur Vollendung ihres Typus gereift sind, sich wandeln? Daß Jupiter seine Ehefrau Juno betrügt und seine Augen auf schöne Menschenkinder richtet, gehört zur Welt wie Sommer und Winter. »Figaro« hören und sehen – das heißt dem Kreisen der Planeten zuschauen.

*Der Desillusonist:* Wo Sie Götter sehen, sehe ich nur Menschen – falsch: einen einzigen Menschen. »Figaro«, das ist die Tragödie der Täuschungen, der Weg eines Menschen durch das Spiegelkabinett der Welt. Ein bösartiges Kollektiv hat sich zusammengefunden, um einen Mann durch ein Gewitter von Täuschungen und Enttäuschungen wie einen Hasen hindurchzuhetzen. Graf Almaviva ist der einzige Held des Stücks. Er ist gnadenlosen Prüfungen ausgesetzt. Nur das Gesetz der Komödie verhindert den realistischen Schluß einer solchen Versuchsanordnung: Der Graf müßte eigentlich wahnsinnig werden.

Jeder kennt die tiefe Unsicherheit, die uns befällt, wenn sich die Verhältnisse nicht so darstellen, wie wir es geglaubt haben. Das beginnt ganz harmlos, wenn eine bestimmte Sache nicht an dem Ort liegt, an dem man sie zu wissen meint. Wir können nur leben, wenn wir eine große Zahl von Annahmen für wahr halten, ohne sie zu überprüfen. Jeder traut dem Erdboden blind, daß er ihn tragen werde, um so schlimmer, wenn da unversehens Luft ist. Der Schreck ist dann noch größer als der Schmerz durch das Stürzen. Um zu leben, müssen wir einen Pakt mit der Welt schließen, der uns erlaubt, unseren Augen zu trauen und uns auf unsere Erfahrungen zu verlassen. Und dieser Pakt wird dem Grafen im »Figaro« unablässig aufgekündigt.

Es mag ja sein, daß er nicht sympathisch ist in seinen handfest erpresserischen Werbungen um die von ihm abhängige Susanna. Das Gelächter des Publikums geht auf seine Kosten. Aber schon die erste, zweifellos unwiderstehlich komische Desillusionierungsszene löst einen Schrecken in dem polternden Galan aus, der auch mitleidig stimmen könnte. Almaviva schildert Susanna und dem verschlagenen Basilio, wie er das Zimmer der kleinen Barberina betreten habe, sie »zerstreut und verwirrt« vorgefunden und schließlich die Tischdecke weggezogen habe – tatsächlich habe der Page Cherubino unter dem Tisch gehockt. Der Graf begleitet seine Erzählung mit der entsprechenden Geste und zieht das große Tuch von dem Sessel, der als einziges Möbelstück in dem noch unbewohnten neuen Dienerquartier steht. Die Musik stockt für einen Augenblick, wie der Herzschlag des Grafen jetzt aussetzt. Er meint Gespenster zu sehen: Schon wieder sitzt der Page darunter.

Schlimmer kommt es in der nächsten Szene: Die ganz in Liebesleid und Sehnsucht vergehende Gräfin hat sich in einen für ihre Verhältnisse sehr weit gehenden Flirt mit dem Pagen eingelassen, man bewegt sich schon ungeniert im Körperlichen: Die schöne Haut des Pagen wird bewundert, und die Gräfin nimmt dem Jungen ein Seidenband ab, das er um den Arm getragen hat, weil ihr die Farbe gefalle – und schenkt ihm ein anderes, ein Handel von leicht infantiler Pfänderspielerotik, der ihren Ehemann aber in Zorn versetzt hätte. Der ist nun zurückgekehrt, und der Page hat sich zitternd im Garderobenzimmer versteckt. Zunächst bläst die Gräfin sich auf und spielt die verfolgte Unschuld, dann bekennt sie ihrem Mann, daß der erotische Feuerteufel hinter der Tür hockt, aber als sich vor den Augen des Grafen, in denen das Blut eines tobsüchtig gemachten Stieres wallt, diese Tür öffnet, muß die Musik wieder für einen Atemzug aussetzen, weil wieder das von Graf und Gräfin Unvorhersehbare eintritt, in Gestalt der Susanna, die unbemerkt mit dem Pagen den Platz getauscht hat. Ich möchte diese musikalische Pause, in der der psychologisch einfühlsamste aller Komponisten ausdrückt, wie ein Mensch den Boden unter den Füßen verliert, mit dem Gedankenstrich vergleichen, den einer der beredtesten aller Autoren, Heinrich von Kleist, an der dramatischsten Stelle seiner »Marquise von O.« setzt.

Eine schier unüberbietbare Komik liegt für das Publikum in diesen beiden Szenen, das gesamte Musiktheater, die Operetten Offenbachs eingeschlossen, kennt nichts Komischeres als sie – aber für den Grafen sind das Erlebnisse, die sein Vertrauen in die Welt empfindlich erschüttern werden. Es wird in den folgenden Szenen und Akten ja auch immer noch eins draufgesetzt. Susanna scheint sich seinen Wünschen plötzlich zu fügen; dann muß er lauschend erleben, daß er schon wieder Opfer einer Intrige ist. Der ganze Haushalt tanzt ihm auf der Nase herum, ohne daß er die Fäden der Verschwörung zu fassen bekommt. Er weiß inzwischen, daß er niemandem mehr trauen darf, vor allem sich selber nicht. Im nächtlichen Garten schließlich findet das Gewitter der Täuschungen, das an diesem tollen Tag über den Grafen hernieder gegangen ist, seinen Höhepunkt.

Noch einmal führen ihn Liebe und Eifersucht in die Irre, noch einmal darf er vor seiner Umgebung, seinen Vasallen gedemütigt und blamiert dastehen, angewiesen auf Nachsicht und Vergebung einer Frau, die er eben noch mit strengen Strafen bedroht hat. Wie im letzten Kapitel des »Don Quijote« ist das Aufwachen aus der Täuschung fürchterlich. Die Täuschung ist eine kunstvolle Tortur des Menschen, ihr Ende ein grausamer Schlag – so stellt sich die Lehre des »Tollen Tages« für den Grafen dar. Tragödie habe ich den »Figaro« aus Sicht des Grafen genannt, weil die Behandlung, die man ihm angedeihen läßt, nicht spaßig ist, aber das Wort war dennoch falsch gewählt. Tragödien sind optimistisch, denn sie rechnen mit der Größe des Menschen, die sich im Unglück offenbart.

Komödien hingegen sind die wahre dramatische Gattung des Pessimismus: Sie handeln von der Unbelehrbarkeit des Menschen, von seinem unheilbaren Verstricktsein in Leidenschaft und Irrtum und von dem Spott, den der Gefoppte am Ende zu ertragen hat. Wer über das Los des Grafen lachen kann, hat seine eigene Desillusionierung noch vor sich.

## Monarchen sind keine Monarchisten

Graf Robert von Montesquiou-Fezensac lebt heute im engen Gefängnis seines dicken Goldrahmens; seitdem die Kunsthistoriker die Salonkunst wiederentdeckt haben, darf das Portrait des Grafen, das der teure Gesellschaftsmaler Boldini geschaffen hat, im Musée d'Orsay hängen. Boldini hat den einstmals berühmten Dandy wie einen aus grauem Wolkenhimmel niedersausenden Blitz gemalt. Der hellgraue Anzug umgibt seine schlanken Glieder hier viel lässiger und fließender als auf den Photos der Epoche, auf denen er in Ofenrohren zu stecken scheint. Den Spazierstock hält er wie eine Flöte, der Kopf mit dem messerscharfen Profil ist geneigt, als sei der Rahmen wirklich zu eng.

»Ja, da staunen Sie«, sagt der gemalte Montesquiou zum Betrachter, »ich war nicht so dick, wie mein böser Freund Marcel Proust mich in seinem gehässigen Roman beschrieben hat. Aber Sie dürfen mich gern Monsieur de Charlus nennen, mit dem Namen, den Proust sich für mich ausgesucht hat. Das ist das Schicksal aller Verleumdungen in der Literatur – wenn sie den Karikierten zum ewigen Leben verhelfen, werden sie Ehrentitel. Von Anfang an war mein literarisches Konterfei haltbarer als dieses Bild, das vor kurzem noch als hoffnungslos veraltet galt.«

Der Betrachter stutzt. Boldinis Bild ist wirklich sehr lebendig, aber daß es auch sprechen kann? »Ich bin weit davon entfernt, Ihr Portrait zu verachten«, sagt er dann schüchtern, »Sie können glücklich darüber sein, es bewahrt Ihre ganze Welt – denn sonst ist nichts davon übriggeblieben, die Kultur ist in einem unaufhaltsamen Niedergang begriffen, die Königshäuser vulgarisieren sich, der Adel ist am Ende …«

Monsieur de Charlus räuspert sich scharf. Seine Wutanfälle waren berühmt. auch jetzt hebt sich die helle, etwas krähende Stimme zu schneidender Gereiztheit. »Man kann doch nicht alles in einen Topf werfen! Der Adel ist am Ende – richtig – und war es schon zu meiner Zeit. Europäischer Adel gehört zu einer von der Landwirtschaft bestimmten Ökonomie und verwaltete unveräußerliches Land, um es ungeschmälert seinen Nachkommen zu übergeben. Ein Kaufmann oder ein Bankier mit Adelstitel ist kein Aristokrat mehr. Was aber den von Ihnen so weinerlich diagnostizierten Niedergang der Kultur angeht, so erinnern Sie sich bitte, daß ich als König der Décadents apostrophiert wurde, und das ist nur in deutschen Ohren ein feineres Wort als Niedergang. Und die Monarchie blüht sicherer als je zuvor.«

»Das sagen Sie, der Sie die drei großen sakralen Monarchien – die der Habsburger, die der Zaren und die der Kalifen – haben untergehen sehen? Noch 1950 sagte König Faruk von Ägypten, am Ende des zwanzigsten Jahrhunderts werde es nur noch fünf Könige geben, die vier des Kartenspiels und die Königin von England ...«

Triumph erfüllt seine Stimme: »Und: was ist aus der Prophezeiung dieses Nachfahren eines albanischen Emporkömmlings geworden? Ein paar wacklige, zum Sturz letztlich überfällige Neomonarchien wie die griechische und die persische sind noch verschwunden; dafür stehen alle anderen so solide wie nie seit 1789. Monarchien sind heute die reichsten und stabilsten Staaten der Erde. Eine alte Monarchie, die während des gesamten neunzehnten und beinahe im ganzen zwanzigsten Jahrhundert in ihrem Bestand bedroht war, ist sogar wiedererrichtet worden und gefestigter denn je: die spanische. Wer so dumm wie König Faruk sein wollte und Zukunftsprognosen abgeben, der wäre versucht zu sagen: Eher wird im kommenden Jahrhundert eine europäische Republik zur Monarchie zurückkehren, als daß ein europäischer Monarch seinen Thron verlöre.«

Klingt etwas Bitteres in den Worten des Monsieur de

Charlus? Paßt ihm etwas nicht am Erfolg der Monarchie? Könnte es sein, daß er das Überleben der Monarchie begrüßt, aber daß ihm die Könige mißfallen? »Monsieur de Charlus, finden Sie denn die verbliebenen Könige noch besonders königlich?« Er ist höhnisch, nein, nicht bitter, eher vergnügt.

»Ich bin darauf vorbereitet, Ihre Maßstäbe überprüfen zu müssen«, sagt er. »Bei Ihnen geht alles durcheinander. Wenn solch ein kleiner Bourgeois wie Sie Könige unköniglich findet, dann hat er vermutlich von koksenden Prinzessinnen und saufenden Prinzen mit einem Harem reicher Disco-Mädchen gelesen. Der Kronprinz betrunken am Steuer, womöglich hat er auch den Führerschein vergessen: Das sind wahrscheinlich die Exzesse, die Leute Ihres Schlages erregen. Was mich an diesen sogenannten Exzessen beunruhigt, ist ihre Harmlosigkeit. Das sind Entlastungsmanöver von Bauunternehmerskindern. Wenn ich Ihnen erzählte, wie ein Weekend in Twickenham beim Prince of Wales, dem späteren König Eduard VII., aussah, hätten Sie Grund, Augen zu machen. Damals galten drei Regeln: Die Gäste mußten zur Gesellschaft gehören, gesund sein und den Mund halten. Wenn diese drei Säulen des Zusammenseins nicht mehr gesichert sind, bedeutet das vor allem eins: erheblich weniger Vergnügen. Denken Sie – das wird Ihrem bürgerlichen Horizont gewiß zugänglicher sein – an Shakespeare und seinen Prinzen Harry – der junge Mann macht mit Falstaffs Unterstützung die ungezogensten Sachen, um nachher ein glanzvoller und würdiger König Heinrich V. zu werden.«

Der Betrachter ist beleidigt. Er kennt sich auch ein wenig in der Geschichte aus. »Das Prestige der europäischen Monarchie ist doch nicht durch Sultanstypen und Renaissance-Kraftnaturen entstanden, sondern durch pflichtbewußte, fromme, asketische Könige, die vielleicht nicht übermäßig begabt waren, aber dadurch auch die Gefahren der Genialität aus der Politik heraushielten.« »Ja, gewiß«, fällt ihm

Monsieur de Charlus mit gefährlicher Beflissenheit ins Wort, »Paradebeispiel dafür war der Preußenkönig Friedrich Wilhelm III., der nur in Infinitiven sprechen konnte und seinem Volk zusammen mit der faden Königin Luise, die mit Stickrahmen auf dem Schinkelsofa saß, die perfekte Familie vorspielte. Damit beginnt die Verbürgerlichung der Monarchie, und wo sich etwas verbürgerlicht, ist auch das Spießbürgerliche nicht fern – im Grund ist es sogar dasselbe.«

»Wie kann dann aber die Monarchie noch blühen? Wenn die Monarchie spießig wird – ist sie dann nicht am Ende?«

»Mein Freund«, sagt Monsieur de Charlus, wobei dem Betrachter sofort klar ist, daß mit dieser lässigen Anrede die Unüberbrückbarkeit des Abstands zwischen ihnen beiden ausgedrückt werden soll, »Sie scheinen zu glauben, daß es einen Zusammenhang von aristokratischem Stil mit der Monarchie gebe, daß überhaupt Monarchie und Aristokratie einen engen und notwendigen Konnex darstellten. Da täuschen Sie sich aber gewaltig. In der europäischen Geschichte sind die Adligen meist die schlimmsten Feinde der Könige gewesen. Die gesamte englische und französische Geschichte können Sie als wütenden und gnadenlosen Kampf des Adels gegen den König begreifen; in Deutschland war der Adel lieber bereit, das halbe Volk auszurotten, bevor man dem Kaiser in Wien gehorchte. Vom hohen Adel hatten die Könige lange Zeit nur eines zu erwarten: Illoyalität und Demütigung. Der Adel war unbeherrschbar, launisch, streitsüchtig und herrisch – nun, Sie kennen mich«, unterbrach sich Monsieur de Charlus, leicht selbstgefällig, »dann wissen Sie ja, wie der Adel war. Damit ist auch erklärt, warum Demokratie und Monarchie so gut zusammengehen: Die gegenwärtig siegreiche demokratische Bewegung war gegen den Adel gerichtet und eben nicht gegen die Könige. Es war überall dasselbe: Ob Peter der Große oder Ludwig XIV. oder die Preußenkönige des neunzehnten Jahrhunderts – die Monarchen haben der Demokratie im

Kampf gegen den Adel den Boden bereitet.« »Aber waren es nicht die Könige, die den Adel geschaffen haben?«

»Mein Freund, Sie denken, wenn Sie die englische Königin im Fernsehen einen Fußballer mit dem Schwert berühren sehen, werde Adel geschaffen! Merken Sie sich ein für allemal: Kein König kann Adel schaffen. Adel ist eine Frage des Blutes und durch Königswillkür nicht herstellbar. So ist das bei Franken und Goten, bei Germanen kurzum, zu denen ich mich gleichfalls zählen darf; Sie haben gewiß beim kleinen Proust gelesen, daß ich von den Herzögen von Brabant abstamme und den Vortritt vor dem Landgrafen von Hessen beanspruchen darf ...« Hier lächelte er versonnen.

Monsieur de Charlus war sogar während des Ersten Weltkriegs germanophil, aber natürlich auf seine Weise. Adligsein und Deutschsein waren für ihn im Grunde synonyme Begriffe.

»Wie früh haben die französischen Könige das Gebot der Reinheit des Blutes um des schnöden Vorteils willen vernachlässigt«, fuhr er fort und verzog seine Miene verachtungsvoll. »Gleich zwei Medici-Heiraten! Die Medici stammten aus einem Laden! Hirten können Dynastien gründen, wie König David zum Beispiel, aber doch keine Geldverleiher. Das Prinzip der ebenbürtigen Heiraten hatte für die Könige ohnehin vor allem politische Gründe. Ein Sohn aus einer Mesalliance war in dem von der salischen Erbfolge regierten Europa – und nur dort! – nicht erbberechtigt. Sollte ein solcher Bastard seinem Vater auf den Thron folgen, meldeten die Nachbarreiche ihre besseren Erbansprüche an und überzogen das Land mit nicht enden wollenden Kriegen. Ein König, der eine Liebesheirat einging, stürzte sein Land ins Unglück. Auf der anderen Seite konnte man ganze Reiche zusammenheiraten, wenn man es richtig anstellte. In der Öffentlichkeit erhielt das Prinzip der Ebenbürtigkeit bei Königsheiraten wahrscheinlich den schwersten Stoß, als die Cousinage der englischen, russischen und deutschen Herrscher nicht imstande war, den Ersten Weltkrieg zu verhindern – eine naive Vorstellung der Völker, daß Verwandtschaft mit Frieden verbunden sein soll, Verwandtschaft haßt sich doch. Der letzte Politiker, der dynastisch dachte, war fatalerweise Ihr wilder Herr Hitler. Er nutzte zur Befestigung der Achse Berlin–Rom, daß sich soeben ein deutscher Fürst mit der italienischen Königstochter vermählt hatte. Nach dem Sturz Mussolinis mußte die Dame ihre Ehe mit der Haft und dem Tod im KZ bezahlen. Dynastische Heiraten sind allerdings zu allen Zeiten mit dem Motiv der Geiselnahme verbunden gewesen. Als Ludwig XIV. die Pfalz durch meinen Vorfahren Turenne abbrennen ließ, hat sich Madame, die bei Ihnen Liselotte von der Pfalz heißt, in Paris auch nicht sehr wohl gefühlt.«

Der Betrachter weiß nun schon, daß es ihm nie gelingen wird, bei Monsieur de Charlus einen Stein aufs Brett zu bekommen. Aber zu protestieren wagt er doch: »Ausgerechnet von Ihnen ein Plädoyer gegen die ebenbürtigen royalen Hochzeiten zu hören!«

»Was erwarten Sie? Soll ein Prinz von Schweden eine Prinzessin von Norwegen heiraten, wenn er dann nicht einmal Norwegen erben kann? Nur um Ihren bürgerlichen Vorstellungen vom romantischen Mittelalter – das nie romantisch war – zu genügen? Sind Sie schockiert, wenn Infantinnen von Spanien Handballer oder Pferdetrainer oder Bodybuilder heiraten? Was für kleinbürgerliche Zimperlichkeiten! Niemals gab es in Europa furchterregendere Majestäten als die Kaiser von Byzanz, in Weihrauchwolken wie Götter über ihrem Volk schwebend – das ist keine poetische Metapher, mein Freund, der Kaiserthron von Konstantinopel war eine sinnreiche Maschinerie, die in die Lüfte gekurbelt werden konnte, während die Bronzelöwen zu ihren Füßen mit den Flügeln schlugen und Feuer spuckten. Und wer saß dort auf dem Thron? Putschende Unteroffiziere, die mit einer Hure aus dem Zirkus verheiratet waren. Der Würde des byzantinischen Kaisertums hat das keinen Abbruch getan. Das Amt war so stark, daß die Person des jeweiligen Inhabers vollkommen dahinter verschwand.«

Der Betrachter versteht immer noch nichts. Er ist in jenem Zustand der Verwirrung angelangt, den Monsieur de Charlus bei seinen Besuchern, gerade begabten Bürgerlichen, stets anstrebt. Um so überraschender, daß den Baron Prousts Portrait so gekränkt hat. War das nicht der Spiegel der Wirkung, die er erzielen wollte?

»Sehen Sie, mein Freund, Sie sind eben bürgerlich, und das heißt, daß Sie zu der bis vor kurzem siegreichen Partei gehören, und das Siegersein verblödet, glauben Sie mir, ich kann das beurteilen, denn bei meinen Vorfahren war es genauso. Zu den Stärken wie zu den Schwächen des Bürgertums gehörte die Verbindung der Politik mit dem Idealismus. Wer den Umsatzsteuersatz um zwei Prozentpunkte verändern wollte, mußte das mit Hinweis auf die Menschenwürde tun. Es geht mir nicht um den billigen Triumph, daß da häufig gelogen wurde. Die Lüge ist ein Mittel der Politik wie die Gewalt, alles zu seiner Zeit. Aber die Könige sind keine politischen Idealisten. Sie haben sich vom Adel ohne Schmerzen, von der Kirche mit leichten Schmerzen gelöst und sind mit den Bürgern gegangen, als die Bürger die Macht übernahmen. Aber jetzt hat eine andere Stunde geschlagen. Jetzt ist das Bürgertum am Ende, und die Stunde der Massen hat geschlagen. Die Bürger gackern wie aufgescheuchte Hühner und malen eine schwarze Zukunft, aber die Könige haben verstanden und längst die Konsequenzen gezogen, um sich mit den neuen Stützen des Throns zu verbinden. Wie alle klugen Politiker der Demokratie haben sie sich der Frauen vergewissert. Das Märchen vom Aschenputtel ist alt, aber es drückte über Jahrhunderte einen unerfüllbaren Wunschtraum aus. Suchte der Fürst ein reales Aschenputtel, sorgte man dafür, daß es in der Donau ertränkt wurde. Jetzt erreicht der Mythos vom Aschenputtel seinen

Höhepunkt: Er wird Realität – Sie wissen schon: Jeder Mythos war entweder einmal Wirklichkeit, oder er wird es eines Tages, oder er ist eben kein Mythos. Vor dem Kindergarten oder der Kaufhauskasse oder dem College fährt buchstäblich die goldene Kutsche vor. Eine von vielen, hübsch, aber nicht hübscher als das Model aus dem Bademoden-Katalog, wird ergriffen und in Blitzlichtgewittern zur Hoheit neu geboren. Die Könige haben den Ballast des treulosen Adels, die jahrhundertealten fehlerlosen Stammbäume, und den Ballast der Bourgeoisie, Bildung, Wohlanständigkeit und Geschmack, in einem einzigen entschlossenen Ruck auf einmal abgeworfen, um sich den Massen als Schauspiel und Vollendung von Staat und Gesellschaft darzubieten. Das Angebot wurde angenommen, soweit ich das aus meinem Goldrahmen beurteilen kann.

Sehen Sie, mein Freund, eines haben Sie zu lernen: Könige sind keine Monarchisten. Als die Revolutionen kamen, sammelten sich die Monarchisten um die Könige und begannen der Welt zu erklären, was die Könige seien und was sie nicht seien. Die Monarchisten waren und sind den Königen treu – Treue gehört zum Monarchismus a definitione dazu –, aber die Könige denken nicht daran, den Monarchisten treu zu sein. Die Monarchisten mögen verbittert ihre Wunden lekken und schwören, daß die modernen Könige ein Zerrbild dessen seien, dem sie ihre Existenz geopfert haben, während die Könige fortfahren, auf dem Thron zu sitzen und zu herrschen.«

»Sie gestatten den Widerspruch«, sagt der Betrachter, jetzt seinerseits einen Anflug von Hohn wagend, »Sie wollten doch dies Kindergarteneröffnen, diese grauenvollen Staatsbesuche, dies kümmerliche Reklame-für-die-Wirtschaft-Machen, dies Photographiertwerden und krebskranke Säuglinge-Küssen wohl nicht Herrschen nennen. Ich weiß so gut wie Sie: ›Der König herrscht, aber er regiert nicht.‹ Er hat seine Räte und seine Minister und kümmert sich nicht um unkönigliche Details. Ein Napoléon, der sich täglich um den Spielplan des Theaters von Lyon, die Länge der Schleppen seiner Hofdamen, das Curriculum seiner Unteroffiziere und den Straßenbau in Spanien Sorgen machte, ist eben kein echter König. Aber die Machtlosigkeit der modernen Könige hat aus den Gekrönten eben doch Popanze gemacht.«

»Ausgerechnet Machtlosigkeit wirft mein junger Freund den Königen vor. Welche Macht besitzt heute denn ein ›gewähltes Parlament‹, ein ›gewählter Premierminister‹, wie es in der Presse immer mit solch aufgeblasener Feierlichkeit heißt? Das Musée d'Orsay ist ein sehr modernes Museum, wir bekommen hier alles mit. Siebenundachtzig Prozent aller Verordnungen, die das Leben in Frankreich und Deutschland bestimmen, werden nicht in Paris und Berlin gemacht, sondern von achttausend namenlosen Beamten in Brüssel. Welcher demokratische Politiker dürfte wagen, von sich zu behaupten, daß er Macht besäße! Macht im berauschenden Sinne des Wortes hat in Europa überhaupt kein Politiker. In der Politik zählt heute nicht Macht, sondern *Einfluß*. Sie dürfen, mit Ihrem bürgerlichen Hang zu gebildeter Ausdrucksweise, auch gern von ›potestas indirecta‹ sprechen. Wissen Sie eigentlich, was es bedeutet, in einer Zeit, in der jede Fernsehansagerin eine gefeierte Persönlichkeit des öffentlichen Lebens ist, jederzeit und ungehemmt Zugang zum Fernsehen und den einflußreichsten Zeitungen zu haben? Die Könige waren lange in der Defensive und mußten sich in das neue Konzept erst hineinfinden, aber warten Sie, wenn man auf den Thronen erst einmal begriffen hat, über welches Potential man gebietet. Man ist schon dabei, zu begreifen ...«

»Und läßt sich beim Fahrradfahren filmen«, unterbricht der Betrachter trotzig.

»Schon wieder fehlen Ihnen die Kenntnisse«, sagt Monsieur de Charlus in strafendem Ton. »Die Königin von Holland, auf die Sie da so hämisch anspielen, als dürften nur grüne Intellektuelle Fahrrad fahren, ist tatsächlich die mächtigste Monarchin Europas. Das Haus Oranien hat schon in den Jahrhunderten der Statthalter der Niederlande immer durch betonte Bürgerlichkeit seine Position ausgebaut und hätte sich anders in den Generalstaaten auch gar nicht halten können. Auf ihrem Fahrrad fährt die Königin in den Traditionsschienen ihres Hauses. Das oranische Fahrrad ist vollständig ungeeignet, um den Wandel der modernen Monarchie zu symbolisieren. Es ist konservativ. Aber die Könige der Zukunft werden nicht konservativ sein.«

»Sie sind tot, Monsieur de Charlus, deshalb kennen Sie, anders als damals König Faruk, die Zukunft. Wie werden die Könige sein – sozialistisch, liberal, plutokratisch, kollektivistisch?«

»Mein Freund, sparen Sie sich Ihr verbrauchtes Intellektuellenvokabular. Das Neue zeichnet sich bekanntlich dadurch aus, daß es noch keinen Begriff dafür gibt. Die Könige werden nicht aristokratisch und nicht bürgerlich sein – soviel steht schon einmal fest. Sie werden auf eine neuartige Weise zu der ältesten Form der europäischen Monarchie zurückfinden. Die älteste und feierlichste Form der Monarchie war die der Merowinger. Die Merowinger waren lebende Götzenbilder – Sie zucken schon wieder so nervös, junger Freund, dann sagen Sie halt Ikonen. Der mittelalterliche König ist nicht dazu da, um zu herrschen, sondern um verehrt zu werden. Ein ähnliches Konzept haben Sie in China, Japan und Thailand, mit dem größten Erfolg. Irgendein kleines Mädchen wird ergriffen und aus der Menschenschar herausgerufen, mit alten Juwelen behängt, die Kanonen werden abgeschossen, sie wird jeden Tag photographiert, was die neuzeitliche Form von Salbung und Sakralisierung darstellt, und lebt von da ab als menschliche heilige Kuh ein Leben in lückenloser Öffentlichkeit. Sie verliert alle Rechte, die der Massenmensch eifersüchtig hütet. Sie darf kaum mehr entscheiden, was sie auf dem Leibe trägt. Sie ist der einzige rechtlose Mensch des Landes, ›Homo sacer‹, heilig, unberührbar, geradezu ausgestoßen, ein festlich geschmücktes Menschenopfer in des Wortes strengster Bedeutung. Man wird die Auswahl freilich noch etwas verfeinern müssen – ich denke an das Dalai-Lama-Modell, gleichfalls höchst erfolgreich.

Die neue Königin könnte von einem Gremium von Astronomen und Astrologen nach ihrem Geburtshoroskop ausgewählt werden. Sie bemerken vielleicht, daß ich immer von den Frauen spreche, schon jetzt konzentriert sich das Interesse der Öffentlichkeit auf die neuen nichtaristokratischen Prinzessinnen, deren Männer nur noch als legitimierende Drohnen vegetieren. Das Dalai-Lama-Modell hat den Vorteil, daß das erwählte Opfer seit frühester Kindheit auf seine Rolle vorbereitet wird und später nicht Bulimie bekommt und die Nerven verliert. Es braucht freilich eine gewisse Zeit, bis diese neue Monarchie vollendet ist, aber die Weichen sind gestellt. Zum Sakral-Matriarchat gehört es, daß es nicht geplant und nicht angestrebt wird – es entwickelt sich organisch, wie die Frauen das mögen. Kommen Sie in hundert Jahren wieder und danken Sie mir für die Einsichten, die Ihnen heute unverdienterweise gewährt worden sind. ›Unverdient‹ ist in unserem Zusammenhang überhaupt das Schlüsselwort. Meditieren Sie inzwischen hin und wieder über das Wort ›unverdient‹. Es öffnet weite historische und moralische Horizonte.«

# Die Dichter ohne Heimat

Ob ein Schriftsteller in seiner Heimat lebt und arbeitet oder ob er sie, von den Umständen gezwungen oder aus freier Entscheidung, verläßt, scheint zunächst eine Frage seiner Biographie zu sein, die das Werk nur äußerlich berühren muß. Künstler sind häufig nicht seßhaft. »Kunst geht nach Brot«, heißt es so wahr, und der Künstler geht dahin, wo ihn Aufträge erwarten. Am unruhigsten sind gewiß die Musiker. Schon die frühesten Musikerleben, die uns bekannt sind, zeugen von erstaunlichen Wanderungen durch den europäischen Kontinent. Katholische Italiener reisen ohne Schwierigkeiten in die calvinistischen Niederlande, Österreicher musizieren am Hof des französischen Erbfeindes, Deutsche werden Engländer, Polen werden Pariser, ohne daß an solchen Auswanderungen etwas anderes zu bemerken wäre als eine Erfolgsgeschichte. Richard Wagners unglücklicher Paris-Aufenthalt ist beinahe eine Ausnahmeerscheinung. In unserer Zeit ist die Erdkugel eingesponnen von den Flugrouten der Dirigenten und Tenöre. Die Musik ist das Esperanto des Gefühls und wird selbst da verstanden, wo hohe Kulturschranken das Eindringen jeder anderen Kunstgattung abwehren.

Maler und Architekten sind gleichfalls zum Verlassen ihres Vaterlandes bereit und haben es die ganze Kunstgeschichte hindurch, so wie sich nur die Möglichkeit bot, mit Freuden hinter sich gelassen, um zu den großen Zentren aufzubrechen, in denen sich die ästhetische Vitalität einer Epoche besonders rein offenbarte. Aber es hat sich mit diesen Umzügen nicht immer so glatt zugetragen wie bei den Musikern. Die Heimat, der Stil des Herkunftslandes, der Geschmack der eigenen Nation ließ sich oft nicht einfach verleugnen und blieb in der neuen Welt ein unverstandener und mißachteter Fremdkörper. Der deutsche Maler in Rom blieb »der Deutsche«, und das war kein Kompliment, der italienische Architekt in Paris konnte sein Gefühl von den Körpern und dem Raum dem metropolitanen Publikum nicht nahebringen. Das Sehen erwies sich als ein von Überlieferung und kollektiver Auffassungsweise abhängiger Sinn, weit mehr als das Hören. Daß es dem Schriftsteller da noch schwerer fallen muß, sich als Künstler in einer fremden Umwelt einzuwurzeln, ist offensichtlich. Er zieht nicht nur den Geschmack und die Sehweisen seiner Heimat hinter sich her, sondern vor allem auch das Mittel, mit dem er sie zum Ausdruck gelangen läßt, seine Sprache. Und diese Sprache ist in noch viel höherem Maß Eigentum eines Kollektivs als Geschmack und Traditionen. Für ein fremdes Ohr ist die Sprache des verfeinertsten, manieriertesten Sprachkünstlers zunächst einmal vom banalsten, stumpfesten Gebrauch der entsprechenden Umgangssprache kaum unterschieden. Auf den ersten Blick – aber man kennt die Bedeutung eines solchen ersten Blicks – ist »Selige Sehnsucht« so deutsch wie die Bildzeitung, eine Rede im Bundestag so deutsch wie »Penthesilea«. So viel, wie den Menschen genetisch von der Taufliege trennt, unterscheidet das Sprachkunstwerk von der Sprachmasse des Volkes, aus dem es stammt. Winzig ist der Anteil künstlerischer Individualität an den berühmtesten Gedichten, wenn man ihn mit dem Gesamtkörper der Sprache vergleicht. Die Grammatik ist zwar ein dehnbares Korsett, aber sie hat unübersteigbare Grenzen, in die sich der sinnliche Eindruck, und sei er noch so gewagt, hineinbequemen muß, wenn er mitgeteilt werden soll. Auch das speziellste, seltenste Wort ist eine Abstraktion, die die Vielfalt der Erscheinung nicht nur vereinfacht, sondern durch die Eigengesetzlichkeit des Klanges mit seinen alogischen Assoziationen färbt, verschleiert, umdeutet und etwas ganz anderes an ihre Stelle setzt. Wenn sich der Schriftsteller des Problems, aus der ihn lückenlos rings umgebenden Sprache sein ureigenes Idiom zu machen, bewußt geworden ist, wird es ihn nie mehr verlassen, denn weit davon entfernt, lösbar zu sein, ist es in seiner beunruhigenden Natur noch nicht einmal richtig faßbar. Es sagt sich so leicht und es wird so gern wiederholt, wenn es gilt, etwas Feineres als den biederen, sogar fragwürdigen Patriotismus ins Spiel zu bringen: Die eigene Heimat sei nicht ein Land, sondern die Sprache. Die Sprache als Heimat kann für den Schriftsteller zum bedrohlichen Gefängnis werden, an dessen Stäben er vergeblich rüttelt. Sie kann Geisterbahn, Labyrinth und Wüste sein. Und wenn er im fremden Land ist, wird sie ihn stets daran erinnern, daß er ihr niemals wird davonlaufen können, so radikal er auch alles aus sich herauszureißen sucht, was ihn an das Land seiner Geburt erinnert. In den meisten Schriftstellerbiographien spitzt sich der Kampf um die angeborene und doch ganz neu zu erfindende Sprache im Ausland zu. Nicht immer muß er tragisch verlaufen. Es lohnt sich, die Einzelfälle zu betrachten.

Daß der politisch Verfolgte oder Vertriebene seiner feindselig gewordenen Heimat am engsten verbunden bleibt, verwundert nicht. Wie in jeder Liebesgeschichte kann sich durch die Wegstoßung der Knoten der Verbindung unlösbar fest zuziehen. Die Verbannung hält den Blick des Verbannten eisern auf das Land fixiert, das er nicht mehr betreten darf. Das Verbot zurückzukehren macht es ihm unmöglich, sich in seinem Gastland, und seien die Umstände noch so günstig, behaglich einzurichten. Blitzartig wird dem verbannten Schriftsteller klar, was die Übeltäter, die ihn aus dem Land trieben, den Gastfreunden in der neuen Heimat voraushaben: Sie können seine Werke lesen, und seine Werke sind auch dann, wenn sie dort Abscheu erregen, vor allem und gerade auch an den politisch mächtigen Feind in der Heimat gerichtet. Das Ausland wird ihm zur Kanzel, von der herab er in das feindselige Vaterland hineinpredigt. Auf seiner Kanalinsel, umgeben von Sturmgebraus, wurde aus dem Hohn des verbannten Victor Hugo die Verfluchung eines atheistischen Hohenpriesters.

Solschenizyn hatte in der »Krebsstation« und im »Tag im Leben des Iwan Denissowitsch« Einzelschicksale unter der bolschewistischen Diktatur beschrieben. In der Verbannung gelang ihm zum ersten Mal der Blick auf die Gesamtheit der russischen Geschichte unter dem roten Rad. Es war, als brauche er die Entfernung von seiner Heimat, um einen Eindruck von der riesenhaften Ausdehnung ihres Unglücks zu erlangen. Sein amerikanisches Exil wurde ihm in ländlicher Entlegenheit zum Niemandsland, in dem man nur russisch sprach, wo orthodoxe Priester die Liturgie sangen und die Aktendeckel, die mit russischen Schicksalen gefüllt waren, sich in einem Archivhaus stapelten. Im Grunde mußte er die Verbannung aus seinem geliebten Rußland begrüßen, denn nur außerhalb von Breschnews Reich konnte er sein Monumentalbild des bolschewistischen Jahrhunderts entwerfen.

Derart befeuernd, regelrecht anstachelnd hat die Verbannung auch auf Dante gewirkt. Seine Vertreibung aus Florenz war eigentlich ein Anschlag auf sein Leben. Florenz war wie eine griechische Polis. Die Stadt stiftete den Lebenssinn ihrer Bewohner. Ein Bürger, der aus ihr verbannt war, empfand sich als Krüppel. Ohne den Kontext von Florenz glaubte sich Dante seiner Sinne und jedes Maßstabes beraubt. Überall hochgeehrt, fühlte er sich an den Fürstenhöfen, die ihn aufnahmen, im Elend. Da künstlerische Arbeit außerhalb der florentinischen Polis für ihn eigentlich undenkbar war, zwang er das restliche Italien, Florenz zu werden. Das an lateinischen Dialekten wahrhaft reiche Italien mußte sich dem vertriebenen Dichter unterwerfen und das Toskanische annehmen, nur weil die Toskana für Dante verbotenes Terrain war. Florenz wurde für Dante Hölle und Himmel, der Hinauswurf in die weite Welt ließ der treulosen Heimat die

Kraft zuwachsen, alles zu enthalten, was es unter den sichtbaren und unsichtbaren Dingen geben mochte.

Auch Thomas Mann, der durch den Nobelpreis längst ein internationales Publikum hatte, behielt die Deutschen von Nordamerika aus scharf im Visier. Sein Bild eines Dürer-Deutschlands, das durch den Pakt mit dem Satan die Ideen der Moderne gebiert, entstand im ewigen Frühling Kaliforniens unter Palmen. Im »Dr. Faustus« entdeckte dieser Schriftsteller, der sich in den Jahren vor seiner Emigration gern als Weltbürger gegeben hatte, Deutschland als sein eigentliches Thema. Den gehaßten und geliebten Deutschen ihr entsetzliches, faszinierendes Deutschland zu erklären wurde zum Hauptgeschäft des gefeierten Emigranten.

Den verzweifeltsten Fall des Verbannten verkörpert gewiß Ovid, der vom Zorn des Augustus nach Tomi am Schwarzen Meer gewiesen worden war. Ovids Schicksal zeigt den grausigen Aspekt einer Welt, in der die Staatsgrenzen gefallen sind und eine einheitliche politische Ordnung durchgesetzt ist. Von einer Welt, aus der es kein Entrinnen gibt, können nur Kriminalkommissare schwärmen. In Ovids antiker »one-world« blieb der Dichter selbst in der Verbannung der römischen Macht ausgeliefert, um zugleich von der römischen Kultur abgeschnitten zu sein. Der Großstadt-Dichter saß ohne Großstadt da. Die Großstadt war der Klangkörper, auf dem er gespielt hatte, die Ohren der Großstädter allein besaßen die Sensoren, die Ovidische Melodie richtig aufzunehmen. Ovid hatte nicht sein Volk, sondern sein Publikum verloren. Aus einer solchen Emigration konnte er keinen künstlerischen Nutzen ziehen. Er verstummte nicht, aber er sang auch nicht mehr; er jammerte. Um Ovid in einer ihm angemessenen Weise anmutig und elegant und vorbildlich geduldig vom traurigen Los des Verbannten schreiben zu lassen, hätte das Verbannungsurteil aufgehoben werden müssen. Es war grausam von Augustus, der die Dichter wahrlich kannte, den unartigen Ovid so zwischen künstlerischem Leben und künstlerischem Tod zappeln zu lassen.

Ein Sonderfall des Verbannten ist der Flüchtling, den nicht ein Urteil oder Verfolgung, sondern eine Katastrophe aus der Heimat vertrieben hat. Mit vielen russischen Emigranten erreichte Vladimir Nabokov den Westen wie ein aus der Sintflut Geretteter. In dieser Sintflut war alles ertrunken und untergegangen, was er geliebt hatte. Sein Leiden war etwas ganz anderes als das Heimweh des Alexander Solschenizyn, der die Revolution verfluchte, zugleich aber an ein ewiges, mit einer historischen Sendung ausgestattetes Rußland glaubte. Bei Nabokov stellt sich hingegen der Verdacht ein, als habe Rußland für ihn wirklich zu existieren aufgehört. Nach seinen Berliner russischen Romanen scheint er den Glauben, mit seiner Kunst jemals noch russische Ohren erreichen zu können, aufgegeben zu haben. Rußland wurde für ihn das Land der Kindheit, aus dem jeder Mensch eines Tages vertrieben wird. Und wie der Mensch unter Schmerzen lernt, erwachsen zu werden, eignete er sich eine neue Sprache an, um in ihr einen gemessen an den frühen Romanen völlig neuartigen Stil zu entwickeln. Als vor wenigen Jahren zu erfahren war, das säulengeschmückte elterliche Gutshaus Nabokovs sei abgebrannt, mußte man sich erst an den verblüffenden Gedanken gewöhnen, es habe in Rußland wirklich noch etwas mit Nabokov Verbundenes gegeben, es sei nicht alles, was er einst in seiner Heimat gesehen hatte, längst spurlos in die Gemälde seiner Phantasie hineinverdampft.

Die Virtuosität, mit der Nabokov sich eine neue Sprache anverwandelt hat, scheint einzigartig, ist bei einem anderen Typus des emigrierenden Schriftstellers, den man den »Pariser« nennen könnte, aber nicht so selten. Die Jahrhunderte zwischen Voltaire und Sartre sahen Paris als Welthauptstadt der Literatur, die geistesverwandte Ausländer zu Ehrenbürgern ernannte. Das Balzacsche Motiv des »jungen Mannes aus der Provinz«, der nach Paris aufbrach, um dort eine literarische Karriere zu beginnen, wurde ein europäisches Phänomen. Nicht nur die Touraine oder die Provence waren nun die Provinzen, die von den jungen Schriftstellern hinter sich gelassen wurden, sondern auch Rumänien, Nordafrika, Irland und Italien. Der Typus des Verbannten wurde aus dem Leben gestoßen, als er sein Land verließ; der Typus des »Parisers« trat in das Leben überhaupt erst ein, als er nach Paris ging. Der Verbannte brachte seine Sprache und seine Geschichte als oftmals einziges gerettetes Hab und Gut ins Exil mit – der »Pariser« fand seine Sprache und jede erzählenswerte Geschichte erst in Paris vor. Die Heimat hatte ihm ein verhunztes Leben in einer ausdrucksunfähigen Sprache geboten. Und sogar die Trostlosigkeit der Provinz konnte nur mit einer von Paris bereitgestellten Sehweise und Sprache in die Wirklichkeit gehoben werden. Die Liste der von Ausländern in französischer Sprache geschriebenen Werke ist lang, es sind Meisterwerke darunter. Casanova, der in seinem Leben alle erdenklichen Formen von Emigration verwirklicht hat, von der Flucht vor den Gläubigern bis zur politischen Verbannung, ist in die französische Sprache unbekümmert als in eine Lingua franca der Gebildeten emigriert, ohne zu versuchen, Italianismen zu vermeiden. Die heiße Liebe, mit der er an seiner Vaterstadt Venedig hing, verbarg ihm nicht, daß in einer Zeit, in der selbst ein Goldoni seine venezianischen Komödien in Paris für Pariser schrieb, der Puls der Epoche nicht mehr in der politisch sinkenden Stadt schlug. Nach einem Jahrhundert des Nationalismus war für Emile Cioran hingegen der Weg nach Paris mit einem Schnitt verbunden, der ihn von Rumänien trennte; sein Französisch ist keine Weltsprache mehr, sondern eine Summe der großen französischen Literatur des siebzehnten und achtzehnten Jahrhunderts; die »Lehre vom Zerfall« äußert sich in der am strengsten kontrollierten und geformten Sprache des europäischen Kontinents; sprachlich jedenfalls zerfällt da nichts. Nun sind gerade im großen französischen Jahrhundert Formstrenge und Pessimismus kein Widerspruch. So wird bei Cioran die Konversion vom balkanischen Popensohn zum agnostischen Jansenisten durch das Sakrament der Sprache vollzogen.

Ein Grenzfall zwischen dem »Pariser« und dem Verbannten ist Heinrich Heine. Er ist gleichsam ein umgekehrter Ovid – ein in die Weltstadt Verbannter. Wo sonst hätte Heine eigentlich leben sollen? Er und seine Kunst waren metropolitan – nur das Publikum, für das die Heinesche Lyrik geschrieben wurde, war es nicht. In seinem Herzen begegneten sich die Schwärmerei Deutschlands für Paris und die Pariser Schwärmerei für Deutschland. Wie Gounod und Berlioz von Faust und Gretchen sangen, sang Heine lange nach dem Untergang der Romantik vom deutschen Rhein. Die Ortsverschiebung ermöglichte eine Zeitverschiebung. Was die Pariser als unheimlich und urdeutsch empfanden, schallte nach Deutschland mondän und sirenenhaft verfremdet hinüber. Ohne französischer Schriftsteller zu werden, wurde Heine ein Gewinner der Emigration.

Nicht zu vergessen sei der Schriftsteller, der in der Emigration verstummt. Der frappanteste Fall dieser Kategorie ist Arthur Rimbaud. Verstummen und Emigrieren fallen bei ihm unauflöslich ineinander. Das Verstummen hat das Emigrieren zur Folge, wie es bei nicht wenigen Schriftstellern, die in der Emigration nicht mehr schrieben, selbst dann der Fall gewesen ist, wenn es außer dem inneren übermächtige äußere Gründe gab, das Land zu verlassen. Rimbaud hatte sich in früher Jugend schon in einem einzigartigen Gewaltakt seiner Sprache bemächtigt und sie zu seiner ureigenen gemacht. Nachdem er die Verse niedergeschrieben hatte, die ihm in den Ohren dröhnten, ist ihm womöglich der bloße Klang seiner Muttersprache unerträglich geworden. Nach dem kurzen Aufenthalt auf den Gipfeln nahe der versengenden Sonne in blendender Klarheit war die Vorstellung einer

Rückkehr in die dunstigen Ebenen ein Grauen. Das Leben in Afrika war ein Leben im Grab. Aber dieses Lebendig-Totsein ließ sich eben nur dort aushalten, wo man kein Französisch hörte. Wie ein aus dionysischem Rausch Aufwachender schämte er sich seiner Taten und wollte deren Zeugen nicht mehr begegnen. So begann er, als das Abenteuer seines Lebens hinter ihm lag, das, was der verhaßte Bourgeois ein »abenteuerliches Leben« nannte und was für ihn selbst nur eine Form war, nicht zu sein.

Das Phänomen der »Inneren Emigration« steht stets in der Gefahr, nicht ganz ernst genommen zu werden, vor allem, wenn es in politischen Zusammenhängen genannt wird, aber es existiert gleichwohl. Paradebeispiel ist der alte Goethe, der das abgeschlossene Manuskript seines »Hauptgeschäfts« auf Erden, den zweiten Teil des »Faust«, nicht mehr drucken läßt, sondern versiegelt in die Schublade legt. Man kann diesen stillen Akt des Unterlassens, der nur wenigen Personen in Goethes Umkreis bekannt wurde, wohl kaum dramatisch genug empfinden. Ihm liegt die Einsicht zugrunde, nach einem langen tätigen Leben ununterbrochener Produktion für die Frucht dieser Anstrengung keinen Adressaten mehr zu finden. Das Ergebnis unablässiger Arbeit an der Sprache war, so empfand er, daß diese Sprache keiner mehr verstand. Soweit die Sprache noch den Zweck hatte, anderen etwas mitzuteilen, war dieser Zweck nun endgültig, in der eigenen Lebenszeit jedenfalls, verfehlt. Goethe muß es mit seinem versiegelten Manuskript zumute gewesen sein, als sitze er damit allein auf einer einsamen Insel. Unheimlich ist der Anblick solcher Schöpferkraft, die ungetröstet nur aus sich und für sich selbst zu bestehen vermag, nachdem die möglichen Leser, gewogen und zu leicht befunden, wie Spreu weggeblasen worden sind.

Goethe stellt übrigens nicht nur ein Beispiel dieser spirituellsten Form der Emigration dar, sondern auch eines für die leichtfertigste, am wenigsten tragische, für das Exil auf

Zeit, halb Bildungsreise, halb Sommerfrische. Das Abreißen jeder Beziehung, das für den Verbannten im fremden Land so gefahrvoll ist, wird vom Typus des »Ästivanten« als Inkognito lustvoll genossen. Nicht umsonst sprach Goethe von einem zweiten Geburtstag, als er an den Tag dachte, an dem er Rom betrat. Das freiwillige befristete Exil im Süden vermittelt die gelegentlich entspannende, sogar notwendige Illusion, man könne die festgezurrten Linien des Lebens noch einmal lockern und womöglich noch einmal von vorn beginnen. Das Mittelmäßige, Graue und Häßliche des Alltags fallen ab. Der freiwillige Exilant spielt mit dem Gedanken, seine künstlerische Existenz willkürlich zusammenstekken zu können: Werke für die Leser zu Hause zu schreiben, ohne an ihrer anmutlosen Welt teilhaben zu müssen. Und auch dieser Irrtum bleibt ohne Strafe, denn das freiwillige Exil wird ja nach einer Weile planmäßig wieder abgebrochen. Auch Goethe kehrte, gewiß zunächst mit schwerem Herzen, aus Rom nach Thüringen zurück, wo ihn die hungernden Strumpfwirker von Apolda mit ihren von seiner Kunst so weit entfernten Sorgen erwarteten.

Der eigentliche Nutzen des freiwilligen begrenzten Exils liegt in demselben Punkt, der dem Verbannten die Ferne von der Heimat so schmerzhaft werden läßt: in der Abwesenheit von Sprechern der Muttersprache. Die Umgangssprache besitzt nicht nur belebende, sondern auch auslaugende und schwächende Eigenschaften. Der Schriftsteller findet sich in seinem Vaterland in der Lage, sein Instrument, die Sprache, beständig herabgewürdigt, verbraucht, verschlissen und verkommen zu erleben. Die Alltagssprache, zumal die breiter Volksbildung ausgesetzter Gesellschaften, saugt der Sprache den Ausdruck aus den Wörtern. Weit entfernt davon, »tönende Schellen« zu sein, werden die Wörter zu raschelndem Papier. Daß in einer einzigen Sprache nicht allen menschlichen Bedürfnissen Gerechtigkeit widerfahren kann, wußten die Gläubigen aller klassischen Religionen, die sich für das Gebet einer Sakralsprache bedienten. Dem nördlichen Schriftsteller in der mediterranen Villa wird nun für ein paar Monate oder Jahre seine Sprache zur Sakralsprache, die ausschließlich seiner Kunst zu dienen hat. Das Geschwätz des täglichen Lebens findet in der Landessprache statt, und wenn der Schriftsteller so weise ist, sie nicht zu erlernen, überhaupt nicht. Es ist bezeichnend, daß Goethe es in Rom unternahm, die bereits in Prosa vollendete »Iphigenie« nun in Verse zu übersetzen. Während sich seine Ohren von der Allgegenwart deutscher Prosa erholten, wurde ein Gesang wieder möglich, der ihm zehn Jahre lang verwehrt geblieben war.

Hinter all diesen Typen von Emigranten-Dichtern, den Verbannten und den Ästivanten, den Verstummenden und den Flüchtlingen und den Weltbürgern, steht das Urbild des Dichters, der Dichter-Primas und poetische Doyen Europas, Homer. Nicht als historische Biographie, sondern als mythisches Bild sagten die Alten von ihm, er sei heimatlos im Elend umhergetrieben gewesen, weil die neidischen Götter ihn für seinen Ruhm strafen wollten. Wenn dies Urbild des Dichters als heimatlos beschrieben wird, dann müßte man daraus schließen, daß der Schriftsteller, der seine Heimat verliert, seiner Bestimmung näherkommt. Er verläßt seine Welt, um zu dem Punkt zu gelangen, von dem aus sie betrachtet werden kann.

# V.
# *Wallfahrten im Kreis*

# Grand Tour durch die beiden Sizilien

## *Ein Raster zum Verständnis eines unbegreiflichen Phänomens*

»Grand Tour« nannte man die Reise junger Edelleute in die Länder des Südens, wo die Quellen der westlichen Kunst noch sprudeln sollten. Das »Königreich beider Sizilien« mit den Hauptstädten Neapel und Palermo war ihr Ziel. Die Reisenden wußten, was sie dort suchten: eine nach barbarischen Verfallszeiten aus dem Grab wieder aufsteigende Antike. »Le grand tour« war eine Reise, die nicht zum Neuen, sondern zum Alten, aus Büchern und Bildern längst Vertrauten führen sollte. Was man schon in sich trug, wollte man in der Realität wiederfinden. Von der Reise brachte man mit, was es zu Hause in vielen Häusern bereits gab: weiße Gipsabgüsse, bunte Gouachen von Vesuvausbrüchen, Lacrima-Christi-Wein und römische Gemmen. Für die alten Reisenden war Süditalien ein Pergament, das viele Generationen übereinander beschrieben hatten. Wichtig war auf diesem Palimpsest nur der unterste, der vermeintlich am leichtesten zu entziffernde Text: der griechische.

Dem modernen Geschmack ist es weniger um solche Reinheit zu tun. Zwar besitzt fast jeder Ort im italienischen Süden griechische Tempelreste und römische Theaterstufen, aber auch islamische Ornamente, byzantinische Mosaiken, normannische Kathedralen, staufische Paläste, spanische Barockkirchen und bourbonischen Klassizismus. Gewaltsame Umwälzungen und Eroberungen haben diese vielgestaltige Abfolge hervorgebracht. Warum empfindet man das Nebeneinander des Gegensätzlichen dennoch als harmonisch und organisch? Wie sehen die Gefäße und Flußbetten aus, die soviel Neues und Fremdes aufgefangen und ihm Form und Richtung gegeben haben?

## *Erstens, die Vulkane*

Ganz Italien ist Erdbebenland, aber die großen Vulkane liegen im Süden. In seltsamer Zutraulichkeit zu den feuerspeienden, erderschütternden Bergen sind die größten Städte ausgerechnet in ihrem Schatten gewachsen. Ein jahrhundertelanges Feuerwerksschauspiel muß der Golf von Neapel einmal geboten haben, als nicht nur der Vesuv, sondern auch der Epomeo auf Ischia, die Insel Procida, die Halbinsel Nisida und der Posilippo Glut und Lava ins Meer fließen ließen. Heute noch sind die Phlegräischen Felder, in deren Nähe sich einst die kaiserliche Badestadt Baiae erhob, unruhiger Boden. Schwefeldampf zischt aus den Bodenspalten, und der kleine Vulkan Solfatara läßt im weiten Umkreis die Häuser erzittern, ohne daß die wilde Bautätigkeit dadurch gestört würde. Der Vesuv ist, mit Sinn für die Wirkung, zum letzten Mal 1944 während der Landung der amerikanischen sechsten Flotte ausgebrochen und hat dabei seine Silhouette verändert. Seitdem schweigt er, ohne deshalb erloschen zu sein. Auf einer der Liparischen Inseln hebt sich der Vulkan Stromboli als dunkler Kegel unmittelbar aus dem Meer, dem Magnetberg aus »Sindbad, der Seefahrer« gleich. Nach mühevollem Aufstieg gelangt man zu seinem Schlund, aus dem beständig die glühenden Steine fliegen und die Funken regnen. Der Ätna, noch majestätischer als der Vesuv und ohne Unterlaß Feuer spuckend, ist von einem Kranz blühender Städte umgeben.

Die Linien eines vulkanischen Berghanges besitzen einen Reiz, der nicht endet, denn sie selbst scheinen niemals enden zu wollen. Flüssig ist der Stein zu Tal geronnen und hat dabei eine sanfte Kurve beschrieben. Immer näher rückt sie dem Meeresspiegel und ist doch noch lange nicht angekommen. Diese Berge mit ihrer Zerstörungskraft strahlen zwischen den Katastrophen tiefen Frieden aus. Mit weit ausgespannten Flügeln nehmen sie Land und Städte unter ihre Hut. Die Erde der Vulkanberge ist für ihre Fruchtbarkeit berühmt. Weingärten und Orangenhaine klettern, je länger der Frieden dauert, immer höher die Berghänge hinauf. Die erkaltete Lava wird zu Tuffstein, aus dem nach jeder vulkanischen Verwüstung schnell neue Prachtbauten aufgetürmt wurden. Der Stein ist weich, läßt sich in großen Blöcken verarbeiten und wird erst an der Luft fest. In Neapel und Catania hat der Tuffstein eine eigene Ästhetik hervorgebracht. Seine Blasigkeit verhindert ein verfeinertes Ornament, aber die Riesenblöcke lassen die Architektur leicht gigantische Ausmaße annehmen.

Man könnte in Neapel, in Erinnerung an den Gott der Schmiede, von einem »hephaistischen« oder »vulkanischen« Barock sprechen, anmutlos, aber staunenerregend, das Ergebnis einer Titanenarbeit. Der Stein kann erdig braun sein, bröselig wie trockener Lehm. Ist er schwarz, gleicht er ausgeglühter Kohle und verleiht auch dem größten Palast etwas Kulissenhaftes. Die Vulkane haben Städte vernichtet und haben sie wieder hervorgebracht, als offenbare sich in der Magna Graecia die Natur einer Stadt erst, wenn sie vielfach aus Ruinen wiederaufgebaut worden ist.

### *Zweitens, die heiligen Höhlen*

Die Geschichte der Religion in Süditalien beginnt in Höhlen. Manche dieser Höhlen wurden von Menschen gegraben. Griechen und Römer schufen unterirdische Steinbrüche und Zisternen in Syrakus und Neapel, geschmückte Grotten, Keller und Katakomben. Im Herzen Neapels kann man in einer zweiten Stadt unter dem Straßenpflaster umherwandern. Manchmal wurden aus Nutzbauten Kultorte. Der heilige Cletus, dritter Papst nach Petrus, versammelte die Gemeinde im apulischen Ruvo in einer Zisterne. Aus Totenkammern wurden Kapellen für die frühen Christen der Magna Graecia. Im Barock wurden in Palermo und Neapel riesige Höhlen für die Gebeine der aufgelassenen Kirchhöfe angelegt; bis heute findet hier eine von der Kirche nicht sehr geschätzte Totenverehrung statt. In Syrakus ließ der Tyrann Dionysios eine wie ein Ohr geformte Höhle in den Berg der »Latomien« treiben, das »Ohr des Dionys«, in dem sich jedes Geräusch zweiundvierzig Mal verstärkt. Nähert man sich von oberhalb, vom Theater her, während in der Höhle gesungen wird, scheint der ganze Berg zu singen und zu schwingen. In Matera, in der Basilikata, gruben um das Jahr 1000 Basilianermönche aus Kappadokien, die von den Türken vertrieben worden waren, Höhlenklöster und Höhlenkirchen in den Stein. Die Höhlenstadt Matera bietet den unheimlichen Anblick einer Großstadt aus der Steinzeit – könnten Sodom und Gomorrha nicht ähnlich ausgesehen haben? Im griechischen Cumae, nahe von Neapel, saß die Sibylle in einer trapezförmig in den Tuffstein getriebenen Grotte. Daß sie die Geburt Christi vorhergesagt haben könne, versöhnte für den Kaiser Konstantin das Heidentum mit dem Christentum.

Die bedeutendste Höhle aber liegt im Gargano-Gebirge hoch über der Adria in der Stadt Monte Sant' Angelo. Sie war schon in ältester Zeiten ein Ort göttlicher Offenbarung. Nach antiker Überlieferung hatte Kalchas, der Seher aus dem Trojanischen Krieg, hier seine Visionen. Später wurde der persische Mithraskult mit Stieropfer und Bluttaufen in dieser Höhle gefeiert, bis im fünften nachchristlichen Jahrhundert ein Bischof die Erscheinung des Erzengels Michael an diesem Ort bestätigte. Michael war wie Mithras in mythischem Kampf Sieger über das Böse geworden. In der Michaels-Grotte steht immer noch, hinter einfachen Marmorplatten verborgen, der Mithras-Opferaltar. Auf ihm wurde jahrhundertelang die Messe gefeiert. Der römisch-deutsche Kaiser Heinrich II. nahm hier auf einem Marmorthron an der Liturgie teil; der heilige Franz von Assisi, den viele für einen auf Erden wandelnden Engel hielten, weigerte sich seiner Unwürdigkeit wegen, die heilige Höhle zu betreten, und blieb an ihren aus Konstantinopel stammenden Bronzetoren stehen.

Die Menschenmassen in Monte Sant' Angelo sind Pilgerscharen. An Festen verwandelt sich die Stadt in ein Traumschloß aus Glühbirnchenportalen. Kanonen donnern, Trompeten blasen, der heilige Lärm der Schlacht gegen den Teufel erfüllt das über Steilhänge gebreitete Stadtlabyrinth. Solange die westliche Menschheit zurückdenken kann, wurde in der Höhle von Monte Sant' Angelo gebetet. Die älteste Vergangenheit, hier ist sie Gegenwart.

### *Drittens, die Wiederkehr der Heroen*

Während Süditalien sich in dem vielleicht größten Umbruch seiner Geschichte dem Lebensstil der atlantischen Zivilisation zuwendet, treten Boten aus der Frühzeit einer Welt, die erst jetzt vergeht, ans Tageslicht. Eine Antike wird sichtbar, die noch reicher ist, als man sie bisher kannte. Die hellenistische Malerei, die in den Häusern von Pompeji und Herkulaneum unter Asche und Lava geschlafen hat, offenbart nach einer Ausgrabungsgeschichte von gut zweihundertfünfzig Jahren immer noch Überraschungen. Der Schatz, der in den großen, noch nicht ausgegrabenen Stadtgebieten ruht, scheint von unversieglicher Fülle zu sein, obwohl die Freude über die Gemälde, die erst vor kurzem gefunden wurden, nicht die Empörung darüber beruhigen darf, mit welcher Gleichgültigkeit die Autoritäten der Vernichtung und dem Verfall der ans Licht gehobenen Zimelien zusehen.

Es ist, als wolle Pompeji den Europäern noch einmal vorführen, welcher Geistesart Europas Malerei war, denn die kleinen und großen Wandbilder der vesuvianischen Villen nehmen die Kunst der Renaissance, Venedigs und des französischen Klassizismus in Kolorismus, Tonmalerei und Körperlichkeit vorweg. In der Tempellandschaft von Paestum und am Hera-Tempel von Kroton hat man zahlreiche Bruchstücke von der Bemalung der Tempel gefunden, deren Säulen in rußigem Schwarz, goldenem Ocker, erdigem Rot und eierschalfarbenem Weiß geleuchtet haben. Wenn man bedenkt, daß unsere weiße Bauhauswelt sich geistig aus dem Wahn einer »weißen Antike« bei Winckelmann herleitet, ist es, als enthielten die farbigen Funde eine Aufforderung nicht nur zur Revision unseres Wissens, sondern auch unseres Geschmacks.

Und schließlich ist das Volk der Statuen um drei Gestalten vermehrt worden, deren Eigenart die bis zu ihrer Auffindung gültigen kunsthistorischen Kategorien sprengt. In der Salinenlandschaft bei Trapani, auf der kleinen, einst phönizischen Insel Mozia, hat die Marmorstatue eines athletischen Mannes im Boden gelegen, die in der griechischen Plastik der klassischen Zeit nicht ihresgleichen hat. Ein hauchdünnes, reich plissiertes Gewand umhüllt den Körper wie ein Trikot. Es ist, als scheine die Haut durch das steinerne Gewebe hindurch. Wer ist der »Ephebe von Mozia« mit dem überheblichen Lächeln auf dem archaischen Gesicht und dem provozierenden Realismus seines Körpers? Fest steht nur, daß sein Schöpfer einer der größten Meister Griechenlands gewesen sein muß.

Bei dem Städtchen Riace in Kalabrien aber sind die beiden schwarzen Bronzeleiber der »Heroen« an Land gestiegen, obwohl etwas überlebensgroß geradezu zartgliedrig, mit atmend geweiteter Brust und dem Ausdruck selbstherrlicher Grausamkeit wie ein Achilles oder Ajax im Blutrausch. Wo gibt es in der klassischen Antike noch einmal eine solche Verbindung aus stilisierendem Schönheitskult und realistischer Naturbeobachtung? Die Waffen hat man den Heroen genommen, als sie von Griechenland, wo sie als Weihegeschenke berühmt gewesen sein müssen, nach Rom eingeschifft wurden, vielleicht um das Haus eines reichen Sammlers zu schmücken. Ein Seesturm ließ das Lastschiff mit den Statuen in Küstennähe sinken. Der Sporttaucher, der zweitausend Jahre später einen Arm aus dem Meeressand ragen sah, glaubte zunächst, einem Mafiamord auf die Spur gekommen zu sein. Aber die Heroen sind keine Toten. Im vernachlässigten Museum von Reggio di Calabria stehen sie so fremd wie Raubtiere, die sich hinter Gitterstäben betrachten lassen müssen.

### *Viertens, aus Tempeln werden Dome*

Oft sind die dorischen Tempel Süditaliens aus jedem Siedlungszusammenhang gerückt, aus der Geschichte gefallen, wie Stonehenge in leerer Landschaft. In Paestum liegen die Tempel wie die Gerippe von gestrandeten Riesenschiffen auf den Marschwiesen. In Segesta ist der Tempel das Herz eines verlassenen Tals. In Selinunt blicken die Tempel von wogenden grünen Hügeln auf das Meer. In Agrigent trennt eine tiefe Senke den Tempelbergrücken von der festungshaft aufgetürmten neuen Stadt. Aber diese Einsamkeit täuscht – keine pantheistischen Haine umgaben einst die Tempel, sondern dichtbevölkerte Großstädte, die in die Erde gesunken sind. Nur die Riesentrommeln der dorischen Säulen ragen daraus hervor. Die Nachgeborenen mußten sie stehen lassen. Weiße Stiere und Ziegenherden weideten zwischen den Tempeln, als die Reisenden des neunzehnten Jahrhunderts auf dem Boden der untergegangenen Zivilisationen ihr bukolisch-romantisches Paradies erlebten.

Dieses eindringliche Bild einer Ewigkeit nach dem Ende

der Geschichte hat vergessen lassen, daß die Antike in Süditalien lange nicht wirklich untergegangen war. Der Strom, der seinen Ausgang von diesen Tempeln nahm, wurde im Verlauf der Geschichte gelegentlich flach und dünn, aber er riß nicht eigentlich ab. Eine »Renaissance« als Wiedergeburt einer gestorbenen Antike mußte in Süditalien nicht stattfinden.

Statt dessen erlebt man hier eine organische Entwicklung, die bruchlos von den dorischen Tempeln zu den Kathedralen der Normannen und Staufer zu führen scheint.

Die frühmittelalterlichen Kathedralen an der Adriaküste, die nordischen Kaiserbauten, die in die antiken Hafenanlagen eingebaut sind, Barletta, Trani, Molfetta und Bari, im Hinterland Ruvo und Bitonto, sind vielfach aus antiken Spolien errichtet. Wer diese Kirchen gesehen hat, zweifelt schließlich daran, ob ein Dom, der diesen Namen verdient, ohne Verwendung antiker Tempelsäulen überhaupt errichtet werden dürfte. Das gemeißelte Gebälk, das von den Säulen herabgestürzt ist, in den Kathedralen kann man es wiederfinden.

Die Kathedrale selbst ist aus dem Tempel entstanden, wie Früchte aus Blüten. Der Tempel war Skulptur, er sollte vor allem von außen gesehen werden. Der christliche Kult forderte hingegen den Innenraum. An der Kathedrale von Syrakus ist der Prozeß ihrer Metamorphose aus dem Tempel am deutlichsten abzulesen. Die Säulenreihen des Tempels wurden mit Mauern geschlossen, in denen die lebendigen dorischen Säulen nun steckten wie die »Sklaven« des Michelangelo im Felsen. Die Cella, der Innenraum des Tempels, wurde mit Bögen zu den einstigen Säulengängen geöffnet – so entstanden ein Mittelschiff und zwei Seitenschiffe. Um die fensterlose Halle zu beleuchten, mußte die Cella, das neue Mittelschiff, erhöht werden. Nun gab es hoch oben Raum für Fenster aus durchscheinenden Alabastertafeln. Gewiß hatte niemand den Typus der Kathedrale vor Augen, als man sich den Tempel für den neuen Kult zurechtmachte. Der Umbau löste einen Erkenntnissprung aus: Eine neue architektonische Grundform war gefunden.

Dieser neue Typus vervollkommnete sich in Jahrhunderten, er entwickelte seine Eigenständigkeit, seine Herkunft wurde vergessen. Weil keine Theorie an der Entstehung dieser Kathedralen beteiligt war, gelangte der Prozeß ihrer Umgestaltung so bald nicht an ein Ende. Als schließlich in Molfetta im dreizehnten Jahrhundert auch noch die byzantinische Kuppel in den Kathedralbau aufgenommen wurde, entstanden Raumfolgen, die die florentinische Renaissance um zweihundert Jahre vorwegnahmen.

### *Fünftens, Cardo und Decumanus*

Römische Stadtgründungen haben wenig Poesie. Die Römer übertrugen bei Neugründungen das Rastersystem ihrer Militärlager auf die Stadt. Zwei Hauptstraßen gab es: Cardo und Decumanus, die sich im rechten Winkel schnitten. Das Herz einer römischen Stadt war eine Kreuzung. Um sie herum wuchs die Stadtmasse. Dieser rationalistische Zug läßt die ältesten Stadtgebilde des Südens wie am grünen Tisch geplant erscheinen. Zu Recht heißt das dreitausendjährige Neapel »Neustadt«. Wo Cardo und Decumanus sich schneiden, liegt in Neapel heute die Altstadt, in der sich Tempel über Höhlen, Kirchen über Tempel, Paläste über Befestigungen stülpen und ein schwer zu zergliederndes Schachtelwerk entstanden ist. Dies Durcheinander teilt wie mit dem Lineal gezogen das uralte Straßenkreuz, das in seiner Nüchternheit den urbanen Wildwuchs keineswegs verhindert, sondern eher noch angeregt hat.

Das Wissen, ein Patentrezept für Städtegründungen zu besitzen, ist den Süditalienern mit ihren im Dunkel der Geschichte gegründeten Städten lange nicht verlorengegangen.

Daß bedeutende Städte gerade auch in Süditalien ihre Würde von göttlichem Eingreifen ableiten, von den Schicksalen der Nymphen und Heroen, hat die Nachgeborenen beim Bauen nicht eingeschüchtert. Und die Unruhe des süditalienischen Bodens hat dafür gesorgt, daß der Impuls des Städtegründens nicht einschlief. Wo Erdbeben innerhalb von Minuten Großstädte in Steinhaufen verwandelten, ergab sich immer wieder die Notwendigkeit eines Neuanfangs.

In Sizilien vernichtete das Erdbeben im späten siebzehnten Jahrhundert viele Städte. Es war, als sei die Katastrophe mit dem guten Geschmack im Bunde gewesen, denn der spanische Barock war eine günstige Zeit für Neugründungen. Das unglückliche Catania wurde im Wiederaufbau eine der schönsten Städte Europas. Palaststraßen im System von Cardo und Decumanus bilden heute das Schachbrett von Catania, breit wie Pariser Boulevards, um den Bürgern bei einem erneuten Beben die Flucht aus der einstürzenden Stadt zu erleichtern. Die Stadt ist aus schwarzem Stein gebaut, mit Tor- und Fensterrahmen aus weißem Kalkstein. Wie kommt urbane Schönheit zustande? Die Antwort scheint in Catania leicht: durch Einheitlichkeit des Baumaterials und gleiche Traufhöhe aller Gebäude.

Der Stein von Lecce in Apulien hingegen ist honiggelb und weich, solange er verarbeitet wird. Hier ist der spanische Barock nicht »desornamentado« gewesen. Kirchen und Palastfassaden sind mit den kompliziertesten steinernen Laubsägearbeiten überzogen. Ein Horror vacui hat Steinspitzen, Steinstickerei, Steinbäckerei hervorgebracht.

Auch Noto in Sizilien ist aus gelbem Stein wieder aufgebaut worden; eine Terrassen-Idealstadt, eine Kleinstadt mit königlichen Esplanaden und Treppenfluchten. Nach Jahrhunderten eines Verfalls, der schließlich die Kathedralkuppel einstürzen ließ, bot die Stadt mit vielen Kränen lange den Anblick, als werde sie ein zweites Mal neu erbaut, eine Prunkstadt für ein Häuflein Menschen.

Messina und Reggio di Calabria wurden am Anfang des zwanzigsten Jahrhunderts zerstört, und auch in jüngster Zeit sind ganze Dörfer und kleine Städte getroffen worden. Früher schufen solche Katastrophen den Anreiz, das Untergegangene noch schöner, noch größer wieder aufzubauen. Die Gegenwart, die Süditalien nach langem Darniederliegen einen gewissen Wohlstand gebracht hat, scheint aber vergessen zu haben, wie man eine neue Stadt baut. Dabei war es einst einfach – am Anfang stand ein Kreuz aus Cardo und Decumanus. Oder gehörte doch etwas mehr dazu?

### *Sechstens, das Blut*

Süditalien steht unter dem Schutz mächtiger Heiliger, die nicht nur in der Glorie des Himmels wohnen, sondern auf Erden ihren festen Ort haben, wie einst Götter und Nymphen an Tempel und Haine gebunden waren. In Catania wurden der Jungfrau Agatha im dritten nachchristlichen Jahrhundert die Brüste abgeschnitten. Ihr Schleier hat die Stadt ihres Martyriums mehrfach vor den Lavaströmen des Ätna bewahrt. Die heilige Agatha trägt auf Gemälden und als Statue ihre Brüste stets auf einem Tablett wie zwei rosige Eisbomben mit Erdbeerspitzen. In Syrakus wurden der Jungfrau Lucia vor ihrer Enthauptung die Augen herausgerissen. Von den Altären blickt sie zärtlich auf die Betenden herab und präsentiert ein zweites Augenpaar auf einem Teller. Wo sie verehrt wird, stiftet man in Silber getriebene Augen als Dank für ihre Fürsprache. Die Kaufleute von Bari haben die Gebeine des heiligen Nikolaus aus dem kleinasiatischen Myra gestohlen. Den Palast des sarazenischen Emirs von Bari verwandelten sie in die Grabkirche des großen östlichen Heiligen, zu dem auch die Russen und Serben nach Bari pilgern. Sankt Nikolaus war kein Märtyrer und blutet nicht, aber in seinem Sarkophag bildet sich Jahr für Jahr ein geheimnisvolles Wasser, das verdünnt in schönen Fläschchen verkauft wird.

An ihren Patronatsfesten wanken in Süditalien lebensgroße Heiligenstatuen mit echtem Haar und herrlicher Garderobe auf den Schultern kräftiger Träger durch die Straßen der Dörfer und Städte. Danach stehen sie wieder in gläsernen Schneewittchensärgen in den Kirchen und sehen mit ihren Glasaugen beinahe lebendig aus. Überall gibt es eine Muttergottes in fürstlicher Witwentracht. Das silberne Schwert, das ihr Herz durchbohrt, gleicht einem Hausorden. In den behandschuhten Händen hält sie ein weißes Spitzentaschentuch, um ihre gläsernen Tränen zu trocknen.

Welcher Heilige steht den Süditalienern am nächsten? Ist es Pater Pio, der 1968 gestorbene Kapuzinermönch vom Monte Gargano, der einzige Priester der Kirchengeschichte, der jahrzehntelang die fünf blutenden Wunden Jesu Christi an seinem Körper trug? Heute drängen sich Millionen durch sein Kloster, um die armseligen Siebensachen zu bestaunen, die er hinterlassen hat. Sein bäuerliches Gesicht ist auf Photographien und Statuen allgegenwärtig. Oder ist es der heilige Januarius von Neapel, dessen Blut bei seiner Enthauptung im vierten Jahrhundert in einer Glasflasche aufgefangen wurde, darin trocknete und sich seitdem zweimal im Jahr verflüssigt? Kanonendonner rollt über der Stadt, wenn der Kardinal in großer Prozession das hellrot schwappende Blut durch die tausendköpfige Menge trägt.

»Gemeinschaft der Heiligen« ist in Süditalien keine dogmatisch-theologische Formel, sondern eine alltägliche Erfahrung. Die Heiligen sind den Lebenden so nah wie die Toten im Fegefeuer. Das Jenseits hat im Diesseits Botschaften errichtet. Die Wirklichkeitskraft der südlichen Erde ist so groß, daß sich auch die Erlösten nicht weit von ihr entfernen können.

## *Siebtens, die schönste Schönheit*

Drei-Sterne-Schönheit ist Postkartenschönheit: rote Sonnengluten, davor schwarze Zypressenskalpelle und geborstene Marmorsäulen. Die Schönheit von gestern ist der Kitsch von heute; und deshalb hat die von der Kunst des neunzehnten Jahrhunderts geprägte Schönheitsformel ihre Wirkung bei den Massen nicht verloren. Süditalien ist das Land der Landschaftsikonen. Eine bestimmte Ansicht des Golfs von Neapel ist in hunderttausend Versionen verbreitet: die weithin schwingende Bucht, die Kuben der Palazzi, das türkisfarbene Meer und der Vesuv mit der dünnen Rauchfahne. Im Vordergrund dieses weltberühmten Blicks steht eine Pinie, die inzwischen längst gefällt ist. Eine besonders bösartige Form der Bodenspekulation hat die Paläste aufgefressen und Betonklötze über die edlen Linien der Berghänge gespien. Das Meer vor Neapel ist braun. Der Vesuv raucht nicht mehr. Aber von weitem und in zartem Dunst, wie höfliche Photographen ihn auf die Linse hauchen, wenn sie ein alterndes Gesicht aufnehmen, meint man das Bild, das längst ein inneres geworden ist, zurückkehren zu sehen. Dann ist die Hoffnungs- und Abschiedsabendstimmung von Seepalästen und Segelschiffen wie bei Claude Lorrain wieder da.

Capri mit seinen schroffen weißen Felsabstürzen, über die sich das dunkel-ledrige Laub der Steineichenwälder legt, wird ab Ostern von den Reisegruppen überzogen, denen die Insel bei der Annäherung wie eine Fata Morgana aufscheint und bei Betreten wieder zerfließt. Ravello bei Amalfi mit Gärten voller Rosen, Orangen und weißen Statuen, hoch über dem Meer, wo Richard Wagner Klingsors Zauberschloß entdeckte, demokratisiert diesen Inspirationsaugenblick durch Freiluftaufführungen des Karfreitagszaubers. Taormina in Sizilien bietet den unablässig anbrandenden Menschenfluten den Fudschijamablick Europas: Den über den Stufen des griechischen Theaters, über den kaskadenhaft zum Meer abfallenden Gärten, über den Schwalbennestern uralter Städtchen schwebenden Ätna, mit schneebedecktem Gipfel, während unten die Goldorangen glühen.

War der Ätna wirklich verschneit? fragt sich der Heimgekehrte und wagt es nicht zu beschwören. Auf der Postkarte jedenfalls ist er weiß gewesen.

## *Achtens, die Gleichgültigkeit*

Bis vor kurzem war eine Reise nach Süditalien eine Zeitreise. Der Nordmensch verließ für ein paar Wochen die industrielle Zivilisation der Moderne und ließ sich von den Sirenen der Rückständigkeit in einen süßen, sehnsuchtsvollen Traum singen. Alte und junge Frauen in Schwarz, in der Kirche mit der Spitzenmantilla über dem Haar, Esel, Vogelkäfige, Knoblauchzöpfe, alte Männer mit Apostelköpfen beim Bocciaspiel, Priester in Soutane, Carabinieri mit Zweispitz und weißen Handschuhen, altmodische Handschuh- und Taschentuchgeschäfte, barfüßige Straßenkinder, Dienstmädchen in schwarzen Kitteln und weißen Schürzen, Osterien mit blutroter Salami auf dickem Teller und schwarzem Wein aus dem Faß, kühle, dämmernde Zimmer mit Steinfußboden und Korbmöbeln, das waren die genießerisch gesuchten Bilder, die manchem Kenner kostbarer waren als die Kunst in Kirchen und Museen. Man wird sie kaum mehr finden. Süditalien ist verspätet, aber schließlich erfolgreich »auf Weltniveau« gehoben worden. Die Städte der Griechen, der Sarazenen, der Normannen mit ihren magischen Namen liegen im Würgegriff von Betonkraken. In Palermo und Neapel rast man auf zehnspurigen Autobahnen an den Schluchten der Mietskasernen vorbei.

Hier und dort ist eine alte Pinienallee, die einmal die Auffahrt eines Landguts beschattete, auf einer Verkehrsinsel zwischen den Trassen stehen geblieben. Häufig werden die

Hochhausfronten von der Autobahn geradezu rasiert. Auf winzigen Balkons flattert dort wie vorher in den mittelalterlichen Gassen die Wäsche, schützt eine grüne Plane das Zimmer vor der harten Sonne, sprießen Küchenkräuter und Geranien in weißgekälkten Blechbüchsen. Ein Mann im Unterhemd blickt auf den Verkehrsstrom wie einst auf das rauschende Meer.

Dann erhebt sich neben der Leitplanke unversehens eine braune Tuffsteinmauer, deren Blöcke zu Sand zu zerfallen scheinen. Darüber hängt der Ast eines Feigenbaums mit seinen Fingerblättern. Glyzinien liegen wie ein violettes Kissen auf der Mauer. Eine vertrocknete Palme ragt darüber, hartes Laub von buschigen Bäumen und der schmucklose Quader eines Hauses mit Flachdach und schießschartengroßen Fenstern. Ein kleiner Pachthof, ein Landgütchen war das einmal. Palermitaner oder neapolitaner Kleinbürger fuhren an Sonntagen hier hinaus und verspeisten unter einem Sonnensegel im Garten, was die Pächtersfrau herbeibrachte.

War es nicht, als sei dieser Vermischung von ländlichem und städtischem Leben, die aus der Antike stammte, ewige Dauer beschieden? Dieses kleine horazische und virgilische Glück hatte in Süditalien dreitausend Jahre überdauert. Es bildete eine Grundform des Lebens. Allen Umbrüchen und Revolutionen hielt es stand und war auf einmal doch so zerbrechlich, daß eine Planierraupe es beiseite schieben konnte wie einen Haufen welker Blätter.

### *Neuntens, Chaos und Utopia*

»Unregierbar« sei Süditalien, sagen die Autoritäten. Vom »Malgoverno«, schlechter, verkommener Regierung, sprechen die Regierten. Die gängige These lautet, der südliche Teil der Halbinsel habe unter Römern, Byzantinern, Sarazenen, Normannen, Staufern, Franzosen, Spaniern und Savoyern so viel Fremdherrschaft erfahren, daß sich eine Loyalität zum Staat nicht habe entwickeln können. Sich gegen den Staat zu wehren sei den Süditalienern geradezu zum Instinkt geworden. Der Staat sei immer nur Blutsauger gewesen. Wenn man in Städten, Kirchen und Klöstern die überreiche Hinterlassenschaft der wechselnden Fremdherrschaften sieht, wagt man, an dieser schon Gemeinplatz gewordenen Diagnose zu zweifeln. Ganz so erbarmungslos und kolonialistisch können sich die vielen Fremden nicht betragen haben, jedenfalls nicht alle und nicht immer.

Und waren sie denn überhaupt Fremde im modernen Sinne des Wortes? Römer und Griechen jedenfalls waren schon seit Jahrhunderten in Süditalien zu Hause. Normannen und Staufer blickten ehrfürchtig zur Kultur des Südens auf und versuchten sich nach Kräften ihr anzugleichen. Daß die Weltgeschichte nach der Entdeckung Amerikas dem Mittelmeer, das bis dahin das Zentrum der Welt war, den Rücken zuwandte und die Metropolen des Geistes und des Geldes in Provinzialität sinken ließ, ist jedenfalls keinem der Mittelmeerländer bekommen, auch den nicht von Fremden regierten.

Wer heute durch den Süden reist, wird von dem vielbeschrienen südlichen Chaos wenig bemerken. Eine Restaurierungswelle ist über das Land gespült. Heiligtümer und Stadtkerne sind frisch gestrichen und aufgeräumt. Nur die brutale Bauerei rings um die Zentren weckt den Verdacht, es gehe nicht immer mit rechten Dingen zu. Aber wenn norditalienische Geschäftsleute und Bankiers, die im Mezzogiorno arbeiten, den undurchdringlichen Dschungel der Gesetzlosigkeit beklagen und ihre Miene Verachtung für den Süden erkennen läßt, wird plötzlich verständlich, warum die vielen Geheimgesellschaften »Ehrenwerter Männer«, auch Mafia, Camorra und 'Ndrangheta genannt, einstmals gegründet worden sind.

Staatsfeindlich und anarchisch sind die Süditaliener, aber

die Phantasie ihrer größten Geister hat sich immer wieder dem Problem des idealen Staates zugewandt. Lange bevor man sich in den Ländern des Nordens mit dem Staat befaßte, regierte der Mathematiker und Philosoph Pythagoras die Stadt Kroton durch einen Orden aufgeklärter und eingeweihter Jünger, bevor alles wieder zusammenbrach. Platon unternahm drei hoffnungslose Versuche, in der Nachfolge dieses Philosophenkönigs ein eigenes Philosophenkönigreich in Syrakus zu errichten. Kaiser Friedrich II. baute das geheimnisvolle Castel del Monte als Zauberschloß, von dem aus er eine kabbalistisch-astrologische Wissenschaft der Herrschaft zu praktizieren gedachte. Der mittelalterliche Mönch Gioacchino da Fiore prophezeite ein gerechtes »Drittes Reich des Heiligen Geistes«, und der barocke Mönch Campanella beschrieb die Maschinerie eines »Sonnenstaates«. Noch einer der letzten Bourbonen, König Ferdinand I., verlegte seine Residenz aus dem Palast von Caserta in eine Seidenspinnerei und schuf den industriellen Experimentalstaat »San Leucio«, in dem eine vollständige Gleichheit aller Bürger herrschen sollte.

Gedanklich hat das vermeintlich staatsunfähige Volk des Südens die Natur des Staates wahrhaft tief durchdrungen. Vielleicht muß man dankbar sein, daß es von der Verwirklichung des idealen Staates dauerhaft dennoch abgesehen hat.

# Hindu holiday

Das Fest, das wir besuchen durften, war eines der größten überhaupt vorstellbaren, und es fand nicht in einem vorhersehbaren Zeitrhythmus statt, sondern nur, wenn ein heiliger Mann dazu aufrief. Das letzte Mal hatte man es vor neununddreißig Jahren abgehalten. Nun hatte sich unter Indiens vielen Heiligen endlich wieder einer gefunden, der alle Sadhus und Wandermönche nah und fern einlud, dieses übergroße Opferfest mit ihm auf dem Mount Abu zu begehen. Es ging bei diesem Fest im Kern darum, ein bestimmtes Opfer von Öl, Honig, Nüssen und Butter schier unvorstellbar oft hintereinander darzubringen – hunderttausend Mal? Eine Million mal? Die indische Religion kennt das Prinzip der Vervielfachung, um das Einfache darzustellen – unzählige Götternamen, Tempel, die tausend Miniaturtempel enthalten, Vervielfachung ein und desselben Götterbildes an demselben Ort – katholischen und orthodoxen Christen dürfte dies Prinzip nicht so fremd sein, wenn sie in ungezählten Wiederholungen die Vergegenwärtigung immer desselben und einzigen Opfers anstreben.

Das Fest, das nun bevorstand, würde nicht in einem Tempel, sondern in einem hochgelegenen Waldtal in der Nähe der Einsiedelei des Heiligen gefeiert werden. Seit Tagen schon sah man auf den Straßen seine ebenfalls heiligen Gäste langsam herbeipilgern. Ihr Aufzug war von höchster Gleichförmigkeit und zugleich von einer zum Äußersten gesteigerten Vielfältigkeit. Das orangefarbene Gewand, die orangefarbene Toga war ihnen allen gemeinsam, aber jeder trug seine Kleider auf eine andere Art, hatte sie anders gewickelt und geschürzt, und bei den Frisuren und Turbanen herrschte nur eine einzige Regel: die Exzentrizität auf die Spitze zu treiben. Es war schön, zu erleben, wie dieser Individualexzess einen uniformen Eindruck hervorbrachte, der nur mit einer Versammlung unserer Punks zu vergleichen wäre: Ist ein Stil sehr stark, dann steigert er sich durch alle Abweichungen und Variationen.

Die Heiligen mit ihren Dreizackstäben und Pilgerflaschen zogen vorbei und verschwanden wieder. Nach den letzten Häusern verließen sie die Straße und sickerten gleichsam in die Landschaft ein. Das Hochplateau des Mount Abu ist von bizarr geformten Felsen aus dunklem Granit bestimmt, die blasig-organisch und geglättet wie von einem gigantischen Bleigießen übriggeblieben zu sein scheinen. Gerundet und in der Art von Walfisch- oder Elefantenrücken, bricht der schwarze Stein überall aus der Erde. Mächtige Bäume halten mit weitverzweigtem Wurzelgeflecht die Felsen umklammert. Es ist, als hätten die Bäume solche Felsen gesucht, um sich mit ihnen zu verheiraten. In dem Waldtal, in dem das große Opfer abgehalten werden sollte, bewegte man sich wie im Park von Bomarzo, der von versteinerten Ungeheuern bewohnt wird. Der Weg stieg an und wurde immer enger; die Felsen, durch die er sich hindurchwand, waren immer häufiger mit weißen großen Zeichen in dicken Pinselstrichen bemalt. Nach Überzeugung der Gläubigen hat auf dem Mount Abu die Natur selbst viele heilige Stätten geschaffen. Felsen haben die Gestalt von Lingams angenommen und sind so zu bedeutenderen Opferstätten für Shiva geworden als die Schreine der kunstvollsten Tempel. Einsiedler lebten in den Höhlen, die sich glatt wie gemeißelt in den Stein hineinstülpten.

Auf einer weiten, von hohen bemalten Felsen umgebenen Ebene waren mehrere bunte Zelte errichtet, wie ein mittelalterliches Hoflager. Unter einem besonders großen Zeltdach befanden sich dicht an dicht die für dieses Fest gemauerten neunundneunzig Opferaltäre. Um jede runde Feuerstelle saßen einige Männer, die dort unablässig aufs neue die komplizierte Opferzeremonie wiederholten, Familienväter, die von Priestern, die zwischen den Altären auf und ab gingen, beraten wurden. Daß wir dieses Zelt nicht betreten durften, verstand sich von selbst. Ein Priester bestrich uns die Stirn mit einer dicken orangefarbenen Paste und wies uns dann an, das Zelt statt dessen barfuß zu umkreisen. Die Opferfeuer waren wohlriechend. In ihrem Rauch bewegten sich die Köpfe der Opfernden, die leise Gebete sprachen. Dies Zelt war eine große Opferfabrik. Es war wie im Maschinenraum eines alten Ozeandampfers, in dem die Heizer das Feuer unterhalten und die Kraft erzeugen, die die Schiffsschraube bewegt, während die Passagiere oben auf den Schiffsdecks spazierengehen.

Dieser Eindruck verstärkte sich noch, als wir nach einigen Umkreisungen das Opferzelt schließlich verließen und in die langgestreckten Zeltbezirke eintraten, in denen die bis dahin vermißten Sadhus lagerten. Mit ihren Turbanen, ihren wilden Zöpfen, mit ihren Halsketten und Armreifen lagen sie auf Strohmatten, in friedliche Unterhaltungen versunken und von dem durch die roten Zeltwände eindringenden Licht warm beschienen. Ein zerbrechlicher Greis, im Unterschied zu seinen orangefarbenen Brüdern in einen weiten Talar aus schwarzem Seidenplissee mit schwarzem Turban gekleidet – die weit ausgeleierten Ohrläppchen trugen große Hornringe –, sei, so erfuhren wir, eigens für diesen Anlaß aus der vollständig lichtlosen Höhle herausgekommen, in der er seit dreißig Jahren lebe. Wenn er aufstand und sich auf einen ausdrucksvoll-wurzelhaft geformten Hirtenstab stützte, schlurfte er wie eine alte Frau, die sich nur noch zwischen Küche und Fernseher bewegt. Auch ihm, der sich aus seiner nun schon geradezu lebenslänglichen Dunkelheit hierher begeben hatte, erschien es nicht notwendig, an den Opfern anders teilzunehmen, als sich in ihrem Dunstkreis aufzuhalten. Das ganze Konzept einer »tätigen Teilnahme«, das den liturgiefeiernden Westen neuerdings umtreibt, erschiene diesen Asketen absurd. Die Opfer waren etwas Objektives, ein kosmisches Ereignis, ein Wunder, in das man sich nicht einmischte, sondern über das man nachdachte und dem man das Herz öffnete.

Es kam die Stunde, in der die Heiligen gespeist wurden. In langen Reihen saßen sie unter bewimpelten und bequasteten Sonnensegeln auf dem Boden. In riesigen Kesseln war der Linsenbrei vorbereitet. Die Teller waren aus großen Blättern zu Schüsselchen zusammengepreßt. Ein Minister aus Delhi im weißen Kurta Pajama, der Tracht der gewerbsmäßigen Politiker, schritt die lange Reihe der wilden Heiligen mit seiner Frau ab und verneigte sich vor jedem von ihnen; ihm folgte der Maharadscha des Landes in Opfertracht, einer aus rotem Stoff gewickelten Hose, begleitet von seinem Almosenier, der vor jedem Heiligen eine kleine Geldsumme niederlegte.

Das waren die Heiligen in ihrer Vielzahl – der Heilige aber war noch unsichtbar geblieben. Der heilige Mann, der dies gigantische Opferwerk ins Leben gerufen hatte, sah noch weniger davon als die Schar der Sadhus, sondern harrte weiter in seiner Einsiedelei aus, in deutlichem Abstand von der geistlichen Menge.

Es blieb zunächst ungewiß, ob wir ihn würden sehen dürfen. Er sei ein nepalesischer Prinz, der wie einst der Boddhisatva die Welt hinter sich gelassen habe und nun nackt in der Wildnis lebe. Wir wurden schließlich gerufen. Ein weiterer Anstieg auf engem Pfad zwischen bemalten Felsen begann.

Auf dem Weg beschäftigten uns die Gedanken, wie wir der Begegnung mit dem Heiligen gerecht werden könnten. Wäre es passend, ihn etwas zu fragen? Und wie müßte eine würdige Frage beschaffen sein? Müßten nicht die grundsätzlichen, die Letzten Dinge besprochen werden in der Höhle? Aber würde ein solcher Weiser uns nicht sofort durchschauen, wenn wir mit einer wichtigtuerischen Frage aufträten, die wir uns für den Anlaß zurechtgelegt hätten? Wäre es nicht richtiger zu schweigen? Vielleicht würde der Heilige uns eine Lehre, vielleicht auch nur einen einzigen Satz mitgeben, der uns lange im Gedächtnis bliebe? Die große Situation überfordert den Menschen zumeist. Alle in historischen Anekdoten überlieferten berühmten Dialoge stehen unter dem Generalverdacht, sich so nicht zugetragen zu haben.

Hatten wir überhaupt das Recht, uns dem Heiligen zu nähern, bloß um ihn zu sehen? War dieser Anblick nicht denen vorbehalten, die mit seinen spirituellen Bestrebungen verschwistert waren, die sich in Not und tiefer Ratlosigkeit befanden, die sich auf ihrem geistigen Weg entscheidende Förderung erhofften? Wir waren ernsthaft beunruhigt, je weiter wir bergan stiegen und je näher wir der Klause kamen.

Vor einer hohen geschlossenen Felswand hielten wir an. Man sah nicht gleich, wo es weiterging, das Loch war nicht sofort als solches zu erkennen. Es lag zu unseren Füßen, man mußte sich auf den Bauch legen, um hineinzukriechen. Im Inneren brannten Messinglämpchen, die rauchigen Buttergeruch verströmten. Die Höhle war hoch genug, um darin aufrecht zu stehen. Der Heilige saß im Lotussitz auf einem kleinen Podest. Er war zwischen vierzig und fünfzig, nicht so üppig frisiert, wie die von ihm herbeizitierten Sadhus, sondern mit offen herabfallendem schwarzem Haar; er trug ein orangefarbenes Tuch um die Hüften und zeigte einen trainierten, muskulösen Oberkörper. Wir verneigten uns tief mit gefalteten Händen und versuchten die Miene hingegebener, verzückter Unterwürfigkeit nachzuahmen, die wir an unseren indischen Freunden bei verwandten Anlässen beobachtet hatten. Er erwiderte den Gruß schweigend mit gleichfalls gefalteten Händen und winkte uns zu seinen Füßen. Man sah jetzt, daß er auf einem bleich gewordenen, räudigen Leopardenfell saß.

Der Lotussitz gelang uns nicht ganz so mühelos wie dem heiligen Mann. Man hätte imstande sein müssen, die Füße im Stehen zu kreuzen und dann einfach in die sitzende Haltung hineinzusinken. Wir indessen wanden uns, bis jeder Knochen an der richtigen Stelle saß. Und es wurde auch sofort klar, daß es schon bald weh tun würde, länger so durchzuhalten.

Wir saßen zu Füßen des Heiligen und schwiegen wie er. Es ist an den Heiligen, das Gespräch zu eröffnen. In dieser Hinsicht wenigstens verhielten wir uns angemessen. Und während wir saßen und das wachsende Ziehen in den Muskeln unterdrückten, betrachtete uns der Heilige. Wir hielten seinen Blick aus. Im Halbdunkel der Höhle kauerten, wie wir allmählich erkannten, noch andere Menschen, die ebenso schwiegen. Es kam uns der Gedanke, daß solches gemeinsame Schweigen der Pilgerschaft zu dem Heiligen – wenn dieser edle Ausdruck für unseren neugierigen Ausflug nicht zu hoch gegriffen war – am ehesten gerecht würde. Statt unbeholfener Nachahmungen sokratischer oder buddhistischer Dialoge, für die uns jede Grundlage fehlte, gab er uns sein Schweigen mit auf den Weg, und weil er uns in dies Schweigen hineinzog, würden wir wirklich für eine Weile etwas davon bewahren.

Plötzlich zeigte der Heilige auf einen Gegenstand, der vor ihm stand: ein Telephon. »Dies ist mein Telephon«, sagte er, »es funktioniert. Wollen Sie zu Hause anrufen?«

So ist es im Herzen der gewaltigen Ereignisse: Hier herrscht Windstille. Das Telephongespräch mußte angesichts seiner Möglichkeit an diesem Ort nicht mehr eigens vollzogen werden. Es war spät geworden. Wir verneigten uns, legten uns auf den Bauch und krochen aus der Höhle, denn es war Aschermittwoch, und wir würden Zeit brauchen, die orangefarbene Paste von unserer Stirn abzuwaschen, bevor wir in der Missionskirche das Aschenkreuz empfingen.

# Gewitter am Himmel der Ikonen

Es war, als sollten die Mauern der Kirche »Zur Enthauptung des heiligen Johannes des Täufers« durch die Gewalt der Glocken zum Einsturz gebracht werden. Auf dem frei stehenden niedrigen Turm mit seinem offenen Glockenstuhl wippten wie in einem Wetterhäuschen ein Mann mit spitzgekniffenem Jagdhut und eine Frau mit in die Stirn gebundenem Kopftuch auf und ab. Das waren die Glockentreter von Arbore, ein altes, vollkommen taubes Ehepaar, das mit dem eigenen Körpergewicht die Glocken über seinen Köpfen zum Schwingen brachte. Der Duft von Holzfeuer, grünen Äpfeln, frischem Heu und Pulverkaffee lag in der Luft. Der Restaurator der einstigen Klosterkirche, die an ihrer Westwand die schönsten Fresken der Bukowina besitzt, bewirtete seine Besucher mit heißem Wasser und sah düster zu, wie sich unser Kaffeepulver in den dicken Tassen auflöste. Sein Zorn galt diesem Läuten, aber er hatte es gerade aufgegeben, weiter darüber zu schimpfen, weil der mächtige Schall jedes seiner Worte verschluckte.

Der Restaurator sah mit seinen weit ausgebreiteten Armen und dem sich öffnenden und schließenden Mund wie ein Pantomime aus. Eine alte Frau, auch sie trug ein Kopftuch, sah ihn mit zusammengekniffenen Augen an. Noch mehr als die Fremden mit ihren amerikanischen Zigaretten und Kaffeebüchsen aus dem Kofferraum mißfiel ihr der Künstler. »Ein Hanswurst«, übersetzte uns Valeria, die Dolmetscherin, die den zahnlosen Mund der Bäuerin genau beobachtet hatte.

Im Nachbarort war Kirchweih gefeiert worden. Hunderte von Bauern waren mit ihren Pferdewagen gekommen, um den Bischof und die Priester aus Moldawien zu sehen –

lange wurde an der Grenze zu Moldawien, die die Bukowina zerteilt, scharf geschossen, und nun standen die fremden und doch so vertrauten Priester da, als seien sie wie die Kinder des Rattenfängers von Hameln nach Jahrzehnten aus dem Berg zurückgekehrt. Die Pferde grasten allein, während die Volksmenge sich um die Kirche herum staute. Die Wiese war ein wenig abschüssig, dennoch konnte sich niemand erklären, warum einer der schweren Leiterwagen plötzlich ins Rollen gekommen war. Auf der einen Seite der Bischof, umgeben von seinem in den tiefsten Baß hinabtauchenden Chor, auf der anderen Seite näherte sich ein rostiges Bottichwägelchen mit milchsäuerlichem Eis – da hatte niemand ein Auge für die Idylle aus Pferden und Wagen. Aber unterhalb des in Bewegung geratenen Wagens war ein Waschkorb mit einem schlafenden Säugling abgestellt worden. Nun standen die Großeltern des Kindes auf dem Trittbrett des Glockenturms und läuteten die Totenglocken für ihren Enkel.

»Es liegt ein Wahnsinn in dieser Kirchweih«, sagte der Restaurator, als die Glocken schließlich ausklangen und die Stille köstlich aus dem Tumult aufstieg. »Jedesmal wird einer dabei zerdrückt, zertreten, erstickt. Wagen fallen um, Tribünen stürzen ein, Feuer bricht aus. Und wenn nichts dergleichen passiert, schlagen sie sich gegenseitig tot.« Er war verurteilt, zwischen solchen Unglücksfällen auszuharren. Er stammte aus der Hauptstadt, ein durch und durch städtisches, der Wissenschaft zugewandtes Leben hatte ihn geprägt. »Aber die Geschichte hat nun einmal in ihrem unerforschlichen Ratschluß einzigartige Kunstwerke zwischen den Gänseherden und Holzhütten hier verborgen, so wie die Natur das Erdöl im arabischen Sand und das Gold im Boden Südafrikas vergraben hat.« Amüsierte er sich über uns, über die Kunst, über die Bukowina oder über sich selbst? Seine großen dunkelbraunen Augen waren so undurchdringlich wie Schokolade.

Arbore war unser Ziel, aber kaum daß wir es erreicht hatten, beschäftigte uns nur noch der Gedanke, wie wir wieder fortkommen würden. Das Auto war, je länger die Fahrt dauerte, immer langsamer geworden und einmal sogar stehengeblieben, ohne daß der Fahrer auf die Bremse getreten hätte. Er war ein ernsthafter und faltenzerfurchter Mann aus Iaşi, der seinen Wagen kannte. Zu der Reise über die verrotteten Feldwege hatte er ein Jackett aus orangefarbener Sackleinwand und dazu passende, hellgrau geflochtene Schuhe angelegt, als führe die Reise ins Palasthotel von Sinaia und nicht zu »mißtrauischen, analphabetischen, auf der Erde herumrutschenden Bauern«, wie es ihm in einer aus Sorge um das Auto entstandenen Unbeherrschtheit entschlüpfte. Valeria lag auf dem Rücksitz wie auf einem Sofa und erwachte nur, als wir stehenblieben; es war, als gebe ihr Unmut dem Motor noch einmal die Kraft zu einer neuen, letzten Anstrengung. Sie war ein hübsches rundliches Mädchen mit kleinen Füßen, aber das Schönste an ihr war doch der Akzent, die drollig klangvollen R-Laute, die ihren Sätzen sofort etwas sprudelnd Frisches gaben, obwohl sie für jede Mitteilung wie die Dormouse aus »Alice in Wonderland« einen babyhaften Schlaf unterbrechen mußte.

Die »Enthauptung Johannes des Täufers« hob schon ihr freundlich-anspruchsloses Schindeldach über das schüttere Apfellaub, als der Wagen endgültig stehenblieb. »Jetzt werden wir viel Zeit für die Fresken der Westwand haben«, sagte Valeria, und obwohl sie das Wort »Fresken« besonders appetitlich aussprach, war der bedrohliche Unterton ihrer Worte doch unüberhörbar. Fünf Minuten dauerte der Weg bis zur Kirche, aber Valeria seufzte bei jedem Schritt, als liege in ihm alle Beschwernis unserer Weiterreise. Ochsenkarren, qualmende Traktoren, räuberisch gesinnte Lastwagenfahrer, Esel mit Läusen – alles würde sie segnen, wenn sie nur keinen Schritt zu Fuß mehr tun müßte.

»Ohne Auto kommen Sie nie mehr von hier weg«, sagte der Restaurator und wirkte dabei tief befriedigt. Wen die bloße Neugier in dieses Land geführt hatte, der sollte ruhig auch dessen Schattenseiten kennenlernen. Der Restaurator betrachtete sich als ausgesetzt. Er fühlte sich in Arbore als zweiter Robinson Crusoe, allein gelassen mit einer durch Wind und Wetter verwüsteten Malerei, ohne Telephon, Zeitung oder Fernsehen, ohne Fisch und ohne Fleisch, inmitten von Menschen, die seine Arbeit mit Ablehnung betrachteten. »Von den Fresken im Inneren ist kaum etwas zu erkennen, sie sind von Weihrauch und Kerzenqualm völlig überkrustet. Ich zittere schon, wenn ich mich an diese schwarze Schicht heranmachen soll. Der Qualm ist ja nicht einfach Dreck, er ist teuer bezahlt. Die Bäuerinnen haben für die Kerzen Bargeld hingelegt. Es sind ihre Gebete, die ich da von der Wand kratzen soll – da versteht niemand Spaß.«

Wenn man die Fresken retten wolle, müsse man sie eigentlich vollends abtragen und nach Bukarest ins Museum bringen. Meinte er die während der Unruhen beim Sturz von Ceauşescu ausgebrannte Staatliche Galerie? »Vielleicht muß man die nächste Revolution abwarten«, fügt er nach einer kurzen Pause nachdenklich hinzu.

»Ich helfe Ihnen mit dem Auto«, sagte der Restaurator. »Hat es Geräusche von sich gegeben? Überhaupt keine Geräusche? Dann ist es sicher nichts Ernstes.« Davor wollte er aber sprechen – Arbore sei doch unser Ziel, nicht wahr? Später würde er sich um unsern Wagen kümmern. Da waren heißes Wasser, Schnaps und grüne Äpfel. Vor uns lag die Freskenwand. Wir setzten uns auf umgestürzte Grabsteine. Valeria maulte.

»Alles erklärt sich daraus, daß der Maler dieser Bilder, Dragos Coman, der Sohn eines Popen war«, sagte der Restaurator. »Wer dieses Land kennt, weiß, was das heißt.« Er suchte Valerias Augen, aber sie wollte von keinem Einverständnis wissen, nicht bevor das Auto repariert war. »Die

Orthodoxie wird von den Mönchen dominiert. Die Popen auf dem Dorf zählen nicht. Sie sind arm, sie sind verheiratet, und das heißt, sie besitzen keinen Anspruch auf den mindesten Respekt. Jeder weiß schließlich, was von einem verheirateten Mann übrigbleibt. Sie haben viele Kinder und müssen sich Sorgen machen, was aus ihnen wird. Der Pope hängt seinen Bart immer in die Butter, sagt man hier. Er muß sehen, wo er bleibt. Und dann kommt noch die Obrigkeit und setzt ihm zu. Der Pope muß dem Staat gehorchen, und nachher sagt jeder, er ist korrumpiert. Dagegen die Mönche – Fürsten der Spiritualität! Sie haben auf alles verzichtet und ernten den Lohn dafür sofort. Sie kämmen ihr weißes Haar in Silberlocken, sind schön blaß und haben mit dem schmutzigen Leben nichts zu tun. Jeder verneigt sich vor ihnen, und sie sehen es kaum. Unberührbare Wesen, Engel aus Fleisch und Blut. Und deswegen sitzt in einem Popensohn – einem begabten, aufgeweckten natürlich – ein ewiger Vorbehalt gegen die Mönche. Er hat die Zurücksetzung seines Vaters erfahren und wird von nun an versuchen, den Mönchen eins auszuwischen. Denken Sie an Cioran. Ein Popensohn. Er versuchte zeitlebens, die Mönche an abgründiger, nihilistischer Kontemplation noch zu übertreffen. Atheistische Theologie und materialistische Metaphysik, um die Mönche das Fürchten zu lehren ...«

Ein beredter Mann. Wie brach lag er in Arbore. Alles war in schnellstem Französisch gesprochen, nur gelegentlich unterbrochen von ein paar rumänischen Worten in dunkler, fragender Stimmlage, an Valeria gerichtet, die allmählich gnädiger dreinschaute. »Und nun also Dragos Coman, der Popensohn und Maler. Schon dieser Beruf ist eine Art Einbruch in fremdes Reservat, denn das Ikonenmalen ist eigentlich Mönchssache. Eine streng reglementierte Mönchswissenschaft. Kein Malen, sondern Liturgie. Unerbittliche Regeln, was Farben, Themen, Haltungen betrifft. Ich spüre förmlich den Widerstand des Popensohnes gegen diese feierlichen Barrieren. Die ganze Westwand wimmelt von Regelverstößen. Man hätte sie eigentlich sofort, nachdem sie fertig war, wieder zerstören müssen. Sehen Sie nur die Festgesellschaft beim Drachentötungsdinner des heiligen Georg: Da wird nicht nur getanzt, man sieht einen Teil der Gäste sogar von hinten, noch mehr, man sieht sie von hinten *sitzen*. Man sieht ihre Hinterteile, zwei Backen, die sich unter dem Stoff abzeichnen – ein völlig unmögliches Sujet! Niemals ist auf einer Ikone jemals eine Person von hinten zu sehen gewesen.

Dragos Coman hat die Unordnung seiner Zeit geschickt ausgenutzt; es gab offensichtlich niemanden, der ihn an der Leine hielt. Das sechzehnte Jahrhundert war in der Moldau ein Chaos – wenn die Türken ein wenig Ruhe gaben, schlachteten die Christen sich gegenseitig. Der Stifter dieser Kirche, Luca Arbore, wurde, noch während Dragos Coman malte, mit seinen beiden Söhnen vom Fürsten Petru Rares gepfählt oder geköpft oder mit der seidenen Schnur beschenkt – und währenddessen sprengte der Popensohn den Ikonenkanon. Im Inneren, gleich neben dem Eingang, sieht man noch die Stifterfamilie, sie wurde erstaunlicherweise nicht ausgelöscht. Sie vor allem« – hier ergreift der Restaurator die weiche kleine Hand Valerias – »müssen die Familie sehen.«

Draußen war der Himmel grau und bedeckt, aber die Dunkelheit im Innern machte uns dennoch zunächst blind. Dann erkannte man an der Wand eine Gruppe beinahe lebensgroßer Gestalten; die Männer trugen kleine Kirchen unter dem Arm wie sperrige Weihnachtsgeschenke, während die Frauen hohe, eigentümlich geflochten aussehende Kronen auf den Köpfen hatten und in taillenlose Priestergewänder gehüllt waren. Hier sah man den Kopf des unglücklichen Stifters, dickbackig, weißhäutig, dunkeläugig, mit schmalem schwarzem Schnurrbart, weich und hübsch, halb Marcel Proust und halb Schlafwagenkellner aus dem Orientexpreß, seine Frau neben ihm. »Fällt Ihnen denn nichts auf?« fragte der Restaurator und hatte nun nur noch Augen für Valeria, er war hingerissen. Aus dem Dunkel zog er ein weißes Tuch hervor und legte es Valeria als Schleier übers Haar. Dann ergriff er einen auf dem Boden liegenden Apfelkorb, oder vielmehr dessen Rest, nur noch den Rand, der Boden war längst durchgebrochen, und drückte ihn wie eine Krone auf ihren Kopf. Valeria, die sonst so aufsässige, hielt still. Sie hatte sich auch ohne Spiegel erkannt und legte stolz den Zeigefinger auf ihre Nasenwurzel, wo wie bei der Ikonenfürstin der Einschnitt fehlte.

»Doamna Elena«, sagte der Restaurator. Valeria gewann Interesse an den Fresken.

»Das einzig Vernünftige, was Sie tun können«, sagte der Restaurator in gedämpftem, aber bestimmendem Ton zu uns, »ist, erst einmal hierzubleiben. Ich repariere Ihr Auto in großer Geschwindigkeit, aber nicht heute. Wir werden eine sehr interessante Zeit hier verbringen. Ich habe Äpfel und Schnaps, wir können auch eine Polenta bringen lassen, Speck und Sahne und Nüsse, und ich werde Ihnen alles ganz genau erklären. Für die Dame habe ich ein Plätzchen am Ofen in meinem Häuschen, und Sie – schlafen vielleicht hier?« Er zeigte auf die faltigen, abgetretenen Teppiche zu unseren Füßen, ohne erkennen zu lassen, wie ernst er seinen Vorschlag verstanden wissen wollte. »Ich weiß alles über diese Fresken. Was es eben darüber zu wissen gibt. Ich bin auch schon im Ausland gewesen, in Mailand, ich habe in Mailand restauriert! Das größte Erlebnis meines Lebens. Ein Akt von Hayez! Das ist ein Maler! Das ist Sinnlichkeit, Zeichnung, Fleisch! Höchste Technik, höchste Realität der weiblichen Haut!« Er ließ uns an einem Augenblick der Entrückung teilnehmen. Dann sagte er, als ob er erwache und zugleich mit einer gewissen Schroffheit: »Auch ich bin der Sohn eines Popen.«

Wir waren beunruhigt. Was der Restaurator über unsere Lage sagte, schien uns einleuchtend; wir waren dazu verurteilt, in Arbore noch eine Weile auszuharren. Valeria war unzugänglich geworden. Sie zog sich plötzlich auf ihre Rolle als bloße Dolmetscherin zurück und lehnte jede Teilnahme an unseren Überlegungen ab. Der Fahrer verfluchte die Entscheidung, seine orangefarbene Tanzteejacke auf die Reise mitgenommen zu haben, damit würde er sich jetzt in einer Bauernkate zudecken dürfen.

Draußen war es auf einmal stockdunkel geworden. Es donnerte, die Äste der Apfelbäume neigten sich in einem Windstoß. Auch das Wetter war mit dem Restaurator im Bunde.

Wir waren in den innersten Kreis unserer Gefangenschaft gelangt. Das Unwetter, das über uns herniederging, machte es unmöglich, die Kirche zu verlassen. Nachdem die Tür geschlossen worden war, drang das Toben nur noch schwach herein. Wir waren wie Höhlenbewohner, die von weitem das Meer rauschen hören. Valeria sprach leise mit dem Restaurator und nahm dabei mit einer langsamen, eigentümlich resignierenden Bewegung den Korb und das Tuch vom Kopf.

»Ich bin Omama Kauk«, sagte neben uns plötzlich eine kindliche Stimme. »Wenn deutsche Leute im Dorf sind, dann muß man doch kommen grüßen.« Der Eifer der kleinen alten Frau, die vorhin den Restaurator so mißgünstig betrachtet hatte, war selbst im Dämmer sichtbar. Ihr Akzent enthielt Anklänge der verschiedensten deutschen Dialekte; es war, als spreche sie ein von Gerhart Hauptmann erfundenes Schlesisch. »Meine Güte«, sagte sie in einem leise vergnügten Singsang, als rezitiere sie einen Abzählreim, »erst saßen wir in Chişinău mit zwölf Kühen und einem Pferd. Dann hat uns der Stalin ins Reich geschickt. Dann kamen wir ins Sudetenland, da hatten wir sechs Kühe und ein Pferd. Dann hat uns der Stalin zurückgeholt. Da hatten wir noch eine Kuh. Dann hat er die deutschen Leute wieder weggeschickt zu den Walachen, da hatten wir überhaupt keine Kuh mehr. Der

Mann war tot, ich wurde Magd, und die Söhne sind heute in Stuttgart und Australien.« Sie zeigte ein blasses Photo von drei weißen Körpern an einem türkisfarbigen Schwimmbekken. »Ich will das Mädel schützen«, sagte sie, als reime sich »schützen« auf »schwitzen«, und hängte sich bei Valeria ein, die sie jetzt erst verwundert bemerkte.

Nur wenige schießschartenartige, hoch über unseren Köpfen in die dicken Mauern eingelassene Fenster ließen ein wenig Licht in die Kirche. Von dem Vorraum führte eine niedrige Tür in den eigentlichen Kirchensaal, den Ort der Liturgie. Wir traten mit gebeugten Köpfen, um nicht anzustoßen, und mit unsicheren Schritten wegen der unordentlich übereinanderliegenden Teppiche, stolpernd und tappend, in die Dunkelheit. Auf Messingampeln, deren Ornamente ein paar schwache Lichtstrahlen auffingen, saßen rot glühende Punkte, um die herum die Luft sich schwarzsamtig, undurchdringlich wie ein Kissen anschmiegte. Dünne gelbe Wachskerzchen, die in einem Häufchen Sand steckten, schufen eine goldene Lichtinsel, die aber nichts erleuchtete, sondern als schwache Sonne von der gestaltlosen Umgebung abgesondert blieb. Der Geruch von geschmolzenem Wachs und glühendheißem Öl erfüllte den Raum, dazu kamen trockener Staub, fauliges Blumenwasser und ein stark nach Karamelzucker riechender Weihrauch, der jedes Stück Stoff durchdrungen hatte. Die Wände waren bucklig und fett wie in einem Kohlebergwerk; sie endeten, wenn man nach oben sah, in der Nacht.

Es gab keinen Priester und keinerlei heilige Handlung, die wir hätten stören können, unsere kleine Gruppe hatte sich nur um den Restaurator und Omama Kauk vermehrt, und dennoch hörten wir auf zu sprechen. Während das Wasser an die Außenmauern brandete, wurden drinnen nur einzelne Wörter geflüstert. Als sich die Augen allmählich an das Dunkel gewöhnten und aus der Nacht Dämmerung wurde, zeigte sich, daß jeder von uns weit weg vom anderen stand.

Der Fahrer hatte sich in einen der Chorstühle gelehnt, in denen man eher steht als sitzt, und die Arme in Höhe der Schultern auf gerundete Stützen legt. Der Restaurator saß in einer Ecke auf einem Küchenstuhl und hatte sich – benommen nach der vorangegangenen rhetorischen Leistung – eine kurze Zigarette angezündet. Ohne Eile, aber mit der Zielstrebigkeit einer Ameise näherte sich ihm Omama Kauk, nahm ihm die Zigarette wortlos aus dem Mund und steckte sie mit der Glut in den Kerzensand, als räume sie ihre Küche auf. Die Kerzen begannen leicht zu zittern. Es wurde wieder dunkler, und von der Tür her kam ein feuchtkalter Luftzug.

Es war, als hätten die Hunderte von Gestalten, die die Wände der Kirche bis zur Decke anfüllten, auf einmal einen Schritt nach vorn getan. Der eben noch schwarze Raum war plötzlich reich bevölkert. Von Stockwerken, Emporen, Gerüsten und Balkonen sahen Köpfe auf uns herab, die von matt schimmernden Heiligenscheinen umgeben waren. Der helle erdige Ocker, mit dem diese Aureolen gemalt waren, wirkte unter dem rußigen Firnis der Zeit und in den vagen Lichtverhältnissen des Raumes wie getriebenes weiches Goldblech. Ein langer, vielfarbiger Zug von Frauen, die Zweige in den weißen Händen trugen, umringte uns; die Frauen hatten übergroße Augen und blickten aus weitem Abstand auf die sich leise bewegenden Menschen, die in der Kirche wie in einer Arena, einem Kampfplatz oder Gerichtsort auf etwas zu warten schienen, das den gemalten Frauen längst bekannt war.

Auf der anderen Seite hatte sich ein Reiterzug aufgestellt, mit Schwertern, Lanzen und Helmen Gewappnete folgten dem Kreuz wie einer Legionärsstandarte. Große Engel in Rüstungen mit Flügeln exotischer Vögel, die Militärheiligen Georg und Demetrios mit Brustpanzern und Heiligenschein und den Mänteln byzantinischer Senatoren – von allen Seiten lagen strenge, ferne Augen auf den vom Sturm in diese Höhle geblasenen Betrachtern. Höhlenmalerei – damit verbindet man zweidimensionale, aus Naturfarben geschaffene, lineare Abbreviaturen, die durch ihre Verborgenheit im Erdinnern und durch das Bewußtsein der Felsmassen, die hinter den bemalten Wänden stehen, einen zusätzlichen Zauber erhalten.

Was man von den Bildern, die uns umgaben, erkennen konnte, war auf dicke Putzschichten gemalt worden, es war, als hätte die Farbe den Putz tief durchdrungen. So bekamen die flach angelegten, schattenlosen Gestalten eine schwere steinerne Körperlichkeit. Die Zeit, die Mauern, der Schmutz, die Dunkelheit, die hin und her tanzenden roten und goldenen Lichtpünktchen, der süß-rauchige Geruch hatten diese Bilder vollendet. Vielleicht war es wirklich kein schlechter Einfall, hier zu schlafen. Vielleicht war dies ein Ort, wo die Träume nicht nur den Weg zu einer Zwiesprache mit der eigenen Person eröffneten. Obwohl die »Enthauptung des heiligen Johannes des Täufers« tausend Jahre jünger war als die Kirchen des Orients, weckte sie die Vorstellung von Tempelräumen, in denen sich Kranke und Ratsuchende zur Ruhe legten.

Die unreifen Äpfel taten zusammen mit dem scharf gebrannten Pflaumenschnaps nicht gut; in mir regte sich eine Anwandlung von Übelkeit und leichtem Schwindel. Valeria saß, nur durch Omama Kauk getrennt, auf einem Bänkchen beim Restaurator, der es aufgegeben hatte, vor der aufdringlichen Zeugin weiter mit ihr zu sprechen, und sie statt dessen unablässig ansah. Valeria duldete beides, die Gesellschaft von Omama Kauk und seine Blicke. Vor unserer Abreise aus Wien hatte uns ein kleinwüchsiger, in roten Samt gekleideter rumänischer Aristokrat mit bescheidenem Stolz gestanden, ein Blick aus seinen Augen mache ihm jede Frau auf der Stelle gefügig. Vertraute der Restaurator auf solche Naturgewalt?

Das Regenrauschen machte uns so taub wie vorher die Glocken. Eine eigentümlich dröhnende Stille beherrschte den Raum. Dann ein feines Knistern, es wurde taghell, und dann krachte ein Donnerschlag, als habe eine Riesenfaust mit voller Wucht auf das Kirchendach geschlagen. Wir sprangen auf und meinten, emporgeschleudert zu werden. Valerias Verhaltenheit löste sich in einem kleinen Schrekkensschrei. Sie hatte abergläubische Angst vor Gewittern, aber dieser Schlag war von solcher Kraft, daß wir schon die Balken des Daches herunterstürzen sahen.

Als wir dann vorsichtig die Kirchentür öffneten, regnete es nur noch sanft; vor der abziehenden blauschwarzen Wolkenwand schwebte ein Stückchen Regenbogen. Der Apfelgarten troff; durch das nasse Gras bewegten sich in behutsamen Schritten drei braune Hühner auf der Suche nach frischen Schnecken.

Der Szenenwechsel wäre verblüffend gewesen, wenn nicht eine größere Überraschung draußen gewartet hätte. Vor der halb umgesunkenen Kirchhofsmauer stand ein Omnibus, dessen Tür sich auftat. In ihrer Öffnung erschien eine alte Dame in derbem Trenchcoat und karierten Hosen, auf der Brust hing ein kleiner Feldstecher. Hinter ihr folgte eine weitere Dame, dahinter eine dritte. Die erste sagte, und ihre Stimme trug weit, als ob das Gewitter die Luft auch von akustischen Hindernissen gereinigt hätte: »Watch your step!« Die zweite sagte, indem sie offensichtlich an eine frühere Bemerkung anknüpfte: »Only cooked vegetable!«, die dritte rief voll Wärme: »Oh, look at the horses!«

Es waren nicht drei, es waren dreißig Damen. Die Hühner flohen, und bald füllte sich der Kirchhof mit den unverhofft eingetroffenen Besucherinnen, die sich ebenso behutsam tastend und suchend zwischen den Grabsteinen bewegten. Aber waren wir hier denn nicht am Ende der Welt, außerhalb jeder möglichen Hilfe, in unwegsamem Gelände? Der Restaurator war der erste, der begriff, was nun geschehen mußte. Er verfinsterte sich und trat gereizt gegen einen Eimer, der sich mit Wasser gefüllt hatte, schwerer als erwartet war und unsanft gegen die Zehen in den dünnen Stoffschuhen stieß. Heute sollte ihm gar nichts gelingen. Bekam nicht sogar Valeria etwas Höhnisches, während sie ihn betrachtete? Daß der Zufall gegen ihn war, schien sie ihm als persönliche Schwäche anzulasten. Ein Mann ohne metaphysische Potenz – der sollte sich ruhig weiter mit gemalten Frauen abgeben.

Wir winkten aus dem Bus, der uns nach Iaşi zurückbrachte, und sahen den Restaurator, Omama Kauk und unseren Fahrer, der bei seinem Auto ausharren mußte, kleiner werden. Nur Valeria drehte sich nicht um. Sie war schon wieder eingeschlafen.

# Das epische Haus

Die Stadt Fes in Marokko ist auf Hügeln gebaut, die von einem Flußtal durchschnitten werden; dieser Fluß ist inzwischen kanalisiert, eine Autostraße führt darüber und teilt die Stadt in zwei Hälften, die einzige Autostraße der Medina, deren Gassen so eng sind, daß kein Gefährt sie passieren kann. Von der Dachterrasse eines an dem verborgenen Fluß gelegenen Hauses aus gesehen steigt die Stadt amphitheatralisch rings um den Betrachter auf, ein unabsehbares Geschachtel sandfarbener Kuben. Die wenigen Zeltdächer sind mit grünen Fayenceziegeln gedeckt und gehören Moscheen. Auf den Dachterrassen trocknet Wäsche und rostet Gerümpel, auf jeder Terrasse stehen mehrere Parabolschüsseln, ein Meer von weißen Ohren ist dem Himmel zugewandt und empfängt von dort Signale. In ihrer lückenlosen Verschachteltheit hat die Stadt etwas von einem großen Steinbruch, der in Stufen abgebaut wird. Eine Gleichförmigkeit liegt über der Vielfalt, Ausdruckslosigkeit, auch Kargheit. Ein altes Haus in Fes hat so wenige Fenster wie möglich. Was man in den hohen kahlen Mauern an Fenstern sieht, ist in neuerer Zeit oder gar jüngst erst hineingebrochen.

Man kennt solche großen dörflichen oder kleinstädtischen Häuserhaufen aus Süditalien und Sizilien. Dort liegen sie von der Sonne ausgedörrt und entfärbt an karstigen Berghängen wie steinzeitliche verlassene Siedlungen. Sie bleiben abweisend und steinig, wenn man sie betritt, und sprechen von der Härte des Lebens, das einst in ihnen geführt wurde. Sie sind bewohnte Friedhöfe. Die Häuser sind im Inneren eng und gruftartig, mit niedrigen Decken, tagsüber liegen die weißgekalkten kleinen Zimmer im Dunkel, abends werden sie von einer Neonröhre ausgeleuchtet.

Ich meinte Fes in Erinnerung an solche süditalienischen Eindrücke zu kennen, als ich es vor mir liegen sah. Ich dachte an diese Stadtkarkassen, von denen sich die Geschichte abgewandt hat, die nicht mehr durchblutet sind, weil ihnen Adern und Fleisch fehlen. Freilich hat sich auch von Fes die Geschichte abgewandt, darüber kann das Gewimmel seiner überfüllten Soukhs nicht hinwegtäuschen. In der Bibliothek der einst weltberühmten Kharaouina, der ältesten Universität der Welt, wurde mir eine Übersetzung der »Nikomachischen Ethik« des Aristoteles ins Arabische aus dem zwölften Jahrhundert in die Hand gelegt – man hatte das tabakbraune Papier der mit einer kräftigen, keineswegs kalligraphischen Handschrift bedeckten Seiten mit einer Art Zellophan beklebt, das selbst schon vergilbt war und das Manuskript in den eigenen Verfall hineinzog, dies Schlüsselwerk der europäischen Kultur, dies Bindeglied zwischen der untergegangenen Antike und dem Mittelalter. In blauen Schachteln schliefen die wurmzerfressenen Manuskripte aus den großen Jahrhunderten der Universität, sämtlich unkatalogisiert; mich verblüffte, wie wenig sich ein traditionstreuer Islam für die eigene Vergangenheit interessierte.

Was ich von dieser alten Königsresidenz beschreiben will, hat nur wenig mit ihren Menschen heute und deren Platz in der Welt zu tun, sondern mit ihren Steinen. Ich möchte von Fes sprechen als einer gebauten Form von Literatur, als einem in Stein angelegten Prinzip literarischer Erfahrung. Wann immer ich in der Stadt spazierenging – über Wochen hinweg nicht ein einziges Mal, ohne mich zu verirren –, war mir, als ginge ich in einem großen Roman spazieren – einem Werk von Balzac, Proust oder Doderer oder der den »Arabischen Nächten« nachgebildeten »Handschrift von Saragossa« des Grafen Potocki.

Große Romane sind Bücher, die man irgendwo aufschlagen und zu lesen beginnen kann, ohne den Stand der Handlung kennen zu müssen. Große Romane bilden einen Innenraum. Man tritt in sie ein, man bewegt sich in ihnen und atmet ihre Luft. Doderer hat für die Erscheinungen der Erinnerung, die er häufig genug in seine Romane überführt hat, das Bild von Fischen, die sich aus der Tiefe des Aquariums der Glasscheibe nähern und einen befremdeten, träumenden Blick auf den Betrachter richten. Von diesem eindringlichen und einleuchtenden Bild möchte ich mir eigentlich nur die Glasscheibe wegdenken: Der Innenraum des Romans kennt keine Glasscheibe, der Leser ist von allen Seiten von seiner Atmosphäre umgeben, die dichter ist als Luft und dünner als Wasser.

Daß der Fluß von Fes, der Oued Reif, in einem Kanalrohr unter der Straße fließt, ist ein Anschlag auf die heile Schönheit der Stadt gewesen, zugleich entspricht das Verstecken aber ihrem Wesen. Fes ist eine Stadt der Verstecke. Die Medina liegt in einem Dämmer, denn die Gassen sind so eng und die Häuser so hoch, daß wenig Sonne hereinfällt. Oft berühren sich die Obergeschosse beider Straßenseiten. In der allgemeinen Baufälligkeit hat man häufig den Eindruck, die eine wankende Mauer hindere die andere an ihrem Sturz. Bergauf und bergab trabt man in diesen lichtlosen Gassen, die sich unablässig verzweigen, sich nie zu Plätzen öffnen, von Werkstätten und kleinen Lädchen gesäumt sind, durch finstere Durchgänge führen, enger werden, breiter werden und von vielen geschlossenen Türen in hohen Mauern gesäumt sind. Diese Türen haben oben an der Türangel einen Beschlag in Form einer fünfzackigen Gabel: die stilisierte Hand Fatimas, der Tochter des Propheten, die dem Haus Glück bringt, indem sie das Unglück geradezu aufspießt.

Wer lange durch die Gassen von Fes gelaufen ist, glaubt sich in einem Bergwerk bewegt zu haben, von Gang zu Gang auf den verschiedenen Etagen im Dunkel wie ein Maulwurf vorangekommen zu sein. Erst hinter den Türen liegt, was Fes außerordentlich macht. Fes ist eine Stadt der Paläste, aber auch die bescheideneren bürgerlichen Häuser haben Palastattitüde und unterscheiden sich nur durch die Ausmaße, nicht im Stil von den großen Anwesen. Öffnet sich die Tür in einer fensterlosen Mauer, sieht man auf eine Wand und einen engen Gang, der seitlich ins Dunkel führt. Der Repräsentationsgestus des europäischen Palastes ist diesen Häusern fremd. Keine prachtvollen Vestibüle und Treppenhäuser empfangen den Eintretenden, wie auch an der Fassade nicht ablesbar war, ob sich ein Armenquartier oder ein Stadtpalast dahinter verberge. Vielleicht war es die Erfahrung der orientalischen Despotie, die es geraten sein ließ, nach außen hin so wenig wie möglich vom Familienleben preiszugeben. Dazu kam das Geheimnis, das um die Frauen gemacht wurde. Es muß einem schon erlaubt werden, in den dunklen Gang um die Ecke zu biegen. Und immer war dies Eintreten von Überraschung, manchmal von Überwältigung begleitet.

Der Blick in den dunklen Gassen war auf den Boden gerichtet; nun unversehens wird er in große Höhe und zum Licht gehoben. Der quadratische Innenhof ist mit bunten Kacheln gepflastert, in seiner Mitte steht ein marmorner Springbrunnen. Auf allen Seiten des Hofes öffnen sich Tore mit mächtigen, bis zu vier Meter hohen Türflügeln, die bemalt, kassettiert, mit schweren Messingriegeln versehen und mit komplizierten geometrischen Stuckornamenten umrahmt sind. Die armdicken Türangeln drehen sich in Marmorklötzen. Über den Toren blicken große, reich vergitterte Fenster der oberen Stockwerke in den Hof, und dann schließt ein vielfältig geschnitztes, bemaltes, in Stufen gefügtes Dachgebälk den Hof ab, am Innenrand von grünen Ziegeln umgeben, ein Rahmen für das blaue Himmelsviereck. Viel Licht und viel Platz und eine große Höhe, so sieht das Innere dieser Häuser aus. Man gelangt, indem man eines betritt, erst eigentlich ins Freie. Auch die Räume um den Hof herum sind, wie die Tore es schon angekündigt haben, sehr hoch, fünf, sechs Meter auf jeden Fall. Von hier führen enge Treppen in steilen Treppenhäusern an den vier Ecken des Hofes auf eine Dachterrasse wie auf einen Turm, ringsum andere Türme, zum Greifen nah.

Hier oben eröffnet sich eine neue Ebene der Stadt. Eine ungeahnte Topographie tut sich auf. Menschen stehen auf ihren hohen Piedestalen und winken sich von diesen Inseln aus zu, während der Blick über die Stadt und die grünen Berge, die den weiten Horizont begrenzen und doch nah gerückt zu sein scheinen, die Enge der Gassen vergessen macht.

Ahnt man, worauf ich hinauswill? Dies Gehen durch Fes, dies Durch-geschlossene-Adern-getrieben-Werden, um dann unversehens durch deren Wände zu brechen wie durch Eis auf einem Weiher und in benachbarte Räume zu geraten, die den Blick aus der Horizontalen in die Vertikale lenken und buchstäblich eine neue Dimension eröffnen, die aus dem Am-Boden-Dahinkriechen ein Emporschweben machen und schließlich in die helle Weite einer über die Hügel gebreiteten Landschaft führen – diese Bewegung ist vergleichbar mit der Bewegung in einem großen Roman. Das Bestreben eines Romans ist es, die Häuser am Rand der Handlung zu öffnen und den Leser in das neben dem Fortgang der Erzählung pochende Leben einzulassen.

Seitdem ich wußte, was sich hinter den nichtssagenden, steilen, etwas gewölbten Mauern von Fes verbarg, begannen diese Mauern anders auszusehen. In ihrer Gewölbtheit wurde gleichsam der Druck sichtbar, den ein pralles Innenleben auf sie ausübte. Es war nun klar, daß man sich auf dem Weg durch die Stadt, nur durch Wände geschieden, zwischen lauter vertikalen Welten hindurchbewegte. Die Frau mit dem Kopftuch, die durch das Gedränge der dunklen Soukhs eilte, würde bald schon auf ihrer Dachterrasse, allein wie auf einem Stern, ihr Haar kämmen und später ein Taubenpaar für das Abendessen schlachten, von der Himmelskuppel riesenhaft überwölbt.

Das Turm- und Brunnenschachthafte der Häuser von Fes führte in das Gassengeflecht ein Ewigkeitsmoment ein, ein Stagnieren, eine andere Form von Zeit. Unten trabte man in den Laufgängen, aber oben blickte man weiter, als die unten laufen würden. So eröffnet sich in den Nebenkammern des Romans, in die der Leser einbricht, das eigentliche Leben des Buches, in geheimnisvollem Stagnieren, in einem stillen Immer-höher-Steigen und Immer-tiefer-Fallen, in einem Schweben im Brunnen. Aber in die Einsamkeit der Terrasse, wohinauf die Menschenstimmen von der Straße gedämpft und geradezu zwitschernd wie von Vogelschwärmen dringen, stürzt ein junger Adler, als fiele er aus der Sonne, und reißt den Kanarienvögeln in ihrem Käfig durch die Stäbe hindurch die Köpfe ab.

Ist es nicht eigentlich gleichgültig, welche Art von Geschichten sich in solche Gefäße aus Stein hinabsenkt? Niemals wurde mir so klar wie beim Anblick dieser Stadt, wie groß die Bedeutung der Form und der Struktur für den Roman ist – daß es seine Form ist, die ihn dazu befähigt, Stoff aller Art in sich aufzunehmen. Die Stadt Fes taugte zum Bild der ganzen Welt ebenso wie zur Verbildlichung eines einzelnen menschlichen Gehirns; dazu womöglich gar noch besser. Und dabei ist alles, was dem Fes von heute seine Farbe gibt, seine Geschichte, seine Religion, seine Handwerker und Händler, die jungen Mädchen und die alten bleichen Männer und die Scharen von Kindern, die vielen Rassen, die »braunen oder blassen«, noch völlig unberücksichtigt.

Wie der Roman im ganzen einer Stadt gleicht, für mich nun einer Stadt wie Fes – als gäbe es eine Stadt wie Fes ein zweites Mal –, so fühlt er sich im besonderen von Häusern und Zimmern angezogen als jenen Lebensgefäßen, die wie die Eichenfässer dem Wein dem in ihnen gelebten Leben einen bestimmten Geschmack mitgeben, die zugleich ihrerseits von diesem Leben durchtränkt und durchsäuert sind und ein beredtes Zeugnis von ihm abgeben können. Es gibt

Romane mit wahren Ausschweifungen der Beschreibung von Häusern und Innenräumen, »A rebours« von Joris-Karl Huysmans zum Beispiel, in denen die Teppiche, Bücher und Möbel des besessenen Sammlers des Esseintes lebendig werden und den Bewohner vampirisch aussaugen – das Leben der Hauptfigur springt in die toten Dinge über und macht sie zu Dämonen. Geheimnisvoll ist der Fall des Autors, der den Innenräumen ein Hauptgewicht für die Erzählung zukommen läßt, sie aber mit indirekten Mitteln aufbaut und dem Leser die Aufgabe überträgt, deren Bild selbst entstehen zu lassen. Ich fühlte mich bestätigt, als ich in Prousts großem Roman auf die Stelle stieß, wo der Erzähler seiner Geliebten die Romane Dostojewskis nahezubringen sucht. Aber es sind nicht Dostojewskis theologische Probleme, nicht die Psychologie oder die Dialogtechnik der uferlosen Geständnisse im fahlen Licht der Mittsommernacht, auch nicht die Charaktere zwischen Heiligkeit und Geisteskrankheit, die er Albertine an ihr sehr französisches, finsterer Seelenballung abholdes Herz legt, sondern die Häuser, die Schauplätze der großen Dostojewski-Romane: das Haus des alten Karamasow etwa und das Kaufmannshaus Rogoschins aus dem »Idioten«. Mir standen diese Häuser deutlich vor Augen, im Haus Karamasow hatte ich sogar in einem mir unvergeßlichen Traum einmal Tee getrunken, von Hühnern umgackert, gemäß den Gesetzen der Traumdramaturgie war der Hausherr selbstverständlich nicht erschienen. Durch Proust angeregt, suchte ich in den Romanen nach den Beschreibungen dieser Häuser: Beide waren alt und verbaut, bestanden aus mehreren Flügeln aus verschiedenen Epochen, hatten Höfe, dunkle Durchgänge, lichtlose Korridore, hohe Türen, schwärzliche Ahnenbilder. Bäurisches und Herrschaftliches stieß in ihnen aufeinander, Teile der Häuser waren aus Holz, andere aus Stein mit ausgetretenen Stufen, auf den mit hundertjährigem rotem Samt bezogenen Sesseln hatte schon lange niemand mehr gesessen. Wer in diesen

Häusern mit ihren Stallungen und Vorratskammern aufgewachsen war, trug sie, einer Schnecke vergleichbar, ein Leben lang mit sich herum; dies waren Häuser, die man niemals los wurde, wie die Söhne Karamasow und Rogoschin tatsächlich ihre Abkunft als übergroße Last beständig auf ihren Schultern haben. Ich teilte Prousts Empfindung, daß sich in diesen Häusern die Romane in ihrer Gesamtheit verkörpert hatten, aber wie groß war meine Überraschung, als ich beim Suchen und Wiederlesen diese Beschreibungen erst gar nicht fand und dann schließlich erkannte, daß es solche längeren Beschreibungen auch gar nicht gab. Kaum mehr als ein paar Szenenanweisungen wie für ein Filmdrehbuch hatte Dostojewski den Häusern zukommen lassen, und selbst diese kargen Bemerkungen waren – soweit man das bei einer Übersetzung sagen darf – ohne großen sprachlichen Aufwand einfach und knapp hingesetzt, wie man sich einer lästigen, aber notwendigen Aufgabe entledigt. Diese Szenenanweisungen hatten genügt, um den handelnden Personen einen Hallraum zu schaffen, der in ihren Worten mitklang und ihnen jene symphonische Farbigkeit verlieh, die den Roman, der sich vor allem an die Bildphantasie des Lesers richtet, vor anderen literarischen Formen auszeichnet. Und diese Bildphantasie ist bei mir jedenfalls so ausgeprägt entwickelt, daß mir in der atmosphärischen Erinnerung an die bewußten Dostojewski-Romane vor allem diese Häuser vor Augen stehen, während die Figuren nur als Schatten aus noch tieferen Schatten hervortreten und ihre hemmungslosen Konfessionen flüstern. Die Räume Dostojewskis machen es möglich, daß die langen, oft auch richtungslosen und sich in Entgrenzung überbietenden Dialoge in einen Klangkörper eingespannt sind, der sie wie große Akkorde klingen läßt, und in diesen Akkorden schwingt dann die künstlerische Essenz der Romane.

Räume, die Romane enthalten und in ihrer Vergessenheit, richtig betrachtet, selbst bereits Romane sind, werden dies meist nicht durch ihre Schönheit, sondern durch eine Störung, einen Stilbruch, die ihnen die Widersprüchlichkeit, die Inkonsequenz und die Fehler einer menschlichen Lebensgeschichte verleihen. Das alte Gesetz, daß es ein Mangel und eine kleine Irritation sind, die die Schöpferkräfte anregen, bewährt sich auch hier – »damna docent«, die Devise der holländischen Stillebenmaler, wirkt anregend auch in der Literatur.

Ein kleines Beispiel für solche fruchtbaren Irritationen: In Moskau ging ich durch das Holzhaus, das Leo Tolstoi für die Stadtaufenthalte seiner Familie hatte errichten lassen, ein für ein eigens geplantes Haus wunderlich verbauter Kasten. Im Eßzimmer, das mit gelber Ölfarbe angestrichen war – beinahe im selben Ton wie Goethes Eßzimmer in Weimar, aber welch ein Unterschied in der Wirkung! –, hing auf der kahlen Wand eine sehr kleine Schwarzwälder Kuckucksuhr. Die eigentümlich bürokratische Häßlichkeit des Raumes, seine dürftige Kahlheit, das Deutschlandbild, das mit dieser Kuckucksuhr beschworen wurde und das dem Deutschenhaß des Leo Nikolajewitsch eine besondere Farbe gab, die Atmosphäre vergangener Familienmahlzeiten in ihrer notorischen Disharmonie, die von den mechanischen Kuckucksrufen untermalt wurde, die Vorstellung, daß ein Gott der Imagination, ein neuer Weltenschöpfer wie Tolstoi in seinem höchstpersönlichen Kosmos einen Platz für diese Kuckucksuhr gefunden hatte – ein Gedanke, der jede Versuchung, die Kuckucksuhr lächerlich oder spießig zu finden, augenblicklich zum Schweigen brachte –, dies alles senkte sich in meine Erinnerung als festgedrehtes, nicht entwirrbares Garnknäuel. Bis ich dann, bei Gelegenheit eines längeren Aufenthaltes in Indien im Residenzschloß eines der vielen kleinen Königreiche, die Kuckucksuhr wiedersah, diesmal in einem Salon mit dicken Armsesseln aus den dreißiger Jahren, deren Seitenlehnen wie alte Radiolautsprecher bespannt waren. Auch hier überraschte die Kuckucksuhr, auch hierher gehörte sie nicht, aber nun war die Zeit reif, dem Phänomen näherzurücken und es für eine größere Erzählung zu nutzen. Ich übertreibe nicht, wenn ich sage, daß mein Roman »Das Beben« sich um diese Kuckucksuhren herumgewickelt hat, als wären die Schwarzwälder Schnitzereien auf eine drehbare Spindel gesetzt worden.

Weniger bizarr als die Kuckucksuhr, für mich aber nicht minder wirkungsvoll, um einen Raum zum Sprechen zu bringen, sind ausrangierte Feuerstellen, Kamine, die nicht mehr beheizt werden können. So bedeutsam ein Feuer für ein Zimmer ist, so stark wirkt sich aus, wenn dies Feuer für immer erloschen ist. Kamine haben oft einen zentralen Ort im Zimmer, alle Linien laufen auf sie zu, und dieser Ort ist nun kalt, staubig und tot, kaum daß noch Spuren von Brandgeruch von den trockenen Steinen ausgehen. Manchmal steht in einem solchen erloschenen Kamin ein Gasöfchen, das das Holz- oder Kohlefeuer ersetzen soll, und häufig ist auch dies kaputt, der Raum ist gleichsam in den endgültigen Zustand der Unbeheizbarkeit und Unbewohnbarkeit eingetreten, aber es wird noch dauern, bis das ganze Haus gestorben ist, und bis dahin ist das Zimmer wie eine mit allem möglichen Hausrat gefüllte ägyptische Grabkammer für ein geisterhaftes Weiterleben nach dem Tod gerüstet. Ein Weiterleben auch in der Literatur, die der Ort ist, an dem erloschene Funken ein Feuer entfachen können.

Häuserbeschreibungen sind erforderlich, wenn das Aussehen der Zimmer keine Selbstverständlichkeit ist. Im »Don Quijote« oder in den Memoiren Casanovas, dem neben dem »Tristram Shandy« gewiß schönsten Erzählwerk des achtzehnten Jahrhunderts, werden überhaupt keine Räume beschrieben. Wie ein Wirtshaus, ein Stadtpalais, ein Stall, das Zimmer einer Hure oder das eines Schuhmachers aussahen, war allgemein bekannt. Dem weitgereisten Casanova sind zwischen Madrid, Paris und Warschau die Eigentümlichkeiten dieser Orte keine Zeile wert – ein Zimmer ist »schön«,

»schmutzig«, »prachtvoll« oder »sauber«, das genügt vollauf, um die innere Camera obscura zur Erzeugung von Bildern zu bringen. Mit dem Aufeinanderprallen des vorindustriellen auf den industriellen Stil muß das lange unbenannt Gebliebene unversehens benannt werden; das Unvereinbare, das Nicht-Zusammengehörende wird zum Kennzeichen der meisten Umgebungen. Die aus der industriellen Revolution hervorgegangene Epoche hat die »Antiquitäten« erfunden und erklärt auch ihre eigenen Hervorbringungen, ausgelaufene industrielle Modellserien, zu »Antiquitäten«. Die Entdeckung der Geschichte fand ihre Krönung in einer Historisierung der Gegenwart; sie fordert eine Spurenlese, die aus dem Inhalt der Abfalleimer das Bild einer Epoche zu rekonstruieren unternimmt – und zwar das der zur Ära, gar zum Äon erklärten eigenen Zeit. Seit den siebziger Jahren des zwanzigsten Jahrhunderts sind disparate Innenräume zu den bevorzugten Meditationsgegenständen der Künstler – Photographen, Filmemacher, Objektkünstler, Maler und Schriftsteller – geworden. Verfallene Gründerzeitpracht, gemischt mit Kantinenästhetik – das Sanatorium der Sowjetunion; das geschnitzte Prunktreppenhaus mit Fünfziger-Jahre-Linoleum und später eingebautem Spülbecken; das Wiener Wäschereischaufenster mit aus der Schiene gerissener vergilbter Gardine, einem eingetrockneten Kaktus und einer mit Fliegendreck übersäten Reklametafel: »Ihr Oberhemd gestärkt wie nie!«; die Amtsstube mit den beiden schief hängenden, stehengebliebenen Pendeluhren und dem Matterhorn-Ölbild zwischen ihnen; der Elektrozubehör-Laden, der seine hunderttausend Schräubchen und Birnchen im Schaufenster zu einem großen symmetrischen Teppichmuster angeordnet hat; die in eine Pizzeria umgewandelte Tankstelle mit Vesuv-Photo, in dem rote Lämpchen blinkend den Lavafluß darstellen. Unvergessen die Motels in Nabokovs »Lolita«. Die Ästheten feiern solche »Ensembles«, sie werden in kostbaren Kunstbänden dokumentiert und gelegentlich sogar in toto ins Museum für moderne Kunst überführt, wo sie von wie Giotto-Fresken von den Wänden französischer Provinzhäuschen gelösten »Byrrh«-Reklamemalereien erwartet werden. Die Bühnenbildnerin Anna Viebrock kann sich große Oper nur in solchen, von ihr liebevoll und hochbegabt auf der Bühne nachgebauten zerrütteten Interieurs vorstellen, von denen man die schönsten im untergehenden Ostblock fand. Der von der Geschichte geschlagene, von unvereinbaren Geschmackskonzepten ruinierte Raum wurde in seiner Erbärmlichkeit und Komik zum Schamanenreich der Poesie.

Damit ist wahrscheinlich aber bald Schluß. Diese Sehweise ist inzwischen, wie es mit allen avantgardistischen Spezialitäten zu geschehen pflegt, so populär geworden wie einst der mit ihr verwandte Surrealismus. Nicht nur in dem erwähnten Vesuv-Photo, sondern in jedem ramponierten Interieur blinkt jetzt das rote Lämpchen auf: »Achtung! Poetisch!« Es steht zu vermuten, daß die Zeit einer neuen Vereinheitlichung des Stils und Geschmacks wie einst im achtzehnten Jahrhundert sehr nah ist, in der die Beschreibung der Räume nicht mehr lohnt und in der sich die räumliche Atmosphäre, das Bild wieder nur aus den Worten und Gedanken der Figuren und ihrer Stimmung und vielen winzigen Spuren zusammensetzen werden.

Man versteht deshalb gewiß auch, warum ich bei meiner »Beschreibung der Stadt Fes als literarischer Struktur« auf alles verzichtet habe, was dort an orientalischem Zauber, an Märchenwelt, Schmutz, Buntheit und archaischem Leben in reichem Maß vorhanden ist, und nur die Bewegung der epischen Erzählung an sich, der epischen Erzählung aller Zeiten in ihr erkennen wollte: die Verbindung von Fortlauf der Handlung mit ins Zeitlose geöffneten Augenblicken der Stagnation, der Zeitablauf, in den hin und wieder »Ewigkeitskeile« geschlagen sind. Wenn die dissonante Buntfarbigkeit des historischen Blicks wieder in das feine Grau ahistorischen Empfindens, dem alle Zeiten gleichförmig sind, zurücksinkt, wird der Raum des Romans erneut zu der aus einem verborgenen Schacht undeutlich erhellten Höhle, in der man wie Odysseus, den Geruch des ausgegossenen Tierbluts in der Nase, wartend hockt, bis die Gestalten der Unterwelt sich aus dem Dunkel lösen. Und wenn sie dann schließlich erscheinen, bringen sie ihre Welt mit, die die Welt aller Menschen ist und nur durch die Natur des Einzelnen ihre spezifische Färbung erhält.

# Die Kirche Hagios Georgios in Frankfurt

Eine griechische Kirche im Grüneburgpark kenne ich, solange ich denken kann. Dort, wo heute Hagios Georgios steht, stand in den fünfziger Jahren eine kleinere Kapelle, Hagios Andreas mit Namen, sie war, wie ich mich erinnere, von dichtem Taxusgebüsch umgeben, ein schmaler Bau aus schönem roten Sandstein. Hohe Fenstertüren mit Rundbögen erhellten den Raum, der einst eine Orangerie gewesen war und zu dem im Krieg zerstörten Palais der Familie Rothschild gehört hatte. Als Kind schaute ich durch diese Fenster in die Kapelle hinein, die so anders aussah als die Kirchen, die ich sonst in Deutschland kannte. Vor allem fiel mir auf, daß es keine Bänke gab; diese massiven Blöcke, die immer etwas von Schule und Unterweisung und zugleich von den Stuhlreihen eines Theater- oder Konzertsaales haben, die fehlten hier. Der Saal vor Bilderwand und Altar war frei und gleichfalls ein heiliger Raum; auf dem Steinboden standen blankgeputzte Messingleuchter und Pulte, auf denen goldene Ikonen lagen. In meiner Vorstellung kamen in diesem geheimnisvollen kleinen Saal keine Gemeindemitglieder im üblichen Sinne zusammen, sondern vielleicht nur Priester, die in ihren Ornaten darin auf und ab schritten. Frankfurt sah in den ersten Jahrzehnten nach dem Krieg sehr schäbig aus, da erschien mir die reinliche und erlesen geschmückte Kammer hinter den Taxusbüschen wie das Vorzimmer zu einer anderen Welt. Dabei waren die Wände von Hagios Andreas keineswegs mit Bildern bedeckt, sondern weiß getüncht. Verglichen mit der Bilderpracht von Hagios Georgios war die Kapelle in der einstigen Orangerie – für mich der Inbegriff verborgener Festlichkeit – überaus bescheiden. Denn die Gemeinde war damals noch klein, obwohl schon seit Vorkriegszeiten mit Deutschland verbunden. Die griechischen Kürschner und Pelzhändler waren nach der Teilung Deutschlands vom Leipziger Brühl nach Frankfurt gekommen, lange bevor die große Wanderung vieler Griechen nach Norden begann.

Sosehr mich die kleine Kapelle anzog und bezauberte, es kam nicht so weit, daß ich sie betrat. Hinter den schwarzen Büschen lag sie wie das Geheimnis des Parks. Wenn ich ihn auswärtigen Freunden zeigte, führte ich sie manchmal an jenen Ort und ließ sie in das stille Geviert mit den bedeutungsvoll darin aufgestellten Gerätschaften hineinblicken. Manchmal brannten rote Lichtpünktchen in den Ampeln, manchmal lagen Blumenkränze um die Ikonen auf den Pulten, dann wieder sah die Kapelle aus, als würde sie nie von einem Menschen betreten und schlafe in einer für die Ewigkeit bestimmten, unberührten Ordnung.

Den Bau der neuen Kirche habe ich nicht mitbekommen. Eines Tages stand sie da, als habe sie ein Geist aus Tausendundeiner Nacht auf der flachen Hand in den Grüneburgpark getragen, das Taxusgehölz und die alte Kapelle kurz entschlossen weggefegt und die drei Goldkuppeln an deren Stelle gesetzt – ich weiß wohl, wie wenig diese Vorstellung den schier aussichtslosen Verhandlungen und Kämpfen entspricht, mit denen der neue Bau verbunden war, aber sie gibt meine Überraschung wieder. Der Neugier waren allerdings zunächst Grenzen gesetzt, denn Fenstertüren, die das Innere preisgaben, hatte die neue Kirche nicht mehr; ihre Fenster waren schmal wie Schießscharten, lagen hoch und sollten lediglich etwas Licht ins Innere fallen lassen, nicht aber die Kirche nach außen hin öffnen.

Warum ich dann an einem der folgenden Sonntage die Kirche zum ersten Mal betrat, bedarf einer kurzen Erklärung. Ich bin als römischer Katholik getauft, aber angesichts der Entwicklung, die die römisch-katholische Kirche seit dem Zweiten Vatikanischen Konzil in den frühen sechziger

Jahren genommen hatte, zweifelte ich manchmal, ob es die Kirche, der ich anzugehören glaubte, überhaupt noch gab. Meine Ratlosigkeit betraf hauptsächlich, aber nicht nur, die neue Gestalt der Liturgie. Die römische Liturgie ist so alt wie die griechische, ihre Ordnung, mit der sie weitgehend unverändert in die Gegenwart gelangt ist, wird zu Recht mit Papst Gregor dem Großen verbunden, der in der griechischen Kirche Gregor der Dialoge heißt und auch dort hohe Achtung genießt. Hier ist nicht die Gelegenheit, auf die liturgische Revolution in der katholischen Kirche, mit der auch eine Revolution der Theologie und des Glaubens verbunden war, weiter einzugehen. Nur so viel: Ich litt unter der Zerstörung der überlieferten lateinischen Liturgie, die plötzlich streng verboten war und deren Anhänger von den eigenen Bischöfen beargwöhnt und verdächtigt wurden, und ich sah mit Schmerz die Banalisierung des Kultes und das Verschwinden der heiligen Handlungen und heiligen Räume. Und ich erinnerte mich, daß die orthodoxe Kirche ihrer Liturgie aus apostolischer Zeit durch die Jahrtausende treu geblieben war, einer Liturgie, die schon in jenen Jahrhunderten gefeiert wurde, als die katholische und die orthodoxe Kirche noch nicht voneinander getrennt waren. Es wuchs in mir die Vorstellung und Hoffnung, daß in der Kapelle hinter dem düsteren Taxus noch etwas von dem bewahrt sein könnte, was sich im ersten christlichen Jahrtausend in Ost und West, in Architektur, Malerei, Musik und Wort so glanzvoll entfaltet hatte, das wahre Gesicht jener Religion, deren Wesenskern der Glaube an die göttliche Fleischwerdung ist. Und da war es, als sei dieser stattliche Kirchenbau, der sich nun unverhofft an der alten Stelle erhob, eigens für mich dorthin gelangt, als sei er genau zu dem Zeitpunkt an die Stelle der alten Orangerie gesetzt worden, an dem meine Suche nach der authentischen christlichen Tradition hoffnungslos zu werden drohte.

Ich weiß noch, wie verblüfft ich war, als ich zum ersten

Mal die Tür des neuen Heiligtums öffnete. Das war vor etwa acht Jahren: Die Ausmalung der Kirche hatte damals erst begonnen; große Flächen, die heute mit Malerei bedeckt sind, waren damals nur hell verputzt. Und doch empfand ich schon Pracht und Fülle und einen Bilderreichtum, dessen ich in neuzeitlichen Gebäuden, gar in Kirchen, längst entwöhnt war. Geburt und Kreuzigung Jesu standen schon in reinen, klaren Farben vor petrolblauem Himmel, die Muttergottes thronte in der Apsis, zur Linken umgeben von der Verklärung Jesu und zur Rechten von der Befreiungstat des Gottmenschen, der Adam und Eva aus dem Totenreich führt, die Schlösser und Angeln des Höllentores zersplittern läßt und den Satan fesselt. In zarterem, geradezu goldschmiedeartig feinem Stil waren die Ikonen der Ikonostase ausgeführt, Tafeln aus festem, glänzendem Lack, der den Bildern etwas Edelsteinhaftes gab. Das große Bild des Pantokrators in der Kuppel aber überwältigte mich, seine ernsten Augen ruhten nicht nur auf dieser Kirche, sondern auf allem, was auf der Erde geschieht.

Griechen sind Europäer, der Name Europa ist griechisch, aber sie gehören mit den Russen zum byzantinischen Europa, das sich durch viele Jahrhunderte ganz bewußt der ästhetischen Entwicklung der lateinischen Welt verschloß und in der Kirchenmalerei auch heute noch den westlichen Gedanken der »Entwicklung«, des »Zeitgemäßen«, des »individuellen künstlerischen Ausdrucks« entschieden verneint. Es gibt hier nichts zu verharmlosen oder zu begütigen: Vom Standpunkt eines modernen Intellektuellen, eines Kunsthistorikers, Kritikers, Künstlers, aber auch eines schlichten Geistes, der sein Weltbild der Zeitung zu entnehmen pflegt, ist die Ausmalung einer Kirche wie Hagios Georgios eine Provokation und ein Skandal oder aber ein Zeichen bedauernswerter Rückständigkeit, Zeugnis einer Kirche, die noch nicht auf den geistigen Höhen des Westens lebt. Ein orthodoxer Christ wird diese Ausmalung mit großer Befriedigung betrachten – ich schließe mich seiner dankbaren Bewunderung von ganzem Herzen an, aber ich bekenne, daß mich gerade auch die Provokation anzieht, daß ich Freude über diese Provokation empfinde und Dankbarkeit für sie, als sei ich in einer endlosen Wüste, nach dem Ende aller Hoffnungen, doch noch auf eine Quelle lebendigen Wassers gestoßen.

Was ist es, das die westliche Kunst so grundsätzlich von der byzantinischen Auffassung der Malerei unterscheidet? Sind im ersten christlichen Jahrtausend West- und Ostkirche, was die Bilder anging, nicht lange denselben Weg gegangen? Die Ikonen in Italien und in Konstantinopel gleichen sich im wesentlichen, vor allem in der ästhetischen Auffassung vom heiligen Bild. Und doch geht schon früh ein Riß durch die beiden Kirchen, ein Riß, der zunächst nicht sichtbar wurde. Sah es nicht für ein Jahrhundert lang sogar so aus, als sei der Westen die Schutzmacht der heiligen Bilder?

Der Osten nahm das Bilderverbot der Zehn Gebote »Du sollst dir kein Bild von Mir machen!« – dieses Verbot, das Judentum und Islam bis heute verpflichtet, – sehr ernst. Niemand durfte dieses Gebot aufheben als Gott selbst. Und Gott selbst hatte es aufgehoben. Er hatte seinen Sohn in die Welt gesandt und ihr dadurch ein Bild seiner selbst gegeben; man könnte Jesus das Portrait Gottes nennen. Und eine Spielung dieses Portraits hatte Jesus, als er die Welt verließ, den Seinen hinterlassen, jene deutlichen Schatten auf den berühmten und geheimnisvollen Tüchern aus dem Grab. Diese Tücher waren im ersten Jahrtausend zunächst in Edessa, dann in Konstantinopel aufbewahrt worden, erst durch den Raub des Vierten Kreuzzugs sind sie in den Westen gelangt. Bei der Schaffung eines Christusbildes konnte es im Osten niemals um künstlerische Erfindung, um die Schöpfung eines genialen Meisters oder die Imaginationen von Enthusiasten gehen. Die »vera icon« des Erlösers lag vor, sie war mehr als ein Bild – sie war greifbares Zeugnis für das Erdenwandeln des Herrn, Beweis seiner einst körperlichen Gegenwart. So wurden die ersten Christusikonen nach dem schemenhaften Bild des heute in Turin aufbewahrten Grabtuchs geschaffen – das schönste dieser frühen, für den Christustypus prägenden Bilder ist die Ikone im St. Katharinenkloster auf dem Berg Sinai. An ihr ist das unmittelbare Vorbild des Grabtuchs besonders evident, bis in die unterschiedliche Größe der Augen hinein.

So war der Zugang zu den heiligen Bildern im Osten von Anfang an mit sinnlicher Gotteserkenntnis verbunden, galten die Bilder nicht als Kunstprodukte, sondern als Garanten göttlicher Gegenwart, als manifeste Spuren göttlichen Heilswirkens. Sie waren Offenbarungen wie die Evangelien, Apostel der Fleischwerdung, und sie verkörperten die Einsicht, daß die christliche Offenbarung in der Gestalt Jesu über die Vermittlung einer Lehre und Moral weit hinausging, weil die bloße körperliche Anwesenheit eines Menschen viel mehr enthält als alles Große oder Kleine, was er tun oder äußern mag. Um wieviel mehr gilt dies für den Gottmenschen.

Mit solch religiösem Ernst sind die Bilder im Westen nie betrachtet worden. Schon für den bereits erwähnten Papst Gregor den Großen, der nach der Überlieferung die vom Evangelisten Lukas gemalte Ikone der Muttergottes höchstselbst durch die Straßen Roms trug, hatten die heiligen Bilder zwar ihre Bedeutung als Schmuck der Kirchen und als »Biblia pauperum«, als Bibel für die Analphabeten, besaßen darüber hinaus jedoch keinen sakramentalen Charakter. Es war ebendiese Doktrin, die den heiligen Bildern im griechischen Italien zugute kam, als der Wahnsinn des Bildersturms die orthodoxe Welt ergriff – die römische Kirche mußte sich gegen den Vorwurf der Idolatrie, der Vergötterung der Bilder, nicht zur Wehr setzen und fühlte sich deswegen auch nicht zu ihrer Vernichtung aufgefordert.

Hier nebenbei ein Stück Frankfurter Lokalgeschichte: Es war beim Konzil von Frankfurt, der heutigen Heimat von Hagios Georgios, daß man unter Vorsitz Karls des Großen diese Lehre Gregors bestätigte, während in Konstantinopel die Bilder zerstört wurden. Ich sehe in diesem Konzilsdokument – Bilder sind erlaubt, aber nicht zu verehren –, diesem liberalen Kompromiß, eine für Frankfurt und seinen liberalistischen Mittelweg typische Haltung. Damals gab es die Stadt eigentlich noch gar nicht, ich nehme an, sie bestand aus ein paar Hütten um die Pfalz, und doch war sie als moralisch-geistige Entität schon präsent.

Woher aber kam der lässige Umgang des Westens mit dem heiligen Bild? War das zweite Gebot nicht auch den lateinischen Christen bekannt? Haben sie es nie als problematisch empfunden, dieses Gebot zu brechen? Hielten sie es nicht wie die Griechen für notwendig, das Bild, wenn man es denn zuließ, als göttliche Sendung und Geschenk anzusehen und also menschlicher Willkür und menschlichem Einfallsreichtum zu entziehen? Ich habe keine Antwort auf diese Frage. Ich sehe nur, daß der Westen für eine Verharmlosung der Bilder plädierte und ihnen jene Brisanz nahm, die im Osten Liebe und Haß entzündete. So bereitete sich vor, was sich viel später erst vollenden sollte: die Entlassung der Bilder aus der Beobachtung durch die Theologie.

Das brachte den Bildern und den Künstlern Freiheit. Und nun scheint es, man könne die ganze Entwicklung der westlichen Kunst unter dem Stichwort der Freiheit oder besser der Befreiung betrachten. Im Lauf der Jahrhunderte wird alles abgeworfen, was die Bilder des Westens noch mit den heiligen Bildern des Ostens verband. Die Flächigkeit der Ikone wird überwunden, die Ikonographie, die Kontrolle der Kirche über die Darstellung der Heilsereignisse, abgeschüttelt, die überlieferten Konventionen für das Christusbild werden verdrängt, Naturalismus und Psychologie lassen die biblischen Erzählungen immer mehr wie Szenen raffinierter Opernaufführungen oder von Filmen erscheinen, die immer meisterhaftere Beherrschung der malerischen Mittel läßt das Dargestellte immer unwichtiger werden, die Darstellungsstile wechseln immer schneller, die Mode beginnt auch die religiöse Malerei zu beherrschen, und auf dem Höhepunkt ihrer atemraubenden technischen Vollendung wirft schließlich nicht nur die profane, sondern auch die sakrale Kunst jede inhaltliche Bindung und thematische Verpflichtung ab und erklärt die Devise »L'art pour l'art« zum eigentlichen Ziel ihres Wirkens.

Wer wollte die reiche Fülle von Meisterwerken aller Epochen geringschätzen, die auf diesem Weg entstanden! Die Fähigkeit ästhetischer Erkenntnis ist von der westlichen Kunst ins geradezu Unwahrscheinliche gesteigert worden. Wer wagt den Gedanken, daß man auf die Bilder van Eycks und Raffaels, Velazquez' und Vermeers verzichten könnte – das wäre vergleichbar mit freiwilligem Erblinden, denn diese Maler haben ihre Betrachter mit neuen Augen beschenkt.

Und doch mag inzwischen deutlich geworden sein, welch unerhörter Preis für diese Menschheitsleistungen zu zahlen war. Es ist verblüffend zu sehen, wie die Maler, die mit ihrem Genie aus ihrer Zeit heraustreten, eine unverwechselbare Handschrift suchen und zum Ausdruck ihres ureignen Geschmacks gelangen wollen, mehr und mehr zu sakralen Bildern unfähig werden. Es entstehen erstaunliche und kühne Werke, aber kaum noch solche, vor denen eine alte Frau oder ein junges Mädchen beten, keine Bilder, die mit Weihrauch beräuchert, geküßt, mit Blumen und Kerzen geehrt und in Prozessionen umhergetragen werden könnten. Es mag Menschen geben, die über die Bewunderung malerischer Delikatesse zur Andacht finden, ich möchte dem Connaisseur die Fähigkeit zur Anbetung nicht grundsätzlich absprechen, aber ich fürchte, Individualismus und Eigensinn eines Meisters verhindern in den meisten Fällen jene Offenbarung, um deretwillen die Altarbilder geschaffen wurden.

Und das gilt für viele Meisterwerke der großen westeuropäischen Tradition. Inzwischen ist die westliche Kunst jedoch von einer Krise betroffen, die sie von ihren Wurzeln und Traditionen beinahe völlig getrennt hat. Zur Herstellung heiliger Bilder, die eine liturgische Funktion übernehmen können, ist sie schon gar nicht mehr imstande. Jahrzehnte nach der großen Kunstrevolution zu Beginn des zwanzigsten Jahrhunderts stellten viele Künstler die Möglichkeit figurativer Kunst grundsätzlich in Frage. Aber auch wer gegenständlich blieb oder es wieder wurde, mißtraute der Fähigkeit eines Bildes, wirklich auszudrücken, was es darstellte, gar wesensverwandt mit dem Dargestellten zu sein, eine reale Gegenwart herzustellen. Die Grundstimmung der westlichen Kunst unserer Tage hat Thomas Mann im »Doktor Faustus« einzigartig klar definiert: »Warum muß es mir vorkommen«, läßt er seinen Künstlerhelden sprechen, »als ob fast alle, nein, alle Mittel und Konvenienzen der Kunst heute nur noch zur Parodie taugen?« Es ist, als führe Thomas Mann einen Gedanken Charles Péguys zu Ende, der schon Anfang des zwanzigsten Jahrhunderts als Leitspruch unserer Epoche formuliert hatte, seine Gegenwart – unsere Gegenwart – zeichne sich dadurch aus, »daß sie nicht glaubt, was sie glaubt« – und so könnte man die zeitgenössische figurative Malerei, dieses Zitat fortspinnend, als eine Malerei bezeichnen, die malt, »daß man nicht mehr malen kann«, oder die darstellt, »daß man nicht mehr darstellen kann«. Die Wahrheit eines objektiven Gegenübertretens, die Begegnung mit einer göttlichen Wirklichkeit, nicht bloß mit einem Reflex des menschlichen Bewußtseins, ist der Kunst unserer Tage völlig fremd.

Gut, könnte man sagen, nicht alles ist zu allen Zeiten möglich. Aber die neugebauten Kirchen des Westens sind voll mit Kunst, die Künstler denken gar nicht daran, aus ihren grundsätzlichen Zweifeln den Schluß zu ziehen, die Finger von sakraler Kunst zu lassen. Lange Zeit wurde der alte, 1968 verbotene lateinische Ritus noch in der Hauskapelle eines kleinen Frankfurter Hotels gefeiert, deren Kunstwerke man aber ebensogut in vielen großen Kirchen hätte finden können. Eingeprägt hat sich mir der gekreuzigte Christus über dem Altar: ein gesichtsloses gläsernes Gebilde wie aus Himbeergelee, die Muttergottes glich einem augen-, ohren- und mundlosen Kykladensymbol. Es gibt Kirchen mit aus verrostetem Maschendraht gebastelten Christusfiguren und solche mit glattgehobelten Holzsymbolen, die wie Garderobenständer von Ikea aussehen. Als größtes religiöses Kunstwerk des letzten Jahrhunderts gilt vielerorts die »Kreuzigung« von Joseph Beuys – heute beklagt sogar der Kunstbeauftragte des Papstes, daß sie nicht für einen Altar angekauft worden sei, und so steht es denn in der Stuttgarter Staatsgalerie: das Kreuz ist ein Stöckchen ohne Querbalken den Wörtern ihre Bedeutung zu entwinden gehört zu den besonderen Freuden unserer Zeit, daneben zwei leere Kunststoffflaschen für Blutplasma, die offenbar Maria und Johannes darstellen sollen.

Die Ausführlichkeit, mit der ich an diese Verhältnisse erinnert habe, lenkt gewiß von meinem eigentlichen Gegenstand, dem zehnjährigen Jubiläum von Hagios Georgios, zunächst ab, aber sie schien mir notwendig, um das Gefühl, das mich immer wieder bewegt, seit ich diese Kirche zum ersten Mal betrat, recht deutlich werden zu lassen. Ich habe von der Freiheit, der Befreiung in der westlichen Kunst gesprochen – aber hier war sie, die Freiheit. Eine Last, die mich, ohne daß ich sie eigentlich spürte, viele Jahre bedrückt hatte, sank von meinen Schultern. Die Doktrin der Moderne, die Entwicklung der Kunst im Westen sei eine Evolution zum Höheren, die Rückkehr zu früheren Bildformen nur im Zeichen der Lüge und der Dummheit möglich, löste sich beim Anblick des großen Bilderhauses von Hagios Georgios in nichts auf. Ich erkannte, daß diese Doktrin ein Gefängnis des Geistes war, dem man entkommen konnte.

»Epigonal« – das ist eines der schlimmsten Verdammungsworte der zeitgenössischen Kunsttheorie. Gewiß, es gibt ein geist- und herzloses Nachahmen großer Kunst, zu der die Epigonen niemals eine innere Verbindung gefunden haben. Was beim heutigen Gebrauch des Begriffes aber oft verkannt wird, das ist die Seltenheit echter Revolutionen in der Kunst. Die Kunst hat ihren Weg durch die Jahrtausende vielmehr vor allem in Nachahmungen und Rückgriffen, in Schulgründungen, Unterwerfung unter Traditionen und große Vorgänger und in Renaissancen genommen.

Aber hier in Hagios Georgios war nun eine Malerei, die den vernichtenden Vorwurf des Epigonentums schon deshalb nicht zu scheuen brauchte, weil sie überhaupt nichts anderes sein wollte als epigonal: Ihre Vorbilder waren von Anfang an dazu da, wiederholt zu werden, so wie Noten geschrieben werden, um musikalische Aufführungen wiederholen zu können, oder wie uns Buchstaben erlauben, einen Text über Generationen hinweg zu überliefern. Und so waren die Figuren dieser Malerei in ihrer Stilisierung zu Buchstaben geworden, zu Hieroglyphen der Offenbarung.

Ein etwas naives modernistisches Postulat hat seinen Weg ins schlichte Publikum gefunden: »Man kann heute nicht mehr malen wie Raffael!« Man vergißt dabei, daß auch zu Raffaels Zeit niemand malen konnte »wie Raffael«. Aber wer sich der geistlichen Übung unterzieht, eine Ikone nach uraltem Vorbild neu zu malen, der malt auch gar nicht »wie Raffael« – will sagen, wie eine historische Künstlerpersönlichkeit, eine Künstlerindividualität –, sondern stellt sich in eine lange Reihe von Namenlosen, die häufig nicht einmal mit einem Menschen beginnt – die Orthodoxie liebt die Vorstellung der Acheiropoietos-Ikonen, der nicht von Menschenhand geschaffenen Bilder. Für alle, die mit dem Begriff der Kunst nach westlichem Muster die originelle Neuschöpfung, die urpersönliche Handschrift, den Ausdruck einer Seele verbinden, ist die Ikone auch in ihrer hohen Form am Ende überhaupt keine Kunst. Kunst muß für den Westen autonom sein, und nirgendwo gibt es weniger Autonomie, darf es weniger Autonomie geben als bei einer Ikone.

Aber hat denn Kunst in diesem westlich-autonomen Sinn in einer Kirche eigentlich etwas zu suchen? Die Frage klingt aus dem Mund eines römischen Katholiken wahrhaft befremdlich, denn die großen und kleinen katholischen Kirchen der Vergangenheit sind oft wahre Schatzhäuser der Kunst; die Kirche war lange einer ihrer wichtigsten Auftraggeber und Anreger und nahm an ihren Innovationen in vorderster Reihe teil, jedenfalls bis zum Ende des achtzehnten Jahrhunderts. Es gibt Kirchen, die man wie Gemäldegalerien besichtigen kann, und das geschieht auch so; in manchen großen Epochen waren Kunst und kirchliche Kunst geradezu identisch. Bis die Kunst sich schließlich von der Kirche abwandte und ihr nur noch säuerliches Kunstgewerbe oder Abfallprodukte eines Pseudo-Avantgardismus übrigließ.

Angesichts dieser ästhetischen Katastrophe läßt sich nun fragen, ob nicht auch die hohen Zeiten der Verbindung zwischen Kunst und Kirche eine bedenkliche Seite hatten. Nachdem ich einige Wochen in einem georgischen orthodoxen Kloster zu Gast war, schenkte mir ein junger Mönch eine Reproduktion der »Muttergottes von Iberien«, das ist der antike Name Georgiens, eine Ikone, die auf dem Athos aufbewahrt wird. Das braune Gesicht der Panhagia war wie aus altem Leder und durch viele Schichten von Kerzenruß nur noch schwer erkennbar. Er küßte die Postkarte, bevor er sie mir überreichte, und sah mich erwartungsvoll an. Ich wollte ihm eine Gegengabe machen und fand zwischen den Seiten eines meiner Bücher die Postkarte mit einer der berühmten späten Madonnen Raffaels, vielleicht der schönsten, ganz ohne jene geradezu glasige Perfektion seiner frühen Bilder. Maria steht in einem dunklen Raum, ihr sanftes mädchenhaftes Gesicht mit niedergeschlagenen Augen leuchtet wie ein milder Mond über ihrem aufrecht stehenden nackten Sohn, halb Putto und halb junger Herakles. Die Fleischmalerei dieses Bildes gehört zum verlockendsten, was Raffael gelungen ist. Der heroische Säugling strahlt in einer Appetitlichkeit, daß man den warmen Duft seines gepflegten, gebadeten, wohlgenährten Körpers zu riechen meint.

Vater Dosité, so hieß der junge Mönch, hatte keinerlei Erfahrung mit westlicher Kunst. »Was ist das?« fragte er. Seine Miene war mißtrauisch. »Die Muttergottes«, antwortete ich und hätte das große Wort jetzt am liebsten vermieden. Vater Dosité war zu höflich, um den Abscheu, den ich auf seinem Gesicht las, Wort werden zu lassen. Er gab mir die Karte zögernd zurück, und ich machte keinen Versuch, ihn zu bewegen, sie zu behalten.

Besser als ein religiöser Traktat hatte mir Vater Dosité mit seiner spontanen, wenn auch durch ein Leben in orthodoxer Spiritualität vorbereiteten Reaktion gezeigt, welchen Anforderungen ein heiliges Bild – ein Bild im Kirchenraum, ein Bild, das die Liturgie begleiten und umgrenzen soll – zu genügen hat. Seine Aufgabe ist, das historische Ereignis der Erlösungsgeschichte in die Dimension der Ewigkeit zu rükken, die Zeitlichkeit der Heilsgeschichte von einem aus der Zeit und über sie hinausweisenden Standpunkt aus zu betrachten. Im Jesusknaben muß der Gekreuzigte und Weltenrichter schon ahnbar sein, in seiner heiligen Mutter die Ersterlöste der Menschheit, die Königin, die herrscht, weil ihr Wille mit dem Willen Gottes gleichförmig geworden ist.

Es stimmt schon, gegen die glänzenden Hervorbringungen westlicher Kunst wirken die Ikonen unentwickelt. Aber diese scheinbare Primitivität hat eine Funktion: sichtbar zu machen, daß die Historie der Heilsereignisse aus den materiellen Spuren eines kosmischen Dramas besteht. Mathematisch können wir Dimensionen, die über Raum und Zeit hinausgehen, darstellen, unseren Sinnen jedoch sind sie verschlossen. Wie macht man nun augenfällig, daß die Ereignisse des Lebens Jesu sich nicht in dieser sinnlich wahrnehmbaren Welt erschöpfen, sondern eine Dimension besitzen, die über die uns erfahrbaren Dimensionen hinausgeht? Statt dem Bild eine weitere Ebene hinzuzufügen, was unmöglich wäre, entzieht die Ikone ihren Gestalten die Räumlichkeit – sie gibt uns gerade genug Materialität, um die Protagonisten der Heilsgeschichte zu erkennen, aber sie hebt die Ereignisse zugleich aus unserer räumlichen Welt heraus. »Naturalistisch« nennen wir gewisse Epochen der europäischen Kunst, als man auf oft staunenswerte Weise die Illusion der Räumlichkeit auf der flachen Leinwand erzeugte. Wenn es aber zur Natur der Heilsereignisse gehört, daß sie außerhalb der irdischen Körperlichkeit verwurzelt sind, dann ist die Raumlosigkeit der Ikone das nächstliegende Mittel, diese Natur weniger abzubilden als den Betrachter an die Grenzen ihrer Abbildbarkeit zu führen. So besitzt die Ikone ihren eigenen »Naturalismus«: Sie wird der Natur des göttlichen Handelns gerechter als der Farb- und Zeichenzauber der alten westlichen Kunst, der den Aspekt der Überwirklichkeit nur in den wenigen Ausnahmewerken bewältigte, die oft nicht einmal religiöse Sujets haben. Die Ikonenmaler steigen eine Stufe hinab, um jene höhere Stufe zu symbolisieren, die auf Erden kein Mensch erreichen kann. Dieses Absteigen, das ein Aufsteigen ausdrückt, löst die paradoxe religiöse Bewegung der Ikonenkunst aus.

Es ist für mich ein Geheimnis und ein großer Trost, angesichts des Zusammenbruchs der westlichen religiösen Kunst nach ihrem beispiellosen, immer aber gefährlichen Höhenflug, hier in dieser neuen orthodoxen Kirche gleichsam wieder an die Anfänge der christlich-liturgischen Malerei zurückkehren zu können, Anfänge, die nicht alt und matt geworden sind, sondern uns in strahlender Jugend begrüßen. Während der Westen sein großes Menschheitsexperiment einer autonomen, subjektivistischen und individualistischen Kunst mit allen Erfolgen und Niederlagen auskostete, hat die orthodoxe Ikonenmalerei geduldig und still gewartet und ist nun, da die westliche Kirchenkunst ihren endgültigen Bankrott erklären muß, bereit, aus der Demut ihrer Anonymität und aus der Kraft ihrer Unpersönlichkeit die entstandene Lücke zu füllen. Und nun, da die lateinische Welt vergessen hat, wie ein Gotteshaus aussehen muß, entstehen überall auch in Westeuropa prachtvolle orthodoxe Kirchen. Noch werden sie außerhalb der orthodoxen Gemeinden nicht wahrgenommen, aber ihre Entdekkung durch den Westen steht hoffentlich bevor. Es gibt keinen Zweifel: Der Bau einer Kirche wie Hagios Georgios in Deutschland ist eine apostolische Tat – den Griechen gibt sie eine Heimat, aber ich bin überzeugt, daß sie für die Deutschen womöglich noch wichtiger werden könnte und müßte.

In den letzten Jahren sind hier immer mehr Bilder und Mosaiken entstanden, der Kirchenraum hat sich gefüllt, es ist, als werde die Kirche noch einmal aus Bildern gebaut. Es gehört zum Schönsten an dieser Kirchengründung, dieses Wachstum, das so weit fortgeschritten und doch noch lange nicht beendet ist, mitzuerleben. Die Maler werden erst aufhören, wenn der letzte Quadratzentimeter des Innenraums ausgemalt ist. Und danach wird die Zeit ihr Werk beginnen, indem sie die Bilder altern läßt und sie mit einem Firnis aus feinem Ruß von Weihrauch und Kerzenflammen überzieht. Mit widerstreitenden Gefühlen nehme ich an diesem Wachstum teil. Ich ersehne den Augenblick der Vollendung und fürchte mich zugleich davor, daß dieses Immer-weiter-Malen sein Ziel eines Tages erreicht haben könnte, wie der Christ sich nach dem Paradies sehnen und zugleich den Tod fürchten kann.

## Wallfahrt nach Vierzehnheiligen

Was ist eine Reise? Jeder Mensch hat bei diesem Wort andere Erwartungen und Assoziationen. Ich vermute, daß sich für mich der Begriff der Reise an dem Nachmittag gebildet hat, als mir mein Vater auf dem Altkönig im Taunus aus dem Eichendorffschen »Taugenichts« vorlas. Die Erlebnisse des Tages vermischten sich mit der Erzählung. Alles war taufrisch. Es war das erste Mal, daß mein Vater mich auf eine Wanderung mitnahm. Wahrscheinlich hatte er den Effekt genau geplant; er kannte wohl auch meine Bereitschaft, das für ein Kind eigentlich langweilige stundenlange Durch-den-Wald-Laufen dramatisch zu überhöhen. Seitdem denke ich bei dem Wort Reise an frühe Aufbrüche, wenn alles noch schläft, an kleines improvisiertes Gepäck, an Umherirren in fremden Gegenden, an schließlich doch noch erreichte Gasthöfe, wo es nichts von dem gibt, was man haben möchte, aber dafür andere unerwartete Freuden, an böse Kettenhunde, seltsame Begegnungen, Äpfelessen im Schatten, an das Verschwinden von Zeit und Ziel, wirkliche und vermeintliche Gefahren und an die Ernüchterung und Beruhigung der Rückkehr. Leider habe ich solche Reisen selten unternommen; meist blieben sie ein Traum. Mit den Träumen gemeinsam haben sie auch, daß sie sich nur schwer erzählen lassen, ohne die Zuhörer zu peinigen. Alles, was in ihnen bedeutsam erschien, ist ja so privat und in seinen interessanteren Teilen dem Träumer selbst nicht recht deutlich.

Der Gedanke einer Pilgerfahrt war vor fünfundzwanzig Jahren für einen Studenten in Frankfurt ein exzentrischer Einfall; ich habe ihn wohl selbst so angesehen – »pour épater les bourgeois-anti-bourgeois«. Ich war nur sehr andeutungsweise mit den Gebräuchen des Katholizismus vertraut und wußte nicht genau, wohin man eigentlich pilgern könne, aber ich hatte gelobt, eine große Kerze zu stiften, wenn ich meine Prüfung bestehen sollte, oder behauptete jedenfalls, das gelobt zu haben. Ein Freund von mir, der keine Kerze gelobt hatte, weil er die Ergebnisse seiner Prüfungen seinen Vorbereitungen zu verdanken pflegte, riet zu Vierzehnheiligen, das sei ein angemessenes Wallfahrtsziel. Er werde mich gern begleiten. Am Abend vor dem Aufbruch aßen wir mit einer slowenischen Dame, die aus dem Kaffeesatz lesen konnte. Mitten in der heiteren Unterhaltung zeigte sie mit dem Ausdruck ernsthafter Ablehnung auf meinen Freund und sagte mit ihrem starken slawischen Akzent: »Das ist ein schlächter pélerin, ein sähr schlächter pélerin!«

Da beginnt es schon, das Bedeutungsschwangere und doch stets eigentümlich Pointenlose des Traums. Die Reise stand jetzt unter einem bedrohlichen Vorzeichen, aber dieses Potential hat sich, wenn überhaupt, für mich unsichtbar verwirklicht. Obwohl wir noch viel tranken und lange mit der ahnungsvollen Slowenin zusammenblieben, gelang das wichtige Erlebnis, frühmorgens die sonntäglich ausgestorbene Stadt zu verlassen. Auch das Gepäck war, was mich anging, unzureichend genug: keine Landkarte, planlos zusammengepackte Kleidungsstücke, kein Regenzeug, schlechte Schuhe. In der Nähe von Würzburg verließen wir den leeren Bummelzug an einem kleinen Bahnhofshüttchen aus grauem Holz, das auf freiem Feld lag. Hier begann die Reise.

Die Planlosigkeit war eine Chimäre, nur mit Mühe aufrechtzuerhalten. Mein Freund hatte sehr wohl auf die Landkarte gesehen und den Weg elegant geplant, schöne Schlösser und Kirchen reihten sich aneinander. Ich wollte mir einbilden, die Kostbarkeiten versammelten sich wie von selbst um den Weg der sich dem Zufall überlassen habenden Wanderer, so sei das eben, wenn man sich treiben lasse. Wir verirrten uns allerdings oft, das schützte die Illusion.

Am ersten Tag stießen wir in einem lichten Wäldchen auf eine Gruppe junger Männer aus einem nahe gelegenen Dorf, die dorthin Bierfässer geschafft hatten und sie im Schatten austrinken wollten. »Eine Schäferszene, eine fête champetre«, sagte mein Freund, der sich auf meinen unausgesprochenen Wunsch, die ganze Unternehmung ins Schöne zu reden, nicht ohne Bosheit eingelassen hatte, als er die lagernden Gestalten von fern sah. Nein, kein Ziegenbock war dabei, auch keine umkränzte Panstele. Aber die jungen Männer waren gastfreundlich. Sie luden uns ein und stellten interessierte Fragen, vor allem nach den berühmten Bordellen in Frankfurt, einer hatte da Sachen erzählt, die kaum zu glauben waren. »Doch, doch, alles ist wahr«, sagten wir und nickten schwer. Nachdenkliches Schweigen breitete sich zwischen den hohen Farnstauden des lichten Haines aus. Wir blieben noch lange, und ich fühlte, als wir dann doch aufbrachen, daß man sich eigentlich von der Geselligkeit hätte forttragen lassen sollen, man sprach von einem Tanzabend im Nachbardorf.

Im nahe gelegenen Dettelbach trafen wir während der Abendmesse ein. Ich übergehe die kunsthistorischen Besonderheiten dieses kleinen Wallfahrtsortes, eine außergewöhnlich schöne Renaissance-Giebelfassade der Kirche, die in Deutschland kaum ihresgleichen haben dürfte. Das Gnadenbild war, wie üblich, klein und hutzelig, es hatte lange an einem Feldweg gestanden, bis sich zu seinen Füßen ein Wunder ereignete. Es war, als solle mit der Heimholung der kleinen Statue in den Raum dieser Kirche jeder Feldweg geehrt werden. Und waren die Feldwege nicht auch etwas Verehrungswürdiges geworden? Die vielen Maler, die während der großen Jahrhunderte der europäischen Malerei aus den gemäßigten Zonen gekommen waren, hatten sich mit lehmigem Matsch, Pfützen, verfaulten, halb umgesunkenen Zäunen, grotesk in den Himmel wuchernden Eichen, Brombeergebüsch, weißlichen Flechten und Pilzen auf toten Holzstümpfen beschäftigt und so den geheimen Sehnsuchtsort des nordwestlichen Europäers beschrieben, der unter den offiziellen Träumen von Goldorangen und schwarzem Lorbeer verborgen ist. Solche Momentaufnahmen hatten die Augen schon reichlich machen dürfen: hier ein kleiner Morast, der von glänzenden grünen Blättern umgeben war, von Boucher, dort eine antik-stoische Kuh von Paulus Potter. In Dettelbach wurden auch erste Einkäufe gemacht, und zwar in den Holzbuden vor der Kirche, schwarze Gewitterkerzen und eine kleine dicke mit einem Abziehbildchen des Guido-Reni-Christus darauf.

Wurde in Dettelbach übernachtet oder schon in Wiesentheid? Ich erinnere mich nur an den immer gleichen Willkomm während dieser Fußreise: die niedrige Gaststube mit der Neonreklame der Brauerei über der Theke, der Geruch einer muffigen Säuberlichkeit, die düsteren Kartenspieler mit ihrem Export-Bier auf den irisierenden Resopaltischen, der lange mißtrauische Blick der weißhäutigen Wirtin mit den rosagespülten Patschhänden, als sei noch niemals ein auswärtiger Mensch auf den Einfall gekommen, hier abzusteigen. Das Abtrocknen der Hände an einem graugewürfelten Handtuch, das Voranwatscheln durch Korridore mit gelb verglasten Türen und Fenstern, das Öffnen eisig unberührter, wie Grabkammern in selbstgerechter Ruhe dämmernder Schlafzimmer. Die Übernachtungen waren immer Einbrüche und versetzten die Häuser »Zum goldenen Löwen«, »Zum weißen Roß« und »Zur Post« in einen lähmenden Ausnahmezustand. Wiesentheid und das nahe gelegene Prichsenstadt boten uns Anlaß zu den bedeutendsten Betrachtungen historischer und religionssoziologischer Art, wir schwadronierten wie die peripatetischen Philosophen, während wir uns einer frostigen Fichtenwaldkulisse näherten. Wiesentheid war katholisch-feudal, Prichsenstadt protestantisch-ackerbürgerlich, beide Dörfer lagen in Sichtweite nebeneinander, die deutschen Partikularitäten waren hier auf die Spitze getrieben. Das gräfliche, quasi fürstliche Haus von Wiesentheid hatte seine bäuerlichen Hintersassen mit den luxuriösesten Illusionsmalereien in der Pfarrkirche zu verblüffen gewußt, den Gipfel allerdings in der Friedhofskapelle erreicht: die deutsche »Sala dei giganti«, eine unter dem Posaunenschall des Jüngsten Tages einstürzende Barockkuppel, deren Gesimse und Kassetten sich schon im freien Fall auf den Betrachter zu befinden schienen – die himmelsfuriose Architekturdekomposition, umgeben von Kartoffel- und Rübenäckern. Die Posaunen noch im Ohr, näherte man sich dem von Stadtmauern völlig umgebenen Prichsenstadt, von jeder Menschenseele verlassen außer von zwei Frauen, die sich unterhalb der Wallanlagen mit dem Hochbinden von Bohnen und dem Umsetzen von Dahlien beschäftigten. Zwei Inschriften kehrten auf den verschlossenen Toren der Gehöfte von Prichsenstadt immer wieder: Plakate, auf denen »Jesus liebt dich!« stand, und kleine Emailleschildchen mit der Warnung: »Vorsicht! Bissige Wachhunde!«

Das Entwerfen katholischer und protestantischer Anthropologien beim Verlassen von Prichsenstadt hatte meinen Freund in einen Rausch versetzt, während wir der schwarzen Fichtenwand entgegenliefen und mehr und mehr in eine Art Niemandsland gerieten. Vor dem Wald stand ein riesiges kahles Kreuz aus ausgelaugtem Holz, ein Gipfelkreuz, das in eine Talfalte hineingeraten war und nun am falschen Ort so viel wie eben möglich von seinem Pathos aufrechtzuerhalten suchte. Hier geriet die Vorstellungskraft meines Freundes nach dauernder Überhitzung schließlich in Brand. »Die Kelten!« rief er. »La colline inspirée! Maurice Barrès!« Die Kelten sind ein rätselhaftes Volk. Je weniger man von ihnen weiß, desto näher liegt es, ihren geheimen Einfluß zu vermuten, warum nicht auch im Steigerwald? Zugleich mit der Orientierung im Gespräch verloren wir den Weg. Wir stolperten über lange Wurzeln und glitten auf rutschigen Tannennadelpolstern aus. Der Wald war häßlich. Seine grauen Stämme wirkten abgestorben, kahles sprödes Geäst ragte aus der kratzigen Rinde, oben verfinsterten schwarz-grüne Wipfel die Sonne. Die Kompaßnadel drehte sich wie betrunken im Kreis. »Ohne den Sonnenstand kann man den Kompaß nicht benutzen«, sagte mein Freund, der bereits militärische Erfahrungen besaß.

Dann tat sich ein Tal auf, das wie ein Park von einem schön gekurvten Weg durchzogen wurde. In weiter Ferne stand eine Frau mit einem Fahrrad. Lange schien es unmöglich, ihr näher zu kommen. Sie hielt aber still wie ein Standbild und wartete auf uns. Erschöpft und entkräftet langten wir schließlich vor ihr an. Die unvollständige Ausrüstung hatte sich längst gerächt. Wo man hier einkehren könne, fragten wir. »Im Steigerwald-Hof«, sagte sie, »aber wenn Sie die Steigerwald-Platte bestellen – die schaffen Sie nicht.«

Der Steigerwald-Hof lag in Ebrach gegenüber der romanischen Zisterzienser-Abtei, deren Rokoko-Abtspalais ein Gefängnis geworden war. In der Gaststube saßen bedrückt wirkende Ehepaare, Eltern der jugendlichen Gefangenen. Dennoch wehte etwas wie Leben durch das stille Lokal, als wir die Steigerwald-Platte bestellten. »Die schaffen Sie nicht«, sagte die Kellnerin, und an den Tischen wurde ein unterdrückt höhnisches Gelächter hörbar. Die Steigerwald-Platte war eine hohe Pyramide aus grauem und braunrotem Fett, Leberwurst und Blutwurst, auf den Hunger von sechs Bauarbeitern berechnet. Ich aß viel davon, aber unser Scheitern stand von Anfang an fest. Die Kellnerin murmelte zufrieden vor sich hin, als sie die immer noch schwere Platte abräumte und wie ein Schaugericht den anderen Gästen vorwies, auch aus der Küche kamen Laute der Zustimmung. Und an dem Tischchen, an dem die Eintrittskarten für die Basilika verkauft wurden, erwartete uns schon die Frau mit dem Fahrrad: »Haben Sie es geschafft?« Wer weiß, was geschehen wäre, wenn wir es geschafft hätten: Vielleicht wären in dem traurigen Palais alle Türen aufgesprungen und hätten die unfreiwilligen Zisterzienser in die Freiheit entlassen, die düstere Wolke wäre von Ebrach gewichen, und alle seine Schönheiten wären wieder aufgeleuchtet.

Die Reise führte uns nun wieder durch Wald, in den Ebrach, nach Vorschrift des Heiligen Bernhard, gleichsam hineingedrückt war. Es ging beständig bergauf, wir liefen in der unbestimmten Erwartung eines Ziels etwas schneller. Der Weg endete nach langer Zeit an einem Steilhang. Hier war der Berg vom tief unten in der Ebene fließenden Main abgebrochen worden. Mein Freund war davon überzeugt, daß der Rand dieses Steilhangs ganz genau die schicksalhafte Grenze bezeichne, die wir nun zu überschreiten hätten: aus dem Weinland ins Bierland. Und doch hatte der Weg, der sich nun an den roten Sandsteinfelsen vorbei ins Tal schlängelte, freundlich-venushafte Züge; enge Gärtchen voller kraftvoll in der Verlassenheit blühender Blumen, Apfelbäume, deren Äste sorgfältig mit langen Stangen abgestützt waren und auf diese Art Lauben bildeten, und schließlich auf einer Leiter ein Imker mit weißem breitkrempigem Hut, an dem ein dichter weißer Schleier herabhing; der Mann versuchte, einen rasend summenden schwarz-wimmelnden Bienenschwarm, der am Ast einer alten Buche hing, in einen Holzkasten fallen zu lassen. – »Ein Bild wie aus dem Buongoverno des Lorenzetti!« rief mein Freund, »aber ist da überhaupt ein Imker drauf?« Ich wußte es auch nicht, aber »trecentesk ist der Mann auf jeden Fall!«, dem konnte ich nicht widersprechen, es summte in den Köpfen wie der Bienenschwarm.

Waren wir jetzt schon zwei oder drei Tage unterwegs? Ich weiß es nicht mehr, aber ich weiß, wie weh die Füße bei diesem Weg zum Main hinunter taten, die Schmerzen überschatteten den Rest der Reise. Zu Hause tat ich nie einen Schritt, und nun hatte ich mich in diesen romantischen Unsinn gestürzt. Wir lagerten lange in einer Flußwiese, das war eines der Erlebnisse, die noch am deutlichsten vor meinen Augen stehen, eine Vergegenwärtigung altertümlicher Schönheiten, das braune Wasser, das die Uferböschung ausgewaschen hatte, so daß der Lehm etwas Sand sehen ließ, die Apfelbäume auf der Wiese, das Gebüsch, dessen Zweige die Wasseroberfläche streiften, die Felsenkeller, die man in den Buntsandstein des Steilhangs gegraben hatte und deren vielfach geflickte Holztore mit rostigen Ketten verschlossen waren. Bamberg habe ich später wiederholt angeschaut, gründlicher und mit mehr Gewinn, so daß sich diese späteren Bilder mit denen des ersten Besuchs mischen, bei dem Bamberg nur eine Station auf dem Weg war. Wenn überhaupt eine größere Stadt auf dem Weg liegen durfte, ohne die Stimmung zu zerreißen, dann war es gewiß Bamberg, das hatte mein Freund und Reisemarschall schon richtig gesehen. Und doch war es ein gefährlicher Wechsel der Atmosphäre, plötzlich wieder zwischen Autos und Geschäften herumzulaufen. In den gotischen und barocken Wirtshäusern hatten sich Balkan-Grills und Akropolis-Tavernen niedergelassen; man sieht an dieser Beobachtung, daß unser Blick inzwischen sehr vordringlich auf Wirtshäuser gerichtet war. So soll denn an Stelle aller architektonischer Wunder Bambergs, das im ganzen ein einziges Wunder ist, nur das Wirtshaus »Schlenkerla« erwähnt werden, das ein Rauchbier ausschenkte, das Lapsang Souchong unter den Bieren, und dazu Teller und Besteck bereithielt, damit die Gäste ihr Mitgebrachtes in Anstand verzehren konnten. Auch von Staffelstein mit dem Geburtshaus des Adam Riese, vor dem es war, als hole einen die eben erst verlassene Schule wieder zurück, der St. Veitskapelle, die von Viktor von Scheffel bedichtet worden ist, und dem Ziel der Reise, der Wallfahrtskirche von Vierzehnheiligen, soll nicht weiter die Rede sein, auch die habe ich später einmal genauer gesehen. Statt dessen gehören die beiden Mädchen mit Zöpfen und Kopftüchern in den festen Bestand dieser Reiseerinnerungen, die vor uns knicksten, den fränkischen Dialekt – »Bamberch« – vorführten und verlegen lächelten, eine Begegnung, bei der wieder alles im Reich des Potentiellen blieb. Auf dem steilen Weg zur Veitskapelle trafen wir eine kleine Dame ohne Arme und Beine, die in ein Trachtenkostüm gesteckt war; sie saß in einem Rollstuhl, den ihre Freundin den Berg hinaufschob. Es war eine pilgergemäße Beschäftigung, sie darin ein Weilchen zu unterstützen, aber wir hatten das Paar, das herzlich dankte, schon lange aus den Augen verloren, als wir über unsere Gedankenlosigkeit erschraken – viel schwieriger, als den Rollstuhl den Berg hinauf-, war es ja, ihn wieder hinabzubringen, ohne die hilflose Last zu verlieren. Schließlich, auf den weiten Wiesen der Hochebene vor Vierzehnheiligen, sahen wir noch den Tod – einen alten Mann mit kahlem rundem Schädel, der vor dem Hintergrund gewaltig getürmter Kumuluswolken auf abfallendem Wiesenhang wie auf der Wölbung der Weltkugel mit einer Sense die Wiesenblumen mähte.

In Vierzehnheiligen kaufte ich eine Kerze, die fast so lang war wie ich selber. Mein Freund saß schon in der Kirche vor dem Gnadenaltar, der wie ein Tischaufsatz aus Meißner Porzellan aussieht, schaute fassungslos, als er mich mit meinem wächsernen Wanderstab eintreten sah, und fiel dann vor Lachen fast aus der Bank, der »schläächte pélerin«.

Und dann erlebte ich noch die Vernichtung, die Verwandlung der ganzen langen Fußreise in ein schaumiges Nichts. Vor der Kirche waren unsere Freunde angekommen, die ein großes Auto hatten und uns zurück nach Frankfurt brachten. Sie wollten natürlich unsere »pilgrim's tales« hören, und wir bekamen das Erzählen auch leidlich hin, mit der »Steigerwald-Platte«, dem Tod und den Mädchen, obwohl unsere Erzählungen kein wirkliches Äquivalent des Gesehenen bildeten, weil wir alles ein wenig aufbauschen mußten, um unsere Freunde zu unterhalten; die Wirklichkeit bestrafte uns sofort dafür, indem sie blasser zu werden begann.

Aber die eigentliche Auflösung der vergangenen Tage brachte erst die Autofahrt zurück. »Bamberg« stand auf dem Ausfahrtsschild der Autobahn, sofort gefolgt von »Ebrach«, »Prichsenstadt«, »Wiesentheid«, sofort danach schon »Dettelbach«, kaum gesehen und schon vorbeigeflogen. Tagelanges Umherschweifen verwischte zu weniger als einer halben Stunde. Das grüne Land mit seinen qualvollen Entfernungen und seinen köstlichen Überraschungen, seinen alten Namen, die sich mit unseren körperlichen Anstrengungen verbunden hatten, war nichts als die fahle Bandendekoration einer Rennstrecke. Don Quijote und Sancho Pansa hatten sich nicht sehr viel weiter von ihrer Gegenwart entfernt, als sie durch die Mancha irrten, als wir im Steigerwald.

# Notiz

Die Kapitel dieses Buches sind bereits vorab an unterschiedlichen Orten erschienen, darunter die folgenden Zeitungen und Zeitschriften: *Akzente, Cicero, Frankfurter Allgemeine Zeitung, Kursbuch, Sinn und Form, Süddeutsche Zeitung, Die Welt, Die Zeit.*

»Der Roman als Geschichtsschreibung« ist die Dankrede zur Verleihung des Großen Literaturpreises der Bayerischen Akademie der Schönen Künste 2006 in München.

Die »Rede aus Anlaß der Übergabe des Kempowski-Archivs an das Archiv der Akademie der Künste Berlin« wurde am 19. Mai 2007 gehalten.

»Die Kunst des Bogenschießens und der Roman. Zu den ›Commentarii‹ des Heimito von Doderer« beruht auf einem Vortrag in der Carl Friedrich von Siemens Stiftung München am 16. Mai 2006. In der Schriftenreihe der Carl Friedrich von Siemens Stiftung, herausgegeben von Heinrich Meier, erschien 2006 die vollständige Version mit Anmerkungen, Abbildungen und einer Einführung von Michael Maar als selbständiger Band.

Die »Rede auf Robert Gernhardt« wurde am 11. November 2007 im Deutschen Literaturarchiv Marbach gehalten.

»Wer einen Roman schreibt – sollte der wissen, was ein Roman ist?« wurde am 19. Mai 2010 als Abendvortrag im Wissenschaftskolleg Berlin gehalten, wo der Autor in den Jahren 2009/2010 als Fellow zu Gast war.

»›Das Portrait des Sergeanten‹ von Ernest Meissonier« entstand anläßlich der gemeinsamen Veranstaltungsreihe »Bildbeschreibungen« der Hamburger Kunsthalle und des Literaturhauses Hamburg, abgedruckt in: *Ut pictura poesis. Bildbeschreibungen. Schriftsteller über Bilder in der Hamburger Kunsthalle*, Hamburg 2009.

»Das epische Haus« geht zurück auf einen Beitrag zur Essayreihe »Betrifft« im Literaturhaus Stuttgart am 8. Juni 2006, erschienen in dem Band *Zur Zeit*, herausgegeben von Florian Höllerer und Tim Schleider, Wallstein Verlag Göttingen 2010.

# Inhalt

## *I. Hände weg vom Status quo!*



## *II. Pax in bello*



## *III. Kennen Sie ein anderes Wort für Kultur?*

## *IV. Abschied von der Persönlichkeit*



## *V. Wallfahrten im Kreis*